KB126006

譯註
禮記淺見錄
④

玉藻·明堂位·喪服小記·大傳·少儀·學記

譯註
禮記淺見錄

④

玉藻·明堂位·喪服小記·大傳·少儀·學記

권 근權 近 저
정병섭鄭秉燮 역

學古房

본 역서는 고려말 조선초기 학자인 양촌 권근의 『예기천견록(禮記淺見錄)』을 번역한 것이다. 권근은 매우 유명한 인물이며, 관련 연구도 많이 되어 있기 때문에 별도로 덧붙일 말은 없다. 역자가 『예기천견록』을 번역하게 된 것은 우연하고도 사소한 이유 때문이다. 『예기보주』를 완역하고 난 뒤에 무료함을 달래기 위해 무엇을 할까 고민하다가 책장 한켠에 놓여 있던 『한국경학자료집성』이 눈에 들어왔다. 이 책은 모교의 대동문화연구원에서 발간한 것인데, 대학원 박사과정 때 우연한 기회로 오경(五經) 전권을 얻게 되었다. 그러나 당시에는 딱히 참고할 일이 없어 한쪽 구석에 먼지와 함께 쌓여 있었고, 몇번의 이사를 거치면서 책장을 정리할 때마다 늘 구석에서도 가장 후미진 곳을 차지하게 되었다. 그러던 중 조선 유학자인 김재로의 『예기보주』를 번역하게 되었고, 번역 과정에서 조선 유학자들의 『예기』에 대한 주석은 어떠한 성향을 보일까 궁금증이 들었다. 그래서 오경 중 『예기』 파트만 별도로 추려내서 가장 잘 보이는 곳에 두었는데, 첫번째로 수록된 책이 바로 『예기천견록』이었고, 무심코 자판을 두드리다보니 이렇게 책을 출판하게 되었다. 이것이 이 책을 번역하게 된 이유이다. 조선유학의 본원을 탐구하거나 양촌 권근의 사상적 특징을 밝히려는 거창한 계획은 애당초 없었고, 나는 그런 뜻을 품을 만한 재목도 되지 못한다.

『예기천견록』은 진호(陳澔)의 『예기집설(禮記集說)』을 그대로 차용하고 있다. 즉 『예기』의 경문과 진호의 『집설』 주를 거의 가감없이 그대로 수록하고 있으며, 덧붙여 설명할 부분에서만 자신의 견해를 그 뒤에 간략히 수록하고 있다. 물론 진호의 주석에 이견을 보인 부분에서는 나름의 근거를 제시하며 반박하는 기록들도 종종 등장하지만, 대부분 진호의 견해를 그대로 따르고 있다. 따라서 『예기천견록』은 『예기』에 대한 새로운 해석을 제시하는 주석서라기보다는 『예기집설』을 조선에 소개하며, 미진했던 부분을 보완하는 성격이 강하다.

그렇다고 해서 전혀 의미없는 책은 아니다. 이 책의 가장 큰 특징은 경문의 순서를 자신의 견해에 따라 새롭게 배열했다는 점이다. 『예기』 자체가 단편적 기록들의 묶음이다보니, 경문 배열에 대한 문제는 정현(鄭玄) 이전부터 제기되어 왔다. 정현도 주를 작성하며 문장의 순서를 일부 바꾼 부분이 있지만, 매우 제한된 경우에 한한다. 이후 여러 학자들도 배열이 잘못되었거나 내용이 뒤죽박죽이라는 것을 알고 있었지만, 대부분 기존의 체제를 그대로 따랐다. 그런데 권근의 경우에는 각 편의 내용들을 일별하여, 동일한 주제에 따라 문장의 순서를 뒤바꾸고, 앞뒤의 내용이 연결되도록 문단을 재구성하였다. 또 『대학장구』에 착안하여, 『예기』의 일부 편들을 경문과 전문으로 구분하기도 했다. 이것이 이 책이 가진 가장 큰 특징이다.

나는 타고난 재질도 보잘것없고 게으른 성격 탓에 노력이란 것에 있어서도 그다지 밀도가 높지 않다. 따라서 이 책을 출간한다는 것이 부끄럽고 도움이 될 수 있을런지도 모르겠다. 무료함을 달래기 위해 지극히도 사소한 이유에서 시작된 역서이지만, 이 책을 발판으로 더 좋은 번역이 나왔으면 하는 바람이다. 끝으로 『예기천견록』을 출판할 수 있도록 허락해주신 학고방의 하운근 사장님께도 감사를 전한다.

일러두기 ▌

- 본 책은 역주서(譯註書)로써, 『예기천견록(禮記淺見錄)』을 완역하고, 자세한 주석을 첨부했다.

- 『예기천견록』은 진호(陳澔)의 『예기집설(禮記集說)』에 대한 주석서로, 『예기』의 경문(經文)과 진호의 『집설』을 수록하고 자신의 견해를 덧붙이고 있다.

- 『예기천견록』의 가장 큰 특징은 경문 배열을 수정한 것이다. 일부 편들은 기존 『예기집설』의 문장 순서를 그대로 따르고 있지만, 특정 편들은 경문(經文)과 전문(傳文)으로 구분하여 새롭게 구성한 것들도 있고, 각 문장들을 주제별로 묶어서 순서를 바꾼 것이 많다. 이러한 점들을 나타내기 위해, 각 편의 첫 부분에는 『예기집설』의 문장순서와 『예기천견록』의 문장순서를 비교하여 도표로 제시하였고, 각 경문 기록 뒤에는 〈001〉·〈002〉·〈003〉 등으로 표시하여, 이 문장이 『예기집설』에서는 몇 번째 문장에 해당하는지 나타내었다.

- 『예기』 경문 해석은 진호의 『집설』에 따랐다. 권근이 진호의 해석에 대해 이견을 나타낸 것이 여러 차례 보이는데, 특별한 경우를 제외하면 주석을 통해 권근의 경문 해석을 확인할 수 있으므로, 권근의 주석에 따른 새로운 경문 해석은 별도로 제시하지 않았다.

- 본 역서의 『예기천견록(禮記淺見錄)』 원문과 표점은 한국유경편찬센터 (http://ygc.skku.edu)의 자료를 사용하였다.

- 『예기천견록』의 주석 대상이 되는 『예기집설』의 저본은 다음과 같다. 『禮記』, 서울 : 保景文化社, 초판 1984 (5판 1995)

7

- **經文**으로 표시된 것은 『예기』의 경문 기록이다.

- **集說**로 표시된 것은 진호의 『집설』 기록이다.

- **淺見**으로 표시된 것은 권근의 주석이다.

목차 ▌

禮記淺見錄卷第十二 『예기천견록』 12권

禮記淺見錄卷第十三 『예기천견록』 13권

禮記淺見錄卷第十四 『예기천견록』 14권

禮記淺見錄卷第十二

『예기천견록』 12권

「옥조(玉藻)」

集說

此篇記天子諸侯腹冕笏佩諸制, 及行禮之容節.

이곳 「옥조」편은 천자·제후의 복장·면류관·홀·패 등의 제도에 대해 기록하고 있으며, 의례를 시행할 때의 행동거지와 예절을 기록하고 있다.

淺見

近按: 禮器是言朝祭陳設之器, 此篇是言朝祭服飾之制, 皆禮所用之重者, 故詳其度數而說其義理也.

내가 살펴보니, 『예기』「예기(禮器)」편은 조례와 제례에서 진설하는 기물들을 언급한 것이고, 「옥조」편은 조례와 제례에서의 복식 제도를 언급한 것인데, 둘 모두 의례를 시행함에 있어서 중요하게 사용되는 것들이다. 그렇기 때문에 그 제도를 상세히 기술하고 그 의리에 대해 설명한 것이다.

「옥조」편 문장 순서 비교

『예기집설』	『예기천견록』	
	구분	문장
001		001
002		002
003		003
004		004
005		005
006		006
007		007
008		008
009		009前
010		009後
011		010
012		011
013		012
014		013
015		014
016		015
017	무분류	016
018		017
019		018
020		019
021		020
022		021
023		022
024		023
025		024
026		025
027		026
028		027
029		028
030		029
031		030
032		031

『예기집설』	『예기천견록』	
	구분	문장
033		032
034		033
035		034
036		035
037		036
038		037
039		038前
040		038後
041		039
042		040
043		041
044		042
045		043
046		044
047		045
048		046
049	무분류	047
050		048
051		049
052		050
053		051
054		052
055		053
056		054
057		055
058		056
059		109
060		072
061		073
062		074
063		057
064		058
065		059

『예기집설』	『예기천견록』	
	구분	문장
066		060
067		061
068		062
069		063
070		064
071		065
072		066
073		067
074		068
075		069
076		070
077		071
078		080
079		081
080		082
081		083
082	무분류	084
083		085
084		086
085		087
086		088
087		089
088		075
089		076
090		097
091		098
092		099
093		100
094		101
095		102
096		103
097		104
098		105

『예기집설』	『예기천견록』	
	구분	문장
099		106
100		077
101		107
102		094
103		095
104		078
105		079
106		090
107		091
108		092
109		093
110		096
111		108
112		110
113		111
114		112
115	무분류	113
116		114
117		115
118		116
119		117
120		118
121		119
122		120
123		121
124		122
125		123
126		124
127		125
128		126
129		127
130		128
131		129

『예기집설』	『예기천견록』	
	구분	문장
132		130
133		131
134		132
135		133
136		134
137		135
138		136
139		137
140		138
141		139
142	무분류	140
143		141
144		142
145		143
146		144
147		145
148		146
149		147
		148
		149

무분류

經文

天子玉藻, 十有二旒, 前後邃[粹]延, 龍卷[袞]以祭.⟨001⟩

천자의 면류관에 다는 옥 장식은 12줄로 하고, 앞뒤로 각각 12개씩을 길게 늘어트리며, 그 위에는 겉감은 검은색이고 속감은 분홍색으로 된 상판을 얹고['邃'자의 음은 '粹(수)'이다.] 곤룡포를['卷'자의 음은 '袞(곤)'이다.] 착용하고서, 종묘에서 제사를 지낸다.

集說

玉, 冕前後垂旒之玉也. 藻, 雜采絲繩之貫玉者也. 以藻穿玉, 以玉飾藻, 故曰玉藻. 邃, 深也. 延, 冕上覆也, 玄表而纁裏. 前後邃延者, 言前後各有十二旒, 垂而深邃, 延在冕上也. 龍袞, 畫龍於袞衣也. 祭, 祭宗廟也. 餘見禮器.

'옥(玉)'은 유에 꿰어 면류관 앞뒤로 늘어트린 옥을 뜻한다. '조(藻)'는 여러 가지 채색을 한 가는 끈으로 옥을 꿰어놓은 것이다. 조를 이용해서 옥을 꿰고, 옥으로 조를 장식한다. 그렇기 때문에 '옥조(玉藻)'라고 부르는 것이다. '수(邃)'자는 "깊다."는 뜻이다. '연(延)'자는 면류관 위를 덮고 있는 것으로, 겉면은 검은색이고, 안쪽은 분홍색으로 되어 있다. '전후수연(前後邃延)'이라는 말은 면류관 앞뒤로 각각 12개의 유를 달고, 그것을 길게 늘어트리며, 연이 그 위를 덮고 있다는 뜻이다. '용곤(龍袞)'은 곤의에 용 그림을 그린 복장이다. '제(祭)'자는 종묘에서 제사를 지낸다는 뜻이다. 나머지 설명은 『예기』「예기(禮器)」편에 나온다.

玄端而朝日於東門之外, 聽朔於南門之外.〈002〉

천자는 현면을 착용하고서 국성의 동문 밖에서 조일을 하고, 남문 밖에서 청삭(聽朔)[1]을 한다.

朝日, 春分之禮也. 聽朔者, 聽月朔之事也. 東門·南門, 皆謂國門也.

'조일(朝日)'이라는 것은 춘분 때 시행하는 예이다. '청삭(聽朔)'이라는 것은 그 달 초하루에 시행해야 할 일들을 듣는 의식이다. '동문(東門)'과 '남문(南門)'은 모두 국성의 문을 가리킨다.

閏月則闔門左扉, 立于其中.〈003〉

윤달이 되면, 문의 좌측을 닫고 우측으로 통행하며, 그 중앙에 서서 청삭을 한다.

---

1) 청삭(聽朔)은 천자나 제후가 매월 초하루에 시행했던 고삭(告朔)의 의례를 뜻한다. 해당 월에 시행해야 할 정사(政事)는 바로 초하루부터 시행되므로, 정무를 처리하기 이전에, 고삭의 의식을 시행하고, 그 이후에야 정사를 펼쳤다. 현단복(玄端服) 및 피변복(皮弁服)을 착용하고 치렀으며, 남문(南門) 밖이나, 태묘(太廟)에서 시행하였다. 『예기』「옥조(玉藻)」편에는 "玄端而朝日於東門之外, 聽朔於南門之外."라는 기록과 "諸侯玄端以祭, 裨冕以朝, 皮弁以聽朔於大廟."라는 기록이 있다.

鄭氏曰: 天子廟及路寢, 皆如明堂制. 明堂在國之陽, 每月就其時之
堂而聽朔焉. 卒事反宿路寢. 閏月, 非常月也. 聽其朔於明堂門中,
還處路寢門終月.

정현이 말하길, 천자의 묘 및 노침은 모두 명당의 제도처럼 만든다. 명
당은 국성 중 양의 방위에 해당하는 곳에 있고, 매월 그 계절에 해당하
는 당으로 나아가서 청삭을 한다. 그 일이 끝나면 되돌아와서 노침에서
묵는다. 윤월은 일상적인 달이 아니다. 명당의 문 중앙에서 초하루에 해
야 할 일들을 듣고, 다시 노침의 문으로 되돌아와서, 종월을 한다.

黃氏曰: 扉, 門扇, 左, 陽也. 闔其左而由右者. 閏, 非正也.

황씨가 말하길, '비(扉)'는 문짝을 뜻하며, 좌측은 양에 해당한다. 좌측
문짝을 닫고 우측을 경유한다. 윤달은 정식 달이 아니다.

皮弁以日視朝, 遂以食; 日中而餕, 奏而食. 日少牢, 朔月大牢.
五飲: 上水·漿·酒·醴·酏[移].〈004〉

천자는 피변복을 착용하고 매일 아침마다 조회에 참관하고, 그 일이 끝
나면 아침식사를 한다. 그리고 점심에는 아침에 먹고 남은 음식들을 먹
는데, 음악을 연주하며 식사를 한다. 천자의 식사에서는 날마다 소뢰를
사용하고, 매월 초하루에는 태뢰를 사용한다. 다섯 가지 마실 것들은
물을 가장 상등으로 치고, 나머지는 장·술·단술·쌀죽이다.['酏'자의 음
은 '移(이)'이다.]

黃氏曰: 弁用皮體自然也, 以視朝之服而食, 敬也. 日中而餕, 不改
造以厚養也. 奏樂而食, 和以養其心志也. 日少牢, 崇其儉也. 朔月
大牢, 敬其始也. 五飮, 上水, 味以淡爲本也. 漿以汁滓相將其味酢
者也. 酒, 淸酒, 醴, 甘酒. 酏以粥釀醴. 漿, 厚於水, 醴, 厚於酒, 酏,
厚於醴. 凡五飮, 皆以淡爲本, 而漸及於醴厚也.

황씨가 말하길, 변을 피변으로 사용하는 것은 자연스러움에 따르는 것
이고, 조회에 참관할 때의 복장으로 식사를 하는 것은 공경스러움을 나
타내는 것이다. 점심에 아침에 먹고 남은 음식을 먹는 것은 새로 만들지
않음으로써 봉양의 도리를 두텁게 하는 것이다. 음악을 연주하여 식사
를 하는 것은 조화롭게 해서 마음과 뜻을 기르는 것이다. 날마다의 식사
에 소뢰를 사용하는 것은 검소함을 숭상하기 때문이다. 매월 초하루에
태뢰를 사용하는 것은 시작됨을 공경하는 것이다. 다섯 가지 음료 중에
물을 가장 상등으로 치는 것은 맛에 있어서는 담백한 것을 근본으로 삼
기 때문이다. 장은 즙과 즙을 짜고 남은 것들로 신맛을 내도록 돕는다.
'주(酒)'는 청주를 뜻하고, '예(醴)'는 단술을 뜻한다. '이(酏)'는 죽으로
빚은 단술 종류이다. 장은 그 맛이 물보다 두텁고, 단술은 술보다 두터
우며, 쌀죽으로 빚은 단술은 단술보다 두텁다. 다섯 가지 음료들에 있어
서 모두 담백함을 근본으로 삼고, 점진적으로 맛이 두터운 쌀죽으로 빚
은 단술에 이르는 것이다.

卒食, 玄端而居, 動則左史書之, 言則右史書之, 御瞽幾聲之
上下. 年不順成, 則天子素服, 乘素車, 食無樂.〈005〉

천자는 식사를 끝내면, 현단복을 착용하고 머물며, 천자의 행동에 대해
서는 좌사가 기록하고, 말에 대해서는 우사가 기록하며, 시중을 드는 악

공은 음악 소리의 높낮이를 살펴서, 정령의 득실을 살핀다. 그 해에 곡식이 잘 여물지 않았다면, 천자는 소복을 착용하고, 소거를 타며, 식사를 할 때 음악을 연주하지 않는다.

玄端服, 說見內則. 玄者, 幽陰之色. 宴息向晦而服之, 於義爲得也. 御瞽, 侍御之樂工也. 幾, 察也. 察樂聲之高下, 以知政令之得失也. 此以上皆天子之禮.

'현단복(玄端服)'에 대해서는 그 설명이 『예기』 「내칙(內則)」편에 나온다. 검은색이라는 것은 그윽하고 음에 해당하는 색깔이다. 편안하게 쉴 때에는 조용한 것을 지향하고 이러한 복장을 착용하는 것은 그 의미에 부합된다. '어고(御瞽)'는 시중을 드는 악공을 뜻한다. '기(幾)'자는 "살핀다."는 뜻이다. 음악 소리의 높낮이를 살펴서, 정령의 득실에 대해 파악한다. 이곳 문장으로부터 그 이상의 내용들은 모두 천자에게 해당하는 예이다.

諸侯玄端[冕]以祭, 裨冕以朝, 皮弁以聽朔於大廟, 朝服以日視朝於內朝.〈006〉

제후는 현면을['端'자의 음은 '冕(면)'이다.] 착용하고 제사를 지내며, 비면을 착용하고 천자에게 조회를 가며, 피변복을 착용하고 태묘에서 청삭을 하며, 조복을 착용하고 날마다 내조에서 조정에 참관한다.

裨冕, 公袞, 侯‧伯鷩, 子‧男毳也. 朝, 見天子也. 諸侯以玄冠緇衣素棠爲朝服, 凡在朝, 君臣上下同服, 但士服則謂之玄端, 袂廣二尺二寸故也. 大夫以上皆侈袂三尺三寸.

'비면(裨冕)'에 해당하는 복장은 공작은 곤면이고, 후작·백작은 별면이며, 자작·남작은 취면이다. '조(朝)'자는 천자를 알현한다는 뜻이다. 제후는 현관과 검은색의 상의, 흰색의 하의를 조복으로 삼고, 무릇 조정에 있어서는 군신 및 상하 계층이 모두 복식을 동일하게 한다. 다만 사의 복장에 대해서, 그것을 '현단(玄端)'이라고 부르는 것은 소매의 너비가 2척 2촌이기 때문이다. 대부 이상의 계급은 모두 소매를 넓혀서 3척 3촌으로 만든다.

方氏曰: 天子聽朔於南門, 示受之於天. 諸侯聽朔於大廟, 示受之於祖. 原其所自也. 天子·諸侯皆三朝, 外朝在庫門之外, 治朝在路門之外, 內朝在路門之內, 亦曰燕朝也.

방씨가 말하길, 천자는 남쪽 문에서 청삭을 하니, 하늘로부터 명령을 받은 것임을 드러내기 위해서이다. 제후는 태묘에서 청삭을 하니, 조상으로부터 명령을 받은 것임을 드러내기 위해서이다. 즉 비롯되는 것에 근원을 둔 것이다. 천자와 제후는 모두 3개의 조정을 갖게 되니, 외조는 고문밖에 있고, 치조(治朝)2)는 노문 밖에 있으며, 내조는 노문 안에 있고, 이것을 또한 '연조(燕朝)'3)라고도 부른다.

---

2) 치조(治朝)는 천자 및 제후에게 있었던 내조(內朝) 중 하나를 뜻한다. 천자 및 제후는 3개의 조(朝)를 두는데, 1개는 외조(外朝)이며, 나머지 2개는 내조가 된다. 내조 중에서도 노문(路門) 밖에 있던 것을 '치조'라고 부르며, 천자 및 제후가 정사를 처리하던 장소이다.

3) 연조(燕朝)는 천자 및 제후에게 있었던 내조(內朝) 중 하나를 뜻한다. 천자 및 제후는 3개의 조(朝)를 두는데, 1개는 외조(外朝)이며, 나머지 2개는 내조가 된다. 내조 중에서도 노문(路門) 안쪽에 있던 것을 '연조'라고 부른다. 『주례』「춘관(秋官)·조사(朝士)」편에 대한 정현의 주에서는 "周天子諸侯皆有三朝. 外朝一, 內朝二. 內朝之在路門內者, 或謂之燕朝."라고 풀이하고 있다.

朝, 辨色始入. 君日出而視之, 退適路寢聽政, 使人視大夫, 大
夫退, 然後適小寢釋服.〈007〉

신하들이 조정에 참관할 때, 동이 틀 때 비로소 응문으로 들어가서 군
주를 기다린다. 군주는 해가 떠오른 뒤에 나와서 조정에 참관하고, 물
러나서 노침으로 가며, 정사에 대해 들으며 가부를 판단하고, 사람을 시
켜서 대부들이 퇴조했는지를 살피니, 대부가 퇴조를 한 뒤에야 소침으
로 가서 조복을 벗고 현단복으로 갈아입는다.

臣入常先, 君出常後, 尊卑之禮然也. 視朝而見群臣, 所以通上下之
情; 聽政而適路寢, 所以決可否之計. 釋服, 釋朝服也.

신하가 들어서는 시기는 항상 앞서고, 군주가 나오는 시기는 항상 늦으
니, 신분등급의 예에 따른 것이다. 조정에 참관하여 뭇 신하들을 조견하
는 것은 상하계층의 감정을 소통시키기 위해서이며, 정사를 듣고 노침
으로 가는 것은 가부의 계책을 판결하기 위해서이다. '석복(釋服)'은 조
복을 벗는다는 뜻이다.

又朝服以食, 特牲三俎祭肺; 夕深衣, 祭牢肉. 朔月少牢, 五俎
四簋. 子卯稷食[嗣]菜羹. 夫人與君同庖.〈008〉

또한 조복을 착용하고서 아침식사를 하며, 식사를 할 때에는 특생을 사
용하여 3개의 도마를 차리고, 희생물의 폐로 음식에 대한 제사를 지내
며, 저녁식사 때에는 심의를 착용하고, 특생으로 마련했던 고기로 제사

를 지낸다. 매월 초하루에는 소뢰를 사용하고, 5개의 도마와 4개의 궤를 마련한다. 갑자일이나 을묘일에는 메기장 밥을[食'자의 음은 '嗣(사)'이다.] 먹고 채소국만 먹는다. 부인은 군주와 부엌을 함께 쓴다.

三俎, 特豕·魚·腊也. 周人祭肺. 夕, 夕食也. 牢肉, 卽特牲之餘也. 五俎, 加羊與其腸胃也. 簋, 盛黍稷之器. 常食二簋, 月朔則四簋也. 子卯, 說見檀弓. 夫人不特殺, 故云與君同庖也.

세 가지 도마에 오르는 음식은 한 마리 돼지고기와 물고기 및 석이다. 주나라 때에는 희생물의 폐로 음식에 대한 제사를 지냈다. '석(夕)'자는 저녁식사를 뜻한다. '뇌육(牢肉)'은 곧 특생의 고기를 뜻한다. '오조(五俎)'에는 추가적으로 양고기와 창자 및 위를 올리는 것이다. '궤(簋)'는 서직을 담는 그릇이다. 일상적인 식사 때에는 2개의 궤를 차리는데, 매월 초하루가 되면 4개의 궤를 차린다. '자묘(子卯)'에 대해서는 그 설명이 『예기』「단궁(檀弓)」편에 나온다. 부인에게는 한 마리의 희생물을 도축해서 바치지 않는다. 그렇기 때문에 "군주와 부엌을 함께 쓴다."라고 말한 것이다.

近按: 此以上言天子·諸侯祭與朝食, 服冕不同之禮, 夫人與君同庖, 則后與天子同者, 可知. 然天子之尊, 雖后不得以竝, 故不言也.

내가 살펴보니, 여기까지는 천자와 제후의 제사 및 조례와 식사에 착용하는 복장과 면류관이 다르다는 예법을 언급하고 있는데, 부인이 군주와 부엌을 함께 사용한다면 왕후도 천자와 부엌을 함께 사용했음을 알 수 있다. 그러나 천자는 존귀한 신분이므로 비록 왕후라 하더라도 함께 병기할 수 없다. 그렇기 때문에 언급하지 않은 것이다.

君無故不殺牛, 大夫無故不殺羊, 士無故不殺犬豕. 君子遠[去聲]庖廚, 凡有血氣之類, 弗身踐[古音翦, 今如字.]也.〈009〉1)

제후는 특별한 일이 없으면 소를 도축하지 않고, 제후에게 소속된 대부는 특별한 일이 없으면 양을 도축하지 않으며, 사는 특별한 일이 없으면 개와 돼지를 도축하지 않는다. 군자는 부엌을 멀리하니['遠'자는 거성으로 읽는다.] 무릇 혈기를 가지고 있는 부류들에 대해서, 직접 밟지['踐'자의 고음은 '翦(전)'인데, 이곳에서는 글자대로 읽는다.] 않는다.

淺見

黃氏曰: 故, 謂因祭祀, 無故不殺, 仁也. 庖, 宰殺之所, 廚, 烹飪之所. 凡有血氣之屬, 弗身踐, 謂雖若螻蟻之微, 猶弗忍踐之, 此以小明大. 血氣之屬, 弗身踐, 況忍無故而殺乎?

황씨가 말하길, '고(故)'자는 제사로 연유함을 뜻하니, 제사의 연유가 없어서 도축을 하지 않는 것은 인함에 해당한다. '포(庖)'는 도축을 하는 장소를 뜻하고, '주(廚)'는 삶고 익히는 장소를 뜻한다. 무릇 혈기를 가진 부류들에 대해서는 직접 밟지 않는다고 했는데, 땅강아지나 진디와 같은 미물들에 있어서도 오히려 차마 밟지 못한다는 뜻으로, 이것은 작은 것을 들어 큰 경우를 드러낸 것이다. 즉 혈기를 가진 부류들에 대해서 직접 밟지 않는데, 하물며 제사라는 연유도 없이 도축을 할 수 있겠는가?

---

1) 『예기』「옥조」009장 : <u>君無故不殺牛, 大夫無故不殺羊, 士無故不殺犬豕. 君子遠庖廚, 凡有血氣之類, 弗身踐也</u>. 至于八月不雨, 君不擧.

至于八月不雨, 君不擧.〈009〉[2]

8월이 되었는데도 비가 내리지 않는다면, 군주는 성찬을 들지 않는다.

集說

周八月, 今之六月. 殺牲盛饌曰擧.

주나라의 8월은 오늘날의 6월에 해당한다. 희생물을 도축하여 성찬을 드는 것을 '거(擧)'라고 부른다.

經文

年不順成, 君衣[去聲]布搢[薦]本, 關梁不租, 山澤列而不賦, 土功不興, 大夫不得造車馬.〈010〉

그 해에 곡식이 잘 여물지 않았다면, 군주는 포로 된 옷을 입고['衣'자는 거성으로 읽는다.] 사가 차는 홀을 꼽으며['搢'자의 음은 '薦(진)'이다.] 관문과 연못에서 세금을 걷지 않고, 산림과 천택에 대해서는 사람들이 적정 시기가 아닌데도 들어가서 채집할 것을 염려하여 막되, 부역을 부여하지 않고, 토목공사를 일으키지 않으며, 대부는 말이나 수레를 새로운 것으로 마련하지 않는다.

集說

衣布, 身著布衣也. 士以竹爲笏而以象飾其本. 搢, 揷也, 君揷士之

---

2) 『예기』「옥조」009장: 君無故不殺牛, 大夫無故不殺羊, 士無故不殺犬豕. 君子遠庖廚, 凡有血氣之類, 弗身踐也. <u>至于八月不雨, 君不擧</u>.

「옥조(玉藻)」 27

笏也. 關, 謂門關. 梁, 謂澤梁. 不租, 不收租稅也. 列, 當作迾, 遮遏
之義. 周禮山虞掌其厲禁, 鄭云: "遮迾宋之是也." 凶年雖不收山澤
之賦, 猶必遮迾其非時采取者. 造, 新有製作也. 此皆爲歲之凶, 故
上之人節損以寬貸其下也.

'의포(衣布)'는 몸에 포로 만든 옷을 착용한다는 뜻이다. 사는 대나무로
홀을 만드는데, 상아를 이용해서 홀의 몸체를 장식하는 것이다. '진(搢)'
자는 "꽂는다."는 뜻이니, 군주가 사가 차는 홀을 꼽는다는 의미이다.
'관(關)'자는 관문을 뜻한다. '양(梁)'자는 연못을 뜻한다. '부조(不租)'는
세금을 거두지 않는다는 뜻이다. '열(列)'자는 마땅히 열(迾)자가 되어야
하니, 가로막는다는 뜻이다. 『주례』에서는 산우라는 관리가 금령 등에
대해서 담당한다고 했고,[3] 정현은 "막고 차단하여 지킨다는 뜻이다."라
고 했다. 흉년에는 산림과 천택에서 세금을 거두지 않지만, 여전히 적정
시기가 아닌데도 들어가서 채집하는 자들을 막아야만 한다. '조(造)'자는
새롭게 제작해서 만든다는 뜻이다. 이러한 내용들은 모두 그 해에 흉년
이 들었기 때문이니, 상위에 속한 사람은 절검을 하여, 그의 아랫사람들
에게 관대하게 대하는 것이다.

淺見

近按: 此因上言天子・諸侯, 而幷及大夫以下也.

내가 살펴보니, 이것은 앞에서 천자와 제후에 대해 언급한 것에 따라,
대부와 그 이하의 계층에 대해서도 함께 언급한 것이다.

---

3) 『주례』 「지관(地官)・산우(山虞)」: 山虞掌山林之政令, 物爲之厲而爲之守禁.

卜人定龜, 史定墨, 君定體.〈011〉

복인은 거북껍질을 정돈하고, 사는 거북껍질에 사용하는 먹을 정돈하며, 군주는 갈라진 조짐을 판결한다.

集說

周禮龜人所掌, 有天地四方六者之異, 各以方色與體辨之, 隨所卜之事, 各有宜用, 所謂卜人定龜也. 史定墨者, 凡卜必以墨畫龜, 以求吉兆, 乃鑽之以觀其所坼. 若從墨而坼大謂之兆廣, 若裂其旁歧細出則謂之墨坼, 亦謂之兆釁. 韻書釁, 音問, 器破而未離之名也. 體者, 兆象之形體. 定, 謂決定其吉凶也.

『주례』의 구인이 담당하는 거북껍질에는 천지 및 사방에 따른 서로 다른 여섯 종류의 거북껍질이 있어서, 각각 그 방위의 색깔과 몸체로 변별을 한다고 하니,[1] 거북점을 쳐야 하는 사안에 따라서, 각각 합당한 것을 사용하는 것으로, 이것이 바로 "복인은 거북껍질을 정돈한다."고 한 말에 해당한다. "사는 묵을 정돈한다."라고 했는데, 무릇 거북점을 칠 때에는 반드시 거북껍질에 먹을 이용해 표식을 하여, 길한 징조를 구하고, 곧 구멍을 내고 불로 지져서 갈라진 상태를 관찰한다. 만약 먹에 따라서 크게 갈라졌다면, 그것을 '조광(兆廣)'이라 부르며, 측면으로 터져서 가늘게 갈라져 나온다면, 그것을 '묵탁(墨拆)'이라 부르고, 또한 '조문(兆釁)'이라고도 부른다. 『운서』에서는 '문(釁)'자의 음은 '問(문)'이며, 어떤 기물이 깨졌는데 완전히 떨어지지 않았을 때 쓰는 명칭이라고 했다. '체(體)'는 조짐의 형태를 뜻한다. '정(定)'은 길흉을 판정한다는 뜻이다.

---

1) 『주례』「춘관(春官)·귀인(龜人)」: 龜人; 掌六龜之屬, 各有名物. 天龜曰靈屬, 地龜曰繹屬, 東龜曰果屬, 西龜曰雷屬, 南龜曰獵屬, 北龜曰若屬. 各以其方之色與其體辨之.

疏曰: 尊者視大, 卑者視小.

소에서 말하길, 존귀한 자는 큰 것을 살펴보고, 미천한 자는 작은 것을 살펴본다.

近按: 此一節與上下文不相蒙. 意者以上文言年不順成, 君大夫貶損之事, 以見其遇天災之變, 而恐懼脩有考卜命龜, 以聽於神之意也歟.

내가 살펴보니, 이 문단은 앞뒤 문맥과 서로 연결되지 않는다. 학자들에 따라서는 앞 문장에서 그 해에 흉년이 들었다고 언급하며, 군주와 대부가 검소하게 처신하는 일들을 언급하였는데, 이를 통해 하늘의 재앙이라는 변고를 당하여 두려워하며 점을 쳐서 신의 의중을 듣는다는 것을 드러낸 것이라 여긴다.

君羔幦[覓]虎犆[直], 大夫齊車, 鹿幦豹犆, 朝車·士齊車, 鹿幦
豹犆.〈012〉

군주의 제거에는 새끼양의 가죽으로 식의 덮개를['幦'자의 음은 '覓(멱)'이
다.] 만들고, 가장자리에는['犆'자의 음은 '直(직)'이다.] 호랑이 가죽을 댄다.
대부의 제거에는 사슴의 가죽으로 식의 덮개를 만들고, 가장자리에는
표범의 가죽을 댄다. 대부의 조거와 사의 제거에는 사슴가죽으로 식의
덮개를 만들고, 가장자리에는 표범의 가죽을 댄다.

幦者, 覆軾之皮. 犆, 緣也. 君之齊車, 以羔皮覆軾而緣以虎皮. 朝
車, 亦謂大夫之朝車. 以下文兩言齊車, 故知上爲君齊車也.

'멱(幦)'은 수레의 식을 덮는 가죽이다. '직(犆)'은 가장자리에 대는 가죽
을 뜻한다. 군주의 제거에는 새끼양의 가죽으로 식의 덮개를 만들고, 가
장자리는 호랑이 가죽을 댄다. 조거(朝車)[1]는 또한 대부의 조거를 뜻한
다. 아래구문에서는 두 차례 제거에 대해 기록했기 때문에, 앞에 나온
것이 군주의 제거에 대한 내용임을 알 수 있다.

近按: 此節文有脫誤, "君"字下亦當有"齊車"二字. 舊說謂下文兩言
齊車, 故知上爲君齊車也, 朝車亦謂大夫之車. 愚按此因上文大夫
車馬, 而兼言君以下之車飾也. 朝車二字, 文意不屬, 疑當在君字之
下, 而誤見於此. 蓋君言朝車大夫士言齊車, 以互見也歟.

---

1) 조거(朝車)는 고대에 군주와 신하가 조회를 하거나 연회를 할 때, 출입하며 타는
   수레를 뜻한다.

내가 살펴보니, 이 문단에는 잘못하여 누락된 글자가 있으니, '군(君)'자 뒤에도 마땅히 '제거(齊車)'라는 두 글자가 있어야 한다. 옛 학설에서는 뒤의 문장에서 두 차례 제거를 언급하였기 때문에 앞의 것이 군주의 제거임을 알 수 있다고 했고, 조거는 또한 대부의 수레라고 했다. 내가 생각하기에 이 문장은 앞에서 대부의 수레와 말을 언급한 것에 따라서 군주로부터 그 이하의 계층이 수레에 하는 장식을 함께 언급한 것이다. 그리고 '조거(朝車)'라는 두 글자는 문맥이 연결되지 않으니, 아마도 '군(君)'자 뒤에 있어야 하는데 잘못하여 이곳에 기록된 것이다. 즉 군주에 대해서는 조거를 언급하고 대부와 사에 대해서는 제거를 언급하여, 상호 그 뜻을 드러내게 했던 것이다.

君子之居恒當戶, 寢恒東首[去聲]. 若有疾風迅雷甚雨, 則必變,
雖夜必興, 衣服冠而坐.〈013〉

군자는 평상시 거처하며 항상 호를 마주하며 머물고, 잠자리에서는 항
상 머리를['首'자는 거성으로 읽는다.] 동쪽으로 둔다. 만약 질풍이나 번개,
폭우 등이 발생하면, 반드시 몸가짐을 바꾸니, 비록 한밤중이라 하더라
도, 반드시 일어나서 의복과 관을 차려입고 정좌를 한다.

向明而居, 順生氣而臥, 敬天威而變, 凡知禮者皆當如是, 不但有位
者也, 故以君子言.

밝은 쪽을 향하여 거처하고, 생장하는 기운에 따라서 누우며, 하늘의 위
엄을 공경하여 몸가짐을 바꾸니, 무릇 예를 알고 있는 자라면 모두 이처
럼 해야 하는 것이지, 단지 지위를 가진 자만이 이처럼 하는 것은 아니
다. 그렇기 때문에 '군자(君子)'라고 말한 것이다.

近按: 此言上下通行之禮, 君子者, 有德位之通稱也.

내가 살펴보니, 이것은 상하 계층에게 통행되는 예법을 말한 것이며, '군
자(君子)'는 덕과 지위를 갖춘 자를 통칭하는 말이다.

日五盥, 沐稷而靧[悔]粱, 櫛用樿[展]櫛, 髮晞用象櫛, 進機[暨]進
羞, 工乃升歌.〈014〉

날마다 다섯 차례 손을 씻고, 머리를 감을 때에는 차기장 씻은 물을 이
용하며, 세면을['靧'자의 음은 '悔(회)'이다.] 할 때에는 조 씻은 물을 이용한
다. 젖은 머리를 빗을 때에는 백목으로['樿'자의 음은 '展(전)'이다.] 만든 빗
을 이용하고, 마른 머리를 빗을 때에는 상아로 만든 빗을 이용하며, 머
리를 감은 뒤 마시는 술과['禨'자의 음은 '暨(기)'이다.] 음식을 진설하면, 악
공은 곧 당으로 올라가서 노래를 부른다.

盥, 洗手也. 沐稷, 以淅稷之水洗髮也. 靧粱, 以淅粱之水洗面也. 樿
櫛, 白木梳也. 晞, 乾也. 象櫛, 象齒梳也. 髮濕則滑, 故用木梳; 乾則
澁, 故用象櫛也. 沐而飲酒曰禨. 羞, 則籩豆之實也. 工乃升堂以琴
瑟而歌焉. 旣克之以和平之味, 又感之以和平之音, 皆爲新沐氣虛,
致其養也.

'관(盥)'자는 손을 씻는다는 뜻이다. '목직(沐稷)'은 차기장 씻은 물로 머
리를 감는다는 뜻이다. '회량(靧粱)'은 조 씻은 물로 얼굴을 씻는다는 뜻
이다. '전즐(樿櫛)'은 백목으로 만든 빗이다. '희(晞)'자는 "마르다."는 뜻
이다. '상즐(象櫛)'은 상아로 만든 빗이다. 머리카락이 젖으면 매끈하기
때문에, 나무로 만든 빗을 이용하는 것이며, 머리카락이 마르면 푸석거
리기 때문에, 상아로 만든 빗을 이용하는 것이다. 머리를 감고서 술을
마시는 것을 '기(禨)'라고 부른다. '수(羞)'는 변과 두에 담아낸 음식이다.
악공은 곧 당에 올라가서, 금슬을 타며 노래를 부른다. 이미 화평한 맛
으로 배를 채웠는데, 또한 화평한 소리로 감상을 하니, 이 모두는 새로
이 머리를 감아서 기운이 비게 되었으므로, 봉양의 도리를 지극히 하는
것이다.

浴用二巾, 上絺下綌[去逆反]. 出杅[于]履蒯[快]席, 連[讀爲湅力甸反]
用湯, 履蒲席, 衣[去聲]布晞身, 乃履進飮.〈015〉

목욕을 할 때에는 두 가지 수건을 사용하니, 상체는 치를 이용해서 닦
고, 하체는 격을['綌'자는 '去(거)'자와 '逆(역)'자의 반절음이다.] 이용해서 닦는
다. 목욕통에서['杅'자의 음은 '于(우)'이다.] 나와 괴석을['蒯'자의 음은 '快(쾌)'
이다.] 밟고 서서, 뜨거운 물을 이용해서 발을 씻고['連'자는 '湅'자로 풀이하
니, '力(력)'자와 '甸(전)'자의 반절음이다.] 그런 뒤에는 포석을 밟고 서서 포
를 걸쳐서['衣'자는 거성으로 읽는다.] 몸을 말리며, 그런 뒤에는 신발을 신
고 나아가서 술을 마신다.

杅, 浴盤也. 履, 踐也. 蒯席, 蒯草之席也. 湅, 洗也. 履蒯席之上, 而
以湯洗其足垢, 然後立於蒲席, 而以布乾潔其體, 乃著屨而進飮也.

'우(杅)'자는 목욕통을 뜻한다. '이(履)'자는 "밟는다."는 뜻이다. '괴석(蒯
席)'은 괴초로 짠 자리이다. '연(湅)'자는 "씻다."는 뜻이다. 괴석 위에 서
서 끓인 물을 이용해서 발의 때를 씻어내고, 그런 뒤에 포석 위에 서고,
포를 이용해서 신체를 말리고, 그런 뒤에는 곧 신발을 착용하여 나아가
술을 마시는 것이다.

近按: 此言沐浴之事, 亦上下之通禮也. 然以工乃升歌觀之, 則亦主
貴者而言也. 櫛用樿櫛, 髮晞用象櫛者, 舊說以爲髮濕則滑, 故用木
櫛, 乾則澀, 故用象櫛. 愚恐未然. 髮晞者, 非謂沐前之髮乾, 乃言沐
後去水而晞也. 下文衣布晞身, 亦謂浴後去身之水也. 方沐之初以
髮未理而澀, 故用木梳, 恐或橈折也. 及其水去而晞, 髮已理而滑,
故用象梳, 輕木而重象也.

내가 살펴보니, 이것은 목욕에 대한 사안을 언급한 것으로, 이 또한 상하 계층에게 통용되는 예법이다. 그런데 악공이 당상으로 올라가서 노래를 부른다고 한 말로 살펴본다면, 이 또한 존귀한 계층을 위주로 말한 것이다. 젖은 머리를 빗을 때에는 백목으로 만든 빗을 이용하고, 마른 머리를 빗을 때에는 상아로 만든 빗을 이용하는 것에 대해서, 옛 학설에서는 머리카락이 젖으면 매끄럽기 때문에 나무로 만든 빗을 이용하는 것이며, 마르면 푸석거리기 때문에 상아로 만든 빗을 이용하는 것이라고 했다. 내가 생각하기에는 그렇지 않은 것 같다. '발희(髮晞)'라는 것은 머리를 감기 이전에 머리카락이 마른 상태를 뜻하는 것이 아니니, 머리를 감고 물기를 제거한 이후에 마른 것을 의미한다. 아래문장에서 몸에 포를 걸쳐서 몸을 말린다고 했던 것 또한 목욕을 한 이후에 몸에 있는 물기를 제거한다는 뜻이다. 머리를 감으려고 할 때 초반에는 머리카락이 정돈되지 않고 껄끄럽기 때문에 나무로 만든 빗을 이용하는 것인데, 휘거나 부러질 것을 염려했기 때문이다. 그리고 물기를 제거하여 마르게 되면 머리카락이 이미 정돈되고 매끄럽기 때문에 상아로 만든 빗을 이용하는 것이니, 나무로 만든 것은 덜 중요하게 여기고 상아로 만든 것을 중요하게 여기기 때문이다.

將適公所, 宿齊戒, 居外寢, 沐浴. 史進象笏, 書思對命.〈016〉

대부가 군주가 계신 장소로 가게 되면, 하루 전에 재계를 하고, 외침에 머물며, 목욕을 한다. 대부에게 소속된 사는 상아로 만든 홀을 바치니, 이것을 통해서 생각한 것, 대답할 것, 명령한 것 등에 대해 기록한다.

集說

大夫之有史, 蓋掌文史之事耳, 非史官之比也. 思, 謂意所思念欲告君之事. 對, 謂君若有問則對答之辭. 命, 謂君所命令當奉行者. 此三者, 皆書之於笏, 故曰書思對命. 皆謂敬謹之至, 恐或遺忘也.

대부는 사라는 관리를 휘하에 두고 있는데, 무릇 문서 기록 등의 사안을 담당할 따름이니, 사관에 비견되는 자가 아니다. '사(思)'자는 마음으로 생각하여 군주에게 아뢰고자 하는 사안을 뜻한다. '대(對)'자는 군주가 만약 하문을 하게 되면 대답해야 할 말을 뜻한다. '명(命)'자는 군주가 명령을 하여 마땅히 시행해야 하는 것을 뜻한다. 이 세 가지 것들은 모두 홀에 기록한다. 그렇기 때문에 "생각한 것, 대답할 것, 명령한 것에 대해서 기록한다."라고 말한 것이다. 이 모든 조치들은 공경하고 삼가는 것을 지극히 하는 것을 뜻하니, 아마도 놓치거나 잊은 것이 있게 될까를 염려했기 때문이다.

經文

旣服, 習容觀[去聲]玉聲乃出, 揖私朝煇如也, 登車則有光矣.〈017〉

대부가 조복을 차려입으면, 군주 앞에서 시행해야 하는 용모 및 위엄스러운 행동거지와 ['觀'자는 거성으로 읽는다.]패옥의 소리 등에 대해 연습하고 나가며, 자기 집의 사조(私朝)[1]에서 가신과 읍을 하는데, 용모와 단정함이 훌륭하게 나타나며, 수레에 타게 되면 더욱 훌륭하게 나타난다.

集說

旣服, 著朝服畢也. 容觀, 容貌儀觀也. 玉聲, 佩王之聲也. 楫私朝, 與其家臣楫而往朝干君也. 煇與光, 皆言德容發越之盛, 光則又盛於煇矣.

'기복(旣服)'은 조복 착용하는 일이 끝났다는 뜻이다. '용관(容觀)'은 용모와 위엄스러운 행동거지를 뜻한다. '옥성(玉聲)'은 패옥의 소리를 뜻한다. "사조에서 읍을 한다."는 말은 그의 가신과 함께 읍을 하고 찾아가서 군주에게 조회를 한다는 뜻이다. '휘(煇)'자와 '광(光)'자는 덕성에 따른 용모와 단정함이 융성함을 뜻하는데, '광(光)'은 또한 '휘(煇)'보다도 융성한 것이다.

淺見

近按: 此言大夫之禮, 蓋上言沐浴之事, 此言宿齊戒. 凡齊宿者, 必先沐浴也.

내가 살펴보니, 이것은 대부의 예법을 언급한 것인데, 앞에서는 목욕의 사안을 언급했고, 이곳에서는 머물며 재계하는 것을 언급하였다. 재계하고 머물 때에는 반드시 그보다 앞서 목욕을 해야하기 때문이다.

---

1) 사조(私朝)는 가조(家朝)와 같은 말이다. 대부(大夫)가 자신의 가(家)에 갖추고 있는 조정으로, 이곳에서 업무를 집행한다. 국가의 공적인 업무를 처리하는 군주의 조정과 대비가 되므로, '사조'라고 부르는 것이다. 대부는 통치 단위가 가(家)이므로, 대부가 가지고 있는 조정을 '가조'라고 부르는 것이다.

天子搢[薦]珽[他頂反], 方正於天下也.〈018〉

천자는 정을['珽'자는 '他(타)'자와 '頂(정)'자의 반절음이다.] 허리에 꼽으니['搢'
자의 음은 '薦(진)'이다.] 천하에 방정함을 드러내기 위해서이다.

搢, 揷也. 珽, 亦笏也. 卽王人所謂大圭長三尺者是也. 以其挺然無
所詘, 故謂之珽. 蓋以端方正直之道示天下也.

'진(搢)'자는 "꽂는다."는 뜻이다. '정(珽)' 또한 홀을 뜻한다. 즉『주례』
「옥인(玉人)」편에서 대규는 그 길이를 3척으로 만든다고 한 것[1])에 해당
한다. 곧게 뻗어 있고 둥글게 된 것이 없기 때문에, '정(珽)'이라고 부르
는 것이다. 단정하고 방정하며 정직한 도를 천하에 드러내는 것이다.

諸侯荼[舒], 前詘[屈]後直, 讓於天子也.〈019〉

제후는 서를['荼'자의 음은 '舒(서)'이다.] 꼽으니, 전면은 둥글게['詘'자의 음은
'屈(굴)'이다.] 하고 후면은 곧게 한다. 이처럼 하는 이유는 천자에 대해
겸양하기 때문이다.

荼者, 舒遲之義. 前省所畏, 則其進舒遲. 諸侯之笏前詘者, 圓殺其

---

1) 『주례』「동관고공기(冬官考工記)·옥인(玉人)」: 大圭長三尺, 杼上, 終葵首,
天子服之.

首也; 後直者, 下角正方也. 以其讓於天子, 故殺其上也.

'서(茶)'라는 것은 여유가 있고 침착하다는 뜻이다. 앞에 외경해야 할 대상이 있다면, 나아갈 때에는 느긋하고 천천히 해야 한다. 제후의 홀에 있어서, '전굴(前詘)'이라는 것은 원형으로 그 머리 부분을 깎는 것이며, '후직(後直)'이라는 것은 아래는 각을 지게 하여 정사각형을 만든다는 뜻이다. 천자보다 겸양하기 때문에 윗부분을 깎는 것이다.

經文

大夫前詘後詘, 無所不讓也.⟨020⟩

대부가 꼽는 홀은 전면과 후면을 모두 둥글게 만드니, 겸양을 하지 않는 경우가 없기 때문이다.

集說

大夫上有天子, 下有己君, 故笏之下角亦殺而圜, 示無所不讓也.

대부에게 있어서 가장 정점에는 상급자인 천자가 있고, 그 다음으로는 자신이 섬기는 군주가 있다. 그렇기 때문에 홀의 아랫부분에 각을 낼 때에도 깎아서 원형으로 만드는 것이니, 겸양을 하지 않는 바가 없음을 드러내기 위해서이다.

淺見

近按: 此言天子 · 諸侯 · 大夫笏形不同之制, 蓋因上文史進象笏之言, 而記此以見其形制之有等也.

내가 살펴보니, 이것은 천자 · 제후 · 대부의 홀에 있어서 그 모습을 동일하지 않게 하는 제도를 언급한 것인데, 앞 문장에서 사가 상아로 만든 홀을 바친다고 한 말에 연유하여, 이러한 사실을 기록해서 그 형태와 제작방법에 있어서 등급에 따른 차등이 있었음을 드러낸 것이다.

侍坐則必退席, 不退則必引而去君之黨.〈021〉

군주를 모시고 앉을 때에는 반드시 자리를 물려서 측면에 있는 별도의
자리로 나아가서 앉는다. 만약 물러갈 수 없는 상황이라면, 반드시 그
자리를 피하여 군주의 친족이 앉아있는 자리 밑에 앉는다.

集說

臣侍君之坐, 若側旁有別席, 則退就別席. 或旁無別席可退, 或有席
而君不命之退, 則當引而却離, 坐於君親黨之下也.

신하가 군주를 모시고 앉을 때, 만약 측면에 별도의 자리가 있다면, 물
러나서 별도의 자리로 나아가 앉는다. 혹여 측면에 물러나서 앉을 수
있는 별도의 자리가 없거나 혹은 자리가 있지만 군주가 물러나라는 명
령을 내리지 않았다면, 마땅히 그 자리를 피하여 서로 거리를 두니, 군
주와 관계가 가까운 자들이 앉는 자리 밑에 자리를 잡고 앉는다.

淺見

近按: 之當訓往. 黨, 同類也. 言雖不退, 亦須違去君側, 而往從臣之
同輩者之坐也.

내가 살펴보니, '지(之)'자는 마땅히 간다는 뜻으로 풀이해야 한다. '당
(黨)'자는 같은 부류를 뜻한다. 비록 물러나지 않더라도 군주의 측면과
멀리 거리를 벌려서 같은 부류의 신하 무리들이 있는 곳을 따라 앉아야
한다는 의미이다.

登席不由前爲躐席.〈022〉

자리에 오를 때에는 앞으로 오르지 않으니, 엽석이 되기 때문이다.

疏曰: 失節而踐爲躐席. 應從下升, 若由前升, 是躐席也.

소에서 말하길, 예의범절을 어겨서 자리를 밟는 것을 '엽석(躐席)'이라고
한다. 따라서 마땅히 뒤로부터 올라가야 하니, 만약 앞으로 올라가게 되
면 자리를 밟게 된다.

陳氏曰: 行禮之時, 人各一席, 而相離稍遠, 固可從下而升. 若布席
稍密, 或數人共一席, 則必須由前乃可得己之坐. 若不由前, 則是躐
席矣.

진씨가 말하길, 예를 시행할 때, 사람들은 각각 하나의 자리를 차지하고
앉으며, 서로의 거리를 조금 벌리게 되므로, 진실로 뒤로부터 올라갈 수
있는 것이다. 만약 자리를 펼 때 촘촘하게 깔거나 혹은 여러 사람이 하
나의 자리에 앉게 된다면, 반드시 앞으로부터 올라가야만 자신의 자리
에 앉을 수 있다. 만약 앞을 통해서 자리에 오르지 않는다면, 이것은 엽
석이 된다.

近按: 從孔疏, 則"爲"字去聲, 從陳氏, 則"爲"字平聲. 陳說近是.

내가 살펴보니, 공영달의 소에 따른다면 '위(爲)'자는 거성으로 읽어야
하고, 진호의 주장에 따른다면 '위(爲)'자는 평성으로 읽어야 한다. 진호
의 주장이 정답에 가깝다.

徒坐不盡席尺.〈023〉

도좌를 할 때에는 자리 앞을 다 채우지 않고, 1척 정도를 남겨둔다.

集說

徒, 空也. 非飮食及講問之坐爲徒坐. 不盡席之前一尺, 示無所求於
前也.

'도(徒)'자는 "비다."는 뜻이다. 음식을 먹거나 강학을 하는 자리가 아니
라면, 도좌를 한다. 즉 자리 앞을 다 채우지 않고, 1척 정도를 남겨두니,
앞에서 구하는 바가 없음을 드러내기 위해서이다.

經文

讀書食[句], 則齊豆去席尺.〈024〉

독서를 하거나 음식을 먹게 되면[食'자에서 구문을 끊는다.] 자리 앞에 두와
책 등을 놓게 되니, 그것들을 놓는 자리는 자리와 1척 정도 떨어지게
둔다.

集說

石梁王氏曰: 食則豆去席尺, 讀書則與豆齊, 亦去席尺, 是謂齊豆去
席尺.

석량왕씨가 말하길, 음식을 먹게 되면 두를 자리와 1척 정도 벌려서 진
설하고, 독서를 하게 된다면 두를 진설한 곳과 동일한 장소에 책을 두
니, 이때에도 책과 자리의 거리를 1척 정도 벌린다. 이것이 바로 "두와

가지런히 하여 자리의 거리를 1척 벌린다."는 뜻이다.

近按: 此言旣適君所侍坐之禮. 讀書, 亦謂侍君而講讀也. 其登席 ·
徒坐 · 讀書 · 食等事, 非唯君所, 施於師友之間, 亦當通行者也. 故
其下又特言賜食, 以明之也.

내가 살펴보니, 이것은 군주가 계신 장소에 이미 찾아가서 시중을 들며
앉아있을 때의 예법을 말한다. '독서(讀書)'라는 것 또한 군주를 시중들
며 강독할 때를 뜻한다. 자리에 오르고 도좌를 하며 독서를 하고 음식을
먹는 등의 사안은 군주가 계신 장소에서만 그렇게 하는 것이 아니며, 사
우 사이에서도 통용해서 시행하는 것들이다. 그렇기 때문에 뒤에서는
재차 은혜를 베풀어 식사를 한다는 내용을 특별히 언급하여, 그 사실을
밝힌 것이다.

經文

若賜之食而君客之, 則命之祭然後祭, 先飯[上聲]辯[編]嘗羞, 飲而俟.〈025〉

만약 군주가 식사를 함께 하도록 은혜를 베풀고, 군주가 빈객에 대한 예법으로 대우한다면, 군주가 음식에 대한 제사를 지내라고 명령을 내린 뒤에야 제사를 지내며, 먼저 음식을 맛보니['飯'자는 상성으로 읽는다.] 음식들에 대해서 두루['辯'자의 음은 '編(편)'이다.] 맛을 보며, 음료를 마셔서 입을 헹구고 난 뒤에 군주가 식사를 시작할 때까지 기다린다.

集說

客之, 以客禮待之也. 然必命之祭然後祭者, 不敢以客禮自居也. 先食而徧嘗諸味, 亦示臣爲君嘗食之禮也. 飲而俟者, 禮食未飱以前, 啜飲以利滑喉中, 不令澁噎. 今君猶未飱, 故臣亦不敢飱而先嘗羞, 嘗羞畢而啜飲以俟君飱, 臣乃敢飱也.

'객지(客之)'는 빈객에게 베푸는 예법에 따라 대우한다는 뜻이다. 그러나 반드시 음식에 대한 제사를 지내라고 명령을 내린 뒤에야 제사를 지내는 것은 감히 빈객에 대한 예법으로 자처할 수 없기 때문이다. 먼저 음식을 먹으며 여러 음식들을 두루 맛보는 것 또한 신하가 군주를 위해서 음식을 맛보는 예를 나타내기 위해서이다. '음이사(飲而俟)'는 예사를 할 때, 아직 식사를 하기 이전에 음료를 마셔서 입안을 깔끔하게 하며 껄끄럽거나 목이 메지 않도록 하는 것이다. 현재의 상황은 군주가 아직 식사를 하기 이전이다. 그렇기 때문에 신하 또한 감히 식사를 본격적으로 시작하지 못하고, 우선적으로 음식들의 맛을 보니, 음식 맛보는 일이 끝나면 음료를 마시고 군주가 식사를 시작할 때까지 기다린 뒤에야, 신하도 곧 식사를 할 수 있다.

經文

若有嘗羞者, 則俟君之食然後食, 飯[上聲]飲而俟. 君命之羞, 羞近者, 命之品嘗之, 然後唯所欲. 凡嘗遠食, 必順近食.〈026〉

만약 음식을 맛보는 자가 따로 있다면, 군주가 식사를 시작할 때까지 기다린 뒤에야 식사를 하니, 먼저 음료를 마신['飯'자는 상성으로 읽는다.] 뒤에 기다린다. 군주가 음식에 대해서 맛을 보라고 명령을 내리면, 가까이에 있는 음식 한 종류만을 맛보고, 군주가 음식들에 대해서 두루 맛을 보라고 명령을 한 이후에는 자신이 먹고 싶은 것을 맛보게 된다. 그러나 모든 경우에 있어서 멀리 있는 음식을 맛보기 위해서는 반드시 가까이에 있는 음식부터 맛보기 시작한다.

集說

此謂君但賜之食, 而非客之者, 則膳宰自嘗羞, 故云若有嘗羞者. 此臣旣不祭不嘗, 則俟君食乃食也. 雖不嘗羞, 亦先飲, 飲以利喉而俟君也. 羞近者, 但於近處食一羞也. 品, 猶徧也. 凡嘗遠食, 必自近者始, 客與不客皆然, 故云凡也.

이 내용은 군주가 단지 식사를 하도록 은혜를 베풀고, 빈객으로 대우하지 않았을 경우를 뜻하니, 이러한 경우라면 선재가 직접 음식들을 맛보게 된다. 그렇기 때문에 "만약 음식을 맛보는 자가 있다면"이라고 말한 것이다. 이때의 신하는 이미 음식에 대한 제사를 지내지 않고 음식을 맛보지도 않으니, 군주가 식사를 시작하길 기다린 뒤에야 식사를 하게 된다. 비록 음식에 대해서 맛을 보지 않지만, 또한 먼저 음료를 마시니, 음료를 마셔서 입안을 헹구고 군주가 식사하기를 기다린다. '수근(羞近)'이라는 말은 단지 가까운 곳에 있는 한 가지 음식만을 먹어본다는 뜻이다. '품(品)'자는 두루라는 뜻이다. 모든 경우에 있어서 멀리 있는 음식을 맛볼 때에는 반드시 가까운 곳에 있는 음식부터 맛보기 시작하니, 빈객으로 대우하거나 그렇지 않을 때에도 모두 이처럼 한다. 그렇기 때문에 모두라고 말한 것이다.

君未覆手, 不敢飱[孫]; 君旣食, 又飯[上聲]飱. 飯飱者, 三飯也. 君旣徹, 執飯[去聲]與醬乃出授從者.〈027〉

군주가 식사를 마치며 손으로 입을 가리고 문지르지 않았다면, 감히 밥에 물을 말지['飱'자의 음은 '孫(손)'이다.] 않는다. 군주가 식사를 마치면 또한 밥에 물을 말아서 먹는다.['飯'자는 상성으로 읽는다.] 밥에 물을 말아서 먹을 때에는 세 차례 물을 말게 된다. 군주가 식사를 끝내고 음식들을 치우게 되면, 직접 밥그릇과['飯'자는 거성으로 읽는다.] 장을 담았던 그릇을 들고, 밖으로 나가서 종자에게 건넨다.

覆手者, 謂食畢而覆手以循口之兩旁, 恐有殽粒汚著之也. 飱, 以飮澆飯也. 禮食竟, 更作三飱以助飽實, 故君未覆手, 則臣不敢飱, 明不敢先君而飽也. 旣, 猶畢也. 君畢食, 則臣更飯飱也. 三飯竝是飱, 謂三度飱也. 故曰飯飱者三飯也. 君食意, 旣徹饌, 臣乃自執己之飯與醬出授己之從者, 此食己所當得故也. 此非客禮, 故得以己饌擁從者, 故公食大夫禮, 賓取粱與醬降奠于堂西, 不以出也. 若非君臣, 但是降等者, 則徹之以授主人之相者. 故曲禮云: "徹飯齊以授相者也."

'부수(覆手)'는 식사가 끝나서 손으로 입을 가리고 입의 양쪽 주변을 문지르는 것이니, 고기의 살점이나 밥알 등 더러운 것들이 붙어 있을까를 염려하기 때문이다. '손(飱)'은 물을 밥에 만 것이다. 예법에 따르면, 식사가 끝날 때, 다시금 세 차례 손을 하여 포만감이 들도록 한다. 그렇기 때문에 군주가 아직 손으로 입을 가리지 않았다면, 신하는 감히 손을 하지 못하는 것이니, 감히 군주보다 먼저 포만하게 먹을 수 없음을 나타내기 위해서이다. '기(旣)'자는 "마치다."는 뜻이다. 군주가 식사를 마치면 신하는 다시금 밥에 대해서 손을 한다. '삼반(三飯)' 또한 손에 해당하니, 세 차례 손을 하는 것이다. 그렇기 때문에 밥에 대해서 손을 하며 삼반(三飯)을 한다고 말한 것이다. 군주가 식사를 끝내고 음식들을 치웠다면, 신하는 곧 자신이 먹었던 밥그릇과 장이 담긴 그릇을 직접 들고서 밖으로 나가 자신의 종자에게 건네니, 이 음식들은 자신이 얻은 것에 해당하기 때문이다. 이 내용 또한 빈객의 예법으로 대우하는 경우가 아니다. 그렇기 때문에 자신이 먹었던 음식을 종자에게 건넬 수 있다. 그래서 『의례』「공사대부례(公食大夫禮)」편에서는 빈객이 조밥과 장을 가지고 내려가서 계단의 서쪽에 놓아둔다고 하였던 것이니, 이것을 가지고 밖으로 나갈 수 없기 때문이다. 만약 군주와 신하의 관계가 아니고, 단지 신분의 차등만 있는 경우라면, 음식을 치워서 주인의 의례를 돕는 자에게 건넨다. 그렇기 때문에 『예기』「곡례(曲禮)」편에서는 "밥그릇과 젓갈 등을 치우며 시중을 들던 자에게 건넨다."라고 말한 것이다.

經文

凡侑食不盡食, 食於人不飽, 唯水漿不祭, 若祭爲已僔[虛涉反]卑.〈028〉

무릇 식사를 권유할 때에는 음식들을 모두 먹지 않고, 남에게서 식사를 대접받을 때에는 배가 부르도록 먹지 않으며, 오직 물과 장에 대해서만은 제사를 지내지 않으니, 만약 이것들로 제사를 지내게 된다면, 자신을 너무 억누르고['僔'자는 '虛(허)'자와 '涉(섭)'자의 반절음이다.] 낮추는 꼴이 된다.

食而勸侑, 禮之勤也. 食之不盡與不飽, 禮之謙也. 公食大夫禮, 賓
祭觶漿, 臣敬君之禮, 此言水漿不祭, 禮各有所施也. 水漿非盛饌之
比, 若祭之則爲太傑畢矣. 已, 太也. 傑, 厭也. 謂太厭降卑微, 如有
所畏迫也.

식사를 하며 음식을 더 먹으라고 권유하는 것은 예에 따라 힘쓰는 것이
다. 식사를 하며 음식들을 다 먹지 않고 배가 부르도록 먹지 않는 것은
예에 따라 겸양하는 것이다. 『의례』「공사대부례(公食大夫禮)」편에서는
빈객이 치와 장에 대해 제사를 지낸다고 했는데, 신하가 군주를 공경하
는 예에 해당하고, 이곳에서는 물과 장에 대해서는 제사를 지내지 않는
다고 했는데, 예법에 따라 각각 합당하게 시행한 것이다. 물과 장은 성
찬에 견줄 것이 아니다. 만약 그것으로 제사를 지낸다면, 너무 자신을
낮추는 꼴이 된다. '이(已)'자는 너무라는 뜻이다. '엽(傑)'자는 "억누르
다."는 뜻이다. 즉 너무 자신을 억눌러서 미천하게 낮추는 것이니, 마치
두려워하며 겁내는 것처럼 하는 것이다.

君若賜之爵, 則越席再拜稽首受. 登席祭之飲, 卒爵而俟君卒
爵, 然後授虛爵. 君子之飲酒也, 受一爵而色洒[先典反]如也, 二
爵而言言[聞]斯, 禮已三爵而油油以退. 退則坐取屨, 隱辟[僻]而
後屨, 坐左納右, 坐右納左.〈029〉

군주가 만약 술잔을 하사하게 되면, 자리를 넘어가서 재배를 하고 머리
를 조아린 뒤에 술잔을 받는다. 자리에 올라와서는 받은 술잔을 조금
덜어내어 제사를 지내고, 그런 뒤에 술을 다 마셔서 술잔을 비우고 군
주가 술잔을 비울 때까지 기다리며, 그런 뒤에는 빈 잔을 다시 건넨다.

군자가 술을 마심에 있어서, 첫 번째 잔을 받을 때에는 얼굴빛을 예법에 맞게 엄숙하게['酒'자는 '先(선)'자와 '典(전)'자의 반절음이다.] 하며, 두 번째 잔을 받을 때에는 뜻과 기운이 조화롭고 기뻐하도록['言'자의 음은 '誾(은)'이다.] 하고, 예법에 따르면 세 번째 술잔을 받는 것에서 그치고 유유히 물러난다. 물러나게 되면 무릎을 꿇고서 신발을 들고, 사람들이 보지 못하는 곳으로 간['辟'자의 음은 '僻(벽)'이다.] 이후에 신발을 신는데, 좌측 무릎을 꿇고서 우측 신발을 신고, 우측 무릎을 꿇고서 좌측 신발을 신는다.

集說

洒如, 禮度明肅之貌. 言言, 與誾誾同, 意氣和悅之貌. 已, 止也. 油油, 謹重自得之貌. 坐取屨, 跪而取屨也. 隱辟而后屨, 不敢向人而著屨也. 跪左足而納右足之屨, 跪右足而納左足之屨, 此納屨之儀也.

'선여(洒如)'는 예법에 따른 청명하고 엄숙한 모습을 뜻한다. '은은(言言)'은 은은(誾誾)과 같으니, 뜻과 기운이 온화하고 기뻐하는 모습을 뜻한다. '이(已)'자는 "그치다."는 뜻이다. '유유(油油)'는 신중하며 자득한 모습을 뜻한다. '좌취구(坐取屨)'는 무릎을 꿇고서 신발을 든다는 뜻이다. 보이지 않는 곳에 간 이후에 신발을 신는 것은 감히 다른 사람을 향한 상태에서 신발을 착용할 수 없기 때문이다. 좌측 무릎을 꿇고서 우측 발에 신발을 신는 것이고, 우측 무릎을 꿇고서 좌측 발에 신발을 신는 것이니, 이것은 신발을 신는 의례 규범에 해당한다.

凡尊必尙玄酒. 唯君面尊. 唯饗野人皆酒. 大夫側尊用棜[於據
反], 士側尊用禁.〈030〉

무릇 술동이를 진설할 때에는 반드시 현주를 가장 상등으로 높여서 설
치한다. 오직 군주만이 술동이를 향해서 앉는다. 다만 야인들에게 연회
를 베풀 때에는 현주는 없고 모두 술로만 차린다. 대부가 진설하는 측
준에는 받침대로 어를['棜'자는 '於(어)'자와 '據(거)'자의 반절음이다.] 사용하
고, 사의 측준에는 금을 사용한다.

尊尙玄酒, 不忘古也. 君坐必向尊, 示惠自君出, 而君專之也. 饗野
人, 如蜡祭之飮是也. 禮不下庶人, 唯使之足於味而已, 故一用酒也.
側, 旁側也, 謂設尊在賓主兩楹之間, 旁側夾之, 故云側尊. 棜禁, 見
禮器.

술동이에 있어서 현주를 숭상하는 것은 고대의 예법을 잊을 수 없기 때
문이다. 군주가 앉을 때에는 반드시 술동이를 향해 앉으니, 그 은혜가
군주로부터 나왔고 군주만이 술동이에 대해서 마음대로 할 수 있음을
드러내기 위해서이다. 야인에게 향연을 베푼다는 것은 사제사에서 음주
를 하는 경우와 같은 것이 여기에 해당한다. 예법은 서인들에게까지 적용
되지 않으니, 오직 그들로 하여금 그 맛을 충족시키기만 할 따름이다.
그렇기 때문에 일괄적으로 술만 사용하는 것이다. '측(側)'자는 측면을
뜻하니, 빈객과 주인이 있는 양쪽 기둥 사이에 술동이를 설치하여, 측면
에서 감싸게 한다. 그렇기 때문에 '측준(側尊)'이라고 부르는 것이다. '어
(棜)'와 '금(禁)'에 대해서는 그 설명이 『예기』「예기(禮器)」편에 나온다.

近按: 此上諸節皆言侍君飮食之禮, 而末幷言君·大夫·士用尊之

不同也.

내가 살펴보니, 여기까지의 문단들은 모두 군주를 모시고 술을 먹고 음식을 먹는 예법에 해당하는데, 끝부분에서는 군주·대부·사가 사용하는 술동이가 같지 않음을 함께 언급한 것이다.

始冠[去聲]緇布冠, 自諸侯下達. 冠而敝之可也.〈031〉

관례를 치를 때 처음에는 치포관(緇布冠)을 씌워주니['冠'자는 거성으로 읽는다.] 이것은 제후로부터 그 이하의 계층에게 모두 통용되는 예법이다. 다만 이 관은 현재 사용하지 않는 것이니, 관례를 치른 뒤에 폐지하여 사용하지 않는 것이 옳다.

集說

冠禮初加緇布冠, 諸侯以下通用. 存古故用之, 非時王之制也. 故旣用卽敝, 弃之可矣.

관례를 치를 때, 처음으로 치포관을 씌워주는데, 이것은 제후로부터 그 이하의 계층에게 통용되는 예법이다. 고대의 예법을 보존하였기 때문에 사용하는 것이니, 당시 왕조에서 제정한 제도가 아니다. 그렇기 때문에 사용했다면 곧 폐지하여 사용하지 않는 것이 옳다.

經文

玄冠朱組纓, 天子之冠也. 緇有冠繢[會]緌[蕤], 諸侯之冠也. 玄冠丹組纓, 諸侯之齊[齋]冠也. 玄冠綦[其]組纓, 士之齊冠也.〈032〉

현관에 주색의 끈으로 갓끈을 단 것은 천자가 쓰는 관이다. 치포관에 회유를['繢'자의 음은 '會(회)'이다. '緌'자의 음은 '蕤(유)'이다.] 한 것은 제후가 쓰는 관이다. 현관에 단색의 끈으로 갓끈을 단 것은 제후가 재계를['齊'자의 음은 '齋(재)'이다.] 할 때 쓰는 관이다. 현관에 푸르고 하얀 빛을 내는['綦'자의 음은 '其(기)'이다.] 끈으로 갓끈을 단 것은 사가 재계를 할 때 쓰는 관이다.

集說

天子始冠之冠則玄冠, 而以朱組爲纓. 諸侯雖是緇布冠, 却用雜采
之繢爲纓緌, 爲尊者飾耳, 非古制也. 齊冠, 齋戒時所服者. 諸侯與
士皆玄冠, 但其纓則有丹組綦組之異. 朱, 色紅而明. 丹, 赤色也.
綦, 帛之蒼白如艾色者.

천자의 경우, 관례를 치를 때 처음으로 씌워주는 관은 현관이고, 주색의
끈으로 갓끈을 만든다. 제후는 비록 치포관을 처음으로 쓰게 되지만, 여
러 채색을 섞어 만든 끈으로 영유를 만드니, 존귀한 자를 위해서 장식한
것일 뿐이며, 고대의 제도는 아니다. '재관(齊冠)'은 재계를 할 때 착용
하는 것이다. 제후와 사는 모두 현관을 착용하지만, 영에 있어서는 단색
의 끈을 쓰고, 잡색이 섞인 끈을 사용하는 차이점이 있다. '주(朱)'는 그
색깔이 홍색을 띄며 선명한 것이다. '단(丹)'은 적색을 뜻한다. '기(綦)'는
비단 중 쑥처럼 푸르며 하얀 것을 뜻한다.

經文

縞冠玄武, 子姓之冠也. 縞冠素紕[皮], 旣祥之冠也.〈033〉

호관에 현무를 단 것은 손자가 쓰는 관이다. 호관에 소비를['紕'자의 음은
'皮(피)'이다.] 단 것은 상제를 치른 뒤에 쓰는 관이다.

集說

縞, 生絹也. 武, 冠卷也. 以縞爲冠, 凶服也. 武則玄色, 吉也. 所以
吉凶相半者, 蓋父有喪服, 子不可用純吉, 故曰子姓之冠. 姓, 生也.
孫是子之所生, 故謂之子姓. 素, 熟絹也. 紕, 冠兩邊及卷下畔之緣
也. 縞冠素紕, 謂冠與卷身皆用縞, 但以素緣之耳. 旣祥之冠者, 祥
祭后所服也.

'호(縞)'자는 생사를 뜻한다. '무(武)'는 관의 테두리이다. 생사로 관을 만든 것은 흉복(凶服)1)에 해당한다. 무가 현색인 것은 길한 복장에 해당한다. 길과 흉에 속하는 것을 반반씩 섞은 이유는 무릇 부친이 상복을 착용하고 있다면, 자식은 순전히 길복에 해당하는 것을 착용할 수 없다. 그렇기 때문에 "자성의 관이다."라고 말한 것이다. '성(姓)'자는 "낳다."는 뜻이다. 손자는 자식이 낳은 아들이다. 그렇기 때문에 손자를 '자성(子姓)'이라고 부르는 것이다. '소(素)'자는 정련시킨 명주를 뜻한다. '비(紕)'는 관의 양쪽 측면 및 테두리 밑의 경계지점에 대는 가선이다. 호관에 소비를 달았다는 것은 관과 테두리 몸체를 모두 생사를 사용해서 만들되, 명주를 이용해서 가선을 댄 것을 뜻할 따름이다. 기상의 관이라는 것은 상제(祥祭)2) 이후 착용하는 복식이다.

方氏曰: 爲祖之亡也, 故冠縞以示其凶; 爲父之存也, 故武玄以示其吉. 冠上而武下, 爲祖而縞者, 尊尊於上也; 爲父而玄者, 親親於下也.

방씨가 말하길, 조부가 돌아가셨기 때문에, 호관을 착용하여 흉사를 드러내는 것이며, 부친이 생존해 계시기 때문에, 현무를 대서 길사를 드러내는 것이다. 관은 위에 있고 무는 그 밑에 있으니, 조부를 위해서 호관을 착용하는 것은 위에 대해서 존귀한 자를 존귀하게 여긴다는 뜻을 나타낸 것이며, 부친을 위해서 현무를 대는 것은 밑에 대해서 친근한 자를 친근하게 여긴다는 뜻을 나타낸 것이다.

---

1) 흉복(凶服)은 상복(喪服)과 같은 말이다. 상(喪)을 당한 것은 흉사(凶事)에 해당하므로, 상을 치르며 입는 복장을 '흉복'이라고도 부르는 것이다. 『논어』「향당(鄕黨)」편에는 "凶服者式之."라는 기록이 있고, 이에 대한 하안(何晏)의 『집해(集解)』에서는 공안국(孔安國)의 주장을 인용하여, "凶服, 送死之衣物."이라고 풀이했다.
2) 상제(祥祭)는 대상(大祥)과 소상(小祥) 때의 제사를 뜻한다. '소상'에서의 제사는 부모가 죽은 지 만 1년 만에 지내는 제사이고, 대상(大祥)에서의 제사는 만 2년 만에 지내는 제사이다.

垂緌五寸, 惰游之士也.〈034〉

호관에 소비를 덧대고, 갓끈을 5촌으로 늘어트린 것은 한가롭게 노닐며
생업을 잃은 사의 관이다.

此言縞冠素紕而緌之垂者長五寸, 蓋以其爲惰游失業之士, 使之服
此以恥之耳.

호관에 소비를 대며 유를 늘어트린 길이가 5촌이라고 했는데, 아마도
한가롭게 노닐며 생업을 잃은 사에게 이러한 복장을 착용하게 하여, 수
치스러움을 느끼게 했던 것일 뿐이다.

玄冠縞武, 不齒之服也.〈035〉

현관에 호무를 덧댄 것은 변방으로 내쫓긴 자들이 착용하는 관이다.

不齒, 卽王制所謂不帥敎而屛棄之者. 使之玄冠縞武, 亦以恥辱之.

'불치(不齒)'는 곧 『예기』「왕제(王制)」편에서 말한 가르침에 따르지 않
아서 변방으로 내친 자를 뜻한다. 그들로 하여금 현관에 호무를 덧대게
하는 것 또한 수치스러움을 느끼게끔 하기 위해서이다.

居冠屬[燭]武, 自天子下達, 有事然後緌.〈036〉

한가롭게 거처할 때의 관은 테두리와 연결만[`屬`자의 음은 '燭(촉)'이다.] 시켜두니, 이처럼 하는 것은 천자로부터 그 이하의 모든 계층에게 통용되고, 특별한 일이 있은 뒤에야 갓끈을 단다.

集說

禮服之冠, 則臨著乃合其武, 有儀飾故也. 若燕居之冠, 則冠與武相連, 以非行禮之時, 故率略少威儀也. 此冠無分貴賤皆著之, 故云自天子下達. 凡緌所以致其飾, 故有事乃緌, 無事則否也.

예복에 착용하는 관은 착용할 때가 되어야만 곧 그 테두리를 결합하니, 의례에 따른 꾸밈이 포함되기 때문이다. 만약 한가롭게 거처할 때의 관이라면, 관과 테두리를 서로 연결만 해두니, 의례를 시행하는 때가 아니기 때문에, 간략히 하여 위엄스러운 모습을 적게 나타내는 것이다. 이 관은 신분의 차등과 관계없이 모두 착용한다. 그렇기 때문에 천자로부터 그 이하의 계층에게 통용된다고 말한 것이다. 무릇 유를 다는 것은 장식을 지극히 하는 것이다. 그렇기 때문에 특별한 일이 있은 뒤에야 유를 다는 것이고, 특별한 일이 없다면 달지 않는 것이다.

淺見

近按: 此言自天子至於士所冠同異之制.

내가 살펴보니, 여기에서는 천자로부터 사에 이르기까지 착용하는 관의 제도에 있어 동일한 점과 차이점에 대해 언급한 것이다.

五十不散[上聲]送, 親沒不髦.〈037〉 大帛不緌.〈038〉 1)

50세가 되면, 비로소 쇠약해지기 시작하여 예법대로 갖추지 않으니, 요
질의 마를 늘어트리고['散'자는 상성으로 읽는다.] 상여를 전송하지 않으며,
부모가 돌아가시게 되면, 모의 머리 방식을 하지 않는다. 흉복에 해당
하는 흰 관에는 갓끈을 하지 않는다.

喪禮啓殯以後, 要絰之麻散垂, 葬畢乃絞. 此言五十始衰, 不散麻以
送葬也. 髦, 象幼時翦髮爲鬌之形. 父母在則用之, 故親沒則去此飾.

상례에서 계빈을 한 이후에는 요질의 마를 흩트려 늘어뜨리는데, 장례
를 끝낸 뒤에는 결속한다. 이 내용은 50세가 되면 비로소 쇠약해지기
시작하니, 마를 늘어트린 상태에서 장례 행렬을 전송하지 않는다는 뜻
이다. '모(髦)'는 어린아이 때 머리카락을 깎아서 타의 형태로 만든 것을
본뜬 것이다. 부모가 생존해 계신다면, 이러한 머리모양에 따른다. 그렇
기 때문에 부모가 돌아가시면, 이러한 머리장식을 제거한다.

方氏曰: 大帛, 冠之白者. 凶服去飾, 故不緌也.

방씨가 말하길, '대백(大帛)'은 관 중에서도 백색인 것을 뜻한다. 흉복을
착용할 때에는 장식을 제거한다. 그렇기 때문에 유를 하지 않는 것이다.

近按: 此因上言冠緌之制, 以見凶服去飾而無緌之意. 散送之事, 不
屬於冠, 亦以不髦不緌而類記也.

---

1)『예기』「옥조」 038장 : 大帛不緌. 玄冠紫緌, 自魯桓公始也.

내가 살펴보니, 이것은 앞에서 관과 유의 제도를 언급한 것에 따라서, 흉복에서는 장식을 제거하여 유가 없다는 뜻을 나타낸 것이다. 마를 늘어트리고 전송한다는 사안은 관에 해당하는 것은 아니지만, 이 또한 모의 방식을 하지 않고 갓끈을 하지 않는다고 하여 비슷한 부류로 여겨 기록한 것이다.

玄冠紫綾, 自魯桓公始也.(038) 1)

현관에 자주색의 유를 한 것은 노나라 환공으로부터 시작되었다.

集說

方氏曰: 玄冠之綾不宜用紫色, 爲其非正色也. 後世用之, 則自魯桓公始.

방씨가 말하길, 현관의 유는 마땅히 자주색으로 해서는 안 되니, 그 색깔은 정색(正色)2)이 아니기 때문이다. 후세에는 이것을 사용하였으니, 노나라 환공으로부터 시작된 일이다.

淺見

近按: 此言冠綾失禮之始.

내가 살펴보니, 이것은 관과 유에 있어서 실례를 범한 시초를 언급한 것이다.

---

1) 『예기』 「옥조」 038장 : 大帛不綾. 玄冠紫綾, 自魯桓公始也.
2) 정색(正色)은 간색(間色)과 대비되는 말로, 청색(靑色) · 적색(赤色) · 황색(黃色) · 백색(白色) · 흑색(黑色) 등 순일한 다섯 종류의 색깔을 뜻한다.

朝玄端, 夕深衣.⟨039⟩

대부와 사는 아침에 현단을 착용하고, 저녁에 심의를 착용한다.

前章言夕深衣祭牢肉者, 國君之禮也. 此言朝玄端夕深衣者, 謂大
夫·士在私朝及家朝夕所服也.

앞장에서 저녁식사를 할 때 심의를 착용하고 뇌육으로 제사를 지낸다고
한 것은 제후에게 해당하는 예이다. 이곳에서 아침에 현단을 착용하고
저녁에 심의를 착용한다는 말은 대부와 사가 사조 및 가조에 있을 때,
아침저녁으로 착용하는 복장을 뜻한다.

深衣三袪[嘔], 縫[平聲]齊[咨]倍要[平聲], 衽當旁, 袂可以回肘.
⟨040⟩

심의를 만들 때에는 그 허리부분의 둘레를 소매의 끝단 너비의['袪'자의 음
은 '嘔(구)'이다.] 3배로 만들며, 끝부분을['齊'자의 음은 '咨(자)'이다.] 재봉한['縫'
자는 평성으로 읽는다.] 것은 허리부분의 너비보다['要'자는 평성으로 읽는다.] 2
배로 하고, 연결 부분을 꿰맨 것은 양쪽 측면으로 오도록 하며, 상의와 연
결시키는 소매부분은 팔을 그 안에서 돌릴 수 있도록 넓게 만든다.

袪, 袖口也, 尺二寸, 圍之爲二尺四寸. 要之廣三, 其二尺四寸, 則七

尺二寸也. 故云三袪. 齊者, 裳之下畔. 要爲裳之上畔, 縫濟倍要者, 謂縫下畔之廣一丈四尺四寸, 是倍要之七尺二寸也. 衽, 裳交接之處也. 在身之兩旁, 故云衽當旁. 袂, 袖之連衣者也, 上下之廣二尺二寸, 肘長尺二寸, 故可以回肘也.

'거(袪)'자는 소매의 입구를 뜻하니, 1척 2촌의 길이이며, 둘러서 2척 4촌으로 만든다. 허리의 너비는 3배로 하니, 소매의 입구가 2척 4촌이라면, 7척 2촌이 된다. 그렇기 때문에 "거의 3배로 한다."라고 말한 것이다. '자(齊)'는 하의의 하단부 끝부분을 뜻한다. 허리 부분은 하의의 상단부 끝부분이 되는데, '봉자배요(縫齊倍要)'라는 말은 하단부 끝부분의 너비를 1장 4척 4촌으로 꿰맨다는 뜻으로, 이것은 곧 허리둘레인 7척 2촌의 2배가 된다는 의미이다. '임(衽)'은 하의 중 서로 겹쳐지는 부분을 뜻한다. 몸의 양쪽 측면에 놓이게 되므로, "임은 측면에 닿는다."라고 말한 것이다. '메(袂)'는 소매가 상의와 연결된 부분으로, 상하의 너비가 2척 2촌이며, 팔꿈치의 길이는 1척 2촌이므로, 그 안에서 팔꿈치를 돌릴 수 있는 것이다.

經文

長中繼揜尺, 袷[겁]二寸, 袪尺二寸, 緣[去聲]廣[去聲]寸半.〈041〉

장의와 중의는 소매의 끝부분에 천을 덧대길 1척 정도 하고, 목 뒤의 옷깃은['袷'자의 음은 '袪(겁)'이다.] 2촌이며, 소매의 통은 1척 2촌으로 하고, 가선의['緣'자는 거성으로 읽는다.] 너비는['廣'자는 거성으로 읽는다.] 1.5촌으로 한다.

集說

長中者, 長衣·中衣也. 與深衣制同而名異者, 著於內則曰中衣, 蓋

著在朝服或祭服之內也; 著於外則曰長衣, 以素爲純緣者也. 雜記
云: "練冠長衣以筍". 註云: "深衣之純以素者也. 若凶服之純以布者,
則謂之麻衣." 繼掩尺者, 幅廣二尺二寸, 以半幅繼續袂口, 而掩覆一
尺也. 袷, 曲領也. 其廣則二寸.

'장중(長中)'이라는 말은 장의(長衣)[1]와 중의를 뜻한다. 심의와 만드는
제도가 동일하지만 명칭이 다른데, 그 이유는 안쪽에 착용하면 그 옷을
'중의(中衣)'라 부르니, 무릇 조복이나 제복 안에 입는 것이고, 겉에 착용
하면 그 옷을 '장의(長衣)'라 부르니, 백색의 명주로 가선을 댄 것이다.
『예기』「잡기(雜記)」편에서는 "연관과 장의를 착용하고 시초점을 친다."
고 했고, 정현의 주에서는 "심의의 가선을 백색의 명주로 한 것이다. 마
약 흉복처럼 가선을 포로 단다면, 이것은 '마의(麻衣)'라고 부른다."라고
했다. '계엄척(繼掩尺)'이라는 말은 폭의 너비가 2척 2촌인데, 반폭을 소
매의 입구와 연결시키고, 1척을 덮는다는 뜻이다. '겁(袷)'자는 굽은 옷
깃을 뜻하니, 그 너비는 2촌이 된다.

淺見

黃氏曰: 以半幅繼續袂口, 比深衣袖, 多長一尺, 以掩覆於外也. 祛,
袂口也. 尺二寸, 言袂口之廣也.

황씨가 말하길, 반폭을 소매의 입구에 연결하게 되면 심의의 소매와 비
교했을 때 1척이 더 길어서 겉을 가리고 덮을 수 있다. '거(祛)'은 소매
의 입구이다. 1척 2촌이라는 것은 소매 입구의 너비를 뜻한다.

---

1) 장의(長衣)는 고대의 귀족들이 상중에 착용하는 순백색의 포로 된 옷이다. 『의례』
「빙례(聘禮)」편에는 "遭喪將命於大夫, 主人長衣練冠以受."라는 기록이 있는
데, 이에 대한 정현의 주에서는 "長衣, 純素布衣也."라고 풀이했다.

以帛裏布, 非禮也.〈042〉

포로 만든 겉옷을 입었는데 비단으로 된 옷을 그 안에 입는 것은 비례이다.

外服是布, 則不可用帛爲中衣以裏之, 謂不相稱也. 冕服是絲衣, 皮弁服 · 朝服 · 玄端服是麻衣, 皆十五升布. 凡裏各如其服.

겉옷이 포로 만든 옷이라면, 비단으로 중의를 만들어서 그 안에 입을 수 없으니, 서로 대칭이 되지 않는다는 의미이다. 면복은 생사로 만든 옷에 해당하고, 피변복 · 조복 · 현단복은 마로 만든 옷에 해당하니, 모두 15승의 포를 이용해서 만든다. 무릇 그 안에 입는 옷은 각각 그 겉옷에 맞추게 된다.

士不衣[去聲]織[志]. 無君者不貳采.〈043〉

사 계급은 신분이 미천하므로, 염색한 실로는 옷을 만들어['織'자의 음은 '志(지)'이다.] 입지['衣'자는 거성으로 읽는다.] 않으며, 지위를 잃은 신하는 의복과 관의 색깔을 동일하게 맞춘다.

染絲而織之爲織. 功多色重, 故士賤不得衣之也. 無君, 去位之臣也. 不貳采, 謂衣裳與冠同色.

생사를 염색하여 직조한 것을 '직(織)'이라 한다. 공력이 많이 들어가면 색감이 무겁다. 그렇기 때문에 사처럼 미천한 계급은 이러한 옷을 입을 수 없다. '무군(無君)'은 지위를 떠난 신하를 뜻한다. "채색을 두 가지로 하지 않는다."는 말은 상의와 하의 및 관을 동일한 색깔로 맞춘다는 뜻이다.

疏曰: 大夫士去國, 三月之內, 服素衣素裳; 三月之後, 服玄端玄裳.

소에서 말하길, 대부와 사가 그 나라를 떠나게 되면, 3개월 동안은 소의와 소상을 착용하며, 3개월이 지나게 되면, 현단과 현상을 착용한다.

經文

衣正色, 裳間[去聲]色. 非列采不入公門, 振[上聲]絺綌不入公門, 表裘不入公門, 襲裘不入公門.〈044〉

상의는 정색으로 만들고, 하의는 간색으로[間'자는 거성으로 읽는다.] 만든다. 신분에 따른 정식 복장이 아니라면 공문으로 들어가지 않고, 갈포로 만든 홑옷을['振'자는 상성으로 읽는다.] 입었다면 공문으로 들어가지 않으며, 석의를 걸치지 않고 갖옷만 입었다면 공문으로 들어가지 않고, 습의로 재차 석의를 가렸다면 공문으로 들어가지 않는다.

集說

正色者, 靑·赤·黃·白·黑, 五方之正色也. 木靑克土黃, 故緣色靑黃, 爲東方之間色; 火赤克金白, 故紅色赤白, 爲南方之間色; 金白克木靑, 故碧色靑白, 爲西方之間色; 水黑克火赤, 故紫色赤黑, 爲北方之間色; 土黃克水黑, 故駵黃之色黃黑, 爲中央之間色也. 列采, 爲正服之色各有尊卑品列也. 非此則是褻服. 振, 讀爲袗, 禪也.

禪則見體. 裘上必有裼衣. 表裘, 是無裼衣而表在外也. 襲裘, 謂揜
其襲衣而不露裼衣也. 表與襲皆爲不敬, 故此四者, 皆不可以入公
門也.

'정색(正色)'이라는 것은 동쪽의 청색, 남쪽의 적색, 중앙의 황색, 서쪽의
백색, 북쪽의 백색 등 오방에 해당하는 올바른 색상을 뜻한다. 목에 해
당하는 청색은 토에 해당하는 황색을 이긴다. 그렇기 때문에 녹색은 청
색과 황색이 합쳐진 것으로, 동쪽에 해당하는 간색이 된다. 화에 해당하
는 적색은 금에 해당하는 백색을 이긴다. 그렇기 때문에 홍색은 적색과
백색이 합쳐진 것으로, 남쪽에 해당하는 간색이 된다. 금에 해당하는 백
색은 목에 해당하는 청색을 이긴다. 그렇기 때문에 푸른색은 청색과 백
색이 합쳐진 것으로, 서쪽에 해당하는 간색이 된다. 수에 해당하는 흑색
은 화에 해당하는 적색을 이긴다. 그렇기 때문에 자주색은 적색과 흑색
이 합쳐진 것으로, 북쪽에 해당하는 간색이 된다. 토에 해당하는 황색은
수에 해당하는 흑색을 이긴다. 그렇기 때문에 유황색은 황색과 흑색이
합쳐진 것으로, 중앙에 해당하는 간색이 된다. '열채(列采)'는 정복의 색
깔은 각각 신분의 차이에 따른 종류가 정해져 있는 것을 뜻한다. 이러한
복장이 아니라면, 그 옷은 개인이 편안히 거처할 때 착용하는 복장이 된
다. '진(振)'자는 진(袗)자로 풀이하니, 홑옷을 뜻한다. 홑옷을 입게 되
면, 신체가 비친다. 갓옷 위에는 반드시 석의를 입게 된다. '표구(表裘)'
는 석의가 없어서 갓옷을 외투로 입었다는 뜻이다. '습구(襲裘)'는 습의
(襲衣)[2]로 가리고, 석의를 드러내지 않았다는 뜻이다. 드러나고 가리는
것들은 모두 공경스럽지 못한 자세가 된다. 그렇기 때문에 이러한 네
가지 복장 방식을 취한 자들은 모두 공문으로 들어갈 수 없다.

---

2) 습의(襲衣)는 고대에 의례를 시행할 때 입는 옷이다. 석의(裼衣) 위에 걸쳤던
옷이다. 옷 위에 다시 한 겹을 껴입는다는 뜻에서 '습(襲)'자를 붙여서 부르는
것이다.

纊爲繭, 縕[縕]爲袍, 禪[丹]爲絅[古逈反], 帛爲褶[牒].〈045〉

새로 만든 솜을 덧댄 옷을 '견(繭)'이라 부르고, 오래된 솜을['縕'자의 음은 '縕(온)'이다.] 덧댄 옷을 '포(袍)'라 부르며, 겉감은 있되 안감이 없는 옷을 ['禪'자의 음은 '丹(단)'이다.] '경(絅)'이라['絅'자는 '古(고)'자와 '逈(형)'자의 반절음 이다.] 부르고, 겉감과 안감이 있되 덧대는 것이 없는 옷을 '첩(褶)'이라 ['褶'자의 음은 '牒(첩)'이다.] 부른다.

纊, 新綿也. 縕, 舊絮也. 衣之有著者, 用新綿則謂之繭, 用舊絮則謂 之袍, 有表而無裏者謂之絅, 有表裏而無箸者謂之褶.

'광(纊)'은 새로 만든 솜을 뜻한다. '온(縕)'자는 오래된 솜을 뜻한다. 옷 에 덧대는 것이 있을 때, 새로 만든 솜을 덧대게 된다면 그 옷을 '견(繭)' 이라 부르고, 오래된 솜을 덧대게 된다면 그 옷을 '포(袍)'라 부르며, 겉 감만 있고 안감이 없는 옷을 '경(絅)'이라 부르고, 겉감과 안감이 있되 덧대는 것이 없는 옷을 '첩(褶)'이라 부른다.

朝服之以縞也, 自季康子始也.〈046〉

조복을 흰색의 명주로 만든 것은 노나라 계강자로부터 시작되었다.

朝服之布十五升, 先王之制也. 季康子始用生絹, 後人因之, 故記者原其所自. 凡古禮之亡皆由於變.

조복의 포를 15승짜리로 만드는 것은 선왕이 만든 제도이다. 계강자는 처음으로 생견을 이용해서 만들었고, 후대 사람들은 그것을 답습하였다. 그렇기 때문에 『예기』를 기록한 자는 그 유래에 대해 원흉을 밝힌 것이다. 무릇 고대의 예법이 망실된 것은 모두 예법을 바꾼 것으로부터 시작되었다.

孔子曰: "朝服而朝, 卒朔然後服之." ⟨047⟩

공자가 말하길, "조복을 입고서 조정에 참관하지만, 반드시 청삭을 마친 뒤에야 조복을 착용해야 한다."라고 했다.

聽朔重於視朝, 諸侯之朝服玄端素裳, 而聽朔則皮弁, 故卒聽朔之禮, 然後服朝服而視朝也.

청삭은 조정에 참관하는 것보다 중대한 일이고, 제후의 조복은 현단에 흰색의 하의를 착용하고, 청삭을 한다면 피변을 착용한다. 그렇기 때문에 청삭의 의례를 마친 뒤에야 조복을 착용하고서 조정에 참관하는 것이다.

`經文`

曰: "國家未道, 則不充其服焉." ⟨048⟩

계속하여 공자가 말하길, "그 국가에서 선왕의 도리를 시행하지 못한다
면, 선왕이 만든 복장을 갖출 수 없다."라고 했다.

`集說`

曰字承上文, 亦孔子之言也. 禮樂刑政, 未合於先王之道, 則亦不宜
充盛其衣服.

'왈(曰)'자는 앞 문장과 연이어 있으니, 이 또한 공자의 말에 해당한다.
예악과 형정이 아직 선왕의 도리에 합치되지 않았다면, 또한 그 의복에
대해서도 마땅히 성대히 갖춰서는 안 된다.

鄭氏曰: 謂若衛文公者.

정현이 말하길, 마치 위나라 문공과 같은 자를 뜻한다.

`經文`

唯君有黼裘以誓省[息井反], 大裘非古也. ⟨049⟩

오직 제후만이 갓옷에 보 무늬를 새긴 옷을 착용하고서 군대에 대한 맹
세와 농사와 관련된 일을 감독하니['省'자는 '息(식)'자와 '井(정)'자의 반절음
이다.] 대구를 착용하는 것은 참람된 예법이므로 제후가 대구를 착용하
는 것은 고대의 예법이 아니다.

`集說`

君, 國君也. 黼裘, 以黑羊皮雜狐白爲黼文以作裘. 舊讀省爲獮, 方

氏釋爲省耕省斂之義, 今從之. 大裘, 黑羔裘也, 天子郊服. 謂國君固可六黼裘以誓軍旅・省耕斂, 今而僭服大裘, 則不可也. 但言非古, 則僭禮之失自見.

'군(君)'자는 제후국의 군주를 뜻한다. '보구(黼裘)'는 검은 양의 가죽에 여우의 백색 가죽을 섞어서 보 무늬를 새겨 갓옷을 만든 것이다. 옛 학설에서는 '성(省)'자를 선(獮)자로 풀이했는데, 방각은 농사에 대해서 살펴보고 세금을 줄인다는 뜻으로 풀이를 했으니, 여기에서는 그 해석에 따른다. '대구(大裘)'는 검은 양의 가죽으로 만든 갓옷이며, 천자가 교제사를 지낼 때 착용하는 복장이다. 즉 제후는 진실로 보구를 새긴 옷을 착용하여 군대에 대한 맹세와 농사 및 세금에 대한 일을 감독할 수 있지만, 현재는 참람되게 대구를 착용하였으니, 이것은 불가하다는 뜻이다. 다만 "고대의 예법이 아니다."라고 말했다면, 참례를 범한 잘못이 저절로 드러나게 된다.

君衣[去聲]狐白裘, 錦衣以裼之. 君之右虎裘, 厥左狼裘. 士不衣狐白.〈050〉

군주는 흰색의 여우 가죽옷을 착용하며['衣'자는 거성으로 읽는다.] 그 때에는 비단옷을 입어서 석을 한다. 군주의 우측에 있는 호위무사는 호랑이 가죽옷을 착용하고, 좌측에 있는 호위무사는 이리 가죽옷을 착용한다. 사는 흰색의 여우 가죽옷을 착용하지 않는다.

狐白裘, 以狐之白毛皮爲裘也. 君衣此裘, 則以素錦爲衣加其上, 使可裼也. 袒而有衣曰裼, 祥見曲禮. 虎裘者居右, 狼表者居左, 示威猛之衛也. 狐之白者少, 故惟君得衣之, 士賤不得衣也.

'호백구(狐白裘)'는 여우의 백색 털가죽으로 갓옷을 만든 것이다. 군주가 이러한 갓옷을 착용한다면, 흰색의 비단 옷을 그 위에 입는 옷으로 삼아서, 석을 할 수 있게끔 한다. 소매를 걷어 올려서 그 안에 입고 있는 옷이 드러나는 것을 '석(裼)'이라 부르니, 자세한 설명은 『예기』 「곡례(曲禮)」편에 나온다. 호랑이 가죽 옷을 입은 자는 우측에 위치하고, 이리 가죽 옷을 입은 자는 좌측에 위치하여, 호위의 위엄과 용맹함을 드러내는 것이다. 여우 중 백색을 띄는 것은 개체수가 적다. 그렇기 때문에 오직 군주만이 이러한 갓옷을 착용할 수 있는 것이며, 사는 신분이 미천하므로 이러한 갓옷을 착용할 수 없다.

經文

君子狐青裘豹褎[袖], 玄絹衣以裼之.〈051〉

대부와 사는 청색 여우의 가죽옷에 표범의 가죽으로 소매를['褎'자의 음은 '袖(수)'이다.] 달고, 검은색의 생사로 만든 옷을 입어서 석을 한다.

集說

君子, 謂大夫·士也. 狐青裘, 狐之青毛皮爲裘也. 豹褎, 豹皮爲袖. 玄絹衣, 玄色之絹爲衣也.

'군자(君子)'는 대부와 사를 가리킨다. '호청구(狐青裘)'는 여우의 푸른색 털과 가죽으로 만든 갓옷을 뜻한다. '표수(豹褎)'는 표범의 가죽으로 소매를 단 것을 뜻한다. '현초의(玄絹衣)'는 검은색의 생사로 만든 옷을 뜻한다.

麛裘青犴[岸]褎, 絞[爻]衣以裼之.〈052〉

새끼 사슴의 가죽으로 만든 옷에는 청색의 들개가죽으로['犴'자의 음은 '岸(안)'이다.] 소매를 달며, 효의를['絞'자의 음은 '爻(효)'이다.] 껴입어서 석을 한다.

麛, 鹿子也. 犴, 胡地野犬. 絞, 蒼黃之色.

'미(麛)'는 사슴의 새끼를 뜻한다. '한(犴)'은 오랑캐 지역에 서식하는 들개를 뜻한다. '효(絞)'는 푸르고 누런색을 뜻한다.

羔裘豹飾, 緇衣以裼之; 狐裘, 黃衣以裼之. 錦衣狐裘, 諸侯之服也.〈053〉

검은 양의 가죽으로 만든 갓옷에는 표범의 가죽으로 소매를 달고, 치의를 껴입어서 석을 하며, 여우가죽으로 만든 갓옷에는 황의를 껴입어서 석을 한다. 금의와 여우 가죽옷을 착용하는 것은 제후에게 해당하는 복장이다.

飾, 謂袖也. 論語: "緇衣羔裘, 黃衣狐裘."

'식(飾)'자는 소매를 뜻한다. 『논어』에서는 "치의에 검은 양의 가죽으로 만든 갓옷을 입고, 황의에는 여우가죽으로 만든 갓옷을 입는다."[3]라고 했다.

鄭氏曰: 凡裼衣象裘色.

정현이 말하길, 무릇 석의는 갓옷의 색깔을 본뜨게 된다.

犬羊之裘不裼, 不文飾也, 不裼.〈054〉

개나 양의 가죽으로 만든 갓옷으로는 석을 하지 않으니, 문식을 꾸미지 않으므로, 석을 하지 않는다.

集說

犬羊之裘, 庶人所服. 裘與人俱賤, 故不裼以爲飾也.

개나 양의 가죽으로 만든 갓옷은 서인들이 착용하는 복장이다. 그 갓옷과 그 복장을 착용하는 사람 모두 미천하기 때문에, 석을 하여 문식을 꾸미지 않는다.

---

3) 『논어』 「향당(鄕黨)」 : 緇衣, 羔裘, 素衣, 麑裘, 黃衣狐裘.

裘之褐也, 見[現]美也. 弔則襲, 不盡飾也. 君在則裼, 盡飾也.
〈055〉

갓옷을 석하는 것은 아름다움을 드러내는['見'자의 음은 '現(현)'이다.] 것이다. 조문을 할 때에는 습을 하니, 문식을 다 꾸미지 않는다. 군주가 계신 장소라면 석을 하여, 꾸밈을 다한다.

集說

此言裼襲之異宜. 見美, 謂裼衣上雖加他服, 猶必開露以見示裼衣之美. 弔喪襲裘, 惟小斂後則然. 盡飾者, 盡其文飾之道以爲敬. 弔主於哀, 故敬不在美. 君在則當以盡飾爲敬也.

이 내용은 석과 습을 할 때 합당한 경우가 다르다는 사실을 나타내고 있다. '현미(見美)'는 석의 겉에 비록 다른 복장을 껴입더라도, 오히려 노출을 반드시 시켜서, 석의의 아름다움을 드러낸다는 뜻이다. 상사에 조문을 할 때에는 갓옷을 습하는데, 오직 소렴을 한 이후에만 이처럼 한다. '진식(盡飾)'은 꾸밈의 도리를 다하여 공경을 나타낸다는 뜻이다. 조문은 애통한 마음을 위주로 한다. 그렇기 때문에 공경함을 나타내는 것이 아름다운 꾸밈에 있지 않다. 군주가 계시다면 마땅히 꾸밈을 다하여 공경함을 나타내야 한다.

經文

服之襲也, 充美也. 是故尸襲, 執王龜襲. 無事則裼, 弗敢充也.
〈056〉

의복을 습하는 것은 아름다움을 가리는 것이다. 이러한 까닭으로 시동은 습을 하고, 옥이나 거북껍질을 잡았을 때에는 습을 한다. 해당 의례가 끝나서 특별히 시행할 일이 없을 때, 그 장소가 군주가 계신 곳이라면 석을 하니, 감히 아름다움을 감출 수 없기 때문이다.

充美, 猶云揜塞其華美也. 尸尊無所示敬, 故襲. 執玉之禮, 有裼時, 有襲時, 執龜爲享禮, 庭實則裼, 以卜則襲. 此特主襲而言耳, 非謂執玉龜無裼之禮也. 無事, 謂執玉執龜之禮已竟也. 無事則裼, 亦謂在君之所, 非君所則否. 弗敢充者, 以見美爲敬也.

'충미(充美)'는 옷의 화려함과 아름다움을 가린다는 뜻이다. 시동은 존귀한 신분이 되니, 공경함을 드러내야 할 것이 없다. 그렇기 때문에 습을 한다. 옥을 잡았을 때의 예법 중에는 석을 하는 때도 있고, 습을 하는 때도 있으며, 거북껍질을 잡았을 경우, 향례를 시행하여 마당에 그 물건을 진열할 때라면 석을 하고, 거북껍질을 이용해서 거북점을 칠 때라면 습을 한다. 이곳에서는 단지 습을 하는 경우를 위주로 언급한 것일 뿐이니, 옥과 거북껍질을 잡았을 때, 석을 하는 예법이 없다는 뜻이 아니다. '무사(無事)'는 옥을 잡고 거북껍질을 잡았을 때의 예법이 이미 끝난 시기를 뜻한다. 특별한 일이 없으면 석을 한다고 했으니, 이 또한 군주가 계신 장소에 있을 때를 뜻하는 것으로, 군주가 계신 장소가 아니라면 이처럼 하지 않는다. 감히 가리지 않는다고 한 것은 아름다움을 드러내는 것을 공경함으로 삼기 때문이다.

疏曰: 凡敬有二體, 以質爲敬者, 子於父母之所, 不敢袒裼; 以文爲敬者, 臣於君所則裼. 若平敵以下則亦襲, 以質略故也. 所襲雖同, 其意異也.

소에서 말하길, 무릇 공경함을 나타낼 때에는 두 가지 체제가 있으니, 질박함을 공경함으로 삼는 경우는 자식이 부모가 계신 장소에 있을 때, 감히 소매를 걷어 석을 하지 않는 경우를 뜻한다. 문식을 공경함으로 삼는 경우는 신하가 군주가 계신 장소에 있을 때, 석을 하는 경우를 뜻한다. 만약 신분이 서로 대등하거나 그 이하의 경우라면 또한 습을 하니, 질박하고 약소하게 대하기 때문이다. 습을 하는 행위가 비록 같더라도 그 의미는 다르다.

淺見

近按: 此上諸節言貴賤衣服之制.

내가 살펴보니, 여기까지의 문장들은 신분에 따른 의복 제도를 언급하고 있다.

禮不盛, 服不充, 故大裘不裼, 乘路車不式.〈109〉 [舊在"稱父拜之"
之下.]

의례가 융성하지 않은 경우라면, 의복에 대해서는 화려함을 모두 가리
지 않는다. 그렇기 때문에 대구를 착용하여 하늘에 대한 제사를 지낼
때에는 석을 하지 않으며, 노거에 탔을 때에는 수레의 식을 잡고 공경
을 표하는 절차를 하지 않는다. [옛 판본에는 "자신의 부친을 일컬으며 절을
한다."[1]라고 한 문장 뒤에 수록되어 있었다.]

集說

前章言不充其服, 與此充字義殊. 此謂禮之盛者, 則以充美爲敬. 大
裘路車, 皆祭天所用. 不裼而襲, 是欲掩塞其華美也. 不式, 敬天之
心不可他用也.

앞장에서는 "그 의복을 갖출 수 없다."고 했는데, 이곳에 기록된 '충(充)'
자와는 의미가 다르다. 이 문장은 의례 중에서도 융성한 경우라면, 아름
다움을 가리는 것을 공경스러움을 삼는다는 뜻이다. 대구와 노거는 모
두 하늘에 대한 제사를 지내며 사용하는 것들이다. 석을 하지 않고 습을
하는 것은 화려함과 아름다움을 가리고자 하기 때문이다. 식을 잡으며
예를 표하지 않는 것은 하늘을 공경하는 마음으로 인해, 다른 것에 신경
을 쓸 수 없기 때문이다.

淺見

黃氏曰: 服襲爲充美於內, 惟盛禮乃然. 大裘不裼, 是以祀天禮盛也.
乘路不式, 路車, 亦以祀天禮盛, 無他敬也.

---

1)『예기』「옥조」108장 : 親在, 行禮於人稱父. 人或賜之, 則稱父拜之.

황씨가 말하길, 습의를 입는 것은 내적으로 아름다움을 채우는 것이니, 오직 융성한 의례에서만 이처럼 한다. 대구에 대해서 석을 하지 않는 것은 이 복장으로 하늘에 대한 제사를 지내니 그 예법이 융성하기 때문이다. 노거에 탔을 때 식을 잡고 예를 표하지 않는데, 노거 또한 하늘에 대한 제사에 사용하여 그 예법이 융성하며, 다른 것에 대한 공경함을 드러냄이 없기 때문이다.

經文

王后褘[輝]衣, 夫人揄[搖]狄, 君命屈[闕]狄.〈072〉 [舊在"三命赤韍葱珩"之下.]

왕후는 휘의를['褘'자의 음은 '輝(휘)'이다.] 착용하고, 부인은 요적을['揄'자의 음은 '搖(요)'이다.] 착용하며, 여군은 명령을 받아야만 궐적을['屈'자의 음은 '闕(궐)'이다.] 착용할 수 있다. [옛 판본에는 "3명의 등급을 가진 자는 적색의 슬갑을 차고 청색의 패옥을 찬다."[2]라고 한 문장 뒤에 수록되어 있었다.]

集說

此言后夫人以下六等之服. 褘衣色玄, 揄狄靑, 屈狄赤. 六服皆衣裳相連. 褘, 讀爲翬. 揄狄, 讀爲搖翟. 翬, 翟, 皆雉也. 二衣皆刻繪爲雉形而五采畫之. 屈, 讀爲闕. 刻形而不畫, 故云闕也. 王后褘衣, 夫人揄翟, 皆本服也. 君命屈狄, 謂女君子男之妻, 受王后之命, 得服屈狄也.

이 내용은 왕후와 부인으로부터 그 이하의 등급에서 착용하는 여섯 등급의 복장에 대한 것이다. 휘의의 색깔은 검은색이고, 요적은 청색이며,

---

2) 『예기』「옥조」071장 : 一命縕韍幽衡, 再命赤韍幽衡, 三命赤韍葱衡.

궐적은 적색이다. 육복은 모두 상의와 하의가 서로 연결되어 있다. '위(褘)'자는 휘(翬)자로 풀이한다. '유적(揄狄)'은 요적(搖翟)으로 풀이한다. '휘(翬)'자와 '적(翟)'자는 모두 꿩을 뜻한다. 두 의복은 모두 무늬를 새겨서 꿩의 형상을 만들고, 다섯 가지 채색으로 그림을 그린다. '굴(屈)'자는 궐(闕)자로 풀이한다. 모양을 새기되 그림은 그리지 않는다. 그렇기 때문에 '궐(闕)'자를 붙여서 부르는 것이다. 왕후는 휘의를 착용하고, 부인은 요적을 착용한다는 것은 모두 본래의 복식을 뜻한다. '군명궐적(君命屈狄)'이라고 했는데, 여군은 자작과 남작의 처를 뜻하며, 왕후로부터 명령을 받으면, 궐적을 착용할 수 있다는 뜻이다.

經文

再命褘[鞠]衣, 一命禕[張戰反]衣, 士褖[象]衣.〈073〉

2명의 신하들 처는 국의를['褘'자의 음은 '鞠(국)'이다.] 착용하고, 1명의 신하들 처는 전의를['禕'자는 '張(장)'자와 '戰(전)'자의 반절음이다.] 착용하며, 사의 처는 단의를['褖'자의 음은 '象(단)'이다.] 착용한다.

集說

鞠衣黃, 禕衣白, 褖衣黑. 褘, 讀爲鞠. 鞠衣黃, 桑服也. 色如鞠塵, 象桑乘始生之色. 再命鞠衣者, 子男之鄉再命, 其妻得服鞠衣也. 一命禕衣者, 子男之大夫一命, 其妻得服禕衣也. 士褖衣者, 子男之士不命, 其妻服褖衣也.

국의는 황색이고, 전의는 백색이며, 단위는 흑색이다. '위(褘)'자는 국(鞠)자로 풀이한다. 국의는 황색으로 상복을 뜻한다. 그 색깔은 국진과 같으니, 뽕나무 잎이 처음 솟아날 때의 색깔을 본뜬 것이다. '재명국의(再命鞠衣)'라는 말은 자작과 남작에게 소속된 경은 2명의 등급이고, 그의 처는 국의를 착용할 수 있다는 뜻이다. '일명전의(一命禮衣)'라는 말은 자작과 남작에게 소속된 대부는 1명의 등급이며, 그의 처는 전의를 착용할 수 있다는 뜻이다. '사단의(士褖衣)'라는 말은 자작과 남작에게 소속된 사는 명의 등급을 받지 못했으며, 그의 처는 단의를 착용할 수 있다는 뜻이다.

經文

唯世婦命於奠繭, 其他則皆從男子.(074)

오직 세부만이 누에를 쳐서 견직물로 나온 것을 바칠 때가 되어야만, 그녀들에게 명복을 착용하라는 명령을 내려서 해당 복장을 착용하게 되고, 나머지 여인들은 모두 남편의 작위에 따른 복장을 착용한다.

集說

世婦, 天子二十七人. 奠繭, 獻繭也. 凡獻物必先奠置于地, 故謂獻爲奠. 凡妻貴因夫, 故得各服其命數之服. 惟世婦必俟蠶畢獻繭, 命之服乃服耳. 他皆從夫之爵位也.

'세부(世婦)'는 천자에게 소속된 27명의 여자들을 뜻한다. '전견(奠繭)'은 누에를 쳐서 나온 견직물을 헌상한다는 뜻이다. 무릇 어떤 물건을 헌상하게 되면, 반드시 가장 먼저 땅에 그 물건들을 진열한다. 그렇기 때문에 헌상하는 것을 '전(奠)'이라고 부른 것이다. 무릇 처의 경우에는 그 존귀함이 남편의 존귀함에 따르게 된다. 그렇기 때문에 각각 그녀의 남편이 명의 등급에 따라 착용하는 복장에 맞춰서 복장을 갖추는 것이다. 오직 세부의 경우에만 반드시 누에를 치는 일이 끝나고 견직물을 헌상할 때까지를 기다린 뒤에 그녀들에게 해당 복장을 착용하라는 명령을 내리게 되면, 그 복장을 착용할 따름이다. 나머지 여인들은 모두 남편의 작위에 따른 복장을 따르게 된다.

浅見

近按: 此因上言天子·諸侯以下衣服之制, 而又記后夫人以下女服貴賤之等也. 舊本蓋因命數, 而付於韍佩之下, 然其言佩制之間, 上下文不相屬, 今移付于衣制之後也.

내가 살펴보니, 이것은 앞에서 천자와 제후로부터 그 이하의 계층이 착용하는 의복 제도를 언급한 것에 따라서, 재차 왕후와 부인으로부터 그 이하의 여자들에 대한 귀천의 등급에 따른 제도를 기록한 것이다. 옛판본에는 명의 등급으로 인해 슬갑과 패옥에 대한 내용 뒤에 덧붙였는데, 패옥의 제도를 기록한 문장 사이에 들어가게 되면 앞뒤 문맥이 서로 연결되지 않으므로, 현재 의복에 대한 제도를 기록한 문장 뒤로 옮겨서 덧붙인다.

笏, 天子以球玉, 諸侯以象, 大夫以魚須[如字]文竹, 士竹本象可也.〈057〉[舊在"弗敢充也"之下.]

홀에 있어서, 천자는 아름다운 옥으로 만들며, 제후는 상아로 만들고, 대부는 대나무로 만들되 물고기의 수염으로['須'자는 글자대로 읽는다.] 장식하며, 사는 대나무의 줄기를 이용해서 만들되 상아로 장식을 해도 괜찮다. [옛 판본에는 "감히 아름다움을 감출 수 없기 때문이다."[1]라고 한 문장 뒤에 수록되어 있었다.]

集說

球, 美玉也. 文, 飾也. 陸氏音須爲班, 而疏引庾氏說, 以鮫魚須飾竹以成文, 與應氏說相近, 宜讀如字.

'구(球)'는 아름다운 옥을 뜻한다. '문(文)'자는 "장식하다."는 뜻이다. 육덕명은 '수(須)'자의 음을 '반(班)'이라고 했고, 소에서는 유씨의 주장을 인용하여, 상어의 수염으로 대나무에 장식을 해서 무늬를 만든다고 하여, 응씨의 주장과 유사한데, 마땅히 글자 그대로 해석해야 한다.

應氏曰: 爾雅魚曰須, 蓋魚之所以鼓息者在須. 大夫以近尊而屈, 故飾竹以魚須; 士以遠尊而伸, 故飾以象.

응씨가 말하길, 『이아』에서는 물고기에 대해서 '수(須)'라고 부른다고 했으니,[2] 무릇 물고기가 숨을 쉬는 부위는 수염이 있는 부위에 있기 때문이다. 대부는 존귀한 자를 가까이 하여 자신을 굽히기 때문에, 대나무에 물고기의 수염으로 장식을 하는 것이고, 사는 존귀한 자를 멀리 하여 자신을 펼치기 때문에, 상아로 장식을 하는 것이다.

---

1) 『예기』 「옥조」 056장 : 服之襲也, 充美也. 是故尸襲, 執玉龜襲. 無事則裼, 弗敢充也.
2) 『이아』 「석수(釋獸)」 : 獸曰釁. 人曰撟. 魚曰須. 鳥曰臭.

見於天子與射無說[脫]笏, 入大廟說笏, 非禮也. 小功不說笏,
當事免[問]則說之. 旣搢必盥, 雖有執於朝, 弗有盥矣.〈058〉

제후가 천자를 알현하거나 활쏘기를 할 때에는 홀을 떼어내는['說'자의 음
은 '脫(탈)'이다.] 일이 없고, 태묘에 들어가서 홀을 떼어내는 것은 비례이
다. 소공복을 입고 치르는 상에서는 홀을 떼어내지 않으며, 처리해야
할 일이 있어서 문을['免'자의 음은 '問(문)'이다.] 하게 되면 홀을 떼어낸다.
이미 홀을 꼽았다면 반드시 손을 씻고, 비록 조정에서 홀을 들게 될 일
이 있더라도, 이미 손을 씻었으니 다시금 손을 씻지 않는다.

陳氏曰: 笏之所用, 蓋諸侯之朝天子, 則執命圭而搢荼. 大夫之聘,
則執聘圭而搢笏. 及其合瑞而授圭, 則執其所搢而已. 所謂見於天
子無脫笏者此也. 射以觀德, 則禮固在所隆. 小功則禮可以勝情, 故
亦不說. 當事而免, 則事可以勝禮, 故說之.

진씨가 말하길, 홀을 사용할 경우, 무릇 제후가 천자를 조회하게 되면,
명규를 들고 서를 꼽는다. 대부가 빙문을 하게 되면, 빙규를 들고 홀을
꼽는다. 서신을 맞출 때가 되어 규를 전달하면, 꼽고 있던 것을 들 따름
이다. 이른바 천자를 알현할 때 홀을 떼어내는 일이 없다고 한 말은 바
로 이것을 뜻한다. 활쏘기를 하여 그 사람의 덕을 관찰하게 된다면, 그
예법은 진실로 융성한 일에 해당한다. 소공복을 입는 상이라면 그 예법
은 정감을 앞설 수 있다. 그렇기 때문에 또한 홀을 떼어두지 않는 것이
다. 처리해야 할 일이 생겨서 문을 하게 된다면 그 사안은 예법을 앞설
수 있다. 그렇기 때문에 홀을 떼어두는 것이다.

方氏曰: 大廟之內, 唯君當事則說笏, 所以逸尊者也. 後世臣或說之,
則失之簡矣. 小功之喪, 悲袞殺矣, 事不可不記也, 故不說笏. 及當

事而免之時, 則不可以不說. 凡在朝揳笏必盥手者, 爲將執事也, 及
有執事於朝, 則亦不再盥, 爲其已盥故也.

방씨가 말하길, 태묘 안에서는 오직 군주만 해당하는 일이 있을 때 홀을
떼어두게 되니, 존귀한 자를 편안하게 모시기 위해서이다. 후세에는 신
하들 중 간혹 홀을 떼어두는 자가 있었으니, 너무 간소하게 시행하는 데
에서 잘못을 범한 것이다. 소공복을 입고 치르는 상에서는 비통함과 애
통함이 다른 상에 비해 줄어들게 되며, 그 사안은 기록하지 않을 수 없
다. 그렇기 때문에 홀을 떼어두지 않는 것이다. 해당하는 일이 생겨서
문을 할 때가 되면, 홀을 떼어두지 않을 수 없다. 무릇 조정에 위치하여
홀을 꼽게 되면, 반드시 손을 씻게 되는데, 이것은 장차 일을 맡아보기
위해서이며, 조정에서 일을 맡아볼 일이 생기게 되면, 또한 재차 손을
씻지 않으니 이미 손을 씻었기 때문이다.

經文

凡有指畫於君前, 用笏. 造[七到反]受命於君前, 則書於笏. 笏,
畢用也, 因飾焉.〈059〉

무릇 군주 앞에서 가리킬 일이 있다면 손을 이용하는 것이 아니라 홀을
이용한다. 군주가 계신 곳에 도착하여['造'자는 '七(칠)'자와 '到(도)'자의 반절
음이다.] 명령을 받게 되면, 홀에 그 사안을 기록한다. 따라서 홀은 매사
에 사용되는 것이며, 필요성에 기인하여 등급에 따른 문식을 해서 차등
을 둔다.

集說

因事而有所指畫, 用手則失容, 故用笏也. 造受命, 詣君所而受命也.
畢用者, 每事皆用之也. 因飾焉, 謂因而文飾之, 以爲上下之等級也.

어떤 사안에 따라서 손가락으로 가리킬 경우가 있는데, 손을 사용한다면 행동거지를 실추시키는 것이다. 그렇기 때문에 홀을 사용한다. '조수명(造受命)'은 군주가 계신 곳에 도착하여 명령을 받는다는 뜻이다. '필용(畢用)'이라는 말은 매사에 모두 사용한다는 뜻이다. '인식언(因飾焉)'이라는 말은 그에 따라서 문식을 꾸미서 상하의 등급에 따른 차등으로 삼는다는 뜻이다.

經文

笏度二尺有六寸, 其中博三寸, 其殺[色介反]六分而去[上聲]一.⟨060⟩

홀의 치수는 2척 6촌이며, 중앙의 폭은 3촌이고, 줄어드는['殺'자는 '色(색)'자와 '介(개)'자의 반절음이다.] 부분에서는 3촌을 6등분하여 그 중 1만큼을 줄인['去'자는 상성으로 읽는다.] 2.5촌의 너비가 된다.

集說

中廣三寸, 天子·諸侯·大夫·士之笏皆然. 天子·諸侯則從中以上稍稍漸殺, 至上首止廣二寸半, 是六分三寸而去其一也. 其大夫·士又從中殺至下丁亦廣二寸半, 故惟中間廣三寸也.

중앙의 너비는 3촌인데, 천자·제후·대부·사의 홀이 모두 이러하다. 천자와 제후의 경우라면, 중앙으로부터 그 위로 갈수록 점점 좁아지게 되어, 윗머리에 이르게 되면 그 너비는 단지 2.5촌에 그치게 되니, 이것은 3촌을 6등분하여 그 중 하나를 줄인 것이다. 대부와 사의 경우에는 또한 중앙으로부터 그 밑으로 좁아져서, 밑면에 이르게 되면 그 너비가 또한 2.5촌이 된다. 그렇기 때문에 오직 중간부분의 너비만 3촌이 된다.

近按: 此言貴賤笏制之異, 與其用笏之節. 然笏制有三. 上章言天子
珽諸侯荼以下, 以其形言也. 此言天子玉諸侯象以下, 以其物言也.
末言二尺有六寸以下, 以其度言也.

내가 살펴보니, 이것은 신분의 등급에 따른 홀의 제도에 차이가 있음과
그 홀을 사용하는 절차를 기록한 것이다. 그런데 홀의 제도는 세 부류이
다. 앞 장에서 천자는 정을 사용하고 제후는 서를 사용한다고 한 말로부
터 그 이하의 내용들은 형태를 기준으로 말한 것이다. 이곳에서는 천자
는 옥으로 만들고 제후는 상아로 만든다고 한 말로부터 그 이하의 기록
은 재질을 기준으로 말한 것이다. 끝에서 2척 6촌이라고 한 말로부터
그 이하의 기록은 치수를 기준으로 말한 것이다.

天子素帶, 朱裏, 終辟.〈061〉

천자의 허리띠는 흰 비단으로 만드는데, 안쪽에는 적색의 비단으로 안
감을 대고, 끝부분에는 가선을 두른다.

集說

此辟字, 讀如前章縞冠素紕之紕, 緣也. 天子以素爲帶. 素, 熟絹也.
用朱爲裏. 終, 竟也. 終辟, 終竟此帶盡緣之.

이곳의 '벽(辟)'자는 앞장에서 "호관에 소비를 단다."라고 했을 때의 '비
(紕)'자로 풀이하니, 가선을 뜻한다. 천자는 소로 띠를 만든다. '소(素)'
는 정련을 시킨 비단을 뜻한다. 적색의 비단을 사용하여 안감을 댄다.
'종(終)'자는 끝을 뜻한다. '종벽(終辟)'은 띠의 끝부분을 마무리 지으며
모두 가선을 댄다는 뜻이다.

經文

而素帶, 終辟.〈062〉

그리고 제후의 경우에는 허리띠를 흰 비단으로 만들지만, 적색의 비단
으로 안감을 대지 않고, 끝부분에는 가선을 두른다.

集說

而下缺諸侯字, 諸侯亦素帶·終辟而不朱裏.

'이(而)'자 뒤에는 제후(諸侯)라는 단어가 누락되어 있으니, 제후 또한
흰 비단으로 허리띠를 만들며, 끝부분에는 가선을 두르는데, 적색의 비

단으로 안감을 대지는 않는다.

大夫素帶, 辟垂.〈063〉

대부의 허리띠는 흰 비단으로 만들게 되고, 양쪽 귀퉁이와 밑으로 늘어
뜨리는 띠에 가선을 두른다.

集說

大夫之素帶, 則惟緣其兩耳及垂下之紳, 腰後不緣.

대부가 차는 소대는 오직 양쪽 귀퉁이와 밑으로 늘어뜨리는 띠에만 가
선을 대며, 허리 뒤편에는 가선을 대지 않는다.

經文

士練帶, 率[律]下辟.〈064〉

사의 허리띠는 명주를 이용해서 만드는데, 홑겹으로 만들어서 양쪽 끝
부분을 꿰매며['率'자의 음은 '律(률)'이다.] 늘어뜨리는 끈에만 가선을 두른
다.

集說

練, 繒也. 士以練爲帶, 單用之而繰緝其兩邊, 故謂之繂. 腰及兩耳
皆不緣, 惟緣其紳, 故云下辟.

'연(練)'자는 명주를 뜻한다. 사는 명주로 허리띠를 만드는데, 홑겹을 이용해서 만들며, 양쪽 가장자리를 꿰맨다. 그렇기 때문에 '율(繂)'이라 부른다. 허리 밑 양쪽 귀퉁이에는 모두 가선을 두르지 않고, 오직 늘어뜨리는 끈에만 가선을 두른다. 그렇기 때문에 '하벽(下辟)'이라고 말한 것이다.

經文

居士錦帶, 弟子縞帶.〈065〉

은둔해 있는 사들은 비단을 이용해서 허리띠를 만들고, 제자들은 흰색의 생견을 이용해서 허리띠를 만든다.

集說

以錦爲帶, 示文也. 弟子用生絹, 示質也.

비단으로 띠를 만드는 것은 문식을 드러내기 위해서이다. 제자의 경우에는 생견을 이용해서 만드니, 질박함을 드러내기 위해서이다.

鄭氏曰: 居士, 道藝處士也.

정현이 말하길, '거사(居士)'는 도와 재예를 갖추고 있으면서 은둔해 있는 사들을 뜻한다.

經文

并紐約用組三寸, 長齊于帶. 紳長制, 士三尺, 有司二尺有五寸. 子游曰: "參分帶下, 紳居二焉." 紳, 韠, 結, 三齊.〈066〉

허리띠를 결속할 때에는 모두 조를 이용해서 묶으니, 조의 폭은 3촌이며, 그 길이는 허리띠의 길이와 같다. 허리띠 중 늘어뜨리는 부위인 신은 그 길이를 재단함에 있어서, 사로부터 그 이상의 계층은 모두 3척의 길이로 만들고, 유사는 특별히 2척 5촌으로 만든다. 자유는 "사람의 키는 8척인데, 허리로부터 발바닥까지는 4척 5촌이니, 허리띠로부터 그 아래의 길이를 3등분하면, 신은 그 중에서도 2만큼의 길이를 차지한다."라고 했다. 따라서 신·슬갑·묶는 끈은 그 길이가 모두 3척으로 동일하다.

集說

疏曰: 幷, 竝也. 謂天子下至弟子, 其所紐約之物, 竝用組爲之.

소에서 말하길, '병(幷)'자는 모두라는 뜻이다. 천자로부터 그 아래로 제자에 이르기까지, 그들이 허리띠를 묶을 때 사용하는 물건은 모두 끈을 이용해서 매듭을 짓는다는 의미이다.

方氏曰: 紐則帶之交結也. 合幷其紐, 用組以約則帶始束而不可解矣. 三寸, 其廣也. 長齊于帶者, 言組之垂適與紳齊也. 紳之長制士三尺者, 自要而下爲稱也. 士如此, 亦擧卑以見尊也. 有司欲便於趨走, 故特去五寸. 引子游之言, 言人長八尺, 自要而下四尺五寸, 分爲三分而紳居二, 故長三尺也. 韠, 蔽膝也. 結, 卽組也. 紳韠結三者, 皆長三尺, 故曰三齊.

방씨가 말하길, '뉴(紐)'는 허리띠가 교차하며 매듭이 지어지는 부분이다. 그 매듭들을 합할 때에는 조를 이용해서 묶으니, 허리띠는 비로소 결속이 되어 풀어질 수 없게 된다. 3촌은 그 너비이다. 길이를 허리띠와 같게 한다는 말은 조의 늘어뜨린 부분이 신과 길이가 같다는 뜻이다. 신의 길이를 재단할 때, 사의 것은 3척으로 하니, 허리로부터 밑으로 내려서, 신분에 따라 합당하게끔 한 것이다. 사의 제도가 이와 같다면, 또한 이 내용은 미천한 신분의 것을 제시하여, 존귀한 자에 대한 것까지도 나타낸 것이다. 유사는 종종걸음으로 빨리 걷기에 편리하고자 하기 때문에, 특별히 그 길이에서 5촌을 더 줄인 것이다. 자유의 말을 인용하였는데, 이 말은 사람의 키는 8척이고, 허리로부터 발바닥까지는 그 길이가 4척 5촌인데, 그 길이를 나눠서 3등분을 만들면, 신의 길이는 그 중에서도 2만큼을 차지한다는 뜻이다. 그렇기 때문에 그 길이는 3척이 된다. '필(韠)'은 무릎을 가리는 슬갑이다. '결(結)'은 곧 조이다. 신·필·결이라는 세 기물은 모두 그 길이가 3척이다. 그렇기 때문에 "세 가지를 같게 한다."라고 말한 것이다.

經文

大夫大帶四寸, 雜帶, 君朱綠, 大夫玄華, 士緇辟[皮]二寸, 再繚[了]四寸.〈067〉

대부 이상이 차는 대대는 그 폭이 4촌이고, 허리띠에 색을 섞어서 만드니, 제후의 경우에는 윗면은 주색으로 만들고, 밑면은 녹색으로 만들며, 대부는 외면은 현색으로 만들고 내면은 황색으로 만들며, 사는 모두 검은색으로 만드는데['辟'자의 음은 '皮(피)'이다.] 그 폭이 2촌이며, 두 번 허리를 두르게['繚'자의 음은 '了(료)'이다.] 되면, 그 때의 폭은 4촌이 된다.

集說

四寸, 廣之度也. 雜帶, 謂以雜色爲辟緣也. 朱綠者, 上以朱, 下以綠. 玄華者, 外以玄, 內以華. 華, 黃色也. 士帶之辟則內外皆緇, 是謂緇帶. 大夫以上, 帶皆廣四寸, 士練帶惟廣二寸, 而再繚要一匝, 則亦是四寸矣. 一說, 大帶者, 正服之帶; 雜帶者, 雜服之帶.

4촌은 너비의 치수를 뜻한다. '잡대(雜帶)'는 잡색으로 끝부분에 가선을 댄 것을 뜻한다. '주록(朱綠)'이라는 것은 윗면은 주색으로 만들고, 밑면은 녹색으로 만든다는 뜻이다. '현화(玄華)'라는 것은 외면은 현색으로 만들고, 내면은 화로 만든다는 뜻이다. '화(華)'라는 것은 황색을 뜻한다. 사의 허리띠에 하는 가선의 경우, 내외를 모두 치로 만드니, 이것을 '치대(緇帶)'라고 부른다. 대부 이상의 계급은 허리띠를 모두 4촌의 폭으로 만드는데, 사가 차는 연대의 경우에만 오직 그 폭이 2촌이고, 두 차례 허리를 둘러서 한 번 감게 되면, 이때의 폭 또한 4촌이 된다. 일설에는 '대대(大帶)'라는 것은 정복에 차는 허리띠를 뜻하며, '잡대(雜帶)'라는 것은 나머지 복장에 차는 허리띠를 뜻한다고도 주장한다.

經文

凡帶有率[律]無箴功.⟨068⟩

무릇 허리띠에는 꿰맨 곳이['率'자의 음은 '律(률)'이다.] 있지만, 그 작업이 매우 세밀하여 마치 바느질을 하지 않은 것처럼 보인다.

集說

凡帶當率縺之處, 箴線細密, 不見用箴之功, 若無箴功也.

무릇 허리띠에는 마땅히 꿰맨 곳이 있게 되는데, 바느질을 한 작업이 매우 세밀하여 바느질을 한 자국이 드러나지 않아서, 마치 바느질을 하지 않은 것처럼 보인다.

經文

肆[肄]束及帶, 勤者有事則收之, 走則擁之.⟨069⟩

허리띠를 결속하고 남은 끈과['肆'자의 음은 '肄(이)'이다.] 허리띠의 늘어뜨리는 부분의 경우, 수고스러운 일을 하는 자가 해당 사안을 처리하게 된다면 그것들을 손으로 쥐게 되고, 혹여 달리게 된다면 그것들을 품속으로 꼽아 넣는다.

肄, 讀爲肄, 餘也. 詩: "伐其條肄." 謂約束帶之餘組及紳之垂者. 遇有勤勞之事, 則收斂而持於手. 若事迫而不容不走者, 則擁抱之於懷也.

'사(肄)'자는 이(肄)자로 풀이하니, 나머지라는 뜻이다. 『시』에서는 "그 나머지 가지들을 벤다."[1]라고 했으니, 이 말은 띠의 나머지 끈 및 신의 늘어뜨린 부분을 결속한 것을 뜻한다. 때마침 수고스러운 일을 접하게 된다면, 그것을 거둬들여서 손으로 쥐게 된다. 만약 사안이 급박하여 달리지 않을 수 없는 경우라면 품속으로 넣는다.

近按: 此言貴賤紳帶之制.

내가 살펴보니, 이것은 신분의 차등에 따른 신과 대의 제도를 언급하고 있다.

---

1) 『시』「주남(周南)・여분(汝墳)」: 遵彼汝墳, 伐其條肄. 旣見君子, 不我遐棄.

經文

韠, 君朱, 大夫素, 士爵韋. 圜[負]殺[色介反]直, 天子直, 諸侯前
後方, 大夫前方後挫[佐]角, 士前後正. 韠下廣[去聲]二尺, 上廣
一尺, 長三尺, 其頸五寸, 肩革帶轉二寸.〈070〉

슬갑의 경우, 군주는 주색으로 만들고, 대부는 소로 만들며, 사는 작위
로 만든다. 슬갑은 둥글게도[圜'자의 음은 '負(원)'이다.] 만들고, 점점 그 폭
이 줄어들게도['殺'자는 '色(색)'자와 '介(개)'자의 반절음이다.] 만들며, 직각으
로 만들기도 하는데, 천자의 경우에는 직각으로 만들고, 제후는 전면과
후면은 직각으로 만들되 다른 사물을 이용하여 치장을 곁들여서 만들
며, 대부는 전면은 직각으로 만들고 후면은 모서리를 구부려서['挫'자의
음은 '佐(좌)'이다.] 원형으로 만들며, 사는 전면과 후면을 직각으로 만든
다. 슬갑 후면의 너비는[廣'자는 거성으로 읽는다.] 2척이고, 전면의 너비는
1척이며, 그 길이는 3척이고, 중간 부분의 너비는 5촌이며, 양쪽 모서리
와 혁대의 너비는 2촌이다.

集說

韠象裳色. 天子 · 諸侯玄端服朱裳, 大夫素裳, 上士玄裳, 中士黃裳,
下士雜裳. 此言玄端服之韠. 若皮弁服, 則皆素韠也. 凡韠皆韋爲之,
故其字從韋. 又以著衣畢然後著之, 故名爲韠. 韠之言蔽也. 爵韋,
爵色之韋也, 在冕服則謂之韍, 字亦作芾也. 圜 · 殺 · 直, 三者之形
制也. 天子之韠直, 謂四角無圜 · 無殺也. 下爲前, 上爲後. 公侯上
下各去五寸, 所去之處, 以物補飾之使方, 變於天子也. 大夫則圜其
上角, 變於君也. 正, 卽直與方之義. 士賤不嫌與君同也. 頸之廣五
寸, 在中, 故謂之頸. 肩, 兩角也. 肩與革帶皆廣二寸.

슬갑은 하의의 색상을 따른다. 천자와 제후는 현단복에 주색의 하의를
착용하며, 대부는 소상을 착용하고, 상사는 현상을 착용하며, 중사는 황
상을 착용하고, 하사는 잡상을 착용한다. 이곳에서는 현단복의 슬갑에

대해 언급한 것이다. 만약 피변복을 착용한다면, 모두 소로 만든 슬갑을 착용한다. 무릇 슬갑은 모두 다룸가죽으로 만들게 된다. 그렇기 때문에 그 자형에 있어서 '위(韋)'자를 구성요소로 하는 것이다. 또한 의복을 착용하는 일이 끝난 뒤에 슬갑을 착용하기 때문에, 슬갑의 명칭을 '필(韠)'이라고 부르는 것이다. '필(韠)'자는 "가린다."는 뜻이다. '작위(爵韋)'는 참새의 색깔을 띤 가죽이니, 면복에 착용하는 것을 '불(韍)'이라 부르며, 그 글자는 또한 '불(韍)'이라고도 기록한다. '원(圓)'·'쇄(殺)'·'직(直)'은 세 종류의 형태 제작방법을 뜻한다. 천자의 슬갑을 직으로 만든다는 것은 사격형으로 만들어서 원형으로 굽혀진 부분이나 줄어드는 부분이 없다는 뜻이다. '하(下)'는 전면이 되고, '상(上)'은 후면이 된다. 공작과 후작은 상하에 대해 각각 5촌만큼을 줄이는데, 줄어든 부분은 다른 사물을 보충하여 장식을 해서 네모지게 만드니, 천자에 대한 예법에서 변경을 시킨 것이다. 대부의 경우에는 앞면의 모서리를 원형으로 만드니, 제후에 대한 예법에서 변경을 시킨 것이다. '정(正)'자는 직각과 사각의 뜻이다. 사는 신분이 미천하여 제후와 예법을 동일하게 따르더라도 무람되다는 혐의를 받지 않는다. 목의 너비는 5촌이라고 했는데, 그것은 중간에 해당하기 때문에, 그 부위를 목이라고 한 것이다. '견(肩)'은 양쪽 모서리를 뜻한다. 견과 혁대는 모두 그 너비가 2촌이다.

詩疏曰: 古者佃漁而食, 因衣其皮, 先知蔽前, 後知蔽後. 後王易之以布帛, 而猶存其蔽前者, 重古道不忘本也. 士服爵弁, 以韎韐配之, 則服冕者, 以韍配之, 故知冕服謂之韍. 韍·韠, 俱是蔽膝, 其制同, 但以尊祭服, 故異其名耳.

『시』의 소에서 말하길, 고대에는 사냥을 하고 물고기를 잡아서 음식을 충당했고, 그에 따라 그 가죽을 의복으로 만들어 입었는데, 먼저 앞을 가려야 할 것을 알았고, 이후에 뒤를 가려야 할 것을 알았다. 후대의 왕들은 이것을 포와 비단으로 대체하였는데, 여전히 앞을 가렸던 것을 남겨두었으니, 고대의 도리를 중시하여 근본을 잊지 않았기 때문이다. 사는 작변을 착용하며 매겹을 짝하여 착용했으니, 면복을 착용하는 경우에는 불을 짝하여 착용했다. 그렇기 때문에 면복을 '불(芾)'이라고도 불렀다는 사실을 알 수 있다. '불(芾)'자와 '필(韠)'자는 모두 무릎을 가리는 것을 뜻하는데, 그 제작방법은 동일하다. 다만 제복을 존귀하게 여기기 때문에 명칭을 달리했던 것일 뿐이다.

陳氏曰: 韎韐者, 以茜草染韋爲赤色作蔽膝也.

진씨가 말하길, '매겹(韎韐)'이라는 것은 천초로 가죽에 염색을 하여 적색으로 만들고, 그것으로 슬갑을 만든 것을 뜻한다.

淺見

近按: 此下言韠佩之制. 舊說, 凡韠皆韋爲之, 爵韋, 爵色之韋也. 愚恐當以爵爲句. 君朱·大夫素·士爵, 皆以色而言. 韋字, 總三者以言其皆韋爲之也.

내가 살펴보니, 이곳 문장 아래에서는 슬갑과 패옥에 대한 제도를 언급하고 있다. 옛 학설에 따르면 모든 슬갑은 다룸가죽을 이용해서 만들고, '작위(爵韋)'는 참새 색깔의 다룸가죽이라고 했다. 내가 생각하기에 이 문장은 마땅히 '작(爵)'자에서 구문을 끊어야 할 것 같다. 군주(君朱)·대부소(大夫素)·사작(士爵)이라는 말은 모두 색깔을 기준으로 말한 것이다. '위(韋)'자는 세 가지를 총괄해서 그 재질을 모두 다룸가죽으로 만들게 됨을 말한 것이다.

一命縕[溫]韍[弗]幽[上聲]衡, 再命赤韍幽衡, 三命赤韍蔥衡.〈071〉

1명의 등급을 가진 자는 적황색의['縕'자의 음은 '溫(온)'이다.] 슬갑을['韍'자
의 음은 '弗(불)'이다.] 차고 흑색의['幽'자는 상성으로 읽는다.] 패옥을 차며, 2
명의 등급을 가진 자는 적색의 슬갑을 차고 흑색의 패옥을 차며, 3명의
등급을 가진 자는 적색의 슬갑을 차고, 청색의 패옥을 찬다.

此以命數之多寡, 定韍佩之制. 縕, 赤黃色也. 幽, 讀爲黝, 黑色也.
衡, 佩玉之衡也. 蔥, 靑色也. 周禮: "公・侯・伯之鄕三命, 其大夫再
命, 其士一命. 子・男之卿再命, 其大夫一命, 其士不命."

이 내용은 명의 등급 차이에 따라 슬갑과 패옥의 제도를 확정한다는 뜻
이다. '온(縕)'자는 적황색을 뜻한다. '유(幽)'자는 유(黝)자로 풀이하니,
흑색을 뜻한다. '형(衡)'은 패옥 중의 형을 뜻한다. '총(蔥)'자는 청색을
뜻한다. 『주례』에서는 "공작・후작・백작에게 소속된 경은 3명의 등급
이며, 대부는 2명의 등급이고, 사는 1명의 등급이다. 자작・남작에게 소
속된 경은 2명의 등급이고, 대부는 1명의 등급이며, 사는 명의 등급이
없다."[1]라고 했다.

近按: 此下舊有"王后褘衣"一節, 今移于上衣制之后.

내가 살펴보니, 이 문장 뒤에 옛 판본에는 "왕후는 휘의를 착용한다."[2]

---

1) 『주례』「춘관(春官)・전명(典命)」: 公之孤四命, 以皮帛視小國之君, 其卿三命,
其大夫再命, 其士一命, 其宮室・車旗・衣服・禮儀, 各視其命之數. 侯伯之卿
大夫士亦如之. 子男之卿再命, 其大夫一命, 其士不命, 其宮室・車旗・衣服・
禮儀, 各視其命之數.

라고 한 문단이 기록되어 있었는데, 현재 앞의 의복제도를 기록한 문장
뒤로 옮겼다.

---

2) 『예기』「옥조」 072장 : <u>王后褘衣</u>, 夫人揄狄, 君命屈狄.

古之君子必佩玉, 右徵[止]角, 左宮羽.〈080〉 [舊在"臨文不諱"之下.]

고대의 군자는 반드시 허리에 패옥을 찼으니, 우측에는 치음과['徵'자의 음은 '止(지)'이다.] 각음을 내는 옥을 찼고, 좌측에는 궁음과 우음을 내는 옥을 찼다. [옛 판본에는 "문자를 접해서는 피휘를 해서 읽지 않는다."[1]라고 한 문장 뒤에 기록되어 있었다.]

集說

徵·角·宮·羽, 以玉聲所中言也. 徵爲事, 角爲民, 故在右, 右爲動作之方也; 宮爲君, 羽爲物, 君道宜靜, 物道宜積, 故在左, 左乃無事之方也. 不言商者, 或以西方肅殺之音, 故遺之歟.

'치(徵)'·'각(角)'·'궁(宮)'·'우(羽)'는 옥의 소리에 해당하는 것으로 말한 것이다. '치(徵)'는 사안에 해당하고, '각(角)'은 백성에 해당한다. 그렇기 때문에 해당 소리를 내는 옥을 우측에 차는 것이니, 우측은 동작을 시행하는 방위가 되기 때문이다. '궁(宮)'은 군주에 해당하고, '우(羽)'는 사물에 해당하며, 군주의 도리는 마땅히 정숙해야 하고, 사물의 도리는 마땅히 쌓여야 하기 때문에, 해당 소리를 내는 옥을 좌측에 차는 것이니, 좌측은 곧 특별한 일이 없는 방위에 해당하기 때문이다. '상(商)'에 대해 언급하지 않은 것은 아마도 서쪽은 숙살하는 음에 해당하기 때문에, 생략한 것일 것이다.

方氏曰: 徵角爲陽, 宮羽爲陰, 陽主動, 陰主靜. 右佩陰也, 而聲中徵角之動; 左佩陽也, 而聲中宮羽之靜. 何哉? 蓋佩所以爲行止之節, 時止則止, 時行則行, 此設佩之意也.

---

1) 『예기』「옥조」079장 : 於大夫所, 有公諱無私諱. 凡祭不諱, 廟中不諱, 敎學臨<u>文不諱</u>.

방씨가 말하길, 치와 각은 양에 해당하고, 궁과 우는 음에 해당하며, 양은 동적인 것을 위주로 하고, 음은 정적인 것을 위주로 한다. 오른쪽에 차는 패옥은 음에 해당하고, 소리 중에서는 치와 각음처럼 동적인 것에 해당한다. 좌측에 차는 패옥은 양에 해당하고, 소리 중에서는 궁과 우음처럼 정적인 것에 해당한다. 어째서인가? 무릇 패옥은 행동거지의 절도를 맞추는 것이니, 멈춰야 할 때가 되면 멈추는 것이고, 행동해야 할 때가 되면 행동하는 것이니, 이것이 바로 패옥을 차는 의미이다.

經文

趨以采齊[慈], 行以肆夏, 周還[旋]中[去聲]規, 折還中矩, 進則揖之, 退則揚之, 然後玉鏘鳴也. 故君子在車, 則聞鸞和之聲, 行則鳴佩玉, 是以非辟[僻]之心無自入也. ⟨081⟩ [舊聯上文.]

종종걸음으로 갈 때에는 채자의['齊'자의 음은 '慈(자)'이다.] 악곡으로 절도를 맞추고, 빠른 걸음으로 갈 때에는 사하의 악곡으로 절도를 맞추며, 몸을 돌릴['還'자의 음은 '旋(선)'이다.] 때에는 둥근 자에 맞추듯['中'자는 거성으로 읽는다.] 원형이 되도록 하고, 좌우로 꺾을 때에는 직각 자에 맞추듯 곧게 하며, 앞으로 나아가게 되면 읍을 하듯이 몸을 숙이고, 물러나게 되면 몸을 펴게 되니, 이처럼 한 뒤에라야 패옥의 소리가 청아하게 울린다. 그렇기 때문에 군자는 수레에 타게 되면, 수레에 달려 있는 방울 소리를 들으며 몸가짐을 가다듬고, 걸어갈 때에는 패옥의 소리를 울리게 하여 절도를 맞추니, 이러한 까닭으로 그릇되고 삿된['辟'자의 음은 '僻(벽)'이다.] 마음이 침입할 틈이 없게 된다. [옛 판본에는 앞 문장의 뒤에 수록되어 있었다.]

路寢門外至應門, 謂之趨. 於此趨時, 歌采齊之詩以爲節. 路寢門內
至堂, 謂之行. 於行之時, 則歌肆夏之詩以爲節. 中規, 圓也. 中矩,
方也. 進而前, 則其身略俯, 如揖然. 退而後, 則其身微仰, 故曰揚
之. 進退俯仰皆得其節, 故佩玉之鳴, 鏘然可聽也. 鸞和, 鈴也. 常所
乘之車, 鸞在衡, 和在軾; 若田獵之車, 則和在軾, 鸞在馬鑣也.

노침의 문밖에서 응문까지 가는 것을 '추(趨)'라 부른다. 이처럼 추를 할
때에는 채자라는 시를 노래로 부르며 절도를 맞추게 된다. 노침의 문안
에서 당까지 가는 것을 '행(行)'이라 부른다. 행을 하는 때라면 사하라는
시를 노래로 부르며 절도를 맞추게 된다. 규에 맞는다는 말은 원형이
된다는 뜻이다. 구에 맞는다는 말은 사각형이 된다는 뜻이다. 나아가서
앞으로 가게 된다면, 그 몸을 약간 구부리게 되니, 마치 읍을 하는 것처
럼 된다. 물러나서 뒤로 가게 된다면, 그 몸을 조금 펼 수 있게 된다.
그렇기 때문에 "쳐들다."라고 말한 것이다. 나아가고 물러나며 몸을 굽
히고 펼 때에는 모두 그 절차에 맞아야 한다. 그렇기 때문에 패옥의 소
리가 청아하여 들어줄만 하게 되는 것이다. '난(鸞)'과 '화(和)'는 방울이
다. 일상적으로 타게 되는 수레에 있어서, 난은 형 부분에 달게 되고,
화는 식 부분에 달게 된다. 만약 사냥을 할 때 타는 수레의 경우라면,
화는 식에 있지만 난은 말의 재갈에 있다.

方氏曰: 心, 內也, 而言入, 何哉? 蓋心雖在內, 有物探之而出, 及其
久也, 則與物俱入矣, 故得以入言焉.

방씨가 말하길, 심은 내면에 있는 것인데, 들어간다고 말한 것은 어째서
인가? 무릇 마음이 비록 내면에 있다 하더라도, 사물을 쫓음이 생겨 밖
으로 나왔는데, 그것이 오래 지속된다면, 해당 사물과 함께 안으로 들어
가게 된다. 그렇기 때문에 들어간다는 말을 할 수 있다.

近按: 此因上言佩制, 以言其設佩之意也.

내가 살펴보니, 이것은 앞에서 패옥의 제도를 설명한 것으로 인해서, 이 기록을 통해 패옥을 차는 뜻을 설명한 것이다.

君在不佩玉, 左結佩, 右設佩; 居則設佩, 朝則結佩.〈082〉

세자의 경우, 군주가 계신 장소라면 패옥의 소리를 내지 않도록 하니, 좌측에 차는 패옥은 그 끈을 짧게 묶어서 소리가 울리지 않도록 하고, 우측에는 어른을 섬길 때 필요한 물건들을 찬다. 한가롭게 거처하는 경우라면 일상적인 경우처럼 패옥을 차고, 조정에 있는 경우라면 패옥을 짧게 결속하여 소리가 나지 않도록 한다.

集說

君在, 謂世子在君所也. 不佩玉, 非去之也, 但結蹙其左佩之綬, 不使玉之有聲. 玉以比德, 示不敢表其有如玉之德耳. 右設佩者, 佩謂事佩觿燧之屬, 設之於右, 示有服役以奉事於上也. 居則設佩, 謂退而燕居, 則佩玉如常也. 朝則結佩, 申言上意, 此皆謂世子也.

'군재(君在)'는 세자가 군주가 계신 장소에 있다는 뜻이다. 패옥을 차지 않는다는 말은 제거를 한다는 뜻이 아니며, 단지 패옥에 있는 끈을 짧게 결속하여 옥이 소리를 내지 못하도록 하는 것이다. 옥은 덕에 비견되니, 옥과 버금가는 덕을 갖추고 있다는 사실을 감히 드러내지 않는다는 뜻을 나타낼 따름이다. 우측에 설패를 한다고 했는데, '패(佩)'는 어른을 섬길 때 허리에 차는 송곳이나 부싯돌 등의 부류이니, 그것들을 우측에 차서 일에 종사하여 윗사람을 받들게 됨을 나타낸다. '거즉설패(居則設佩)'라는 말은 물러나서 한가롭게 거처할 때라면, 일상적인 경우처럼 패옥을 찬다는 뜻이다. "조정에서라면 패옥을 결속한다."는 말은 앞에 나온 뜻을 거듭 말한 것으로, 이 내용들은 모두 세자에 대한 예법을 뜻한다.

淺見

近按: 舊註此一節爲世子之禮, 蓋以曲禮主佩倚臣佩垂等語觀之, 是君臣皆設佩也. 此言君在不佩玉者, 與凡言臣禮不同, 故說者以爲

世子之事, 然於經文未見爲世子別陳之意, 是當有闕文在其上, 不然
則此經之言前後不相侔者頗多, 此亦別爲一說, 與曲禮不同者, 未可
定以爲世子也歟.

내가 살펴보니, 옛 주장에서는 이 문단을 세자의 예법으로 여겼는데,
『예기』 「곡례(曲禮)」 편에서 "주군의 패옥이 몸에 붙어 있으면, 신하는
허리를 조금 굽혀서 패옥이 늘어지게 한다."라고 한 말을 통해 살펴보
면, 이것은 군주와 신하 모두 패옥을 찬다는 것을 나타낸다. 이곳에서
군주가 계신 곳에서 패옥을 차지 않는다고 했는데, 이것은 신하의 예에
대해 범범히 말한 것과 차이가 난다. 그렇기 때문에 학자들이 이것을
세자에 대한 사안으로 여긴 것이다. 그런데 경문에는 세자에 대해 별도
로 이러한 규정을 기술한다는 의미가 나타나지 않으니, 이 앞에는 마땅
히 빠진 문장이 있을 것이다. 그것이 아니라면 이곳 경문에서 말한 내용
들 중에 전후의 맥락이 서로 비슷하지 않은 부분이 자못 많으니, 이 기
록은 또한 별도의 한 주장이 되며, 「곡례」 편의 기록과 다르다고 하여
세자의 예라고 확정할 수는 없을 것 같다.

齊[齋]則綪[爭]結佩而爵韠.〈083〉

재계를['齊'자의 음은 '齋(재)'이다.] 하게 되면 패옥을 꿰는 끈을 묶고, 그 위를 짧게 묶어서['綪'자의 음은 '爭(쟁)'이다.] 소리가 나지 않도록 하고, 참새의 색깔을 한 슬갑을 찬다.

凡佩玉者, 遇齊時則綪結其佩. 綪, 屈也. 謂結其綬而又屈上之也. 爵韠, 爵色之韋爲韠也. 士之服, 但齊, 則雖諸侯·大夫亦服之.

무릇 패옥을 차는 경우, 재계를 할 때가 된다면, 그 패옥은 쟁결을 한다. '쟁(綪)'자는 "짧게 하다."는 뜻이다. 즉 패옥을 꿰는 끈을 결속하고, 또한 그 위를 짧게 하여 매듭을 짓는다는 의미이다. '작필(爵韠)'은 참새의 색깔을 한 가죽으로 슬갑을 만든 것을 뜻한다. 이것은 사의 복장방식이지만, 재계를 하게 된다면 제후나 대부라 하더라도 이러한 복장을 착용한다.

凡帶必有佩玉, 唯喪否. 佩玉有衝牙, 君子無故, 玉不去身, 君子於玉比德焉.〈084〉

무릇 대를 찰 때에는 반드시 패옥을 결속하게 되니, 오직 상사일 경우에만 차지 않는다. 패옥에는 충아가 있어서 소리를 내며, 군자는 특별한 일이 없으면, 패옥을 몸에서 떼지 않으니, 군자는 옥을 통해서 덕을 비견하기 때문이다.

疏曰: 凡佩玉必上繫於衡, 下垂三道, 穿以蠙珠, 下端前後以懸璜,
中央下端懸以衝牙, 動則衝牙前後觸璜而爲聲. 所觸之玉其形似牙,
故曰衝牙.

소에서 말하길, 모든 패옥에는 반드시 위로는 형에 결속하여, 아래로 삼
도를 드리우고, 빈주로 구멍을 내며, 하단의 앞뒤로는 황을 매달고, 중
앙의 하단에는 충아를 매달아서, 움직이게 되면 충아의 앞뒷면이 황에
부딪쳐서 소리를 낸다. 부딪치는 옥은 그 형태가 어금니와 유사하기 때
문에, '충아(衝牙)'라고 부르는 것이다.

天子佩白玉, 而玄組綬. ⟨085⟩

천자는 백색의 패옥을 차고, 현색의 끈으로 꿰는 줄을 만든다.

綬, 所以貫佩之珠玉而相承受者. 玄組綬, 謂以玄色之組爲綬也.

'수(綬)'는 패옥의 옥구슬들을 꿰어서 서로 지지하도록 만드는 끈이다.
'현조수(玄組綬)'라는 말은 현색의 끈으로 수를 만든다는 의미이다.

公侯佩山玄玉, 而朱組綬. 大夫佩水蒼玉, 而純[緇]組綬. 世子
佩瑜玉, 而綦組綬. 士佩瓀[乳兗反]玟[民], 而縕[溫]組綬. 〈086〉

공작과 후작은 산의 검푸른색을 내는 패옥을 차고, 주색의 끈으로 꿰는
줄을 만든다. 대부는 물의 검푸른색을 내는 패옥을 차고, 순색의['純'자의
음은 '緇(치)'이다.] 끈으로 꿰는 줄을 만든다. 세자는 아름다운 패옥을 차
고, 무늬가 뒤섞인 끈으로 꿰는 줄을 만든다. 사는 옥돌을['瓀'자는 '乳(유)'
자와 '兗(연)'자의 반절음이다. '玟'자의 음은 '民(민)'이다.] 패옥으로 차고, 적황
색의['縕'자의 음은 '溫(온)'이다.] 끈으로 꿰는 줄을 만든다.

山玄, 水蒼, 如山之玄, 如水之蒼也. 瑜, 美玉也. 綦, 雜文也. 瓀玟,
石之次玉者. 縕, 赤黃色.

'산현(山玄)'과 '수창(水蒼)'은 옥의 색깔이 산의 검은색과 같고, 물의 푸
른색과 같은 것이다. '유(瑜)'는 아름다운 옥을 뜻한다. '기(綦)'는 무늬가
뒤섞여 있는 것이다. '연민(瓀玟)'은 돌 중에서 옥 다음 등급인 옥돌을
뜻한다. '온(縕)'은 적황색을 뜻한다.

近按: 此因上言佩制與設佩之意, 而申說其貴賤所佩不同之制也.

내가 살펴보니, 이것은 앞에서 패옥의 제도와 패옥을 차는 뜻을 설명한
것으로 인해서, 신분의 등급에 따라 차게 되는 패옥의 제도가 동일하지
않음을 거듭 설명한 것이다.

孔子佩象環五寸, 而綦組綬.〈087〉

공자는 한가롭게 거처할 때, 상아를 5촌의 너비로 만든 둥근 옥을 차고,
무늬가 뒤섞인 끈으로 꿰는 줄을 만들었다.

集說

象環, 象牙之環也, 其廣五寸. 孔子謙不佩玉, 故燕居佩之, 非謂禮
服之正佩也.

'상환(象環)'은 상아로 만든 둥근 옥으로, 그 너비는 5촌이다. 공자는 겸
손하게 처신하여 패옥을 차지 않은 것이다. 그래서 한가롭게 거처할 때
찼던 것이니, 여기에서 말하는 것은 예복에 차게 되는 정식 패옥을 뜻하
는 것이 아니다.

淺見

近按: 上言公朝佩玉上下之異. 此引孔子之事, 以見不仕燕居之時,
亦當有佩, 而其制與有爵而仕者不同也. 然此非古有是制, 蓋自孔
子而始用象環, 禮家幷記之, 以爲后法也.

내가 살펴보니, 앞에서는 군주의 조정에서 차는 패옥은 신분에 따라
차이가 난다고 언급했다. 이곳에서는 공자에 대한 일화를 인용하여 벼
슬을 하지 않고 한가롭게 거처할 때에도 마땅히 패옥을 차게 되는데,
그 제도는 작위를 받아 벼슬살이를 하는 자와 동일하지 않음을 나타낸
것이다. 그런데 이것은 고대로부터 이러한 제도가 있었음을 뜻하는 것
이 아니니, 공자 때부터 처음으로 상환을 사용하였던 것으로, 예학자
들이 이러한 사실까지도 함께 기술하여, 후대의 예법으로 삼고자 했던
것이다.

童子之節也, 緇布衣錦緣[去聲], 錦紳幷紐, 綿束髮, 皆朱錦也.
〈088〉

어린아이들의 예절에 있어서는 치포로 만든 옷에 비단으로 가선을['緣'자
는 거성으로 읽는다.] 댄 것을 입고, 허리띠의 늘어뜨리는 부분과 허리띠는
비단으로 만들며, 비단을 이용해서 머리를 묶으니, 비단은 모두 적색의
비단을 이용한다.

集說

節, 禮節也. 錦緣, 以錦爲緇布衣之緣也. 紳紐見前.

'절(節)'자는 예절을 뜻한다. '금연(錦緣)'은 치포로 만든 옷에 비단으로
가선을 댄다는 뜻이다. '신(紳)'과 '유(紐)'는 앞에 그 설명이 나온다.

經文

童子不裘不帛, 不屨絇[劬], 無緦服, 聽事不麻. 無事則立主人
之北, 南面. 見[現]先生, 從人而入.〈089〉

어린아이는 갓옷을 입지 않고 비단옷을 입지 않으며, 신발에 신코장식
을['絇'자의 음은 '劬(구)'이다.] 하지 않고, 시마복을 착용하지 않으며, 상주
의 심부름을 할 때에는 질을 두르지 않는다. 상사에 있어서 특별한 일
이 없다면, 상주의 북쪽에 서서 남쪽을 바라본다. 선생님을 찾아뵐['見'자
의 음은 '現(현)'이다.] 때에는 다른 사람을 따라서 들어간다.

集說

不屨絇, 未習行戒也. 無緦服, 謂父在時, 己雖有緦親之喪, 不爲之

著緦服, 但往聽主人使令之事. 不麻, 謂免而深衣不加絰也. 問喪云,
童子不緦, 唯當室緦. 當室, 爲父後者也. 童子未能習禮, 且緦輕, 故
父在不緦, 父沒則本服不可違矣. 從人而見先生, 不敢以卑小煩長
者爲禮也.

신발에 신코장식을 하지 않는 것은 움직일 때 주의해야 할 것을 아직
익히지 않았기 때문이다. 시마복이 없다는 말은 부친이 생존해 계실 때,
본인에게 비록 시마복을 입어야 하는 친족의 상이 있더라도, 그를 위해
서 시마복을 착용하지 않고, 단지 그 집에 찾아가서 주인이 시키는 일에
대해 따른다는 뜻이다. '불마(不麻)'는 문을 하고 심의를 착용하지만, 질
은 두르지 않는다는 뜻이다. 『예기』「문상(問喪)」편에서는 어린아이는
시마복을 착용하지 않으며, 오직 당실(當室)¹⁾만이 시마복을 착용한다고
했다. '당실(當室)'은 부친의 후계자가 된 자를 뜻한다. 어린아이는 아직
예법을 능숙하게 익히지 못했고, 또 시마복은 상복 중에서도 수위가 낮
은 것이다. 그렇기 때문에 부친이 생존해 계신다면 시마복을 착용하지
않는 것인데, 부친이 돌아가신 경우라면, 본래의 복식 규정을 어길 수
없다. 다른 사람을 따라서 선생님을 찾아뵙는 것은 신분이 미천하고 나
이가 어린 자가 감히 연장자를 번거롭게 만들지 않는 것을 예법으로 여
기기 때문이다.

淺見

近按: 此因上文諸節言成人服飾之制, 而幷及童子衣紳之飾, 與其行
禮之節也.

내가 살펴보니, 이 문장은 앞의 여러 문장에서 성인의 복식 제도를 언급
한 것으로 인해, 어린아이의 의복과 신의 복식 및 행동 예절에 대해 함
께 언급한 것이다.

---

1) 당실(當室)은 부친을 대신하여, 가사(家事)일을 돌본다는 뜻이다. 고대에는 대부
분 장자(長子)가 이 일을 담당해서, 적장자(嫡長子)를 가리키기는 용어로도 사용
하였다.

凡侍於君, 紳垂, 足如履齊[자], 頤霤垂拱, 視下而聽上, 視帶以及袷[겁], 聽鄕[去聲]任左.〈075〉[舊在"皆從男子"之下.]

무릇 군주를 모시고 서 있을 때에는 몸을 숙이게 되므로, 허리띠의 늘어뜨린 끈은 밑으로 늘어지게 되며, 발은 하의의 가장자리를['齊'자의 음은 '咨(자)'이다.] 밟고 있는 것처럼 되고, 머리도 앞으로 숙이게 되어 턱이 지붕의 처마처럼 튀어나오게 되며, 공수를 한 손은 밑으로 늘어지게 되고, 시선은 밑을 향하되 귀는 위를 향해 군주의 말을 들으며, 시선은 허리띠로부터 옷깃이 겹쳐진 부위까지를['袷'자의 음은 '劫(겁)'이다.] 바라보고, 군주의 명령을 듣기 위해 몸을 향함에는['鄕'자는 거성으로 읽는다.] 좌측 귀에 치중한다. [옛 판본에는 "모두 남편의 작위에 따른 복장을 착용한다."[1] 라고 한 문장 뒤에 수록되어 있었다.]

立而磬折, 則紳必垂; 身折則裳下之緝委地, 故足如踐之也. 頤, 頷也. 霤, 屋簷也. 身俯故頭臨前, 而頤之垂如屋霤然. 垂拱, 亦謂身俯則手之拱者下垂也. 視雖在下, 而必側面向上以聽尊者之言, 故云視下而聽上也. 袷, 交領也. 視則自帶至袷, 高下之則也. 凡立者尊右, 坐者尊左, 侍而君坐, 則臣在君之右, 是以聽向皆任左以向君.

서서 경이 구부려져 있는 것처럼 허리를 굽힌다면 신은 반드시 늘어지게 되며, 몸을 굽힌다면 하의의 가장자리가 땅에 닿기 때문에, 발은 그것을 밟고 있는 형상처럼 된다. '이(頤)'는 턱을 뜻한다. '유(霤)'는 지붕의 처마를 뜻한다. 몸을 굽혔기 때문에 머리는 앞으로 숙여지고, 턱이 늘어진 모습은 지붕의 처마처럼 된다. '수공(垂拱)'은 또한 몸을 굽히게 된다면 공수를 한 손이 밑으로 늘어뜨려진 것을 뜻한다. 시선은 비록

---

1) 『예기』「옥조」 074장 : 唯世婦命於奠繭, 其他則皆從男子.

밑 부분에 있지만, 반드시 얼굴을 기울여서 위를 향하게 하여, 존귀한 자의 말을 듣는다. 그렇기 때문에 시선을 밑으로 하되 윗사람의 말을 듣는다고 말한 것이다. '겁(袷)'은 옷깃이 교차하는 부분이다. 시선의 경우에는 허리띠로부터 겁 사이에 두니, 시선의 높낮이를 맞추는 법칙이다. 무릇 서 있게 될 때 존귀한 자는 우측에 위치하고, 앉을 때 존귀한 자는 좌측에 위치하며, 시중을 들며 군주가 앉아 있는 경우라면, 신하는 군주의 우측에 위치한다. 이러한 까닭으로 군주를 향해 말씀을 듣게 될 경우에는 모두 좌측에 치중하여 군주를 향하는 것이다.

經文

凡君召以三節, 二節以走, 一節以趨, 在官不俟屨, 在外不俟車.〈076〉 [舊聯上文.]

무릇 군주가 신하를 부를 때에는 삼절로 부르게 된다. 이절로 부르게 되면 신하는 달려오게 되고, 일절로 부르게 되면 신하는 걸어오게 된다. 신하가 조정에 있을 때에는 신발을 제대로 갖춰 신을 때까지 기다리지 않고 신속히 가며, 외부에 있을 때에는 수레가 올 때까지 가다리지 않고 신속히 간다. [옛 판본에는 앞 문장의 뒤에 수록되어 있었다.]

集說

疏曰: 節以王爲之, 所以明信輔於君命者也. 君使使召臣, 有二節時, 有一節時, 故合云三節也. 隨事緩急, 急則二節, 故走; 緩則一節, 故趨. 官, 謂朝廷治事處也. 外, 謂其室及官府也. 在官近, 故云屨; 在外遠, 故云車.

소에서 말하길, '절(節)'은 옥으로 만들게 되니, 신의를 밝혀서 군주의 명령을 보필하는 것이다. 군주가 사신을 시켜서 신하를 부를 때에는 이절로 부를 때가 있고, 일절로 부를 때가 있다. 그렇기 때문에 둘을 합쳐서 '삼절(三節)'이라고 말한 것이다. 사안에 따라 완급이 있으니, 급박한 경우라면 이절로 부르게 된다. 그렇기 때문에 달려가는 것이다. 다소 느슨한 사안이라면 일절로 부르게 된다. 그렇기 때문에 종종걸음으로 걸어가는 것이다. '관(官)'은 조정에서 정무를 처리하는 장소를 뜻한다. '외(外)'는 그의 집 및 관부를 뜻한다. 관처럼 근처에 있기 때문에 신발을 언급한 것이고, 집이나 관부처럼 멀리 떨어진 곳에 있기 때문에 수레를 언급한 것이다.

浅見

近按: 上言冠服笏帶韠佩之制. 此以下又言行禮之事, 蓋有此服飾必有此容節, 而其禮之行莫先於朝, 故自君臣而始也.

내가 살펴보니, 앞에서는 관과 복장, 홀과 대, 슬갑과 패옥의 제도를 언급했다. 이곳 문장으로부터 그 이하의 기록에서는 또한 예를 시행하는 사안을 언급했는데, 이러한 복식이 있다면 반드시 그에 따른 행동거지와 예절이 있으며, 그 예를 시행함에 있어서는 조정에서 시행하는 것보다 우선되는 것이 없다. 그렇기 때문에 군주와 신하에 대한 내용부터 시작한 것이다.

君賜車馬, 乘以拜賜[句絶]; 衣服, 服以拜賜.〈097〉

군주가 수레와 말을 하사하게 되면, 그 물건이 집에 당도했을 때 절을 하며 받고, 다음날 그것을 타고 군주가 계신 곳에 찾아가서 하사를 해준 것에 대해 절을 한다.['賜'자에서 구문을 끊는다.] 의복을 하사한 경우에도, 그 물건이 도착했을 때 절을 하며 받고, 다음날 그것을 착용하고 군주가 계신 곳에 찾아가서 하사를 해준 것에 대해 절을 한다.

集說

君賜反門旣拜受矣, 明日又乘服詣君所而拜謝其賜. 所謂再拜, 敬之至也. 二賜字句絶, 本朱子說.

군주가 하사를 한 물건이 자신의 집 대문에 당도하면, 그때 이미 절을 하며 물건을 받게 되고, 다음날에는 또한 수레나 말은 그것을 타고 의복은 착용을 하여, 군주가 계신 장소로 가서 하사를 해준 것에 대해 절을 하며 감사를 표한다. 이른바 '재배(再拜)'라는 것은 공경함을 지극히 나타낸 것이다. 2개의 '사(賜)'자에서 구문을 끊으니, 이것은 주자의 주장에 따른 것이다.

經文

君未有命, 弗敢卽乘服也.〈098〉 [此上舊在"不食肉而飡"之下.]

천자에게 하사품을 받았다 하더라도, 자신의 군주가 그것을 사용해도 좋다는 명령을 내린 적이 없다면, 감히 하사받은 수레나 말을 타지 않고, 하사받은 의복을 착용하지 않는다. [여기까지는 옛 판본에 "고기도 먹지 않은 채 물에 밥을 말았다."[1]라고 한 문장 뒤에 수록되어 있었다.]

此謂諸侯之卿大夫爲使臣而受天子之賜, 歸而獻諸其君, 君命之乘服乃得乘服, 故君未有命, 不敢卽乘服也.

이 내용은 제후에게 소속된 경이나 대부가 사신이 되었을 때 천자로부터 하사를 받아서 본국으로 되돌아와 자신의 군주에게 헌상하고, 군주가 그 물건에 대해서 타거나 착용하라고 명령을 내려야만, 타거나 착용할 수 있다는 뜻이다. 그렇기 때문에 군주가 아직 명령을 내리지 않았다면, 감히 곧바로 타거나 착용하지 않는 것이다.

淺見

近按: 君未有命, 弗敢卽乘服者, 舊註以爲諸侯之臣受賜於天子, 而其君未有命, 或謂君雖有車服之賜, 而未有乘服之命, 則恐其使己將命而賜於他人, 又恐使己畜而藏之, 故不敢乘服, 必待有命然后乘服也. 愚按此句承上文君賜車馬而言, 則諸侯之臣受賜天子之意, 無緣入於其間也. 當從後說.

내가 살펴보니, 군주가 아직 명령을 내리지 않았다면 감히 곧바로 타거나 입지 않는다고 했는데, 옛 주석에서는 제후의 신하가 천자로부터 하사를 받았는데, 그의 군주가 아직 명령을 내리지 않은 경우라고 여겼고, 혹자는 군주가 비록 수레나 의복을 하사했지만 아직 그것을 타거나 입으라는 명령을 내리지 않았다면, 자신으로 하여금 명령을 전달하여 다른 사람에게 하사품을 전하거나 또는 자신으로 하여금 그것을 보관하게 한 것일 수도 있기 때문에, 감히 타거나 입지 않고 반드시 명령이 내려진 이후에야 타거나 입는다고 여겼다. 내가 생각하기에 이 구문은 앞에서 군주가 수레와 말을 하사한다고 한 문장을 이어서 언급한 것이니, 제후의 신하가 천자로부터 하사품을 받았다는 뜻은 그 사이에 끼워넣을 연유가 없다. 따라서 마땅히 후자의 주장에 따라야 한다.

---

1) 『예기』「옥조」 096장 : 孔子食於季氏, 不辭, 不食肉而飱.

經文

君賜, 稽首據掌致諸地.〈099〉 [此下舊聯上文.]

군주가 하사를 하면, 신하는 머리를 조아리고 좌측 손을 우측 손 위에 포개어 머리와 손이 땅에 닿도록 절을 한다. [이곳으로부터 뒤의 문장들은 옛 판본에 앞 문장의 뒤에 기록되어 있었다.]

集說

據, 按也, 覆左手以按於右手之上. 致, 至也, 頭及手俱至地也.

'거(據)'자는 "누르다."는 뜻이다. 좌측 손으로 덮으며 우측 손 위로 포개는 것이다. '치(致)'자는 "이르다."는 뜻이니, 머리와 손을 모두 땅바닥에 닿도록 하는 것이다.

經文

酒肉之賜弗再拜.〈100〉

하사품 중 술과 고기에 대해서는 자신의 집에서만 절을 하고 받으며, 다음날 재차 찾아가서 절하는 절차를 시행하지 않는다.

集說

已拜受於家, 而明日又往拜, 謂之再拜. 酒肉之賜輕, 故惟拜受於家而已.

이미 자신의 집에서 절을 하며 하사품을 받았고, 그 다음날 재차 찾아가서 절을 하는 것을 '재배(再拜)'라고 부른다. 하사품 중 술과 고기는 상대적으로 덜 중요한 것이다. 그렇기 때문에 오직 자신의 집에서만 절을 하고 받을 따름이다.

凡賜君子, 與小人不同日.〈101〉

무릇 군자에게 하사를 하거나 소인에게 물건을 수여할 때에는 같은 날에 하지 않는다.

君子小人以位言, 君子曰賜, 小人曰與, 貴賤殊, 故不可同日也.

군자와 소인은 지위에 기준을 두고 말한 것이니, 군자에 대해서 "하사한다."라 말하고, 소인에 대해서 "수여하다."라 말한 것은 귀천의 등급에 따른 차이이다. 그렇기 때문에 같은 날에 줄 수 없다.

近按: 此以上言君賜臣之禮.

내가 살펴보니, 여기까지는 군주가 신하에게 하사하는 예법을 언급한 것이다.

經文

凡獻於君, 大夫使宰, 士親, 皆再拜稽首送之. 膳於君有葷[熏] 桃茢[列], 於大夫去[上聲]茢, 於士去葷, 皆造[七到反]於膳宰.〈102〉

무릇 군주에게 헌상품을 바치게 된다면, 대부의 경우에는 본인이 직접 전달하지 않고 가신의 우두머리인 재를 시키고, 사는 신분이 미천하므로 자신이 직접 바치게 되는데, 모든 경우에 있어서 재배를 하고 머리를 조아린 뒤에 하급관리에게 전달하게 된다. 군주에게 맛있는 음식을 바치게 된다면, 훈['葷'자의 음은 '熏(훈)'이다.] · 도 · 열이라는['茢'자의 음은 '列(렬)'이다.] 사물을 이용해서 상서롭지 못한 것들을 방지하는데, 신분에 따른 차등도 존재하니, 대부에게 음식을 바칠 경우에는 열을 제거하고['去'자는 상성으로 읽는다.] 사에게 음식을 바칠 경우에는 훈까지도 제거하며, 모든 경우에 있어서 주군에게 직접 전달하는 것이 아니라 음식을 담당하는 선재에게 전달한다.['造'자는 '七(칠)'자와 '到(도)'자의 반절음이다.]

集說

大夫不親往而使宰者, 恐勤君之降禮而受獻也. 士賤, 故得自往. 皆再拜稽首送之者, 言大夫初遣宰時, 己拜送矣, 及至君門以授小臣, 則或宰或士, 亦皆再拜而送之也. 膳, 美食也. 葷, 薑及辛菜也. 茢, 苕帚也. 膳宰, 主飲食者.

대부는 직접 찾아가지 않고 가신의 우두머리인 재를 시키는데, 그 이유는 아마도 군주가 예법을 낮춰서 헌상품을 받게 만드는 수고로움에 대해 염려했기 때문이다. 사는 신분이 미천하기 때문에, 자신이 직접 찾아갈 수 있다. "모두 재배를 하고 머리를 조아리며 보낸다."라고 했는데, 이것은 대부가 최초 재를 파견시킬 때, 대부 본인이 절을 하며 물건을 보내게 되고, 군주가 계신 궁문에 도달하여 하급관리에게 물건을 건네게 되면, 재 혹은 사는 또한 모두 재배를 하고 물건을 건넨다는 뜻이다. '선(膳)'자는 맛있는 음식을 뜻한다. '훈(葷)'은 생강 및 신채를 뜻한다.

'열(苭)'은 초로 만든 빗자루이다. '선재(膳宰)'는 음식에 대한 일을 담당하는 관리이다.

方氏曰: 膳必用葷桃苭者, 防不祥之存或于之也. 桃以其性. 葷以其氣, 苭以其形. 形不如氣, 氣不如性, 故貴賤多小之數, 去其一者苭, 去其二者葷, 惟桃不可去焉. 皆造膳宰者, 以不敢專達, 必待主膳之人達之也.

방씨가 말하길, 맛있는 음식에 대해서 반드시 훈·도·열을 사용하는 이유는 상서롭지 못한 물건이 간혹 끼어들 수 있음을 방지하기 위해서이다. 도를 사용하는 것은 그 성질 때문이며, 훈을 사용하는 것은 그 기운 때문이고, 열을 사용하는 것은 그 형체 때문이다. 형체는 기운만 못하고, 기운은 성질만 못한다. 그렇기 때문에 신분의 등급에 따라 많게 하거나 적게 하는 차이가 있어서, 한 가지만 제거하는 경우에는 열을 빼고, 두 가지를 제거하는 경우에는 훈까지도 빼는데, 도만은 제거할 수 없다. "모두 선재에게 건넨다."라고 한 것은 감히 제 마음대로 전달을 할 수 없으므로, 반드시 음식을 담당하는 관리를 통해서 전달해야만 한다.

淺見

近按: 此言臣獻於君之禮.

내가 살펴보니, 이것은 신하가 군주에게 헌상하는 예법을 말한 것이다.

大夫不親拜, 爲[去聲]君之答己也.〈103〉

대부가 직접 찾아가서 절을 하며 물건을 바치지 않는 것은 직접 찾아가게 되면, 군주가 자신에게 답배를 해야 하기 때문이다.['爲'자는 거성으로 읽는다.]

集說

釋所以不親獻之義.

직접 물건을 바치지 않는 의미를 풀이한 말이다.

經文

大夫拜賜而退. 士待諾而退, 又拜. 弗答拜.〈104〉

대부가 하사품을 받게 되면, 그 다음날 공문으로 찾아가서 하사를 해준 것에 대해 절을 하고 물러난다. 사는 자신이 찾아온 사실을 하급관리가 보고하고, 허락을 한다는 명령을 받을 때까지 기다렸다가 물러나며, 또한 군주가 허락을 해준 것에 대해 절을 한다. 군주는 사에 대해서 답배를 하지 않는다.

集說

大夫往君門而拜君昨日所賜, 及門, 卽告小臣. 小臣入白, 大夫卽拜, 拜竟卽退, 不待小臣出報, 恐君召進之而答拜也. 君不答士之拜, 故士拜竟則待小臣傳君之諾報而後退也. 又拜者, 小臣傳諾報而出, 士又拜君之諾也. 弗答拜, 謂君終不答士之拜也.

대부는 군주의 공문으로 찾아가서 군주가 어제 하사를 해준 물건에 대해 절을 하는데, 문에 도달하게 되면 곧 하급관리에게 알리게 한다. 하급관리가 들어가서 그 사실을 아뢰면, 대부는 곧 절을 하고, 절하는 일이 끝나면 곧바로 되돌아오며, 하급관리가 다시 나와서 아뢴 사실에 대해 보고를 할 때까지 기다리지 않으니, 아마도 군주가 그를 안으로 불러서 답배를 하게 됨을 염려했기 때문이다. 군주는 사의 절에 대해 답배를 하지 않는다. 그렇기 때문에 사는 절하는 것을 끝내면, 군주가 허락을 했다는 하급관리의 보고를 받을 때까지 기다린 뒤에야 물러가는 것이다. '우배(又拜)'라는 것은 허락을 했다는 보고를 전달하기 위해 하급관리가 밖으로 나오면, 사는 재차 군주가 허락을 해준 것에 대해 절을 한다는 뜻이다. '불답배(弗答拜)'라는 말은 군주는 끝내 사의 절에 대해서 답배를 하지 않는다는 뜻이다.

浅見

近按: 此承上文以釋大夫不親・士親拜之意. 凡有獻與受賜而謝, 其禮皆然也.

내가 살펴보니, 이것은 앞 문장에서 대부는 헌상품을 직접 전달하지 않고 사는 직접 전달하며 절을 한다는 뜻을 이어받고 있다. 무릇 헌상을 하거나 하사품을 받을 때에는 감사를 표하게 되는데, 그 예법은 모두 이러하다.

大夫親賜士, 士拜受, 又拜於其室. 衣服, 弗服以拜. 敵者不在, 拜於其室.〈105〉

대부는 직접 사에게 하사품을 전달하고, 사는 절을 하며 그 물건을 받고, 또 그 다음날 그 집에 찾아가서 절을 하며 감사를 표하게 된다. 의복을 하사받은 경우에는 그 의복을 착용하고 절을 하지 않는다. 신분이 대등한 경우, 물건을 준 자가 부재중이라면, 물건을 받은 자는 이후 물건을 준 자의 집에 찾아가서 절을 한다.

集說

其室, 大夫之家也. 衣服不服以拜, 下於君賜也. 敵者, 尊卑相等也. 其室, 獻者之家也. 若當時主人在家而拜受, 則不復往彼家拜謝. 今主人不在, 不得拜受, 還家必往而拜之也. 若朋友, 則非祭肉不拜.

'기실(其室)'은 대부의 집을 뜻한다. 의복을 하사받은 경우, 그 의복을 착용하고서 절을 하지 않는 것은 군주에게 받은 하사품의 예법보다 낮추기 때문이다. '적자(敵者)'는 신분이 서로 대등한 자를 뜻한다. '기실(其室)'은 물건을 준 자의 집을 뜻한다. 만약 당시에 주인이 그 집에 있다면 절을 하고 받으니, 다시 상대방의 집에 찾아가서 절을 하며 감사를 표하지 않는다. 그런데 현재 주인이 부재중이므로 절을 하며 받을 수 없으니, 자신의 집으로 되돌아오게 되면 반드시 물건을 준 자에게 찾아가서 절을 하는 것이다. 만약 친구 사이라면, 제사를 지내고 나온 고기가 아닌 경우에는 절을 하며 받지 않는다.

淺見

近按: 此因上言君賜臣之禮, 而又言大夫賜士之事也.

내가 살펴보니, 이것은 앞 문장에서 군주가 신하에게 하사를 하는 예법

을 언급한 것에 따라, 재차 대부가 사에게 하사를 해주는 사안을 언급한
것이다.

凡於尊者有獻, 而弗敢以聞.〈106〉

무릇 존귀한 자에게 헌상을 할 경우에는 감히 존귀한 자에게 직접적으로 그 말을 전달하지 않는다.

集說

不敢以聞者, 不敢直言獻於尊者, 如云致馬資於有司, 及贈從者之類也.

'불감이문(不敢以聞)'이라는 말은 존귀한 자에게 직접 헌상품에 대해 말을 하지 않는 것으로, 마치 "거마에 대한 비용을 유사에게 바칩니다."라고 말하고, "종자에게 이러한 물건을 보냅니다."라는 등의 말처럼 하는 것이다.

淺見

近按: 此因上言臣獻君之事, 而幷及之也.

내가 살펴보니, 이것은 앞 문장에서 신하가 군주에게 헌상하는 사안을 언급한 것에 따라서, 이러한 것까지도 함께 언급한 것이다.

士於大夫, 不敢拜迎而拜送. 士於尊者, 先拜進面, 答之拜則
走.〈077〉 [舊在"在外不俟車"之下.]

사는 대부에 대해서, 대부가 답배할 것을 염려하여, 감히 절을 하며 맞
이하지 않지만, 절을 하고 전송하는 절차는 시행한다. 사가 존귀한 자
에게 찾아갈 때에는 먼저 문밖에서 절을 하고, 그 뒤에 나아가서 얼굴
을 마주하는데, 만약 상대방이 밖으로 나와서 자신이 절을 한 것에 대
해서 답배를 하려고 한다면, 그 자리를 피하여 절을 하지 못하도록 만
든다. [옛 판본에는 "외부에 있을 때에는 수레가 올 때까지 기다리지 않고 신속히
간다."[1]라고 한 문장 뒤에 수록되어 있었다.]

集說

士於大夫, 尊卑有間, 若大夫詣士, 士不敢拜而迎之, 恐其答拜也.
去則拜送者, 禮, 賓出則主人再拜送之, 賓不答拜, 禮有終止故也.
士若見於大夫, 則先拜於門外, 然後進而見面. 若大夫出迎而答其
拜, 則走避之.

사가 대부를 대하는 경우 신분의 차이가 있으니, 만약 대부가 사의 집에
도달하였다면, 사는 감히 절을 하며 그를 맞이하지 않으니, 그가 답배를
하게 될까를 염려했기 때문이다. 대부가 떠나게 되면 절을 하며 전송을
하는데, 예법에 따르면, 빈객이 밖으로 나가게 되면, 주인은 재배를 하
고 그를 전송하며, 빈객은 답배를 하지 않으니, 예법에도 끝맺음이 있게
되기 때문이다. 사가 만약 대부를 알현하게 된다면, 먼저 문밖에서 절을
하고, 그런 뒤에 나아가서 얼굴을 마주하게 된다. 만약 대부가 밖으로
나와 맞이하여, 사가 절한 것에 답배를 하게 된다면, 달아나서 그 자리

---

1) 『예기』「옥조」076장: 凡君召以三節, 二節以走, 一節以趨, 在官不俟屨, 在外
不俟車.

를 피한다.

士於大夫不承賀, 下大夫於上大夫承賀.〈107〉 [舊在上文"弗敢以
聞"之下.]

사는 대부에 대해서 신분의 차이가 많이 나므로, 대부가 직접 축하하는
것을 받지 않으며, 하대부는 상대부에 대해서 신분의 차이가 적게 나므
로, 상대부가 직접 축하하는 것을 받아들인다. [옛 판본에는 "감히 존귀한
자에게 직접적으로 그 말을 전달하지 않는다."2)라고 한 문장 뒤에 수록되어 있었
다.]

集說

士於大夫傳卑遠, 若有慶事, 不敢受大夫之親賀. 下大夫於上大夫
尊卑近, 故可承受其親賀也.

사는 대부에 대해서 신분의 차이가 많이 나니, 만약 경사스러운 일이 있
더라도, 감히 대부가 직접 축하하는 것을 받지 못한다. 하대부는 상대부
에 대해서 신분의 차이가 많이 나지 않는다. 그렇기 때문에 직접 축하하
는 것에 대해 받아들일 수 있다.

---

2) 『예기』「옥조」 106장 : 凡於尊者有獻, 而弗敢以聞.

有慶, 非君賜不賀.〈094〉 有憂者.〈095〉

경사스러운 일이 있더라도, 군주가 하사를 해준 것이 아니라면, 축하를 하지 않는다. 근심스러운 일이 있는 경우이다.

集說

君賜, 如爵命·土田·車服之類皆是也. 言卿·大夫·士之家, 設有喜慶之事, 若是君命所賜則當賀, 非君賜則不賀, 蓋以君賜爲榮也.

'군사(君賜)'는 작위의 명 등급, 토지, 수레나 의복 등의 부류들이 모두 여기에 해당한다. 즉 경·대부·사의 집안에서 경사스러운 일이 있는데, 만약 군주가 명령을 내려서 하사를 해준 것이라면, 마땅히 축하를 해야 하지만, 군주가 하사를 해준 것이 아니라면, 축하를 하지 않는다는 뜻이니, 무릇 군주의 하사에 대해 영광으로 여기기 때문이다.

淺見

近按: 此一節舊在"火孰者先君子"之下. 今以上文承賀之類而付此. "有憂者"三字, 因上有慶而幷言有憂之事, 其文今亡.

내가 살펴보니, 이 문단은 옛 판본에 "불로 익힌 음식을 먹을 때에는 존귀한 자보다 먼저 맛을 본다."라고 한 문장 뒤에 수록되어 있었다. 여기에서는 앞 문장에서 축하를 받아들인다고 한 부류와 같아서 이곳에 덧붙인다. '유우자(有憂者)'라는 세 글자는 앞에서 경사스러운 일이 있다고 언급한 것에 따라 근심스러운 일이 있는 경우까지도 함께 언급한 것인데, 해당 문장은 현재 망실되어 없다.

士於君所言, 大夫沒矣, 則稱諡若字, 名士. 與大夫言, 名士, 字大夫.〈078〉 [舊在"拜則走"之下.]

사가 군주가 계신 곳에 위치하여 말을 할 때, 만약 가리키는 대상이 대부이고, 그가 이미 죽은 상태라면, 시호나 자를 지칭하고, 사에 대해서는 이름으로 부른다. 만약 대부와 함께 말을 하는 경우라면, 살아있는 사에 대해서는 이름으로 부르고, 살아있는 대부에 대해서는 자로 부른다. [옛 판본에는 "답배를 하려고 한다면, 그 자리를 피한다."[1]라고 한 문장 뒤에 수록되어 있었다.]

集說

名士者, 士雖沒, 猶稱其名, 以在君之前也. 與大夫言而名士, 則謂士之生者也. 大夫之生者, 則字之.

'명사(名士)'는 사가 비록 죽은 상태라 하더라도, 여전히 그의 이름을 부른다는 뜻이니, 군주 앞에 있기 때문이다. 대부와 함께 말을 할 때, 사에 대해 이름으로 부른다는 말은 살아있는 사에 대한 경우를 뜻한다. 대부들 중 살아있는 자의 경우에는 자로 부른다.

---

1) 『예기』 「옥조」 077장 : 士於大夫, 不敢拜迎而拜送. 士於尊者, 先拜進面, 答之拜則走.

於大夫所, 有公諱無私諱. 凡祭不諱, 廟中不諱, 敎學臨文不
諱.〈079〉[舊聯上文.]

사가 대부가 있는 장소에 위치한다면, 선대 군주에 대한 피휘를 적용하
여 말을 하지만, 개인적으로 피휘하는 글자들 때문에 글자를 바꿔 쓰지
않는다. 신들에 대한 제사에서는 피휘를 적용하지 않고, 묘 안에서는
피휘를 하지 않으며, 가르치고 배움에 있어서 문자를 접해서는 피휘를
해서 읽지 않는다. [옛 판본에는 앞 문장의 뒤에 수록되어 있었다.]

集說

公諱, 本國先君之諱也. 私諱, 私家之諱也. 凡祭, 祭群神也. 餘見
曲禮.

'공휘(公諱)'는 자신이 속한 제후국 선대 군주에 대한 피휘를 뜻한다. '사
휘(私諱)'는 자기 집안에서 사용하는 피휘를 뜻한다. '범제(凡祭)'는 뭇
신들에 대한 제사를 총칭한다. 나머지 설명은 『예기』「곡례(曲禮)」편에
나온다.

淺見

近按: 上文諸節言君與大夫之禮, 異章而各陳之. 此節又合而兼言
之, 因及名諱之禮也.

내가 살펴보니, 앞 문장 중 여러 문단에서는 군주와 대부에 대한 예법을
언급하며, 장을 달리해서 각각 기록하였다. 이곳 문단에서는 또한 두 내
용을 합하여 함께 언급했고, 그에 따라 이름으로 부르거나 피휘하는 예
법을 언급한 것이다.

侍食於先生, 異爵者, 後祭先飯[上聲]. 客祭, 主人辭曰: "不足祭
也." 客飱[孫], 主人辭以疏. 主人自置其醬, 則客自徹之.〈090〉
[此下舊在"從人而入"之下.]

나이나 작위가 높은 자를 모시고 식사를 할 경우, 그들보다 뒤에 음식
에 대한 제사를 지내고, 그들보다 먼저 음식을 맛본다.['飯'자는 상성으로
읽는다.] 빈객이 음식에 대한 제사를 지내려고 하면, 주인은 사양하며,
"제사를 지내기에는 부족한 음식들입니다."라고 말한다. 빈객이 권유를
['飱'자의 음은 '孫(손)'이다.] 하면, 주인은 사양하며 보잘것없는 음식들이라
고 말한다. 주인이 직접 장을 진설하면, 빈객은 식사를 끝낸 뒤 직접
장을 치운다. [이곳 문장으로부터 그 이하의 기록은 옛 판본에 "다른 사람을 따라
서 들어간다."[1]라고 한 문장 뒤에 수록되어 있었다.]

集說

此言成人之禮. 先生, 齒尊於己者. 異爵, 爵貴於己者. 后祭, 示饌不
爲己也. 先飯, 示爲尊貴者嘗之也. 盛主人之饌, 故祭; 而主人辭之,
謙也. 旣食而飱, 以爲美也; 而主人辭以粗疏, 亦謙也. 醬者, 食味之
主, 故主人自設, 客亦自徹, 禮尙施報也.

이 내용은 성인이 따르는 예법을 말한 것이다. '선생(先生)'은 자신보다
나이가 많은 자를 뜻한다. '이작(異爵)'은 자신보다 작위가 존귀한 자를
뜻한다. '후제(后祭)'는 그 음식들이 자신을 위해서 차려진 것이 아님을
드러내는 것이다. '선반(先飯)'은 존귀한 자를 위해서 먼저 맛을 본다는
뜻을 드러내는 것이다. 주인이 차려낸 음식들을 융성하게 여기기 때문
에, 음식들에 대한 제사를 지내는 것이고, 주인이 사양하는 것은 겸손의

---

1) 『예기』「옥조」 089장 : 童子不裘不帛, 不屨絇, 無緦服, 聽事不麻. 無事則立主
人之北, 南面. 見先生, 從人而入.

미덕을 나타내기 때문이다. 음식을 먹고서 권하는 것은 맛있는 음식으로 여기기 때문이며, 주인이 사양하며 보잘것없는 음식이라고 말하는 것 또한 겸손의 미덕을 나타내기 때문이다. 장은 음식을 먹을 때 중심이 된다. 그렇기 때문에 주인이 직접 진설하는 것이고, 빈객 또한 식사를 한 뒤에 직접 치우는 것이니, 예법에서는 베풀고 보답하는 것을 숭상하기 때문이다.

一室之人非賓客, 一人徹. 壹食之人一人徹. 凡燕食, 婦人不徹.〈091〉

함께 거처하며 같은 일을 하는 자들이 모여서 식사를 할 때에는 빈객과 주인의 구분이 없게 되므로, 나이 어린 자 1명이 상을 치운다. 같은 일을 하게 되어 함께 모여 식사를 할 때에도 나이 어린 자 1명이 상을 치운다. 무릇 연사를 할 때에는 부인이 그 상을 치우지 않는다.

一室之人, 同居共事者也. 壹食之人, 爲同事而相聚以食者也. 二者皆爲無賓主之分, 故但推少者一人徹之而已. 婦人不徹, 弱不勝事也.

'일실지인(一室之人)'은 함께 거처하며 같은 일에 종사하는 자들을 뜻한다. '일사지인(壹食之人)'은 같은 일을 하기 위해 함께 모여서 식사를 같이 하는 자들을 뜻한다. 두 경우에는 모두 빈객과 주인에 대한 구분이 없게 된다. 그렇기 때문에 단지 나이 어린 자 1명이 상을 치울 따름이다. 부인이 상을 치우지 않는 것은 연약하여 그 일을 감당할 수 없기 때문이다.

食棗桃李弗致于核. 瓜祭上環食中棄所操.〈092〉

대추·복숭아·오얏을 먹을 때에는 씨를 버리지 않는다. 오이를 먹을 때에는 상단의 둥근 단면을 떼어내어 제사를 지내고, 중간부분을 먹으며, 손으로 잡았던 부분은 버린다.

集説

致, 謂委棄之也. 曲禮曰: "其有核者懷其核." 上環, 橫切之圓如環也.

'치(致)'자는 버린다는 뜻이다. 『예기』「곡례(曲禮)」편에서는 "과실 중에 씨가 있는 것은 그 씨를 함부로 버리지 않고 간직한다."라고 했다. '상환(上環)'은 가로로 절단한 단면이 고리처럼 둥근 것을 뜻한다.

經文

凡食果實者後君子, 火孰者先[去聲]君子.〈093〉

무릇 음식을 먹음에 있어서, 과실을 먹을 때에는 존귀한 자보다 뒤에 먹고, 불로 익힌 음식을 먹을 때에는 존귀한 자보다 먼저['先'자는 거성으로 읽는다.] 맛을 본다.

集説

古人嘗藥嘗食, 蓋恐其不善, 或爲尊者害耳. 果實生成之味, 當使尊者先食. 火孰者先君子, 嘗食之禮也.

고대인들이 탕약과 음식을 먼저 맛보았던 것은 그것이 좋지 않은 것이어서, 혹여 존귀한 자에게 해를 끼치게 될까를 염려했기 때문이다. 과실은 자연 상태의 음식이므로, 마땅히 존귀한 자로 하여금 먼저 드시게 해야 한다. 불로 익힌 음식의 경우, 존귀한 자보다 먼저 먹는 이유는 음식을 미리 맛보는 예법에 해당하기 때문이다.

淺見

近按: 上言朝廷之禮, 此言賓客之禮也.

내가 살펴보니, 앞에서는 조정에서의 예법을 언급하였고, 이곳에서는 빈객에 대한 예법을 언급한 것이다.

孔子食於季氏, 不辭, 不食肉而飧.〈096〉 [舊在"有憂者"之下.]

공자가 계씨의 초대를 받아 함께 식사를 함에 사양도 하지 않고 고기도 먹지 않은 채 물에 밥을 말았다. [옛 판본에는 "근심스러운 일이 있는 경우이다."[1]라고 한 문장 뒤에 수록되어 있었다.]

爲客之禮, 將食, 必興辭, 食則先毅次殽至肩, 乃飽而飧. 孔子旣不辭, 又不食肉, 乃獨燒飯而爲飧之禮, 蓋以季氏之饋先禮故也.

빈객이 되었을 때의 예법에서 장차 식사를 할 때에는 반드시 먼저 자리에서 일어나 사양을 해야 하고, 식사를 하게 되면, 먼저 자를 먹고, 그 다음으로 효를 먹으며, 견에 이르게 되면, 곧 포만감을 느낀다고 말하며 밥에 물을 말아서 먹는다. 공자는 사양도 하지 않았고, 또 고기도 먹지 않았으니, 곧 자기 홀로 밥에 물을 말아서 손을 하는 예를 시행한 것이다. 이처럼 행동한 이유는 아마도 계씨가 음식을 대접했던 일 자체가 실례에 해당했기 때문일 것이다.

近按: 此因上言賓客之禮, 而引孔子之事, 以明季氏失禮, 孔子亦不爲禮以警之也.

내가 살펴보니, 이것은 앞에서 빈객에 대한 예법을 언급한 것에 연유하여, 공자에 대한 일화를 인용해서, 계씨가 실례를 범하자 공자 또한 해당 예를 시행하지 않음으로써 경계했음을 나타낸 것이다.

---

1) 『예기』 「옥조」 095장 : 有憂者.

親在, 行禮於人稱父. 人或賜之, 則稱父拜之.〈108〉[舊在"上大夫承賀"之下.]

부친이 생존해 계신 경우라면, 남에 대해서 어떠한 예법을 시행할 때, 항상 자신의 부친을 일컫게 된다. 다른 사람이 간혹 어떤 물건을 주게 된다면, 자신의 부친을 일컬으며 절을 한다. [옛 판본에는 "상대부가 직접 축하하는 것을 받아들인다."[1]라고 한 문장 뒤에 수록되어 있었다.]

集說

方氏曰: 不敢私交, 不敢私受故也.

방씨가 말하길, 감히 사적인 교류를 할 수 없고, 감히 사적으로 받아들일 수 없기 때문이다.

淺見

近按: 上言賓客之禮, 而此因言親在而行禮於人之事, 下節全言事親之道, 蓋言人倫之序, 則父子爲先, 言行禮之事, 則先朝廷, 次賓客而後及父子, 卽孟子先酌鄕人之意也.

내가 살펴보니, 앞에서 빈객에 대한 예법을 언급했고, 이곳에서는 그에 연유하여 부친이 생존해 계실 때 남에 대해 해당 의례를 시행하는 사안을 언급했으며, 아래문장에서는 전적으로 부모를 섬기는 도리를 언급하고 있는데, 인륜의 질서를 언급하게 된다면 부자관계가 우선하게 되지만, 의례를 시행하는 사안에서는 조정에 대한 것이 우선하게 되고, 그 다음이 빈객에 대한 일이며, 그 이후에 부자관계에 이르게 되니, 『맹자』에서 "먼저 향인에게 술을 따른다."[2]고 했던 뜻에 해당한다.

---

1) 『예기』 「옥조」 107장 : 士於大夫不承賀, 下大夫於上大夫承賀.
2) 『맹자』 「고자상(告子上)」 : "酌則誰先?" 曰, "先酌鄕人."

父命呼, 唯[上聲]而不諾, 手執業則投之, 食在口則吐之, 走而
不趨.〈110〉 [舊本"乘路車不式"一節, 在"父命呼"之上, "稱父拜之"之下.]

부친이 명령하고 부르시면, 유라고['唯'자는 상성으로 읽는다.] 대답하며 낙
이라고 대답하지 않고, 손으로 어떤 일을 하고 있다면 그것을 내던지며,
음식이 입에 있다면 그것을 뱉어버리고, 신속히 달려가며 종종걸음으로
가지 않는다. [옛 판본에는 "노거에 탔을 때에는 수레의 식을 잡고 공경을 표하는
절차를 하지 않는다."[1]라고 한 문단이 "부친이 명령하고 부르신다."라고 한 문장 앞
과 "자신의 부친을 일컬으며 절을 한다."[2]라고 한 문장 뒤에 수록되어 있었다.]

集說

應辭, 唯速而恭, 諾緩而慢.

응답하는 말에 있어서, '유(唯)'라고 말하는 것은 신속하며 공손한 모습
이 되고, '낙(諾)'이라고 말하는 것은 느긋하고 태만한 모습이 된다.

經文

親老, 出不易方, 復不過時. 親瘵[才細反], 色容不盛, 此孝子之
疏節也.〈111〉 [此下舊聯上文.]

부모가 늙으셨다면, 출타를 할 때 미리 아뢴 장소를 바꾸지 않고, 되돌
아 올 때에는 정해진 시간을 넘기지 않는다. 부모에게 병환이['瘵'자는 '才
(재)'자와 '細(세)'자의 반절음이다.] 있다면, 얼굴빛과 행동거지를 좋게 꾸미

---

1) 『예기』「옥조」 109장 : 禮不盛, 服不充, 故大裘不裼, 乘路車不式.
2) 『예기』「옥조」 108장 : 親在, 行禮於人稱父. 人或賜之, 則稱父拜之.

지 않으니, 이것은 자식이 일상적으로 따라야 하는 소소한 예절에 해당한다. [이 문장으로부터 뒤의 기록들은 옛 판본에 앞 문장의 뒤에 수록되어 있었다.]

集說

易方, 則恐召己而莫知所在; 過時, 則恐失期而貽親之憂. 瘠, 病也. 疏節, 謂常行疏略之禮而已, 非大節也.

장소를 바꾼다면, 자신을 불렀을 때 어느 곳에 있는지 알지 못하게 될까를 염려하는 것이며, 시간을 넘긴다면, 시기를 놓쳐서 부모에게 근심을 끼치게 될까를 염려하는 것이다. '제(瘠)'자는 질병을 뜻한다. '소절(疏節)'은 일상적으로 시행하는 소략한 예법일 따름이라는 의미로, 큰 예절이 아니다.

經文

父沒而不能讀父之書, 手澤存焉爾. 母沒而杯圈[起權反]不能飮焉, 口澤之氣存焉爾.〈112〉

부친이 돌아가시면 부친이 읽으시던 책은 차마 읽을 수가 없으니, 부친의 손때가 남아있기 때문이다. 모친이 돌아가시면 모친이 사용하시던 술잔 등을['圈'자는 '起(기)'자와 '權(권)'자의 반절음이다.] 이용해서 술이나 음료를 마실 수 없으니, 입이 닿았던 부분에 모친의 기운이 남아있기 때문이다.

集說

不能, 猶不忍也. 手之所持, 猶存其潤澤之迹. 杯圈, 盛酒漿之器, 屈木爲之, 若卮匜之屬也. 口澤之氣, 亦謂常用以飮, 故口所潤澤猶有餘氣. 此所以不忍讀, 不忍飮也.

'불능(不能)'은 차마 할 수 없다는 뜻이다. 손으로 잡았던 것에는 여전히 그 손때가 남아있다. 술잔이나 잔은 술과 음료를 담는 그릇인데, 나무를 깎아서 만드니, 마치 치나 이 등의 부류와 같은 것이다. 입이 닿았던 기운 또한 항상 이것을 사용하여 음료를 마셨기 때문에, 입이 닿았던 부분에는 여전히 남아있는 기운이 있는 것이다. 이것이 바로 차마 읽지 못하고, 차마 그것으로 마실 수 없는 이유이다.

淺見

近按: 此因親在行禮於人之事, 以明事親之禮, 其言人子始終誠孝之意, 言約而事備矣.

내가 살펴보니, 이것은 부친이 생존해 계실 때 남에게 해당 의례를 시행하는 사안에 따라서, 이를 통해 부모 섬기는 예법을 나타낸 것인데, 자식은 시종일관 정성과 효를 다해야 함을 뜻하니, 말은 간략하지만 그 사안은 충분히 갖춰져 있다.

君入門, 介拂闑[臬], 大夫中根[橙]與闑之間, 士介拂根. 〈113〉

양국의 제후가 접견하면, 군주가 문으로 들어설 때 얼과 등 사이로 들어가며, 개는 얼을['闑'자의 음은 '臬(얼)'이다.] 스칠 듯한 곳에 위치하고, 대부는 등과['根'자의 음은 '橙(등)'이다.] 얼 사이에 위치하며, 사 중의 개가 된 자는 등을 스칠 듯한 곳에 위치한다.

集說

此言兩君相見之時. 入門, 入大門也. 介, 副也. 闑, 門中央所竪短木也. 根者, 門之兩旁長木, 所謂楔也. 君入當根闑之中, 主君在闑東, 賓在闑西. 主君上擯, 在君後稍近西而拂闑; 賓之上介, 在賓後稍近東. 而拂闑大夫之爲擯爲介者, 各當君後而在根闑二者之中; 士之爲擯爲介者, 則各拂東西之根也.

이 문장은 양국의 제후가 서로 접견할 때에 대한 내용이다. '입문(入門)'은 궁의 대문으로 들어간다는 뜻이다. '개(介)'는 부관을 뜻한다. '얼(闑)'은 문의 중앙에 세워둔 길이가 짧은 나무이다. '등(根)'은 문의 양측에 세워둔 길이가 긴 나무이니, 이른바 문설주를 뜻한다. 군주가 들어갈 때에는 등과 얼 사이로 가야하며, 빙문을 받는 제후는 얼의 동쪽에 위치하고, 빈객으로 찾아간 제후는 얼의 서쪽에 위치한다. 빙문을 받는 제후의 상빈(上擯)[1]은 군주의 뒤에 위치하여 조금 더 서쪽으로 치우쳐서 얼을 스치듯이 서 있게 되고, 빈객으로 찾아간 제후의 상개는 군주의 뒤에 위치하여 조금 더 동쪽으로 치우쳐서 얼을 스치듯이 서 있게 된다. 대부 중에 빈이나 개가 된 자들은 각자 군주보다 뒤에 위치하여, 등과 얼의

---

1) 상빈(上擯)은 빈(擯)들 중에서도 가장 직위가 높았던 자를 뜻한다. 빈객(賓客)이 방문했을 때, 주인(主人)의 부관이 되어, 빈객과의 사이에서 시행해야 할 일들을 도왔던 부관들을 '빈'이라고 부른다.

중앙에 위치하고, 사 중에 빈이나 개가 된 자들은 각자 동서쪽에 있는
등을 스치듯이 서 있게 된다.

賓入不中門, 不履閾, 公事自闑西, 私事自闑東.〈114〉

경이나 대부가 빈객이 되어 빙문을 할 때에는 문의 중앙으로 들어가지
않으며, 문지방을 밟지 않고, 군주의 명령에 따른 공적인 사안이라면 얼
의 서쪽을 통해서 들어가고, 개인적인 사안이라면 얼의 동쪽을 통해서
들어간다.

集說

此賓謂鄰國來聘之卿大夫也. 入不中門, 謂入門稍東而近闑也. 閾,
門限也. 聘享是奉君命而行, 謂之公事. 入自闑西, 用賓禮也. 若私
覿私面, 謂之私事, 以其非君命故也. 入自闑東, 從臣禮也.

여기에서 말하는 빈객은 이웃나라에서 빙문으로 찾아온 경이나 대부를
뜻한다. 들어갈 때 문의 중앙으로 들어가지 않는다는 말은 문으로 들어
갈 때 동쪽으로 치우쳐서 얼에 가깝게 이동한다는 뜻이다. '역(閾)'은 문
지방을 뜻한다. 빙문을 하여 선물을 바치는 것은 군주의 명령을 받들어
서 시행하는 것이니, '공사(公事)'라고 부른 것이다. 들어갈 때 얼의 서
쪽을 통해 들어가는 것은 빈객의 예법에 따르는 것이다. 만약 사적으로
찾아뵙고 사적으로 만나보는 경우라면, '사사(私事)'라고 부르니, 군주의
명령으로 찾아가는 것이 아니기 때문이다. 들어갈 때 얼의 동쪽을 통해
들어가는 것은 신하의 예법에 따르는 것이다.

淺見

近按: 此言君大夫朝聘之禮也. 蓋上章言君大夫者, 以國中之事言也. 此則以在鄰國之禮言也. 舊註大夫聘享奉君命, 謂之公事. 入自闑西, 用賓禮也. 若私覿, 則謂之私事. 入自闑東, 從臣禮也. 愚今按曲禮曰: "大夫・士出入君門, 由闑右." 此云: "公事由闑西, 私事由闑東." 故舊註合爲一說, 於曲禮以爲主人入門而右, 故大夫・士由右者, 以臣從君也. 於此以爲私事由闑東, 從臣禮也. 臆謂未然, 曲禮所謂由闑右者, 是言大夫・士出入君門之常禮, 非謂從君出入之時也. 君之出入由闑之東, 故臣避之, 由其西也. 此節言公事由西者, 鄰國之臣承命來聘, 則以有其君之命, 故由其君來朝所入之門而不避, 若行私覿, 則非其君命, 故避其君所入之門, 且從客, 若降等, 則從主人之禮而由闑之東, 此與曲禮不同, 不可合以爲說. 然其以臣而避君, 則一也. 然大夫・士亦有從君而東之時, 兩君相見, 則主君入門而右, 其臣皆從於東, 賓入門而左, 則其臣皆從於西, 非此之時, 則臣常避君, 皆由於西, 曲禮所言是也. 其下所謂主客入門者, 亦泛言賓主之禮, 非謂兩君之相見也. 故愚敢謂入門而右者, 自其入時北面而言, 故東爲右而西爲左也. 由闑右者, 兼出入而言, 則是自其君門南面, 以西爲右. 若果謂東則入之時, 爲右, 出之時, 非右也. 然則主國之臣, 出入常由闑西, 以避其君, 鄰國之臣私事, 自其闑東, 亦避其君來入之門, 且從降等之客禮, 非從臣禮明矣. 姑錄淺見, 以俟知禮者折衷焉.

내가 살펴보니, 이것은 군주와 대부의 조빙에 대한 예법을 언급한 것이다. 앞 장에서는 군주와 대부에 대한 내용을 언급했는데, 나라 안에서의 사안을 기준으로 말한 것이다. 이곳에서는 이웃 나라에 있을 때의 예법을 기준으로 언급한 것이다. 옛 주석에서는 대부가 빙향(聘享)2)을 하며

---

2) 빙향(聘享)은 빙문(聘問)의 의례를 시행하며 선물로 가지고 간 폐백을 바치는 의식이다. '빙문'을 하게 되면, 폐백을 받은 자는 상대방에게 반드시 연회를 베풀

군주의 명령을 받들고 가는 것을 '공사(公事)'라 부른다고 하였고, 들어서며 얼의 서쪽을 경유하는 것을 빈객의 예법에 따르는 것이라고 했다. 만약 사적으로 만나보는 경우라면, 그것을 '사사(私事)'라 부른다고 하였고, 들어서며 얼의 동쪽을 경유하는 것을 신하의 예법에 따르는 것이라고 했다. 내가 살펴보니 『예기』「곡례(曲禮)」편에서는 "대부와 사가 군주의 궁성 문을 출입하는 경우에는 얼의 우측을 경유한다."라고 했고, 이곳에서는 "공사라면 얼의 서쪽을 경유하며, 사사라면 얼의 동쪽을 경유한다."라고 했다. 그렇기 때문에 옛 주석에서는 이 둘을 합하여 하나의 주장을 만들었고, 「곡례」편의 기록에 대해서는 주인이 문으로 들어서며 우측으로 가기 때문에, 대부와 사가 우측을 경유하니, 신하는 군주를 따르기 때문이라고 했다. 또 이곳 기록에 대해서는 사사로 인해 얼의 동쪽을 경유하는 것으로, 신하의 예법을 따르는 것이라고 했다. 내 생각으로는 그렇지 않은 것 같으니, 「곡례」편에서 얼의 우측을 경유한다고 한 것은 대부와 사가 군주의 궁성 문을 출입할 때의 일상적인 예법을 말한 것이지, 군주를 따라서 문을 출입하는 때를 뜻하는 것이 아니다. 군주가 문을 출입하며 얼의 동쪽을 경유하기 때문에, 신하는 그 지점을 피해서 서쪽을 경유하게 된다. 이곳 문장에서는 공사라면 서쪽을 경유한다고 했는데, 이웃나라의 신하가 군주의 명을 받들고 찾아와 빙문을 하는 경우라면, 그 나라의 군주가 내린 명령을 가지고 왔기 때문에, 그 나라의 군주가 찾아와서 조회를 하며 들어가게 되는 문의 지점을 경유하며 그 지점을 피하지 않는 것이고, 만약 사적으로 만나보는 의례를 시행하게 된다면, 군주의 명령에 따른 것이 아니기 때문에, 군주가 문으로 들어서는 지점을 피하게 되지만, 빈객의 예법에 따르는 것이며, 신분이 낮다면 주인의 예법에 따르지만 얼의 동쪽을 경유하는 것이니, 이곳 기

어주게 된다. 따라서 빙문(聘問)에서의 빙(聘)자와 연회를 뜻하는 향(享)자를 합쳐서, 이러한 의식을 '빙향'이라고 부르게 되었다. 『의례』「빙례(聘禮)」편에는 "受夫人之聘璋, 享玄纁."이라는 기록이 있고, 이에 대한 정현의 주에서는 "享, 獻也. 旣聘又享, 所以厚恩惠也."라고 풀이했다.

록은 「곡례」편의 기록과 다르므로 하나로 합쳐서 설명할 수 없다. 그러나 신하의 신분이므로 군주에 대한 예법을 피한다는 측면에서는 동일하다. 그런데 대부와 사에게 있어서도 군주를 따라서 동쪽을 경유하는 때가 있으니, 두 나라의 군주가 서로 만나보는 경우, 주인에 해당하는 군주가 문으로 들어가서 우측으로 가게 되면, 그에게 속한 신하들은 모두 동쪽을 통해 뒤따르고, 빈객이 문으로 들어서서 좌측으로 가게 되면, 그에게 속한 신하들은 모두 서쪽을 통해 뒤따르는데, 이러한 때가 아니라면 신하는 항상 군주에 대한 것을 피하므로, 모두 서쪽을 경유하게 되며, 「곡례」편에서 언급한 내용이 이러한 경우에 해당한다. 그리고 그 뒤에서 빈객과 주인이 문으로 들어간다고 한 것은 또한 빈객과 주인에 대한 예법을 범범하게 말한 것이지, 두 나라의 군주가 서로 만나보는 경우를 뜻하는 것이 아니다. 그렇기 때문에 나는 감히 문으로 들어가서 우측으로 간다는 것은 문으로 들어갔을 때 북면을 한다는 것을 통해 말한 것이므로, 동쪽을 우측으로 삼고 서쪽을 좌측으로 삼는다고 생각한다. 그리고 얼의 우측을 경유한다는 것은 나가고 들어가는 경우를 겸해서 말한 것이니, 군주의 궁성 문이 남쪽을 향해 있는 것을 통해 서쪽을 우측으로 삼았다고 생각한다. 만약 이와 같다면 동쪽이라는 것은 들어갈 때에는 우측이 되지만 나갈 때에는 우측이 아니다. 그렇다면 빙문을 받는 나라의 신하는 출입을 할 때 항상 얼의 서쪽을 경유하여 자신의 군주가 이용하는 지점을 피하는 것이고, 이웃 나라의 신하가 사적인 일로 만나볼 때에는 얼의 동쪽을 경유하여 그 또한 자신의 군주가 그 나라에 찾아와서 문으로 들어갈 때의 지점을 피하니, 이것은 또한 신분이 낮은 빈객의 예법에 따르는 것이지, 신하의 예법에 따르는 것이 아님이 분명하다. 잠시 천근한 견해를 기록해두어, 예법을 잘 아는 자가 절충해줄 것을 기다린다.

君與尸行接武, 大夫繼正武, 士中武. 徐趨皆用是.〈115〉

군주가 시동과 함께 걸어갈 때에는 보폭을 반으로 줄여서 천천히 걷고, 대부가 시동과 함께 걸어갈 때에는 보폭을 넓혀서 발자국이 서로 이어지도록 걸으며, 사가 시동과 함께 걸어갈 때에는 발자국 사이마다 하나의 발자국이 들어갈 만큼 보폭을 넓혀서 신속하게 걷는다. 각 계층이 천천히 걷거나 빠르게 걸을 때에는 모두 이러한 예법에 따른다.

集說

君, 謂天子 · 諸侯也. 接武, 謂二足相躡每蹈於半, 不得各自成迹也. 若大夫與其尸行, 則兩足迹相接續. 漸卑, 故與尸行步稍廣而速. 中, 猶閒也. 士與其尸行, 每徙足閒客一足地乃躡之. 士極卑, 故與尸行步極廣也. 徐趨皆用是, 謂君 · 大夫 · 士或徐或趨, 皆用此與尸行步之節也.

'군(君)'자는 천자와 제후를 뜻한다. '접무(接武)'는 두 발이 서로 뒤따르도록 하여, 매번 반보씩 걸음을 떼는 것이니, 각자 자기 발자국의 길이만큼 갈 수 없는 것이다. 만약 대부가 시동과 함께 걸어가는 경우라면, 양쪽 발자국이 서로 연속하도록 조금 더 넓게 벌려서 걷는다. 신분이 점차 낮아지기 때문에, 시동과 함께 걸어갈 때에도 보폭을 조금 더 넓게 떼어 신속하게 이동하는 것이다. '중(中)'자는 "사이를 두다."는 뜻이다. 사는 시동과 함께 길을 갈 때 매번 발자국 사이마다 하나의 발자국이 들어갈 만큼 사이를 두고, 이처럼 발자국이 뒤따르도록 걷는다. 사는 신분이 매우 낮기 때문에, 시동과 함께 걸어갈 때에도 보폭을 매우 넓게 벌리는 것이다. 천천히 가거나 종종걸음으로 걸어갈 때에도 모두 이러한 방법에 따르니, 이것은 군주 · 대부 · 사가 간혹 천천히 걷거나 또는 종종걸음으로 걸어갈 경우, 모두 여기에서 설명한 시동과 함께 걸어갈 때의 법도에 따른다는 의미이다.

經文

疾趨, 則欲發而手足毋移.〈116〉

신속하게 걷고자 한다면, 발끝을 신속하게 뻗으며 걷고자 하더라도 손
과 발의 모습은 평상적인 예법에서 벗어나서는 안 된다.

集說

此言若以他事行禮而當疾趨者, 其屨頭固欲發起, 不以接武繼武爲
拘, 然而手容必恭, 足容必重, 不可或低或斜而變其常度. 移, 猶變也.

이 내용은 만약 다른 사안으로 인해 의례를 시행하며 마땅히 빠르게 움
직여야 할 경우, 신코를 빨리 앞으로 내빼려고 하여, 접무나 계무의 방
식에 국한되지 않지만, 손의 모습은 반드시 공손해야 하며, 발의 모습은
반드시 신중해야 해서, 손을 너무 낮게 들거나 발을 비스듬한 방향으로
내딛어서 일상적인 법도를 바꿔서는 안 된다는 뜻이다. '이(移)'자는 "바
꾸다."는 뜻이다.

經文

圈[氣遠反]豚[上聲]行不擧足, 齊[咨]如流. 席上亦然.〈117〉

천천히 걸어갈 때에는 발을 끌고['圈'자는 '氣(기)'자와 '遠(원)'자의 반절음이
다.] 땅에 닿도록['豚'자는 상성으로 읽는다.] 하며 들어 올리지 않고, 하의의
재봉선이['齊'자의 음은 '咨(자)'이다.] 지면 위에 붙어서 움직이므로, 마치
물이 흐르는 것처럼 보인다. 자리 위로 나아갈 때에도 이처럼 걷는다.

集說

舊說, 圈, 轉也. 豚之言循, 讀爲上聲. 謂徐趨之法, 當曳轉其足循地

而行, 故云不擧足也. 方氏謂此言回旋而行, 羔性聚, 豚性散, 圈之
則聚而回旋於其中矣, 故取況如此. 未知是否. 齊, 裳下緝也. 足旣
不擧, 身又俯折, 則裳下委於地, 而曳足, 則齊如水之流. 席上亦然,
言未坐之時, 行於席上, 亦當如此也.

옛 학설에 따르면, '권(圈)'자는 "구르다."는 뜻이다. '돈(豚)'자는 "좇다."
는 뜻으로, 상성으로 읽는다. 즉 천천히 걸어갈 때의 예법에서는 마땅히
발을 끌어서 땅에 닿도록 걸어야 한다. 그렇기 때문에 "발을 들어 올리
지 않는다."라고 말했다고 주장한다. 방각은 이 내용은 몸을 회전하여
걸어갈 때에 대한 내용이라고 말하며, 검은 양의 성질은 군집을 이루고,
돼지의 성질은 흩어져 사니, 그것들을 우리에 가두게 된다면 모여들면
서도 그 가운데에서 선회를 하게 된다. 그렇기 때문에 그 모습이 이와
같다는 뜻에서 그 의미를 취한 것이라고 했다. 그러나 어느 주장이 옳
은지는 모르겠다. '자(齊)'자는 하의 밑에 있는 재봉선을 뜻한다. 다리
를 이미 들어 올리지 않고, 몸 또한 앞으로 숙여져 있으니, 하의의 밑단
은 땅과 맞닿게 되고, 발을 끌게 된다면, 재봉선은 마치 물이 흐르는
것처럼 너울거리게 된다. 자리 위에서도 이처럼 한다는 말은 아직 자리
에 앉기 이전에 자리 위로 나아갈 때에도 이처럼 움직여야만 한다는
뜻이다.

端行頤霤如矢, 弁行剡剡起屨.〈118〉

곧게 걸어갈 때에는 턱을 지붕의 처마처럼 하여 화살이 곧게 날아가듯
걷는다. 신속히 걸어갈 때에는 몸을 들어 올리고 발을 들어 올리며 신
속하게 걷는다.

端, 直也. 直身而行, 身亦少折, 故頭直臨前, 而頤如屋霤之垂, 其步
之進則如矢之直也. 弁, 急也. 剡剡, 身起之貌. 急行則欲速而身屨
恒起也. 一說, 端, 謂玄端·素端; 弁, 謂爵弁·皮弁, 行容各欲稱其
服也.

'단(端)'자는 "곧다."는 뜻이다. 몸을 곧게 펴서 걸을 때에도 몸은 역시
조금 앞으로 숙이게 된다. 그렇기 때문에 머리는 반듯하게 세우지만 앞
으로 조금 숙여서, 턱이 지붕의 처마가 늘어져 있는 모습처럼 되는 것이
니, 이처럼 걸어간다면, 마치 화살이 곧게 날아가는 것처럼 된다. '변
(弁)'자는 "급하다."는 뜻이다. '염염(剡剡)'은 몸을 일으킨 모습을 뜻한
다. 급히 걸어가게 되면, 빠르게 걷고자 하여 몸과 신발을 항상 들어 올
리게 된다. 일설에는 '단(端)'자를 현단과 소단으로 풀이하고, '변(弁)'자
를 작변과 피변으로 풀이하니, 행동하는 모습을 각각 입고 있는 복장에
걸맞도록 한다는 의미로 여긴다.

執龜玉, 擧前曳踵, 蹜蹜[縮]如也.〈119〉

거북껍질이나 옥을 들게 된다면, 걸어갈 때 천천히 걷게 되니 앞꿈치는
들어 올리지만 뒤꿈치는 끌게 되어, 보폭을 작게['蹜'자의 음은 '縮(축)'이
다.] 해서 걷는다.

踵, 足後跟也. 擧足之前而曳其後跟, 則行不離地, 如有所循也. 蹜
蹜, 促俠之貌. 龜玉皆重器, 故敬謹如此.

'종(踵)'자는 발의 뒤꿈치를 뜻한다. 발을 들어 올릴 때 뒤꿈치를 끌게

된다면, 걸어갈 때 발이 지면에서 이격되지 않으니, 마치 땅을 끄는 것처럼 된다. '축축(蹙蹙)'은 협소한 모습을 뜻한다. 거북껍질이나 옥은 모두 중요한 기물이다. 그렇기 때문에 이처럼 공경하며 조심하는 것이다.

經文

凡行容惕惕[傷].〈120〉

무릇 도로에서 걸어갈 때의 모습은 곧고 또 신속한['惕'자의 음은 '傷(상)'이다.] 모습이어야 한다.

集說

惕惕, 直而且疾也. 謂行於道路則然. 蓋回枉則失容, 舒緩則近惰也.

'상상(惕惕)'은 곧고 또 빠르게 걷는 모습을 뜻한다. 즉 도로에서 걸어갈 때에는 이처럼 해야 한다는 의미이다. 무릇 몸을 돌리거나 비스듬하게 걷는다면 행동거지가 어그러지게 되며, 너무 느긋하게 걷는다면 오만한 것처럼 보인다.

經文

廟中齊齊[如字], 朝廷濟濟[上聲]翔翔.〈121〉

묘 안에서는 엄숙하고 단정해야['齊'자는 글자대로 읽는다.] 하며, 조정에서는 위엄에 따른 행동거지를['濟'자는 상성으로 읽는다.] 갖추며, 예법에 맞추면서도 느긋해야 한다.

齊齊, 收持嚴正之貌. 濟濟, 威儀詳整也. 翔翔, 張拱安舒也.

'제제(齊齊)'는 몸가짐을 가다듬어서 엄숙하고 단정한 모습을 뜻한다. '제제(濟濟)'는 위엄스러운 행동이 안정되고 엄숙하다는 뜻이다. '상상(翔翔)'은 공수를 하여 예법에 맞추면서도 느긋하다는 뜻이다.

君子之容舒遲, 見所尊者齊[齋]遫[速]. 〈122〉

군자의 평상시 모습은 한가로우면서도 품위가 있어야 하며, 자신이 존경하는 자를 뵙게 된다면, 공경하며['齊'자의 음은 '齋(재)'이다.] 삼가야['遫'자의 음은 '速(속)'이다.] 한다.

舒遲, 閒雅之貌. 齊, 如虁虁齊慄之齊. 遫者, 謹而不放之謂. 見所尊故加敬.

'서지(舒遲)'는 한가롭고 품위가 있는 모습을 뜻한다. '재(齊)'자는 "공경하고 삼가며 조심하여 두려운 듯이 한다."[1]라고 했을 때의 '재(齊)'자와 같다. '속(遫)'은 조심하여 마음대로 하지 않는다는 뜻이다. 존경하는 자를 뵈었기 때문에 공경함을 더하는 것이다.

---

1) 『맹자』「만장상(萬章上)」: 書曰, "祇載見瞽瞍, 虁虁齊栗, 瞽瞍亦允若." 是爲父不得而子也?

足容重, 手容恭.〈123〉

발의 모습은 무거워야 하고, 손의 모습은 공손해야 한다.

集說

重, 不輕擧移也. 恭, 無慢弛也.

'중(重)'자는 가볍게 움직이지 않는다는 뜻이다. '공(恭)'자는 오만하거나 느슨함이 없다는 뜻이다.

經文

目容端, 口容止.〈124〉

눈의 모습은 단정해야 하고, 입의 모습은 굳게 다물어야 한다.

集說

無睇視, 不妄動.

눈은 곁눈질을 함이 없고, 입은 망령되게 놀리지 않는다.

經文

聲容靜, 頭容直.〈125〉

딸꾹질이나 재채기를 하지 않고 고요하게 있어야 하며, 머리는 반듯하게 있어야 한다.

無或噦咳, 欲其靜也. 無或傾顧, 欲其直也.

혹시라도 딸꾹질을 하거나 재채기를 함이 없어야 하니, 고요하게 있고자 함이다. 혹시라도 기울이거나 돌아봄이 없는 것은 곧게 있고자 함이다.

經文

氣容肅.〈126〉

숨을 쉬는 것은 고요하고 엄숙해야 한다.

集說

似不息者.

마치 숨을 쉬지 않는 것처럼 한다.

經文

立容德.〈127〉

서 있을 때의 모습은 엄숙하여 유덕한 자의 기상이 있어야 한다.

集說

舊說以爲如有所予於人, 其義難通. 應氏謂中立不倚, 儼然有德之氣象. 此說近之.

옛 학설에서는 마치 남에게서 부여되는 것이 있을 때처럼 한다는 뜻으로 여겼는데, 그 의미가 소통되기 어렵다. 응씨는 가운데 서서 한쪽으로 치우치지 않아서, 엄숙하며 덕을 갖춘 기상이라고 풀이했다. 이 주장이 정답에 가깝다.

經文

色容莊, 坐如尸. ⟨128⟩

얼굴빛은 장엄하게 유지해야 하며, 앉을 때에는 시동이 앉는 것처럼 앉아야 한다.

集說

莊, 矜持之貌也. 坐如尸, 見曲禮.

'장(莊)'자는 제 스스로 장중하고자 노력하는 모습을 뜻한다. '좌여시(坐如尸)'에 대해서는 그 설명이 『예기』「곡례(曲禮)」편에 나온다.

經文

燕居告溫溫. ⟨129⟩

한가롭게 거처하고 남에게 말을 할 때에는 온순하고 온화해야 한다.

集說

詩言"溫溫恭人." 燕居之時, 與告語於人之際, 則皆欲其溫和, 所謂居不容, 寬柔以敎也.

『시』에서는 "온순하고 공손한 사람이여."[2]라고 했다. 한가롭게 거처할 때와 다른 사람에게 말을 할 때라면, 모두 온화하고자 하므로, 이른바 거처할 때에는 너무 딱딱하게 격식을 갖추지 않았고,[3] 관대하고 순하게 가르쳤다[4]는 뜻에 해당한다.

經文

凡祭, 容貌顏色, 如見所祭者.〈130〉

무릇 제사를 지낼 때, 용모와 안색은 마치 제사를 지내는 대상을 직접 눈앞에서 볼 때처럼 한다.

集說

論語曰: "祭如在, 祭神如神在."

『논어』에서 말하길, "조상에게 제사를 지낼 때 마치 조상이 실제로 있는 것처럼 지냈고, 신에게 제사를 지낼 때 마치 신령이 눈앞에 있는 것처럼 지냈다."[5]라고 했다.

---

2) 『시』「소아(小雅)·소완(小宛)」: 溫溫恭人. 如集于木. 惴惴小心, 如臨于谷. 戰戰兢兢, 如履薄冰.
3) 『논어』「향당(鄕黨)」: 寢不尸, 居不容.
4) 『중용』「10장」: 寬柔以敎, 不報無道, 南方之强也, 君子居之.
5) 『논어』「팔일(八佾)」: 祭如在, 祭神如神在. 子曰, "吾不與祭, 如不祭."

喪容纍纍[力追反], 色容顚顚[田], 視容瞿瞿[履]梅梅, 言容繭繭.
〈131〉

상을 치를 때, 그 모습은 피곤하고 고단하여 실의에 빠진 것처럼['纍'자는 '力(력)'자와 '追(추)'자의 반절음이다.] 하고, 얼굴빛은 근심스러운 생각을 떨치지 못한 것처럼['顚'자의 음은 '田(전)'이다.] 하며, 바라보는 모습은 경황이 없어서['瞿'자의 음은 '履(구)'이다.] 바라보아도 볼 수 없는 것처럼 하며, 말하는 모습은 목소리가 미약해서 잘 들리지 않도록 한다.

此皆居喪之容. 纍纍, 羸憊失意之貌. 顚顚, 憂思不舒之貌. 瞿瞿, 驚遽之貌. 梅梅, 猶昧昧. 瞻視不審, 故瞿瞿梅梅然也. 繭繭, 猶綿綿, 聲氣低微之貌也.

이 내용은 모두 상을 치를 때의 모습에 해당한다. '누누(纍纍)'는 피곤하고 고단하여 실의에 빠진 모습을 뜻한다. '전전(顚顚)'은 근심스러운 생각을 떨치지 못한 모습을 뜻한다. '구구(瞿瞿)'는 경황이 없는 모습을 뜻한다. '매매(梅梅)'는 어둡다는 뜻이다. 휘둘러 살펴보더라도 자세히 살필 수 없기 때문에, '구구매매(瞿瞿梅梅)'하다고 한 것이다. '견견(繭繭)'은 미약하다는 뜻이니, 말소리가 낮고 잘 들리지 않는 모습이다.

戎容暨暨, 言容詻詻[五格反], 色容厲肅, 視容淸明.〈132〉

군대에 있어서, 그 모습은 과감하고 강인해야 하고, 말하는 모습은 엄격하게['詻'자는 '五(오)'자와 '格(격)'자의 반절음이다.] 교령을 내려야 하며, 얼굴빛은 엄숙하고 장엄해야 하고, 바라보는 모습은 밝고 청명해야 한다.

此皆軍旅之容. 暨暨, 果毅之貌. 詻詻, 敎令嚴飭之貌. 顔色欲其嚴厲而莊肅, 視瞻欲其瑩徹而明審.

이 내용은 모두 군대에서의 모습을 뜻한다. '기기(暨暨)'는 과감하고 강인한 모습을 뜻한다. '액액(詻詻)'은 교령을 엄격하게 내리는 모습을 뜻한다. 안색은 엄숙하고 장엄하게 하려고 하며, 시선은 밝고 면밀하게 살피려고 한다.

立容辨[如字]卑, 毋謟[諂].〈133〉

서 있을 때의 모습은 제 스스로를 낮추며['辨'자는 글자대로 읽는다.] 겸손해야 하지만, 아첨을['謟'자의 음은 '諂(첨)'이다.] 하듯 너무 겸손만 차려서는 안 된다.

立之容貶卑者, 不爲矜高之態也. 雖貴貶損卑降而必貴於正, 若傾側其容, 柔媚其色, 則流於諂矣. 故戒以毋諂焉.

서 있을 때의 모습이 스스로를 낮춘다는 것은 제 스스로 뽐내는 태도를 취하지 않는다는 뜻이다. 비록 제 스스로를 덜어내고 낮추는 것을 존귀하게 여기더라도, 반드시 올바름을 존귀하게 여기게 하니, 만약 그 모습을 너무 기울이고, 그 안색을 유연하고 좋게만 꾸민다면, 아첨을 하는 지경에 이르게 된다. 그렇기 때문에 아첨을 해서는 안 된다는 말로 주의를 준 것이다.

頭頸必中. ⟨134⟩

머리와 목은 반드시 곧게 펴서 올바르게 해야 한다.

集說

頭容欲直.

머리의 모습은 곧게 해야 한다.

經文

山立. ⟨135⟩

산처럼 굳건하게 서 있어야 한다.

集說

如山之嶷然不搖動也.

산이 높다랗게 서 있으며 움직이지 않는 것처럼 해야 한다.

經文

時行. ⟨136⟩

때에 맞게끔 움직여야 한다.

當行則行.

움직여야 할 때가 되면 움직인다.

盛氣顚[田]**實揚休**[吁句反].〈137〉

기운을 융성하게 만들어서 내적으로 가득 채우고['顚'자의 음은 '田(전)'이다.] 그것을 밖으로 분출하여 양기처럼 만물을 따뜻하게['休'자는 '吁(우)'자와 '句(구)'자의 반절음이다.] 만들어주어야 한다.

顚, 讀爲塡塞之塡. 實, 滿也. 揚, 讀爲陽. 休, 與煦同. 氣體之充也. 言人當養氣, 使充盛塡實於內, 故息之出也, 若陽氣之煦物, 其來無窮也.

'전(顚)'자는 "꽉 채워서 막는다."고 했을 때의 전(塡)자로 풀이한다. '실(實)'자는 "가득하다."는 뜻이다. '양(揚)'자는 양(陽)자로 풀이한다. '휴(休)'자는 "따뜻하게 하다."라고 할 때의 후(煦)자와 동일하다. 이것은 기체가 가득 참을 의미한다. 즉 사람은 마땅히 기운을 길러서 내적으로 가득 채워 융성하게 해야 한다. 그렇기 때문에 숨을 쉬어 밖으로 표출하면, 마치 양기가 만물을 따뜻하게 만들며, 그 도래함이 무궁한 것과 같다.

玉色.〈138〉

얼굴빛은 옥처럼 변함이 없어야 한다.

玉無變色, 故以爲顏色無變動之喩.

옥은 색깔의 변화가 없다. 그렇기 때문에 안색을 꾸밀 때 얼굴빛에 변함이 없는 것에 비유하였다.

石梁王氏曰: 立容以下, 不屬戎容.

석량왕씨가 말하길, '입용(立容)'으로부터 그 이하의 내용은 '융용(戎容)'의 내용에 속하지 않는다.

近按: 此通言上下吉凶行禮之容節. 王氏謂立容以下, 不屬戎容. 愚謂立容辨卑毋諂者, 舊讀辨爲貶, 愚恐如字. 辨卑者, 辨於卑屈, 蓋戎事尙强不可卑屈, 故當挺然正立以有分辨而毋諂也. 山立則靜鎭而不動, 時行則應變之如神, 盛氣則嚴威而可畏, 顓實則固守而難犯, 揚休則神武而不殺, 玉色則栗然不變而無懼, 此非戎容乎?

내가 살펴보니, 이것은 상하 계층이 길사나 흉사에 해당 의례를 시행하는 행동거지와 예절을 말한 것이다. 석림왕씨는 입용으로부터 그 이하의 내용은 융용에 해당하지 않는다고 했다. 내가 생각하기에 "서 있을 때의 모습은 제 스스로를 낮추며 겸손해야 하지만, 아첨을 하듯 너무 겸손만 차려서는 안 된다."라는 말에 있어서, 옛 주석에서는 '辨'자를 '貶(폄)'자로 풀이했는데, 내가 생각하기에는 글자대로 읽어야 할 것 같다. 즉 '변비(辨卑)'라는 말은 비굴함과는 구별된다는 뜻으로, 전쟁과 관련된 사안에서는 강성함을 숭상하여 비굴하게 할 수 없다. 그렇기 때문에 훌륭하게 바르게 서서 분별됨을 갖추고 아첨함이 없어야 한다. 산처럼 서 있는다면 고요하게 있으며 움직이지 않는 것이고, 때에 맞게 움직인다면 신묘하게 변화에 호응하는 것이며, 기운을 융성하게 한다면 엄숙하고 위엄을 갖춰서 외경할만하게 되고, 내실을 가득 채우게 된다면 굳게 지켜서 그를 범하기가 어렵게 되며, 양기처럼 따뜻하게 해준다면 뛰어난 무력을 가지고 있지만 살생을 하지 않는 것이고, 옥과 같은 얼굴빛을 한다면 위엄을 갖춰 표정을 바꾸지 않으며 두려워하는 기색이 없는 것인데, 이것이 융용이 아니란 말인가?

凡自稱, 天子曰: "予一人." 〈139〉

무릇 스스로를 지칭함에 있어서, 천자의 경우에는 '천하의 사람들 중 가장 존귀한 나'라고 말한다.

集說

一者, 無對之稱.

'일(一)'이라는 것은 상대되는 자가 없다는 칭호이다.

伯曰: "天子之力臣." 〈140〉

백의 경우에는 '천자를 위해서 힘을 쓰는 신하'라고 말한다.

集說

天子三公, 一相處內, 二伯分主畿外諸侯. 蓋股肱之臣, 宣力四方者也, 故曰力臣.

천자에게는 삼공이 있으니, 한 명의 재상은 천자의 수도에 머물고, 나머지 두 명의 백(伯)[1]은 수도 밖의 제후들을 나눠서 담당한다. 무릇 군주

---

1) 이백(二伯)은 주(周)나라 초기에 천하를 동서(東西)로 양분하여, 각 방위에 있던 제후들을 다스렸던 2명의 주요 신하를 가리키는 말이다. 구체적 인물로는 주공 (周公)과 소공(召公)이 '이백'을 맡았었다고 전해진다. 『공총자(孔叢子)』「거위 (居衛)」편에는 "古之帝王, 中分天下, 使二公治之, 謂之二伯."이라는 기록이 있

의 다리나 팔과 같은 신하는 사방에 대해서 힘을 펼치는 자이다. 그렇기 때문에 '역신(力臣)'이라고 말한 것이다.

經文

諸侯之於天子, 曰: "某土之守[去聲]臣某."⟨141⟩

제후는 천자에 대해서, 제 스스로를 지칭할 때에는 '아무개 땅을 지키는 ['守'자는 거성으로 읽는다.] 신하 아무개'라고 말한다.

集說

某土, 猶云東土西土之類.

'모토(某土)'는 마치 동토나 서토라고 지칭하는 부류와 같다.

經文

其在邊邑, 曰: "某屛[丙]之臣某."⟨142⟩

변방에 사는 제후의 경우에는 '아무개 외지의['屛'자의 음은 '丙(병)'이다.] 신하 아무개'라고 말한다.

고, 『예기』「왕제(王制)」편에는 "八伯各以其屬, 屬於天子之老二人, 分天下以 爲左右, 曰二伯."이라는 기록이 있는데, 이에 대한 정현의 주에서는 "自陝以東, 周公主之, 自陝以西, 召公主之."라고 풀이했다.

邊邑遠, 謂之屛者, 藩屛之義, 所以蔽內而捍外也.

변방 읍은 멀리 떨어져 있는데, 그곳을 병풍이라고 부르는 이유는 왕실을 울타리처럼 막는 뜻이 있어서이니, 안쪽을 가리고 바깥쪽을 막는 것이다.

其於敵以下, 曰: "寡人." 小國之君, 曰: "孤." 擯者亦曰: "孤."〈143〉

제후는 자신과 신분이 대등하거나 그 이하인 자에 대해서 자신을 지칭하며, '과인'이라 말하고, 소국의 제후는 '고'라 자칭하며, 부관이 말을 전달할 때에도 또한 '고'라 지칭한다.

此章與曲禮小異者, 此據自稱爲辭, 彼則擯者之辭也.

이 장의 내용은 『예기』「곡례(曲禮)」편과 작은 차이점을 보이는데, 그 이유는 이곳 기록은 제 스스로 지칭하며 쓰는 말에 기준을 두었고, 「곡례」편은 부관이 전달하는 말에 기준을 두었기 때문이다.

上大夫曰: "下臣", 擯者曰: "寡君之老". 下大夫自名, 擯者曰: "寡大夫". 世子自名, 擯者曰: "寡君之適[的]."〈144〉

상대부는 제후에 대해 자신을 지칭할 때, '하신'이라 말하고, 부관이 말을 전달할 때에는 '과군의 노인'이라 말한다. 하대부는 자기 이름을 대고, 부관이 말을 전달할 때에는 '과대부'라 말한다. 세자는 자신의 이름을 대고, 부관이 말을 전달할 때에는 '과군의 적자'라['適'자의 음은 '的(적)'이다.] 말한다.

集說

此明自稱與擯者之辭不同也.

이 내용은 스스로 지칭하는 말과 부관이 전달하는 말이 다르다는 사실을 나타낸다.

公子曰: "臣孽[五葛反]."〈145〉

세자를 제외한 나머지 아들들이 지칭할 때에는 '신하인 서자'['孽'자는 '五(오)'자와 '葛(갈)'자의 반절음이다.]라고 말한다.

集說

適而傳世者, 謂之世子, 餘則但稱公子而已. 讀孽爲枿者, 蓋比之木生之餘也, 故以臣孽自稱.

적자는 세대를 전수받는 자이므로, '세자(世子)'라 말하고, 나머지 아들들의 경우에는 단지 '공자(公子)'라고만 지칭할 따름이다. '얼(孼)'자를 얼(枿)자로 풀이하는 것은 나무가 생장할 때 본줄기 이외의 나머지 줄기를 비유한 것이다. 그렇기 때문에 '신얼(臣孼)'이라는 말로 스스로를 지칭하는 것이다.

經文

士曰: "傳[張戀反]遽之臣." 於大夫曰: "外私."〈146〉

사는 자신의 군주에 대해서, 스스로를 지칭하며 '긴급한 명령을 전달하는['傳'자는 '張(장)'자와 '戀(련)'자의 반절음이다.] 신하'라 말한다. 가신은 다른 대부에 대해서, 스스로를 '외사'라 지칭한다.

集說

驛傳之車馬, 所以供忌遽之令, 士賤而給車馬之役使, 故自稱傳遽之臣也. 家臣稱私, 此大夫非己所臣事者, 故對之言, 則自稱外私也.

역전의 수레와 말은 긴급한 명령을 전달하기 위한 것이며, 사는 신분이 미천하고, 수레와 말을 부리는 일에 참여한다. 그렇기 때문에 스스로를 지칭하며 '긴급한 명령을 전달하는 신하'라고 말하는 것이다. 가신은 '사(私)'라고 지칭하니, 여기에서 말한 대부는 자신이 신하로 섬기는 자가 아니다. 그렇기 때문에 그를 대하며 하는 말에서는 스스로를 '외사(外私)'라고 지칭하는 것이다.

大夫私事使[去聲], 私人擯, 則稱名. 〈147〉

대부가 사적인 일로 사신으로['使'자는 거성으로 읽는다.] 가게 되어, 자신에게 소속된 신하가 부관의 역할을 하여 말을 전달하면, 대부의 이름을 지칭한다.

集說

私事, 謂非行聘禮, 而以他事奉君命往使隣國也. 隨行之人當謂之介, 曰擯者, 擯是主人之副, 今以在賓館而主國致禮, 則己爲主人, 故稱擯也. 私人, 己之屬臣也. 私事使而私人擯, 則無問上大夫·下大夫, 皆降而稱名, 以非正聘故也.

'사사(私事)'는 빙례를 시행하는 것이 아니며, 다른 사안으로 인해 군주의 명령을 받들고, 이웃 나라에 사신으로 찾아가는 것을 뜻한다. 수행하는 자는 마땅히 '개(介)'라고 불러야 하는데, '빈(擯)'이라고 말한 이유는 빈(擯)은 주인의 부관이 되는데, 현재 빈관에 머물러 있고, 방문을 받는 나라에서 예법을 지극히 베풀게 되면, 본인을 주인으로 삼게 된다. 그렇기 때문에 '빈(擯)'이라고 지칭한 것이다. '사인(私人)'은 자신에게 속해 있는 신하를 뜻한다. 사적인 일로 사신으로 가서, 사인이 부관 역할을 하여 말을 전달하면, 상대부나 하대부에 상관없이 모두 그 등급을 낮춰서 이름을 지칭하니, 정식으로 빙문을 한 경우가 아니기 때문이다.

經文

公士擯, 則曰"寡大夫"·"寡君之老". 〈148〉

대부가 정식적인 빙례를 시행하여, 공사가 빈을 맡게 되면, 빈이 말을 전달할 때, 하대부의 경우에는 '과대부'라 지칭하고, 상대부의 경우에는 '과군의 노인'이라 지칭한다.

公士, 公家之士也. 若正行聘禮, 以公士爲擯, 其下大夫往行小聘之 禮, 則擯辭稱寡大夫; 其上大夫往行大聘之禮, 則擯辭稱寡君之老.

'공사(公士)'는 공가의 사를 뜻한다. 만약 정식적인 빙례를 시행하는 경 우라면, 공사를 빈으로 삼으니, 하대부가 찾아가서 소빙(小聘)[2]의 의례 를 시행하는 경우라면, 빈이 말을 전달할 때, '과대부(寡大夫)'라 지칭하 고, 상대부가 찾아가서 대빙(大聘)[3]의 의례를 시행하는 경우라면, 빈이 말을 전달할 때, '과군의 노인'이라 지칭한다.

---

[2] 소빙(小聘)은 본래 제후가 대부(大夫)를 시켜서 매해 천자를 찾아뵙는 것을 뜻한 다. 제후는 천자에 대해서, 매년 '소빙'을 하고, 3년에 1번 대빙(大聘)을 하며, 5년에 1번 조(朝)를 한다. 대빙을 할 때에는 경(卿)을 시키고, 조를 할 때에는 제후가 직접 찾아간다. 『예기』 「왕제(王制)」편에는 "諸侯之於天子也, 比年一小 聘, 三年一大聘, 五年一朝."라는 기록이 있고, 이에 대한 정현의 주에서는 "比年, 每歲也. 小聘使大夫, 大聘使卿, 朝則君自行."이라고 했다.

[3] 대빙(大聘)은 본래 제후가 경(卿)을 시켜서 매해 천자를 찾아뵙는 것을 뜻한다. 제후는 천자에 대해서, 매년 소빙(小聘)을 하고, 3년에 1번 '대빙(大聘)'을 하며, 5년에 1번 조(朝)를 한다. 소빙을 할 때에는 대부(大夫)를 시키고, 조를 할 때에는 제후가 직접 찾아간다. 『예기』 「왕제(王制)」편에는 "諸侯之於天子也, 比年一小 聘, 三年一大聘, 五年一朝."라는 기록이 있고, 이에 대한 정현의 주에서는 "比年, 每歲也. 小聘使大夫, 大聘使卿, 朝則君自行."이라고 했다.

大夫有所往, 必與公士爲賓[去聲]也.〈149〉

대부가 빙문으로 찾아갈 일이 있다면, 반드시 공사를 부관으로['賓'자는
거성으로 읽는다.] 삼는다.

賓, 讀爲擯, 介也. 謂大夫有正聘之往, 必使公士作介也.

'빈(賓)'자는 빈(擯)자로 풀이하니, 부관을 뜻한다. 즉 대부에게 정식으
로 빙문을 시행하여 찾아가는 일이 발생하면, 반드시 공사를 개로 삼는
다는 뜻이다.

方氏讀賓如字, 謂擯雖爲賓執事, 其實亦與之同爲賓而已, 故曰與公
士爲賓也.

방씨는 '빈(賓)'자를 글자대로 풀이했으니, 빈이 비록 빈객을 위해서 일
을 맡아본다 하더라도, 실제로는 또한 그를 동일하게 빈객으로 삼을 수
있을 따름이다. 그렇기 때문에 "공사와 더불어서 빈객이 된다."라고 말
했다는 뜻이다.

近按: 此言自天子至於士稱號不同之禮, 略與曲禮相似也.

내가 살펴보니, 이것은 천자로부터 사에 이르기까지 칭호가 다른다는
예법을 언급한 것인데, 대략적으로 『예기』「곡례(曲禮)」편의 내용과 비
슷하다.

「명당위(明堂位)」

近按: 此篇先儒以爲多誣, 其節次竝從舊文.

내가 살펴보니, 「명당위」편에 대해서 선대 학자들은 무람된 내용이 많다고 여겼는데, 문장의 순서에 있어서는 모두 옛 판본의 기록에 따른다.

「명당위」편 문장 순서 비교

『예기집설』	『예기천견록』	
	구분	문장
001		001
002		002
003		003
004		004
005		005
006		006
007		007
008		008
009		009
010		010
011		011
012		012
013		013
014		014
015		015
016	무분류	016
017		017
018		018
019		019
020		020
021		021
022		022
023		023
024		024
025		025
026		026
027		027
028		028
029		029
030		030
031		031
032		032

『예기집설』	『예기천견록』	
	구분	문장
033		033
034		034
035		035
036		036
037		037
038		038
039	무분류	039
040		040
041		041
042		042
043		043
044		044
045		045

무분류

昔者, 周公朝諸侯于明堂之位, 天子負斧依[上聲]南鄕[去聲]而立.
⟨001⟩

예전에 주공이 명당의 자리에서 제후들의 조회를 받음에 천자는 부의를
['依'자는 상성으로 읽는다.] 등지고 남쪽을 바라보며['鄕'자는 거성으로 읽는다.]
섰다.

集說

斧依, 說見曲禮.

'부의(斧依)'는 그 설명이 『예기』「곡례(曲禮)」편에 나온다.

石梁王氏曰: 註云: "周公攝王位." 又云: "天子卽周公." 周公爲家宰
時, 成王年已十四, 非攝位, 但攝政, 周公未嘗爲天子, 豈可以天子
爲周公? 此記者之妄, 註亦曲徇之.

석량왕씨가 말하길, 정현의 주에서는 "주공이 천자의 자리에 대신 올랐
다."라고 했고, 또 "천자는 곧 주공이다."라고 했다. 주공이 총재를 맡고
있었을 때, 성왕의 나이는 이미 14세였으니, 천자의 자리에서 대신 정치
를 시행한 것이 아니며, 단지 정치를 도왔던 것이고, 주공은 일찍이 천
자가 된 적이 없었는데, 어찌하여 천자를 주공이라고 여길 수 있는가?
이것은 『예기』를 기록한 자가 망령되게 쓴 기록이며, 정현의 주에서도
왜곡된 주장을 한 것이다.

三公, 中階之前, 北面東上. 諸侯之位, 阼階之東, 西面北上.
諸伯之國, 西階之西, 東面北上. 諸子之國, 門東, 北面東上.
諸男之國, 門西, 北面東上.〈002〉

조회를 할 때, 삼공은 가운데 계단 앞에서 북쪽을 바라보며 동쪽 끝에
서부터 선다. 후작들의 자리는 동쪽 계단의 동쪽에서 서쪽을 바라보며
북쪽 끝에서부터 선다. 백작들의 자리는 서쪽 계단의 서쪽에서 동쪽을
바라보며 북쪽 끝에서부터 선다. 자작들의 자리는 문의 동쪽에서 북쪽
을 바라보며 동쪽 끝에서부터 선다. 남작들의 자리는 문의 서쪽에서 북
쪽을 바라보며 동쪽 끝에서부터 선다.

集說

疏曰: 中階者, 南面三階故稱中. 諸伯以下皆云國, 此云位者, 以三
公不云位, 諸侯在諸國之上, 特擧位言之, 以明以下皆朝位也.

소에서 말하길, '중계(中階)'라는 것은 남쪽을 향해 세 개의 계단이 설치
되기 때문에, 가운데라고 지칭한 것이다. 백작으로부터 그 이하의 제후
들에 대해서는 모두 '국(國)'이라고 말했고, 후작에 대해서는 '위(位)'라
고 말했다. 그 이유는 삼공에 대해서는 '위(位)'라 말하지 않았고, 후작
은 제후국들 중에서도 상등에 해당하므로, 특별히 '위(位)'라 말한 것이
니, 그 이하의 내용들이 모두 조회를 할 때의 위치가 됨을 나타낸다.

經文

九夷之國, 東門之外, 西面北上. 八蠻之國, 南門之外, 北面東上. 六戎之國, 西門之外, 東面南上. 五狄之國, 北門之外, 南面東上. 〈003〉

조회를 할 때, 구이(九夷)¹⁾에 해당하는 제후들은 동쪽 문밖에서 서쪽을 바라보며 북쪽 끝에서부터 선다. 팔만(八蠻)²⁾에 해당하는 제후들은 남쪽 문밖에서 북쪽을 바라보며 동쪽 끝에서부터 선다. 육융(六戎)³⁾에 해당하는 제후들은 서쪽 문밖에서 동쪽을 바라보며 남쪽 끝에서부터 선

1) 구이(九夷)는 고대 중국의 동쪽 지역에 거주하던 아홉 종류의 소수 민족을 뜻한다. 또한 그들이 거주하는 지역 전체를 가리키는 용어로도 사용되었다. 아홉 종류의 소수 민족을 견이(畎夷)·우이(于夷)·방이(方夷)·황이(黃夷)·백이(白夷)·적이(赤夷)·현이(玄夷)·풍이(風夷)·양이(陽夷)라고 정의하기도 한다. 『논어』「자한(子罕)」편에는 "子欲居九夷."라는 기록이 있고, 이에 대한 하안(何晏)의 『집해(集解)』에서는 마융(馬融)의 주장을 인용하여, "東方之夷有九種."이라고 풀이했으며, 『후한서(後漢書)』「동이전(東夷傳)」편에는 "夷有九種. 曰, 畎夷·于夷·方夷·黃夷·白夷·赤夷·玄夷·風夷·陽夷."라는 기록이 있다.

2) 팔만(八蠻)은 고대 중국의 남쪽 지역에 거주하던 여덟 종류의 소수 민족을 뜻한다. 또한 그들이 거주하는 지역 전체를 가리키는 용어로도 사용되었다. 여덟 종류의 소수 민족을 천축(天竺)·해수(咳首)·초요(僬僥)·파종(跛踵)·천흉(穿胸)·담이(儋耳)·구지(狗軹)·방춘(旁春)이라고 정의하기도 한다. 『예기』「왕제(王制)」편에는 "南方曰蠻. 雕題交趾, 有不火食者矣"라는 기록이 있고, 이에 대한 공영달(孔穎達)의 소(疏)에서는 『이아』에 대한 이순(李巡)의 주장을 인용하며, "一曰天竺, 二曰咳首, 三曰僬僥, 四曰跛踵, 五曰穿胸, 六曰儋耳, 七曰狗軹, 八曰旁春."이라고 풀이했다.

3) 육융(六戎)은 고대 중국의 서쪽 지역에 거주하던 여섯 종류의 소수 민족을 뜻한다. 또한 그들이 거주하는 지역 전체를 가리키는 용어로도 사용되었다. 여섯 종류의 소수 민족을 요이(僥夷)·융앙(戎央)노백(老白)·기강(耆羌)·비식(鼻息)·천강(天剛)이라고 정의하기도 한다. 『예기』「왕제(王制)」편에는 "西方曰戎, 被髮衣皮, 有不粒食者矣."라는 기록이 있고, 이에 대한 공영달(孔穎達)의 소(疏)에서는 『이아』에 대한 이순(李巡)의 주장을 인용하며, "一曰僥夷, 二曰戎央, 三曰老白, 四曰耆羌, 五曰鼻息, 六曰天剛."이라고 풀이했다.

다. 오적(五狄)[4]에 해당하는 제후들은 북쪽 문밖에서 남쪽을 바라보며 동쪽 끝에서부터 선다.

集說

夷蠻戎狄, 各從其方之門, 而以右爲尊, 獨南面東上者不然. 方氏以 爲南面疑於君, 故與北面者同其上也.

동이·남만·서융·북적에 해당하는 제후들은 각각 자기가 속한 방위의 문쪽에 서게 되는데, 우측을 존귀한 자리로 여기지만, 유독 남쪽을 바라보며 동쪽 끝에서부터 서는 경우에는 그렇지 않다. 방씨는 남쪽을 바라보는 것은 군주처럼 따른다는 의혹을 사기 때문에, 북쪽을 바라보는 자들과 존귀하게 여기는 방향을 동일하게 했다고 여겼다.

經文

九采之國, 應門之外, 北面東上.〈004〉

조회를 할 때, 구주의 목들은 정문 밖에서 북쪽을 바라보며 동쪽 끝에서부터 선다.

---

4) 오적(五狄)은 고대 중국의 북쪽 지역에 거주하던 다섯 종류의 소수 민족을 뜻한다. 또한 그들이 거주하는 지역 전체를 가리키는 용어로도 사용되었다. 다섯 종류의 소수 민족을 월지(月支)·예맥(穢貊)·흉노(匈奴)·단우(單于)·백옥(白屋)이라고 정의하기도 한다. 『예기』「왕제(王制)」편에는 "北方曰狄, 衣羽毛穴居, 有不粒食者矣."라는 기록이 있고, 이에 대한 공영달(孔穎達)의 소(疏)에서는 『이아』에 대한 이순(李巡)의 주장을 인용하며, "一曰月支, 二曰穢貊, 三曰匈奴, 四曰單于, 五曰白屋."이라고 풀이했다.

疏曰: 此是九州之牧, 謂之采者, 以采取當州美物而貢天子. 故王制云: "千里之外曰采." 明堂無重門, 但有應門耳.

소에서 말하길, 이들은 구주의 목(牧)⁵⁾을 가리키는데, '채(采)'라고 말한 이유는 해당 주의 좋은 사물을 채취하여 천자에게 공납하기 때문이다. 그래서 『예기』「왕제(王制)」편에서는 "1,000리의 밖의 땅을 '채(采)'라고 부른다."고 했던 것이다. 명당에는 겹겹의 문이 없고, 단지 응문만 있을 따름이다.

四塞[先代反]世告至. 此周公明堂之位也. 明堂也者, 明諸侯之尊卑也.〈005〉

구주 밖 변경 지역의 오랑캐 나라에서는['塞'자는 '先(선)'자와 '代(대)'자의 반절음이다.] 한 세대마다 한 차례 찾아와서 자신들이 왔음을 아뢰게 된다. 이러한 내용들은 주공이 제정한 명당에서의 위치에 해당한다. '명당(明堂)'이라는 것은 제후들의 서열을 나타내는 건물이다.

---

5) 구목(九牧)은 구주(九州)의 목(牧)들을 뜻한다. 고대 중국은 천하를 '구주'로 구분하였는데, 각각의 주(州)에는 여러 제후들이 속해 있었다. 그 중에서 가장 뛰어난 자를 그 '주'에 속해있었던 제후들의 수장으로 삼았는데, 그를 '목'이라고 부르는 것이다. 『예기』「곡례하(曲禮下)」편에는 "九州之長, 入天子之國曰牧"이라는 기록이 있는데, 이에 대한 정현의 주에서는 "每一州之中, 天子選諸侯之賢者以爲之牧也."라고 풀이했다.

四塞, 九州之外夷狄也. 若天子新卽位, 或其國君易世, 皆一來朝告至, 故云世告至也.

'사새(四塞)'는 구주 밖의 오랑캐들을 뜻한다. 만약 천자가 새롭게 즉위를 했거나 혹은 그 나라들 중 군주가 바뀐 나라가 있다면, 그들 나라에서는 모두 한 차례 찾아와 조회를 하며, 자신들이 찾아오게 되었음을 아뢴다. 그렇기 때문에 "세대마다 한차례 찾아왔음을 아뢴다."라고 말한 것이다.

近按: 舊註云周公攝王位, 又云天子卽周公, 先儒非之, 以爲記者之妄. 愚按此篇之誣, 雖是記者之妄, 然篇首所謂周公朝諸侯于明堂之位, 天子負斧依南鄕而立, 其下列三公·諸侯下至夷蠻戎狄之位者, 是言周公制爲明堂朝見之禮, 以定天子諸侯尊卑上下之例也, 故首以周公冠之, 以明此禮爲周公之所制, 非謂周公爲天子也, 但語未瑩爾. 第二節, 乃云周公踐天子之位, 以是觀之, 則篇首一節, 卽言周公所制明堂位之禮, 非甚誣妄. 第二節自昔殷紂以下, 是記者附會之言, 尤爲誣妄, 舊註乃用此節周公踐天子位之說以釋首章, 謂天子爲周公, 先儒又幷以首章爲妄, 恐未必然. 今當以首章爲正, 第二節以下爲記者之妄也.

내가 살펴보니, 옛 주석에서는 주공이 천자의 자리에 대신 올랐다고 했고, 또 천자는 주공이라고 했는데, 선대 학자들은 이 사실을 비난하고, 『예기』를 기록한 자가 망령스럽게 한 말이라 여겼다. 내가 살펴보니, 「명당위」편의 무람된 내용들은 비록 『예기』를 기록한 자가 망령스럽게 한 말에 해당하지만, 첫 부분에서 주공이 명당의 자리에서 제후들을 조회했는데, 천자는 부의를 등지고 남쪽을 바라보며 섰다고 했고, 그 뒤로 삼공과 제후로부터 동이·남만·서융·북적에 이르기까지 그들의 자리를 차례대로 나열하였는데, 이것은 주공이 명당에서 조회하는 예법을

제정하여, 천자와 제후 사이의 존비 및 상하의 질서를 확정한 것을 말한
다. 그렇기 때문에 첫 부분에서 '주공(周公)'이라는 말을 내세워, 이러한
예법을 주공이 제정한 것임을 나타낸 것이지, 주공이 천자가 되었음을
뜻하는 말이 아니며, 단지 말이 분명하지 못했을 뿐이다. 제 2절에서는
"주공이 천자의 자리에 올랐다."[6]라고 했는데, 이 말을 통해 살펴본다
면, 편의 첫 부분인 제 1절에서 말한 것은 주공이 제정한 명당에서의
자리에 대한 예법을 말한 것이니, 매우 무람되고 망령된 말은 아니다.
제 2절에서 옛날 은나라 주임금이라고 한 말로부터 그 이하의 기록들은
『예기』를 기록한 자가 견강부회한 말들로 더욱 무람되고 망령스럽다.
옛 주에서는 이 문장에서 주공이 천자의 자리에 올랐다고 한 말을 가지
고 첫 부분을 풀이하여 천자는 주공이라고 했고, 선대 학자들은 또한 첫
장마저도 망령스러운 내용이라고 여겼는데, 아마도 반드시 그렇지만은
아닌 것 같다. 따라서 첫 장의 내용은 올바른 내용으로 여겨야 하며, 제
2절부터 그 이하의 기록은 『예기』를 기록한 자의 망령스러운 말이라고
여겨야 한다.

---

6) 『예기』「명당위」 006장 : 昔殷紂亂天下, 脯鬼侯以饗諸侯, 是以周公相武王以
伐紂. 武王崩, 成王幼弱, 周公踐天子之位以治天下. 六年朝諸侯於明堂, 制禮
作樂頒度量, 而天下大服. 七年致政於成王.

昔殷紂亂天下, 脯鬼侯以饗諸侯, 是以周公相武王以代紂. 武
王崩, 成王幼弱, 周公踐天子之位以治天下. 六年朝諸侯於明
堂, 制禮作樂頒度量, 而天下大服. 七年致政於成王.〈006〉

옛적에 은나라 주임금은 천하를 혼란스럽게 만들었으니, 귀후를 죽여
그 살을 포로 떠서 제후들에게 음식으로 대접하기에 이르렀다. 그래서
주공은 무왕을 도와서 주임금을 정벌했다. 무왕이 붕어했을 때, 성왕은
나이가 너무 어려서, 주공은 천자의 자리에 올라 천하를 대신 다스렸다.
6년이 지난 이후 명당에서 제후들에게 조회를 받았고, 예악 및 도량형
을 반포하여, 천하가 모두 따르게 되었다. 7년째에 성왕에게 다시 정권
을 되돌려주었다.

集說

鬼, 國名. 殺人以爲薦羞, 惡之極也, 故伐之. 六年五服一朝, 蓋始
於此.

'귀(鬼)'자는 국가의 이름이다. 사람을 죽여 그 고기로 음식을 만들었으
니, 극악무도한 행위이다. 그렇기 때문에 정벌을 했다. 6년의 주기로 오
복에 속한 제후들이 한 차례 조회를 한 것은 아마도 이때로부터 비롯된
것이다.

石梁王氏曰: 只以詩書證之, 卽知周公但居冢宰攝政, 未嘗在天子
位. "周公相, 踐阼而治", 文王世子此語爲是. 詩小序之言亦不可據,
註引魯頌, 豈盡伯禽時事哉?

석량왕씨가 말하길, 『시』와 『서』를 통해 증명해보면, 주공은 단지 총재
의 지위에 있으면서 섭정을 한 것일 뿐임을 알 수 있으니, 일찍이 천자
의 지위에 머문 적이 없었다. "주공이 재상이 되어, 조에 올라 다스렸

다."라고 했는데, 『예기』「문왕세자(文王世子)」편의 이 기록이 옳은 주장이다. 『시』의 「소서」에서 기록한 말 또한 근거로 삼을 수 없는데, 정현의 주에서는 「노송」편을 인용하였으니, 어찌 이 모두가 백금 당시의 일이라 하겠는가?

劉氏曰: 此蓋因洛誥篇首, 有周公曰"朕復子明辟"之辭, 篇終有"周公誕保文武受命惟七年"之語, 遂生此論, 謂周公踐天子位, 七年而致政於成王也. 殊不知"復子明辟"者, 周公營洛遣使告卜之辭; "受命惟七年"者, 史臣敍周公留後治洛, 凡七年而薨也. 書傳中九峯蔡氏之辨, 可謂深切著明."

유씨가 말하길, 이 기록은 아마도 『서』「낙고(洛誥)」편의 첫 머리에 나오는 기록 중 주공에 대해서, "나는 그대 밝은 군주에게 복명한다."[1]라는 말이 있고, 편의 끝에 "주공이 문왕과 무왕이 받은 천명을 크게 보존하기를 7년 동안 하였다."[2]라는 말이 있어서, 이에 따라 결국 이러한 논의를 만들어냈던 것이니, 주공이 천자의 지위에 올랐고, 7년이 지난 이후에 성왕에게 정사를 돌려주었다는 주장이다. 이러한 주장을 하게 된 이유는 아마도 '복자명벽(復子明辟)'이라는 말이 주공이 낙읍을 건설하여, 사신을 파견해서 거북점을 치며 아뢰었던 말이라는 사실을 몰랐기 때문이며, 또 '수명유칠년(受命惟七年)'이라는 말이 주공이 머물게 된 이후 낙읍을 다스렸는데, 총 7년이 걸렸고 그 이후에 죽었다는 사실을 사관이 서술한 것임을 알지 못했기 때문이다. 『서전』에 기록된 구봉채씨의 변론은 이 사실을 매우 자세히 드러냈다고 평가할 수 있다.

---

1) 『서』「주서(周書)·낙고(洛誥)」: 周公拜手稽首曰, 朕復子明辟. 王如弗敢及天基命定命, 予乃胤保, 大相東土, 其基作民明辟.
2) 『서』「주서(周書)·낙고(洛誥)」: 惟周公誕保文武受命, 惟七年.

近按: 此下記者因上章周公明堂之位而附會之者也. 周公踐天子位之誣, 先賢之辨深切著明, 不復贅陳. 蔡九峯謂王莽居攝幾傾漢鼎, 皆儒者有以啓之者, 荀卿之徒傳聞周公攝政之事, 而誤以爲攝天子之位, 故王莽藉口而成簒漢之謀, 誠由儒者學術不明, 妄爲此說以啓之也.

내가 살펴보니, 이 문장으로부터 그 이하의 기록들은 『예기』를 기록한 자가 앞 장에서 주공과 명당의 자리를 언급한 것에 따라 견강부회한 것들이다. 주공이 천자의 자리에 올랐다는 무람된 말에 대해서 선대 현인들이 변론한 것은 매우 자세하고 분명하니, 다시 군더더기 말을 덧붙일 필요가 없다. 채구봉은 "왕망이 섭정을 하여 한나라의 국통을 거의 기울일 뻔하였는데, 이 모두는 유학자들의 계도함이 있었던 것이다."라고 했는데, 순경의 무리들이 주공이 섭정했던 사안을 전하여 듣다가 잘못하여 천자의 자리에 올라 섭정을 했다고 여긴 것이다. 그렇기 때문에 왕망은 이를 핑계로 들어 한나라 왕권을 찬탈하려는 계책을 완성하였으니, 진실로 유학자들의 학문이 불분명하여, 망령스럽게 이러한 주장을 만들어 계도한 면이 있었던 것이다.

成王以周公爲有勳勞於天下, 是以封周公於曲阜, 地方七百
里, 革車千乘, 命魯公世世祀周公以天子之禮樂. 是以魯君孟
春乘大路, 載[戴]弧韣[獨], 旂十有二旒, 日月之章, 祀帝于郊,
配以后稷, 天子之禮也.〈007〉

성왕은 정권을 되돌려 받은 뒤, 주공에게는 천하를 안정시킨 공로가 있
다고 여겼다. 이러한 이유 때문에 노나라 곡부에 주공을 분봉했으니,
그 땅은 사방 700리의 크기이며, 전쟁용 수레 1000승을 보유하는 규모
이다. 그리고 노공에게 명령하여, 주공에게 제사를 지낼 때에는 대대로
천자만 사용할 수 있는 예악을 이용하라고 했다. 이러한 이유로 노나라
군주는 맹춘이 되면, 대로에 타고, 호독을['韣'자의 음은 '獨(독)'이다.] 싣고
['載'자의 음은 '戴(대)'이다.] 깃발에는 12개의 깃술을 달고, 해와 달의 무늬
를 새겼으며, 교에서 상제에게 제사를 지내며, 후직을 배향했으니, 이
모두는 천자가 시행하는 의례제도이다.

大路, 殷祭天所乘之木路. 弧, 所以開張旌旗之幅, 其形如弓, 以竹
爲之. 韣, 則弧之衣也. 旒, 屬於旗之正幅, 而畫日月以爲章也.

'대로(大路)'는 은나라 때 하늘에 대한 제사를 지내며 탔던 목로를 뜻한
다. '호(弧)'는 깃발의 폭을 펴게 만드는 것으로, 그 모습이 활처럼 생겼
는데, 대나무로 만든다. '독(韣)'은 호를 입히는 천이다. '유(旒)'는 호의
정폭에 매다는 것으로, 해와 달의 그림을 그려서 무늬로 삼는다.

黃氏曰: 成王幼周公以冢宰聽其政, 今曰踐天子之位, 周公無此事
也. 周室班爵之制, 諸侯不過百里, 今曰地方七百里, 周室無此制也.

魯惠公始請郊於東周, 至僖公然後用郊, 春秋書之以著其非. 今日
成王命魯公祀帝于郊, 成王亦未嘗有此舉也. 封爵當以孟子爲正,
魯郊當以呂覽爲正. 蓋皆周末先秦之書也. 明堂位作於漢儒, 漢儒
多出於魯, 魯之僭大始於春秋, 遂有矯飾之說, 傳流至漢, 漢儒因而
述之, 弗考爾.

황씨가 말하길, 성왕이 너무 어려서 주공이 총재의 권한으로 정사를 처
리했었는데, 여기에서는 천자의 자리에 올랐다고 하니, 주공은 이러한
일을 한 적이 없었다. 주나라 왕실이 작위를 반포했던 제도에 따르면,
제후의 영지는 사방 100리를 넘지 못했는데, 이곳에서는 그 땅이 사방
700리라고 하니, 주나라 왕실에는 이러한 제도가 없었다. 노나라에서는
혜공 때 처음으로 동주에게 교제사를 청하였고, 희공 때가 되어서야 교
제사를 지냈으며, 『춘추』에서는 그 사실을 기록하여 잘못된 일임을 드
러냈다. 이곳에서는 성왕이 노공에게 명하여 교에서 상제에게 제사를
지내도록 했다고 했는데, 성왕 또한 일찍이 이러한 조치를 내린 적이 없
었다. 작위를 봉하는 일에 있어서는 마땅히 『맹자』의 기록을 정론으로
삼아야 하고, 노나라의 교제사에 대해서는 마땅히 『여람』의 기록을 정
론으로 삼아야 한다. 둘 모두 주나라 말기인 선진시기의 서적에 해당하
기 때문이다. 「명당위」편은 한나라 유학자들의 손에서 만들어진 것이
며, 한나라 유학자들은 대부분 노나라 출신이었는데, 노나라의 참람됨
은 대체로 춘추시대 때 시작되었고, 결국 거짓으로 겉모습만 그럴싸하
게 꾸미는 주장들을 만들어내게 되었으며, 그것이 전수되어 한나라까지
유입되었고 한나라 때의 유학자들은 이를 통해 조술만 하고 고찰해보지
않았던 것이다.

季夏六月, 以禘禮祀周公於大廟, 牲用白牡.〈008〉

계하인 6월에 체제사의 예법으로 태묘에서 주공에 대한 제사를 지내며, 희생물은 흰색의 소를 사용한다.

集說

殷尙白, 白牡, 殷牲也.

은나라는 백색을 숭상했으니, 백색의 소는 은나라 때 제사에서 사용한 희생물이다.

方氏曰: 止用時王之禮者, 諸侯之事; 通用先王之禮者, 天子之事. 故郊特牲云: "諸侯祭以白牡, 乘大路", 謂之僭禮也.

방씨가 말하길, 단지 당시 왕조의 예법에 따르는 것은 일반 제후들에게 관련된 사항이다. 선왕의 예법을 통괄적으로 사용하는 것은 천자에게 관련된 사항이다. 그렇기 때문에 『예기』「교특생(郊特牲)」편에서 "제후가 제사를 지낼 때에는 백모를 사용하고, 대로를 탄다."라고 한 말은 참람된 예법을 가리킨다.

經文

尊用犧[莎]象山罍, 鬱尊用黃目.〈009〉

주공에게 제사를 지낼 때, 술동이는 사준['犧'자의 음은 '莎(사)'이다.] · 상준 · 산뢰를 사용하고, 울창주를 담는 술동이는 황목을 사용한다.

尊, 酒器也. 犧, 犧尊也. 音莎者, 釋云, 刻畫爲鳳形娑娑然也. 讀如
字者, 釋云, 畫爲牛形, 又云, 尊爲牛之形. 象, 象尊也, 以象骨飾尊,
一說, 尊爲象之形也. 山罍, 刻畫山雲之狀於罍也. 鬱尊, 盛鬱鬯酒
之尊也. 黃目, 黃彝也, 卣罍之類, 以黃金鏤其外爲目, 因名也.

'준(尊)'은 술을 담는 동이이다. '사(犧)'는 사준을 뜻한다. '희(犧)'자의
음을 사(莎)로 읽는 자들은 봉황이 춤추듯 움직이는 모습을 새겼기 때문
이라고 풀이한다. '희(犧)'자를 글자대로 읽는 자들은 소의 모습을 그렸
다고 풀이하며, 또 술동이가 소의 모습처럼 만들어졌다고도 말한다. '상
(象)'자는 상준을 뜻하니, 상아로 술동이를 장식했기 때문이다. 일설에
는 술동이를 코끼리의 모습처럼 만들었다고도 주장한다. '산뢰(山罍)'는
산과 그름의 무늬를 뇌에 새긴 것을 뜻한다. '울준(鬱尊)'은 울창주를 담
는 술동이이다. '황목(黃目)'은 황이이니, 술동이의 부류이며, 그 겉에 황
금으로 눈의 무늬를 새겼기 때문에, 이에 따라 '황목(黃目)'이라고 부르
는 것이다.

灌用玉瓚[才旱反]大圭, 薦用玉豆雕篹[損管反], 爵用玉琖[側眼反]
仍雕, 加以璧散[去聲]璧角, 俎用梡[湸]嶡[厥]. 〈010〉

주공에게 제사를 지낼 때에는 시동에게 술잔을 바칠 때 옥찬대규를['瓚'
자는 '才(재)'자와 '旱(한)'자의 반절음이다.] 사용하여 술을 따르고, 절임이나
젓갈을 바칠 때에는 옥두와 조산을['篹'자는 '損(손)'자와 '管(관)'자의 반절음
이다.] 사용하며, 술잔은 옥잔을['琖'자는 '側(측)'자와 '眼(안)'자의 반절음이다.]
사용하되 술잔의 형태에 따라 조각한 것을 사용하며, 재차 술잔을 올릴
때에는 벽산과['散'자는 거성으로 읽는다.] 벽각을 사용하고, 도마로는 완과

['梡'자의 음은 '澣(한)'이다.] 궐을['厥'자의 음은 '厥(궐)'이다.] 사용한다.

集說

灌, 酌鬱鬯以獻尸也. 以玉飾瓚, 故曰玉瓚. 以大圭爲瓚柄, 故言玉瓚大圭也. 薦, 祭時所薦菹醢之屬也. 玉豆, 以玉飾豆也. 籩, 邊也. 雕飾其柄, 故曰雕籩. 爵, 行酒之器. 夏世爵名踐, 以王飾之. 仍, 因也. 因爵形而雕飾之, 故曰仍雕也. 加者, 夫人亞獻於尸也. 用璧角, 卽周禮 · 內宰所謂瑤爵也. 夫人獻後, 則賓用璧散獻尸, 散角皆以璧飾其口. 此先言散後言角, 便文也. 虞俎名梡, 夏俎名厥. 梡形四足如按, 厥則加橫木於足中央爲橫距之形也.

'관(灌)'자는 울창주를 따라서 시동에게 바치는 절차를 뜻한다. 옥으로 술국자를 장식했기 때문에, '옥찬(玉瓚)'이라고 부른다. 대규로 술국자의 손잡이를 만들었기 때문에, '옥찬대규(玉瓚大圭)'라고 말한 것이다. '천(薦)'자는 제사를 지낼 때 절임이나 젓갈 등의 부류를 바치는 절차를 뜻한다. '옥두(玉豆)'는 옥으로 장식한 두이다. '산(籩)'은 변을 뜻한다. 손잡이를 조각하여 장식을 했기 때문에, '조산(雕籩)'이라고 부른 것이다. '작(爵)'은 술을 마실 때 사용하는 술잔이다. 하나라 때 사용한 술잔은 '잔(踐)'이라 부르는데, 옥으로 장식을 했기 때문이다. '잉(仍)'자는 "~에 따르다."는 뜻이다. 술잔의 형태에 따라서 조각을 하여 장식을 했기 때문에, '잉조(仍雕)'라고 말한 것이다. '가(加)'자는 부인이 시동에게 아헌을 하는 절차를 뜻한다. '벽각(璧角)'을 사용한다고 했는데, 이것은 『주례』「내재(內宰)」편에서 말한 '요작(瑤爵)'[1]에 해당한다.[2] 부인이 술을

---

1) 요작(瑤爵)은 아름다운 옥돌[瑤]을 조각하여 만든 술잔으로, 그 술잔의 중요성은 대체적으로 옥작(玉爵) 다음이 된다. 『주례』「천관(天官) · 내재(內宰)」편에는 大祭祀, 后祼獻則贊, 瑤爵亦如之."라는 기록이 있는데, 이에 대한 정현의 주에서는 "其爵以瑤爲飾."이라고 풀이했고, 『예기』「제통(祭統)」편에는 "尸飮五, 君洗玉爵獻卿; 尸飮七, 以瑤爵獻大夫."라는 기록이 있다.
2) 『주례』「천관(天官) · 내재(內宰)」 : 大祭祀, 后祼獻則贊, 瑤爵亦如之.

바친 이후라면, 빈객은 벽산을 이용하여 시동에게 술을 바치고, 산과 각은 모두 벽으로 그 주둥이 부분을 장식했다. 이곳에서는 먼저 산을 말했고 이후에 각을 말했는데, 문장을 편리에 따라 기록했기 때문이다. 우 때 사용하던 도마를 '완(梡)'이라 부르고, 하 때 사용하던 도마를 '궐(嶡)'이라 부른다. 완은 그 형태가 네 개의 다리가 있어서 안석과 같고, 궐은 다리의 중앙에 가로로 된 나무를 더해서 횡거의 모습처럼 만든다.

經文

> 升歌淸廟, 下管象. 朱干玉戚, 冕而舞大武. 皮弁素積, 裼[析]而
> 舞大夏. 昧, 東夷之樂也. 任[壬], 南蠻之樂也. 納夷蠻之樂於大
> 廟, 言廣魯於天下也.〈011〉

주공에게 제사를 지낼 때에는 악공이 당상에 올라가서 청묘라는 시를 노래로 부르고, 당하에서는 상이라는 시를 관악기로 연주한다. 적색의 방패와 옥으로 장식한 도끼를 들고, 면복을 착용하고 대무를 춤춘다. 피변과 소적을 착용하고, 석의를['裼'자의 음은 '析(석)'이다.] 드러내고서 대하를 춤춘다. '매(昧)'는 동이의 음악이다. '임(任)'은['任'자의 음은 '壬(임)'이다.] 남만의 음악이다. 주공을 모신 태묘에서 동이와 남만의 음악을 연주하는 것은 노나라를 세운 주공의 업적과 공덕을 천하에 드날리기 위함이다.

集說

淸廟, 周頌, 升樂工於廟之堂上而歌此詩也. 下, 堂下也. 管, 匏竹也. 象, 象武詩也. 堂下以管吹象武之詩, 故云下管象也. 朱干, 赤盾也. 玉戚, 玉飾斧柄也. 著袞冕而執此干戚以舞武王伐紂之樂, 又服皮弁見裼衣而舞夏后氏大夏之樂. 五冕皆周制, 故用以舞周樂. 皮

弁, 三王之服, 故用以舞夏樂也. 昧·任, 皆樂名. 廣魯於天下, 言周公勳業之盛, 廣及四夷, 故廣大其國禮樂之事, 以示天下也.

'청묘(淸廟)'는 『시』「주송(周頌)」편에 해당하는 시로, 악공이 묘의 당상에 올라가서, 이 시를 노래로 부른다. '하(下)'자는 당하를 뜻한다. '관(管)'자는 포죽을 뜻한다. '상(象)'자는 「상무(象武)」라는 시를 뜻한다. 당하에서는 관악기로 「상무」라는 시를 연주한다. 그렇기 때문에 "당하에서는 상을 관악기로 연주한다."라고 말한 것이다. '주간(朱干)'은 적색의 방패이다. '옥척(玉戚)'은 옥으로 도끼의 자루를 장식한 것이다. 곤면을 착용하고, 방패와 도끼를 들고서, 무왕이 주를 정벌함을 표현한 음악에 맞춰 춤을 추고, 또 피변을 착용하고, 석의를 드러내며, 하후씨 때의 대하라는 음악에 맞춰 춤을 춘다. 오면(五冕)[3]은 모두 주나라 때의 제도이다. 그렇기 때문에 이 복장을 착용하고, 주나라 음악에 맞춰 춤을 춘다. '피변(皮弁)'은 삼왕 때의 복장이다. 그렇기 때문에 이 복장을 착용하고, 하나라 때의 음악에 맞춰 춤을 춘다. '매(昧)'와 '임(任)'은 모두 음악의 이름이다. '광로어천하(廣魯於天下)'라는 말은 주공이 세운 융성한 공적과 업적을 널리 밝혀 사방 오랑캐에게까지 미치도록 한다는 뜻이다. 그렇기 때문에 그 나라의 예악과 관련된 사안을 확장하여, 천하에 보여주는 것이다.

淺見

黃氏曰: 侈言魯用天子禮樂, 且自釋其義以爲廣魯於天下, 然天下周

---

3) 오면(五冕)은 고대의 제왕이 제사를 지낼 때 착용하는 다섯 종류의 관(冠)을 뜻하니, 구면(裘冕)·곤면(袞冕)·별면(鷩冕)·취면(毳冕)·치면(絺冕)을 가리킨다. 본래 면복(冕服)에는 여섯 종류가 있지만, 대구(大裘)의 경우, 그 때 착용하는 면(冕)에는 류(旒)가 달려 있지 않기 때문에, '오면'에는 포함시키지 않는다. 『주례』「하관(下官)·변사(弁師)」편에는 "掌王之五冕, 皆玄冕朱裏延紐."라는 기록이 있고, 이에 대한 정현의 주에서는 "冕服有六, 而言五冕者, 大裘之冕蓋無旒, 不聯數也."라고 풀이했다.

之有, 而云欲廣魯於天下, 將何爲耶?

황씨가 말하길, 과장하여 노나라에서 천자의 예악을 사용했다고 말하고, 또 그 의미를 풀이하여 노나라의 위용을 천하에 널리 미치도록 한다고 했는데, 천하는 주나라의 소유임에도 천하에 노나라의 위용을 널리 미치도록 한다고 말했다면, 장차 무엇을 하고자 함이란 말인가?

經文

君卷[袞]冕立于阼, 夫人副褘立于房中. 君肉袒迎牲于門, 夫人薦豆籩, 卿·大夫贊君, 命婦贊夫人, 各揚其職. 百官廢職, 服大刑, 而天下大服.〈012〉

주공에게 제사를 지낼 때, 노나라의 군주는 곤면을['卷'자의 음은 '袞(곤)'이다.] 착용하고 동쪽 계단 위에 서며, 부인은 머리에 부 장식을 하고 휘의를 착용하여 방 안에 서 있게 된다. 군주는 옷을 걷어 신체를 노출시키고 문에서 희생물을 맞이하며, 부인은 두와 변에 음식을 담아 바치고, 경과 대부는 군주를 도우며, 명부들은 부인을 도우니, 각자 그들의 직무를 실행한다. 모든 관료들이 각자 자신의 임무를 시행하는데, 만약 직무를 시행하지 않는 자가 있다면, 큰 형벌을 받게 되니, 천하의 모든 사람들이 주공의 덕에 감화되었다.

集說

副, 首飾也. 副之言覆, 以其覆被乎首而爲名, 詳見周禮追師, 及詩副笄六珈註疏. 褘, 褘衣也. 本王后之服, 亦以尊周公而用天子禮樂, 故得服之也. 房, 太廟之東南室也. 贊, 助也. 命婦, 內則世婦, 外則卿·大夫之妻也. 揚, 擧也. 廢, 不擧也. 天下大服, 謂敬服周公之德也.

'부(副)'는 머리에 하는 장식이다. '부(副)'자는 "덮다."는 뜻으로, 그것으로 머리를 덮기 때문에, 이러한 명칭을 정한 것이며, 상세한 설명은 『주례』「추사(追師)」편 및 『시』의 '부계륙가(副笄六珈)'⁴⁾라는 구문에 대한 주와 소에 나온다. '휘(褘)'자는 휘의를 뜻한다. 본래 왕후가 착용하는 복장이지만, 이 또한 주공을 존경하여, 천자의 예악을 사용하기 때문에 착용할 수 있는 것이다. '방(房)'은 태묘의 동남쪽에 있는 실을 뜻한다. '찬(贊)'자는 "돕다."는 뜻이다. '명부(命婦)'는 내적으로는 세부를 가리키고, 외적으로는 경 및 대부의 처를 가리킨다. '양(揚)'자는 "거행하다."는 뜻이다. '폐(廢)'자는 거행하지 않는다는 뜻이다. '천하대복(天下大服)'은 주공의 덕을 공경하며 순종한다는 뜻이다.

經文

> 是故夏礿[藥], 秋嘗, 冬烝, 春社, 秋省[悉井反], 而遂大蜡[乍], 天子之祭也.〈013〉

이러한 까닭으로 노나라에서는 종묘제사에 있어서, 여름에는 약제사를['礿'자의 음은 '藥(약)'이다.] 지냈고, 가을에는 상제사를 지냈으며, 겨울에는 증제사를 지냈다. 또 봄에는 사직에 대한 제사를 지냈으며, 가을에는 작황을 살펴서['省'자는 '悉(실)'자와 '井(정)'자의 반절음이다.] 성대한 사제사를['蜡'자의 음은 '乍(사)'이다.] 지냈으니, 이 모두는 천자가 지내는 제사에 해당한다.

集說

魯在東方, 或有朝于方岳之歲, 則廢春祠, 故此略之. 秋省, 省斂也.

---

4) 『시』「용풍(鄘風)·군자해노(君子偕老)」: 君子偕老, <u>副笄六珈</u>. 委委佗佗, 如山如河, 象服是宜. 子之不淑, 云如之何.

年不順成, 則八蜡不通, 必視年之上下, 以爲蜡之豊嗇. 舊讀省爲獮者非.

노나라는 동쪽 지역에 속해 있어서, 간혹 방악에서 조회를 해야 하는 해가 있다면, 봄에 지내는 사제사를 폐지한다. 그렇기 때문에 이곳에서는 생략한 것이다. '추성(秋省)'은 수확을 살핀다는 뜻이다. 그 해에 곡식이 제대로 익지 않았다면, 여덟 신에게 사제사를 지내지 않으니, 반드시 그 해의 작황에 견주어서 사제사에 소용될 재화의 양을 결정한다. 옛 주석에서는 '성(省)'자를 선(獮)자로 풀이했는데, 잘못된 주장이다.

大廟, 天子明堂. 庫門, 天子皐門. 雉門, 天子應門.〈014〉

노나라에서 세운 태묘는 천자가 세운 명당처럼 만들었다. 노나라 궁성에 있는 고문은 천자가 세운 고문처럼 만들었다. 노나라 궁성에 있는 치문은 천자가 세운 응문처럼 만들었다.

集說

魯無明堂, 而太廟如明堂之制. 天子五門, 路·應·雉·庫·皐, 由內而外. 路門亦曰畢門. 今魯庫門之制, 如天子皐門; 雉門之制, 如天子應門也.

노나라에는 명당이 없지만, 태묘는 명당의 제도에 따라 만들었다. 천자는 궁성에 다섯 개의 문을 두니, 안쪽에서 바깥쪽 순으로 노문·응문·치문·고문·고문 등이 설치되었다. 노문을 또한 '필문(畢門)'이라고도 부른다. 현재 노나라에서 세운 고문의 제도는 천자가 세운 고문의 제도와 같고, 치문의 제도는 천자가 세운 응문의 제도와 같다.

黃氏曰: 魯之太廟卽天子之明堂也. 魯之庫門卽天子之皐門也. 魯
之雉門卽天子之應門也.

황씨가 말하길, 노나라의 태묘는 천자의 명당에 해당한다. 노나라의 고
문은 천자의 고문에 해당한다. 노나라의 치문은 천자의 응문에 해당한
다는 뜻이다.

經文

振木鐸於朝, 天子之政也.〈015〉

조정에서 목탁을 울려서 명령을 내리는 것은 본래 천자의 정사에서 시
행하는 일이지만, 노나라에서도 시행했다.

集說

木鐸, 金口木舌, 發敎令則振之, 所以警動衆聽.

'목탁(木鐸)'은 금속으로 된 틀에 나무로 된 울림판이 있는 것으로, 교령
을 발령하게 되면 이것을 흔들게 되니, 뭇 사람들이 주의를 기울이게 하
는 도구이다.

淺見

黃氏曰: 魯以木鐸振於朝, 是亦天子之布政也. 每事以天子誇魯之
盛, 而不知此魯之失也.

황씨가 말하길, 노나라에서는 목탁을 조정에서 울렸는데, 이 또한 천자
가 정사를 펼치는 일에 해당한다. 매사에 천자에게 해당하는 것으로 노
나라의 융성함을 과시하였지만, 이것이 노나라의 실례가 됨을 알지 못
한 것이다.

山節藻梲.〈016〉

노나라는 태묘의 기둥머리 두공 부분에 산 모양을 새기고, 들보 위의
단주 부분에 수초풀을 그렸다.

說見前篇.

앞 편에 자세한 설명이 나온다.

復[福]廟重[平聲]檐[簷].〈017〉

노나라는 태묘에 대해서 위아래로 지붕을 중첩되게['復'자의 음은 '福(복)'
이다.] 올렸고, 처마['檐'자의 음은 '簷(첨)'이다.] 밑에 다시 처마를 댔다.['重'
자는 평성으로 읽는다.]

復廟, 上下重屋也. 重檐者, 簷下復有板簷, 免風雨之壞壁.

'복묘(復廟)'는 위아래로 중첩된 지붕을 올린다는 뜻이다. '중첨(重檐)'은
처마 밑에 다시 판으로 된 처마가 있는 것으로, 비바람이 침투하는 것을
막기 위한 것이다.

刮[古刹反]楹達鄉[去聲].〈018〉

노나라는 태묘에 대해서 기둥은 숫돌로 문질러서 표면을 매끄럽게['刮'자
는 '古(고)'자와 '刹(찰)'자의 반절음이다.] 만들고, 각 실마다 문과 창문을['鄕'
자는 거성으로 읽는다.] 달아서 소통되도록 했다.

以密石摩柱使之精澤, 故云刮楹. 達, 通也. 鄕, 謂窗牖也. 每室四戶
八窗, 窗戶相對, 故云達鄕.

숫돌로 기둥을 문질러서 표면을 매끄럽게 만들기 때문에, '괄영(刮楹)'이
라 말한 것이다. '달(達)'자는 "통하다."는 뜻이다. '향(鄕)'은 창문과 들창
을 뜻한다. 각각의 실마다 4개의 호와 8개의 창문이 있고, 창문과 호가
서로 마주보도록 했기 때문에 '달향(達鄕)'이라 말한 것이다.

反坫出尊.〈019〉

노나라는 태묘에 술잔을 되돌려놓는 반점을 설치했는데, 그 장소는 술
동이 바깥쪽이었다.

兩君好會反爵之坫, 築土爲之, 在兩楹間而近南. 蓋獻酬畢, 則反爵
于其上也. 凡物在內爲入, 在外爲出, 以坫在尊之外, 故云反坫出尊,
言坫出在尊之外也.

양국의 군주가 우호를 다지기 위해 회동을 하면 술잔을 되돌려놓는 점을 두는데, 흙을 쌓아서 그것을 만들고, 양쪽 기둥 사이 중에서도 남쪽과 가까운 장소에 설치했다. 아마도 술을 바치거나 권하는 절차가 끝나게 된다면, 그 위에 술잔을 되돌려 놓았을 것이다. 모든 사물에 있어서 안에 있는 것을 '입(入)'이라 했고, 밖에 있는 것을 '출(出)'이라 했다. 점을 술동이 밖에 두었기 때문에, '반점출준(反坫出尊)'이라 말한 것이니, 점(坫)을 술동이 바깥쪽으로 설치했다는 뜻이다.

經文

崇坫康圭疏屏, 天子之廟飾也.〈020〉

노나라는 태묘에 규를 안전하게 놓아둘 수 있는 높은 받침대를 만들고, 소병을 설치했으니, 이것들은 본래 천자의 묘에 하는 장식이다.

集說

崇, 高也. 康, 安也. 凡物措之得所, 則無危墜之失. 圭, 禮器之重者, 不可不謹, 故爲此高坫以康圭也. 疏屏者, 刻鏤於屏, 使之文理疏通也.

'숭(崇)'자는 "높다."는 뜻이다. '강(康)'자는 "안전하다."는 뜻이다. 모든 사물은 알맞은 장소에 놓아두게 되면, 떨어질 위험이 없게 된다. '규(圭)'는 예기 중에서도 중요한 것으로, 조심하지 않을 수 없다. 그렇기 때문에 높은 받침대를 만들어서, 규를 안전하게 놓아두는 것이다. '소병(疏屏)'은 병풍에 조각을 하여 무늬에 따라 바람이 소통되도록 한 것이다.

鸞車, 有虞氏之路也. 鉤車, 夏后氏之路也. 大路, 殷路也. 乘
路, 周路也.〈021〉

노나라는 사대 때의 수레를 갖추고 있었다. 난거는 유우씨 때 사용하던
수레이다. 구거는 하후씨 때 사용하던 수레이다. 대로는 은나라 때 사
용하던 수레이다. 승로는 주나라 때 사용하던 수레이다.

鸞車, 有鸞和之車也. 路, 與輅同. 鉤, 曲也. 車床謂之輿, 輿之前闌
曲, 故名鉤車也. 大路, 殷之木輅也. 乘路, 周之玉輅也.

'난거(鸞車)'는 방울인 난과 화가 달려 있는 수레이다. '노(路)'자는 노
(輅)자와 동일하다. '구(鉤)'자는 "굽다."는 뜻이다. 수레의 평판을 '여
(輿)'라 부르고, 여 앞에는 굽어 있는 난간이 있기 때문에, '구거(鉤車)'라
부르는 것이다. '대로(大路)'는 은나라 때 사용하던 목로이다. '승로(乘
路)'는 주나라 때 사용하던 옥로이다.

有虞氏之旂, 夏后氏之綏[而追反], 殷之大白, 周之大赤.〈022〉

노나라는 사대 때의 깃발을 갖추고 있었다. 유는['綏'자는 '而(이)'자와 '追
(추)'자의 반절음이다.] 유우씨 때의 깃발이고, 기는 하후씨 때의 깃발이며,
대백은 은나라 때의 깃발이고, 대적은 주나라 때의 깃발이다.

四者旌旗之屬. 周禮交龍爲旂. 綏, 讀爲緌. 以旄牛尾注於杠首而垂

之者也. 大白, 白色旗也. 大赤, 赤色旗也. 鄭云: "當言有虞氏之綏, 夏后氏之旂", 謂虞質於夏惟綏而已, 至夏世乃有旂之制也.

이 네 가지는 깃발의 부류이다. 『주례』에서는 교룡을 수놓은 것을 '기(旂)'라고 했다. '수(綏)'자는 유(緌)자로 풀이한다. 깃대 장식에 소의 꼬리를 이용하여 깃대 끝에 매달아서 늘어뜨린 것이다. '대백(大白)'은 백색의 깃발이다. '대적(大赤)'은 적색의 깃발이다. 정현은 "마땅히 유우씨 때의 유, 하후씨 때의 기라고 기록해야 한다."고 했으니, 우 때는 하 때보다 질박하므로, 오직 유만 달았을 뿐이며, 하나라 때가 되어서야 기 등의 제도가 생겼다는 의미이다.

經文

夏后氏駱馬黑鬣, 殷人白馬黑首, 周人黃馬蕃[煩]鬣.〈023〉

노나라는 삼대 때의 말을 갖추고 있었다. 하후씨 때에는 백색의 몸에 흑색의 갈기가 있는 말을 숭상했고, 은나라 때에는 백색의 몸에 흑색의 머리를 한 말을 숭상했으며, 주나라 때에는 황색의 몸에 적색의['蕃'자의 음은 '煩(번)'이다.] 갈기가 있는 말을 숭상했다.

集說

白黑相間謂之駱, 此馬白身而黑鬣也. 蕃鬣, 赤鬣也.

흑색과 백색이 뒤섞여 있는 것을 '낙(駱)'이라 부르니, 이 말은 몸은 백색이며 흑색의 갈기가 있는 것이다. '번렵(蕃鬣)'은 적색의 갈기를 뜻한다.

夏后氏牲尙黑, 殷白牡, 周騂剛.〈024〉

노나라는 삼대 때의 희생물을 갖추고 있었다. 하후씨 때의 희생물은 흑
색을 숭상하여, 흑색의 소를 사용했고, 은나라 때에는 백색을 숭상하여,
백색의 수소를 사용했으며, 주나라 때에는 적색을 숭상하여, 적색의 장
성한 소를 사용했다.

集說

騂, 赤色. 剛, 牡也.

'성(騂)'자는 적색을 뜻한다. '강(剛)'자는 "장성하다."는 뜻이다.

經文

泰, 有虞氏之尊也. 山罍, 夏后氏之尊也. 著[直略反], 殷尊也. 犧
[莎]象, 周尊也.〈025〉

노나라는 사대 때의 술동이를 갖추고 있었다. 태는 유우씨 때의 술동이
이다. 산뢰는 하후씨 때의 술동이이다. 착은['著'자는 '直(직)'자와 '略(략)'자
의 반절음이다.] 은나라 때의 술동이이다. 사상은['犧'자의 음은 '莎(사)'이다.]
주나라 때의 술동이이다.

集說

虞氏尙陶. 泰, 瓦尊也. 著者, 無足而底著於地也. 餘見前章.

우 때에는 질그릇을 숭상했다. '태(泰)'는 와준이다. '착(著)'은 다리가 없
고 바닥이 땅에 닿아있는 술동이이다. 나머지에 대한 설명은 앞 장에
나온다.

爵, 夏后氏以琖, 殷以斝[嫁], 周以爵.〈026〉

노나라는 삼대 때의 술잔을 갖추고 있었다. 술잔에 있어서, 하후씨 때
에는 잔을 사용했고, 은나라 때에는 가를['斝'자의 음은 '嫁(가)'이다.] 사용
했으며, 주나라 때에는 작을 사용했다.

集說

夏爵名琖, 以玉飾之, 故其字從玉. 殷爵名斝, 稼也, 故畵爲禾稼. 周
之爵, 則爵之形也. 其曰玉爵者, 則飾之以玉也.

하나라 때의 술잔 이름은 '잔(琖)'이니, 옥으로 장식을 했기 때문에, 그
글자에 '옥(玉)'자가 구성요소로 포함된 것이다. 은나라 때의 술잔 이름
은 '가(斝)'이니, "곡식을 심다."는 뜻이다. 그렇기 때문에 벼를 심는 모
습을 그림으로 그렸다. 주나라 때의 술잔은 참새의 모습을 하고 있다.
술잔을 '옥작(玉爵)'이라 불렀다면, 옥으로 장식을 한 것이다.

經文

灌尊.〈027〉

술을 땅에 부어 신을 강림시킬 때, 사용했던 술동이에 있어서, 노나라는
삼대 때의 술동이를 갖추고 있었다.

集說

灌鬯酒之尊也.

울창주를 따라 땅에 부을 때 사용하는 술동이이다.

經文

夏后氏以雞夷, 殷以斝, 周以黃目.〈028〉

술을 땅에 부어 신을 강림시킬 때의 술동이에 있어서, 하후씨 때에는
계이를 사용했고, 은나라 때에는 가이를 사용했으며, 주나라 때에는 황
목을 사용했다.

集說

夷讀爲彝, 法也. 與餘尊爲法, 故稱彝. 刻畫雞形於其上, 故名雞彝.
餘見上章.

'이(夷)'자는 이(彝)자로 풀이하니, 법도를 뜻이다. 다른 술동이와 함께
법도가 되기 때문에, '이(彝)'라고 부른 것이다. 그 위에 닭의 모습을
새겨 넣기 때문에, '계이(雞彝)'라고 부른다. 나머지 설명은 앞 장에 나
온다.

經文

其勺[是若反], 夏后氏以龍勺, 殷以疏勺, 周以蒲勺.〈029〉

술을 땅에 부어 신을 강림시킬 때, 사용했던 술국자에['勺'자는 '是(시)'자와
'若(약)'자의 반절음이다.] 있어서, 노나라는 삼대 때의 술국자를 갖추고 있
었다. 하후씨 때에는 용작으로 술을 따랐고, 은나라 때에는 소작으로
술을 따랐으며, 주나라 때에는 포작으로 술을 따랐다.

集說

周禮"梓人爲飮器, 勺一升." 龍勺, 刻畫爲龍頭. 疏勺, 刻鏤疏通也.

蒲勺者, 合蒲爲鳧頭之形, 其口微開, 如蒲草本合而未微開也. 三者
皆謂勺之柄頭耳.

『주례』에서는 "재인은 마실 때 사용하는 기물을 만드니, 작은 1승의 용
적으로 만든다."[5]라고 했다. '용작(龍勺)'은 조각을 하고 그림을 그려서
용의 머리처럼 만든 것이다. '소작(疏勺)'은 조각을 하여 관통되도록 만
든 것이다. '포작(蒲勺)'은 부들을 섞어서 오리의 머리 형태로 만든 것이
며, 그 입구가 좁아서, 마치 부들의 뿌리가 서로 붙어 있지만 끝에서는
가늘게 퍼져 있는 모습과 같다. 이 세 가지는 모두 술국자의 자루 끝부
분에 대한 제작 방법을 뜻할 따름이다.

土鼓 · 蕢[塊]桴[浮] · 葦籥, 伊耆氏之樂也.〈030〉

노나라는 고대의 악기를 갖추고 있었다. 토고 · 괴부['蕢'자의 음은 '塊(괴)'
이다. '桴'자의 음은 '浮(부)'이다.] · 위약은 이기씨(伊耆氏)[6] 때의 악기이다.

方氏曰: 以土爲鼓, 未有鞉革之聲故也; 以塊爲桴, 未有斲木之利故
也; 以葦爲籥, 未有截竹之精故也.

방씨가 말하길, 흙으로 북을 만들었는데, 아직까지 가죽을 두드려서 소
리를 내는 방법이 없었기 때문이다. 흙덩이로 북채를 만들었는데, 아직

---

5) 『주례』「동관고공기(冬官考工記) · 재인(梓人)」: 梓人爲飮器, 勺一升, 爵一升,
觚三升. 獻以爵而酬以觚, 一獻而三酬, 則一豆矣.
6) 이기씨(伊耆氏)는 신농(神農)을 가리킨다. 일설에는 요(堯)임금을 뜻한다고 주
장하기도 한다.

까지 나무를 깎아서 편리한 북채를 만들 수 있는 방법이 없었기 때문이다. 갈대로 피리를 만들었는데, 아직까지 대나무를 잘라서 정교한 피리를 만들 수 있는 방법이 없었기 때문이다.

經文

拊[撫]博[博]·玉磬·揩[居八反]擊·大琴·大瑟·中琴·小瑟, 四代之樂器也.〈031〉

무박['拊'자의 음은 '撫(무)'이다. '博'자의 음은 '博(박)'이다.]·옥경·개격['揩'자는 '居(거)'자와 '八(팔)'자의 반절음이다.]·대금·대슬·중금·소슬은 사대 때 사용하던 악기이다.

集說

拊搏, 舊說以韋爲之, 充之以糠, 形如小鼓. 揩擊, 謂柷敔, 皆所以節樂者. 方氏以爲或拊或搏, 或揩或擊, 皆言作樂之事. 又按書傳云: "戛擊, 考擊也. 搏, 至; 拊, 循也." 皆與此文理有礙, 當從鄭註.

'부박(拊搏)'에 대해서 옛 학설에서는 갈대로 만들고 겨를 채우는데, 그 모습은 소고와 같다고 했다. '개격(揩擊)'은 축과 어이니, 둘 모두 음악의 속도를 맞추는 것이다. 방씨는 어떤 때에는 부나 박이라 했고, 또 어떤 때에는 개나 격이라 했는데, 이 모두는 악기를 연주하는 행위를 뜻한다고 했다. 또 『서전』을 살펴보면 "'알격(戛擊)'은 치는 것이다. '박(搏)'은 손을 댄다는 뜻이며, '부(拊)'는 손으로 문지른다는 뜻이다."라고 했다. 그러나 이 모두는 이곳 문장의 흐름과 맞지 않으니, 마땅히 정현의 주에 따라 해석해야 한다.

黃氏曰: 車也·旂也·牲也·尊也·爵也·勺也·樂也, 皆前代帝王
之制. 魯兼用之, 記者侈言之, 施之周公之廟, 猶曰報功施之, 魯國
難乎免於僭矣.

황씨가 말하길, 수레·깃발·희생물·술동이·술잔·술국자·악기들은
모두 전대 제왕들이 사용하던 제도에 해당한다. 노나라에서 이를 함께
사용했는데, 『예기』를 기록한 자가 이를 과장했고, 주공의 묘에서 시행
하며 오히려 공적에 보답하기 위해 사용하는 것이라 하니, 노나라는 참
람되다는 죄목에서 면하기가 어렵게 된다.

魯公之廟, 文世室也. 武公之廟, 武世室也. 〈032〉

노공의 묘실은 문왕의 세실을 본떠서 만들었다. 무공의 묘실은 무왕의
세실을 본떠서 만들었다.

魯公, 伯禽也. 武公, 伯禽之玄孫. 其室世世不毀, 故言世室.

'노공(魯公)'은 백금이다. '무공(武公)'은 백금의 현손이다. 이들의 신주
를 모시고 있는 묘실은 대대로 전해지며 훼철되지 않기 때문에, '세실
(世室)'이라 부른다.

方氏曰: 周以祖文王爲不毀之廟, 而魯以伯禽之廟比之, 故曰文世
室. 宗武王爲不毀之廟, 而魯以武公之廟比之, 故曰武世室.

방씨가 말하길, 주나라는 문왕을 조로 삼아서 훼철되지 않는 묘로 삼았

고, 노나라에서는 백금의 묘를 여기에 견주어서 만들었다. 그렇기 때문에 "문왕의 세실에 해당한다."라고 말한 것이다. 주나라는 무왕을 종으로 삼아서 훼철되지 않는 묘로 삼았고, 노나라에서는 무공의 묘를 여기에 견주어서 만들었다. 그렇기 때문에 "무왕의 세실에 해당한다."라고 말한 것이다.

米廩, 有虞氏之庠也. 序, 夏后氏之序也. 瞽宗, 殷學也. 頖[判]宮, 周學也.〈033〉

노나라는 사대 때의 학교를 갖추고 있었다. 미름은 유우씨 때의 학교이다. 서는 하후씨 때의 학교이다. 고종은 은나라 때의 학교이다. 반궁은 ['頖'자의 음은 '判(판)'이다.] 주나라 때의 학교이다.

此言魯立四代之學. 魯所藏粢盛米之廩, 卽虞氏之庠, 謂藏此米於學宮也, 亦敎孝之義. 序者, 射也. 射以觀德, 有先後之次焉. 樂師瞽矇之所宗, 故謂之瞽宗. 頖, 半也. 諸侯曰頖宮, 以其半辟雍之制也. 孟子言夏曰校, 殷曰序.

이 내용은 노나라에서 사대 때의 학교를 모두 세웠음을 뜻한다. 노나라에서 자성의 알곡을 보관했던 창고는 본래 유우씨 때의 학교에 해당하니, 학교 건물에 이 알곡을 보관했다는 의미이며, 여기에는 또한 효를 가르친다는 의미가 포함되어 있다. '서(序)'라는 것은 활을 쏜다는 뜻이다. 활을 쏘아서 그 사람의 덕을 관찰하며, 그 결과를 통해 선후의 서열이 정해진다. 악사와 악관들을 종주로 삼아 제사를 지내기 때문에, 그 건물을 '고종(瞽宗)'이라 부른다. '반(頖)'자는 절반을 뜻한다. 제후의 태

학을 '반궁(頖宮)'이라 부르는 이유는 벽옹(辟雍)[7]을 만드는 제도의 절
반이 되기 때문이다. 『맹자』에서는 하나라 때의 학교를 '교(校)'라 부르
며, 은나라 때의 학교를 '서(序)'라 부른다고 했다.[8]

經文

崇鼎·貫鼎·大璜·封父龜, 天子之器也. 越棘·大弓, 天子
之戎器也.〈034〉

노나라에서 갖추고 있었던 숭나라의 정, 관나라의 정, 대황, 봉보나라의
거북껍질은 천자가 사용하는 기물이다. 또 월나라의 창, 대궁은 천자가
사용하는 병장기이다.

集說

崇·貫·封父·越, 皆國名. 棘, 戟也.

'숭(崇)'·'관(貫)'·'봉보(封父)'·'월(越)'자는 모두 나라의 이름이다. '극
(棘)'은 날이 갈라진 창이다.

方氏曰: 凡此卽周官天府所藏大寶鎮寶之類是也.

방씨가 말하길, 여기에서 말한 물건들은 곧 『주례』 「천부(天府)」편에서

---

7) 벽옹(辟廱)은 벽옹(辟雍)과 같은 말이다. 천자의 국성(國城)에 있는 태학(太學)
   을 지칭한다. '벽(辟)'자는 밝다는 뜻이고, '옹(雍)'자는 조화롭다는 뜻이다. '벽옹'
   은 천자가 이곳을 통해 천하의 모든 사람들을 밝고 조화롭게 만든다는 뜻이다.
   참고로 제후국에 있는 태학을 반궁(頖宮: =泮宮)이라고 부른다.
8) 『맹자』 「등문공상(滕文公上)」: 夏曰校, 殷曰序, 周曰庠, 學則三代共之, 皆所
   以明人倫也.

보관한다고 했던 대보나 진보 등의 부류이다.9)

經文

夏后氏之鼓足, 殷楹鼓, 周縣[玄]鼓. 垂之和鍾, 叔之離磬, 女媧
之笙簧.〈035〉

노나라는 그 외에도 다양한 악기를 갖추고 있었다. 네 개의 다리가 달
린 고족은 하후씨 때의 악기이고, 기둥에 달려 있는 영고는 은나라 때
의 악기이며, 틀에 매달린 현고는['縣'자의 음은 '玄(현)'이다.] 주나라 때의
악기이다. 그리고 수가 만든 화종, 숙이 만든 이경, 여왜가 만든 생황을
갖추고 있었다.

集說

足, 謂四足也. 楹, 貫之以柱也. 縣, 懸於簨簴也. 垂, 見舜典.

'족(足)'은 네 개의 다리가 있다는 뜻이다. '영(楹)'은 기둥으로 꿰었다는
뜻이다. '현(縣)'은 순거에 매달았다는 뜻이다. '수(垂)'에 대해서는 『서』
「순전(舜典)」편에 설명이 나온다.10)

方氏曰: 郊特牲曰: "以鍾次之, 以和居參之也", 故謂之和鍾. 樂記
曰: "石聲磬, 磬以立辨." 辨者, 離之音也, 故謂之離磬. 笙以象物生

---

9) 『주례』「춘관(春官)·천부(天府)」: 凡國之玉鎭·大寶器, 藏焉. 若有大祭·
大喪, 則出而陳之; 旣事, 藏之.

10) 수(垂)는 순(舜)임금 때의 신하이다. 『서』「우서(虞書)·순전(舜典)」편에는 "帝
曰, 疇若予工. 僉曰, 垂哉. 帝曰, 兪. 咨垂, 汝共工. 垂拜稽首, 讓于殳斨曁伯
與. 帝曰, 兪. 往哉汝諧."라는 기록이 있다.

之形, 簧則美在其中, 故謂之笙簧. 世本曰: "無句作磬", 皇氏云: "無句, 叔之別名."

방씨가 말하길, 『예기』 「교특생(郊特牲)」편에서는 "종을 그 다음 줄에 진열하는 것은 조화로움을 갖추고 있기 때문에 중간에 두는 것이다."라고 했다. 그래서 그 종을 '화종(和鍾)'이라 부른 것이다. 『예기』 「악기(樂記)」편에서는 "석경의 소리는 명랑하니, 명랑한 소리를 통해 변을 세운다."라고 했다. '변(辨)'이라는 것은 석경을 서로 벌려서 내는 음을 뜻한다. 그렇기 때문에 '이경(離磬)'이라 말한 것이다. '생(笙)'은 사물이 생겨나는 형상을 상징하며, '황(簧)'은 아름다움이 그 안에 포함된 것이다. 그렇기 때문에 '생황(笙簧)'이라 말한 것이다. 『세본』에서는 "무구가 경을 만들었다."라고 했는데, 황간은 "무구는 숙의 별칭일 따름이다."라고 했다.

經文

夏后氏之龍簨[筍]虡[距], 殷之崇牙, 周之璧翣.〈036〉

노나라는 삼대 때의 악기 받침대를 갖추고 있었다. 용순거는['簨'자의 음은 '筍(순)'이다. '虡'자의 음은 '距(거)'이다.] 하후씨 때 사용하던 받침이며, 숭아는 은나라 때 사용하던 받침이고, 벽삽은 주나라 때 사용하던 받침이다.

集說

周官, 梓人爲筍簴, 橫曰筍, 植曰簴, 所以懸樂器也. 以龍形飾之, 故曰龍簨簴. 崇牙者, 刻木爲之, 飾以采色, 其狀隆然. 殷人於簴之上, 施崇牙以挂鍾磬也. 周人則又於簴上畫繪爲翣, 載之以璧, 下懸五采之羽, 而挂於簴之角焉.

『주례』에서는 재인이 순거를 만든다고 했는데,11) 가로로 받치는 것을 '순(筍)'이라 부르며, 세로로 받치는 것을 '거(簴)'라 부르니, 악기를 매다는 도구이다. 용의 형상으로 장식을 하기 때문에, '용순거(龍簨虡)'라고 말한 것이다. '숭아(崇牙)'는 나무를 조각해서 만드는데, 채색으로 장식하여 그 모습이 매우 화려하다. 은나라 때에는 순 위에 숭아를 두어서 종이나 경을 걸었다. 주나라의 경우에는 또한 순 위에 그림을 그린 비단으로 삽을 만들었고, 벽을 달았으며, 그 밑에 다섯 가지 채색을 한 깃털을 매달았고, 순의 모서리에 걸었다.

經文

有虞氏之兩敦[對], 夏后氏之四璉[輦], 殷之六瑚, 周之八簋.
〈037〉

노나라는 사대 때의 궤를 갖추고 있었다. 2개의 대는['敦'자의 음은 '對(대)'이다.] 유우씨 때 사용하던 기물이고, 4개의 연은['璉'자의 음은 '輦(련)'이다.] 하후씨 때 사용하던 기물이며, 6개의 호는 은나라 때 사용하던 기물이고, 8개의 궤는 주나라 때 사용하던 기물이다.

集說

少牢禮曰: "執敦黍有蓋." 又曰: "設四敦皆南首." 敦之爲器, 有蓋有首也. 四者皆盛黍稷之器. 禮之有器, 時王各有制作, 故歷代寶而用之. 但時代漸遠, 則古器之存者漸寡, 此魯所有之數耳.

『의례』「소뢰궤식례(少牢饋食禮)」편에서는 "뚜껑이 있고 서가 담긴 대

---

11) 『주례』「동관고공기(冬官考工記)·재인(梓人)」: 梓人爲筍虡.

를 잡는다."라 했고, "4개의 대는 모두 남쪽으로 머리가 향하도록 한다."라고 했다.[12] '대(敦)'라는 기물에는 뚜껑이 있고 머리에 해당하는 부분이 있다. 네 가지 기물들은 모두 서직을 담는 그릇에 해당한다. 의례에는 기물을 사용하게 되는데, 각 시대의 왕조에는 제각각의 제작방법에 따라 만든 것들이 있다. 그렇기 때문에 대대로 보배로 여겨서 사용을 했던 것이다. 다만 시대가 점차 멀어질수록 고대에 사용된 기물들 중 남아있는 것은 점차 희박해지니, 여기에서 말한 수치는 노나라에서 보유하고 있던 기물들의 수치일 뿐이다.

經文

俎, 有虞氏以梡, 夏后氏以嶡, 殷以椇[矩], 周以房俎.〈038〉

노나라는 사대 때의 도마를 갖추고 있었다. 완은 유우씨 때의 도마이고, 궐은 하후씨 때의 도마이며, 구는['椇'자의 음은 '矩(구)'이다.] 은나라 때의 도마이고, 방조는 주나라 때의 도마이다.

集說

梡・嶡, 見前章, 椇者, 俎之足間橫木, 爲曲橈之形. 如椇枳之樹枝也. 房者, 俎足下之跗, 謂俎之上下兩間, 有似於堂房也.

'완(梡)'과 '궐(嶡)'에 대해서는 그 설명이 앞 장에 나온다. '구(椇)'는 도마 밑의 다리에 가로 지지대를 중간에 대는데, 굽어 있는 형태로 만드니, 마치 구지라는 나무의 가지처럼 굽어 있는 것을 뜻한다. '방(房)'은

---

12) 『의례』「소뢰궤식례(少牢饋食禮)」: 主婦自東房執一金敦黍, 有蓋, 坐設于羊俎之南. 婦贊者執敦稷以授主婦. 主婦興受, 坐設于魚俎南. 又興受贊者敦黍, 坐設于稷南. 又興受贊者敦稷, 坐設于黍南. 敦皆南首.

도마의 다리 밑에 있는 받침을 뜻하니, 도마의 위아래 양쪽 사이에 붙어 있는 것으로, 마치 당에 있는 방과 같다.

疏曰: 古制不可委知, 今依註略爲此意, 未知是否.

소에서 말하길, 고대의 제도는 자세히 알 수 없으니, 현재 정현의 주에 따른다면, 대체적으로 이러한 의미가 되지만, 옳은지는 알 수 없다.

經文

夏后氏以楬[苦瞎反]豆, 殷玉豆, 周獻[莎]豆.〈039〉

노나라는 삼대 때의 두를 갖추고 있었다. 갈두는['楬'자는 '苦(고)'자와 '瞎(할)'자의 반절음이다.] 하후씨 때의 두이고, 옥두는 은나라 때의 두이며, 사두는['獻'자의 음은 '莎(사)'이다.] 주나라 때의 두이다.

集說

楬, 不飾也, 木質而已. 獻, 讀爲娑, 獻尊刻畫鳳羽, 則此豆亦必刻畫鳳羽, 故名也.

'갈(楬)'은 장식을 하지 않은 것이니, 나무로만 질박하게 만들 따름이다. '헌(獻)'자는 사(娑)자로 풀이하니, 사준에 조각과 그림을 그려서 봉황의 날개를 새겼다면, 여기에서 말한 두에도 반드시 봉황의 날개를 그렸기 때문에, 이러한 명칭으로 불렀던 것이다.

有虞氏服韍[弗], 夏后氏山, 殷火, 周龍章.〈040〉

노나라는 사대 때의 슬갑을 갖추고 있었다. 유우씨 때에는 슬갑을['韍'자의 음은 '弗(불)'이다.] 찼는데, 슬갑에 별다른 장식이 없었고, 하후씨 때 착용하던 슬갑에는 산을 그려 넣었으며, 은나라 때 착용하던 슬갑에는 불을 그려 넣었고, 주나라 때 착용하던 슬갑에는 용을 그려 넣었다.

韍者, 祭服之蔽膝, 卽韠也. 虞氏直以韋爲之, 無文飾. 夏世則畫之以山, 殷人增之以火, 周人又加龍以爲文章.

'불(韍)'은 제복에 착용하는 슬갑이니, 필에 해당한다. 유우씨 때에는 단지 가죽으로만 만들고, 무늬와 장식을 더하지 않았다. 하나라 때가 되면 산의 모양을 그려 넣었고, 은나라 때에는 불의 모양을 추가적으로 그려 넣었으며, 주나라 때에는 또한 용을 추가적으로 그려 넣어서 무늬로 삼았다.

有虞氏祭首, 夏后氏祭心, 殷祭肝, 周祭肺.〈041〉

노나라는 사대 때 희생물의 중요하게 여겼던 부위에 대한 제도를 갖추고 있었다. 유우씨 때에는 우선적으로 희생물의 머리를 바쳐서 제사를 지냈고, 하후씨 때에는 우선적으로 희생물의 심장을 바쳐서 제사를 지냈으며, 은나라 때에는 우선적으로 희생물의 간을 바쳐서 제사를 지냈고, 주나라 때에는 우선적으로 희생물의 폐를 바쳐서 제사를 지냈다.

方氏曰: 三代各祭其所勝, 蓋夏尙黑爲勝赤, 故祭心. 殷尙白爲勝靑,
故祭肝. 周尙赤爲勝白, 故祭肺.

방씨가 말하길, 삼대 때에는 음양오행에 따라 자기 왕조에서 이길 수 있
는 것으로 제사를 지냈다. 무릇 하나라는 흑색을 숭상했으니, 적색을 이
기게 된다. 그렇기 때문에 적색에 해당하는 심장으로 제사를 지낸 것이
다. 은나라는 백색을 숭상했으니, 청색을 이기게 된다. 그렇기 때문에
간으로 제사를 지낸 것이다. 주나라는 적색으로 숭상했으니, 백색을 이
기게 된다. 그렇기 때문에 폐로 제사를 지낸 것이다.

夏后氏尙明水, 殷尙醴, 周尙酒.〈042〉

노나라는 삼대 때 사용했던 술에 대한 제도를 갖추고 있었다. 하후씨
때에는 명수를 숭상했고, 은나라 때에는 오제에 해당하는 술들을 숭상
했으며, 주나라 때에는 삼주에 해당하는 술들을 숭상했다.

疏曰: 儀禮設尊尙玄酒, 是周亦尙明水也. 禮運云: "澄酒在下", 則周
不尙酒, 故註云言尙非也.

소에서 말하길, 『의례』에서는 술동이를 설치할 때, 현주를 숭상한다고
했으니, 이 말은 주나라에서도 명수를 숭상했음을 나타낸다. 『예기』「예
운(禮運)」편에서는 "징주는 당 아래에 둔다."고 했으니, 주나라에서는
삼주에 속하는 술들을 숭상하지 않은 것이다. 그렇기 때문에 정현의 주
에서는 숭상했다고 한 말은 잘못된 기록이라고 한 것이다.

方氏曰: 明水者, 取於月之水, 故謂之明水, 則淡而無味. 醴則漸致
其味, 酒則味之成者.

방씨가 말하길, '명수(明水)'는 달이 비친 우물에서 뜬 물이기 때문에,
'명수(明水)'라 부르는 것이니, 담박하여 아무런 맛이 없다. '예(醴)'는 맛
을 조금 낸 술이며, '주(酒)'는 맛이 매우 좋은 술이다.

有虞氏官五十, 夏后氏官百, 殷二百, 周三百.〈043〉

노나라는 사대 때의 관직제도를 갖추고 있었다. 유우씨 때에는 50개의
관직을 두었고, 하후씨 때에는 100개의 관직을 두었으며, 은나라 때에
는 200개의 관직을 두었고, 주나라 때에는 300개의 관직을 두었다.

集說

書言唐虞建官惟百, 夏·商官倍. 先儒信此記而不信書, 固爲不可. 且
謂魯得用四代禮樂, 故惟通用其官之名號, 不必盡用其數, 皆臆說也.

『서』에서는 당우 때 설치한 관직은 오직 100개에 이른다고 했고, 하와
은나라에서는 관직을 두 배로 했다고 했다.[13] 선대 학자들은 이곳의 기
록을 믿고, 『서』의 기록을 믿지 않았는데, 진실로 그렇게 보아서는 안
된다. 또 노나라에서는 사대 때 사용한 예악을 갖출 수 있었기 때문에,
관직의 명칭에 대해서도 통용해서 사용할 수 있었던 것이니, 해당하는
수치대로 모두 갖출 필요가 없다고 했는데, 이 모두는 억설일 뿐이다.

---

13) 『서』「주서(周書)·주관(周官)」: 曰, 唐虞稽古, 建官惟百, 內有百揆四岳, 外
有州牧侯伯, 庶政惟和, 萬國咸寧. 夏商官倍, 亦克用乂.

淺見

近按: 此篇全言誇大魯國, 以爲四代之服·器·官, 魯兼用之. 以文觀之, 則諸節所陳四代禮樂之服器, 謂魯兼用者, 雖誣猶可, 至此節四代之官, 魯兼用之, 則當特周爲天子其官三百, 魯以侯國兼用四代, 而其官六百有五十也耶! 此節之誣爲尤甚. 舊註以爲通用其名號, 不必盡用其數, 然經文但陳其數而不列其名, 豈可謂用其名也? 是蓋浮誇失實而不慮其言之可笑也歟. 下文魯之君臣未嘗相弑者, 其意亦猶是也.

내가 살펴보니, 「명당위」편은 전적으로 노나라에 대해 너무 과장해서 언급하여, 사대 때의 의복·기물·관직 등을 노나라가 모두 사용했다고 여겼다. 문장을 통해 살펴보면, 여러 문단들에서 진술하고 있는 사대 때의 예악에 대한 복장과 기물들에 대해 노나라가 이것들을 함께 사용했다고 하는데, 비록 무람된 내용이긴 하지만 가능한 일이다. 그런데 이곳 문단에서 언급한 사대 때의 관직제도에 있어서 노나라가 함께 사용했다고 한다면, 주나라 왕실은 천자의 신분임에도 그 관직은 300개이고, 노나라는 후작의 신분임에도 사대 때의 제도를 함께 사용하여, 그 휘하에 소속된 관직이 650개에 이르게 된다. 이 문단의 무람됨은 매우 심각하다. 옛 주석에서는 관직명에 대해서 두루 사용한 것이며, 그 수를 모두 다 사용했다고 여길 필요가 없다고 했는데, 경문에는 단지 그 수치만 나열하였고 명칭을 열거하지 않았는데, 어떻게 그 명칭을 사용한 뜻이라 여길 수 있는가? 이것은 너무 과장한 것이고 본질을 놓친 것이며 그 말이 매우 가소로운 것임을 고려해보지 못한 것이다. 아래문장에서 노나라 군주와 신하는 일찍이 서로를 죽인 적이 없었다고 했는데, 그 말의 뜻 또한 이와 같다.

有虞氏之綏[而追反], 夏后氏之綢[叨]練, 殷之崇牙, 周之璧翣. 〈044〉

노나라는 사대 때 사용했던 상장의 장식을 갖추고 있었다. 유는['綏'자는 '而(이)'자와 '追(추)'자의 반절음이다.] 유우씨 때 사용하던 것이고, 도련은 ['綢'자의 음은 '叨(도)'이다.] 하후씨 때 사용하던 것이며, 숭아는 은나라 때 사용하던 것이고, 벽삽은 주나라 때 사용하던 것이다.

此皆喪葬之飾. 綢練, 見檀弓. 餘見上章. 又翣制, 詳見喪大記.

여기에서 말한 것들은 모두 상례나 장례를 치를 때 하는 장식들이다. '도련(綢練)'에 대한 설명은 『예기』「단궁(檀弓)」편에 나온다. 나머지 것들에 대한 설명은 앞 장에 나온다. 또 삽의 제도는 자세한 설명이 『예기』「상대기(喪大記)」편에 나온다.

凡四代之服·器·官, 魯兼用之. 是故魯, 王禮也, 天下傳之久矣, 君臣未嘗相弒也. 禮樂刑法政俗, 未嘗相變也. 天下以爲有道之國, 是故天下資禮樂焉.〈045〉

무릇 사대 때의 복식·기물·관직에 대한 것들을 노나라에서는 모두 사용했다. 이러한 까닭으로 노나라는 천자의 예를 갖추고 있다는 말을 천하 사람들이 오래전부터 전했으니, 군주와 신하가 일찍이 서로를 죽인 적이 없었다. 또 예악·형법·정치·풍속에 있어서도 일찍이 변화를 준 적이 없었다. 천하의 모든 사람들은 노나라가 도를 갖추고 있는 나라라고 여겼기 때문에, 천하 사람들이 노나라의 예악을 본받았다.

君臣未嘗相弑, 禮樂刑法政俗未嘗相變, 先儒以爲近誣. 或以爲諱
國惡, 論之詳矣. 大抵此篇主於誇大魯國, 故歷擧四代之服・器・
官, 以見魯之禮樂其盛如此, 不知魯之郊禘非禮也. 周公其衰矣, 知
此則此記所陳, 適足以彰其僭而已, 而奚盛大之有哉?

군주와 신하가 일찍이 서로를 시해하지 않았고, 예악・형법・정치・풍
속이 일찍이 서로 변화를 주지 않았다고 했는데, 선대 학자들은 이 말을
거짓에 가깝다고 여겼다. 어떤 자는 나라의 악함을 피휘하기 위해서, 상
세히 논의한 것이라고 여겼다. 대체로「명당위」편은 노나라에 대해 과
대 포장하는데 주안점을 두고 있다. 그렇기 때문에 사대 때의 복장・기
물・관직 등을 차례대로 열거하여, 노나라에서 시행한 예악이 이처럼
융성했음을 드러낸 것이니, 노나라에서 지낸 교제사와 체제사가 비례가
됨을 몰랐기 때문이다. 주공의 도가 쇠약해진 것인데, 이러한 사실을 안
다면 이곳 기록에서 열거한 내용들은 그 참람됨을 드러내기에 충분할
따름이니, 어찌 융성한 예악이 있었겠는가?

朱氏曰: 羽父弑隱公, 慶父弑二君, 則君臣相弑矣. 夏父躋僖公, 禮
之變也. 季氏舞八佾, 樂之變也. 僖公欲焚巫尫, 刑之變也. 宣公初
稅畝, 法之變也. 政逮於大夫, 政之變也. 婦人髽而弔, 俗之變也.

주씨가 말하길, 우보는 은공을 시해했고, 경보는 두 명의 군주를 시해했
으니, 군주와 신하가 서로를 죽였던 것이다. 하보는 희공의 신주를 상위
로 올리려고 했으니, 예가 변화된 것이다. 계씨는 팔일무를 추게 했으
니, 악이 변화된 것이다. 희공은 무당인 무왕을 태워 죽이려고 했으니,
형이 변화된 것이다. 선공은 초세무의 세제를 시행했으니, 법이 변화된
것이다. 정권이 대부에게로 넘어갔으니, 정이 변화된 것이다. 부인들이
좌의 머리모양을 하고 조문을 했으니, 속이 변화된 것이다.

石梁王氏曰: 此見春秋經而不見傳者, 故謂未嘗相弑, 未嘗變法, 大抵此篇多誣.

석량왕씨가 말하길, 이 기록은 『춘추』의 경문만 보고 『전』을 살펴보지 않았기 때문에, 일찍이 서로 죽이지 않았고 일찍이 법도를 변화시키지 않았다고 한 것인데, 대체로 「명당위」편의 내용은 무람된 내용이 많다.

近按: 此篇之文出於記者之手, 而非掇拾舊文, 故言雖多誣, 而節次不亂, 終始完具, 自成一篇. 今當竝從其舊次也. 其言之誣者, 先儒之辨已明, 今亦但論其未盡者爾.

내가 살펴보니, 「명당위」편의 문장은 『예기』를 기록한 자의 손에서 도출된 것이니, 옛 기록들을 주워모은 것이 아니다. 그렇기 때문에 비록 무람된 내용이 많지만 문장의 순서가 문란하지 않고, 시작과 끝이 완전히 구비되어, 이 자체로 하나의 편을 이룬다. 여기에서는 모두 옛 기록의 순서에 따른다. 그런데 그 내용의 무람됨에 있어서는 선대 학자들이 변론한 것이 이미 드러나 있으니, 여기에서는 단지 미진했던 부분만 논했을 따름이다.

禮記淺見錄卷第十三

『예기천견록』 13권

「상복소기(喪服小記)」

集說

朱子曰: 小記是解喪服傳.

주자가 말하길, 「상복소기」편은 『의례』「상복(喪服)」편의 전문을 풀이
한 편이다.

淺見

近按: 此篇是釋喪服之制, 而兼言祭禮愼終追遠之道備矣.

내가 살펴보니, 「상복소기」편은 상복의 제도를 풀이한 것인데, 제례에
서 신종추원하는 도리를 설명한 것도 갖춰져 있다.

「상복소기」편 문장 순서 비교

『예기집설』	『예기천견록』	
	구분	문장
001		001
002		002
003		003
004		004
005		005
006		006
007		007
008		008
009	1장	009
010		010
011		011
012		012
013		013
014		014
015		015
016		016
017		017
018		020
019		022
020		023
021		055
022		054
023		050
024	무분류	081
025		082
026		072
027		069
028		070
029		089
030		079
031		021
032		046

『예기집설』	『예기천견록』	
	구분	문장
033		047
034		074
035		030
036		042
037		045
038		044
039		053
040		088
041		086
042		087
043		028
044		062
045		076
046		091
047		075
048		077
049	무분류	040
050		043
051		038
052		036
053		066
054		067
055		068
056		084
057		063
058		083
059		058
060		048
061		060
062		051
063		078
064		073
065		049

『예기집설』	『예기천견록』	
	구분	문장
066		092
067		085
068		080
069		061
070		090
071		027
072		064
073		059
074		057
075		065
076		024
077		025
078		026
079	무분류	018
080		039
081		019
082		037
083		056
084		031
085		033
086		032
087		034
088		035
089		071
090		029
091		052
092		041

제 1 장

經文

斬衰括髮以麻. 爲[去聲]母括髮以麻, 免[問]而以布.〈001〉

돌아가신 부친을 위해 참최복을 착용할 때에는 머리를 묶을 때 마를 사용한다. 돌아가신 모친을 위해서도['爲'자는 거성으로 읽는다.] 머리를 묶을 때 마를 사용하고, 문을['免'자의 음은 '問(문)'이다.] 하면 포를 사용한다.

集說

斬衰, 主人爲父之服也. 親始死, 子服布深衣, 去吉冠而猶有笄纚, 徒跣扱深衣前衽於帶. 將小斂, 乃去笄纚, 著素冠. 斂訖, 去素冠, 而以麻自項而前交於額上, 卻而繞於紒, 如著慘頭然. 慘頭, 今人名掠髮, 此謂括髮以麻也. 母死亦然, 故云爲母括髮以麻. 言此禮與喪父同也. 免而以布, 專言爲母也. 蓋父喪小斂後, 拜賓竟, 子卽堂下之位, 猶括髮而踊, 母喪則此時不復括髮, 而著布免以踊, 故云免而以布也.

'참최(斬衰)'는 상주가 돌아가신 부친을 위해 착용하는 상복이다. 부친이 이제 막 돌아가셨을 때, 자식은 포로 된 심의를 착용하고, 길관을 제거하지만 여전히 비녀와 머리를 묶는 쇄는 놔두고, 맨발을 하고 심의의 앞자락을 걷어서 대에 꼽는다. 소렴을 치르게 되면, 비녀와 쇄를 제거하고, 소관을 착용한다. 소렴이 끝나면, 소관을 제거하고, 마로 된 천을 이용해서 목덜미로부터 앞으로 빼서 이마에서 교차시키며 상투에 두르게 되니, 마치 망건을 착용한 것처럼 두르는 것이다. '삼두(慘頭)'에 대해서 오늘날의 사람들은 '약발(掠髮)'이라고 부르니, 이곳에서 "마를 이용해서 머리를 묶는다."고 한 말에 해당한다. 모친이 돌아가셨을 때에도 이처럼 한다. 그렇기 때문에 "돌아가신 모친을 위해서는 마를 이용해서 머리를

224 『예기천견록』 13권

묶는다."고 말한 것이다. 즉 이러한 경우의 예법은 돌아가신 부친의 상례를 치르는 것과 동일하다는 뜻이다. "문을 하면 포를 이용한다."는 말은 전적으로 돌아가신 모친을 위해 상을 치르는 경우만을 언급한 것이다. 아마도 부친의 상례에서는 소렴을 끝낸 뒤에 빈객에게 절하는 절차를 마치면, 자식은 당하의 자리로 나아가는데, 여전히 머리를 묶은 상태에서 용을 하게 되고, 모친의 상례를 치르는 경우라면, 이 시기에 재차 머리를 묶지 않고, 포로 된 천을 착용하고 문을 하여 용을 한다. 그렇기 때문에 "문을 하면 포를 이용한다."라고 말한 것이다.

經文

齊衰, 惡笄以終喪.〈002〉

부인은 자최복을 입고 치르는 상에서, 조악한 비녀로 머리를 틀고, 중간에 복장방식을 바꾸지 않으며 이 상태로 상을 끝낸다.

集說

婦人居齊衰之喪, 以榛木爲笄以卷髮, 謂之惡笄. 以終喪者, 謂中間更無變易, 至服竟則一幷除之也.

부인은 자최복을 입고 치르는 상에서 개암나무로 만든 비녀로 머리를 트는데, 이 비녀를 '악계(惡笄)'라 부른다. '이종상(以終喪)'은 상을 치르는 중간에 다시금 복장 방식을 바꾸지 않으며, 상을 끝내게 되면 일괄적으로 제거한다는 뜻이다.

男子冠而婦人笄, 男子免而婦人髽[莊加反]. 其義爲男子則免,
爲婦人則髽.〈003〉

남자는 길한 때나 상을 당했을 때 관을 쓰지만 부인은 비녀를 꼽는다.
상중에 남자가 문을 하게 되면 부인은 좌의['髽'자는 '莊(장)'자와 '加(가)'자
의 반절음이다.] 방식으로 머리를 튼다. 이처럼 하는 의미는 남자의 경우
에는 문을 하고, 부인의 경우에는 좌의 방식으로 머리를 틀게 하여 남
녀를 구별한 것이다.

集說

吉時男子首有吉冠, 婦人首有吉笄. 若親始死, 男去冠, 女則去笄.
父喪成服也, 男以六升布爲冠. 女則箭篠爲笄. 若喪母, 男則七升布
爲冠, 女則榛木爲笄, 故云男子冠而婦人笄也. 男子免而婦人髽者,
言今遭齊衰之喪, 當男子著免之時, 婦人則髽其首也. 髽有二, 斬衰
則麻髽, 齊衰則布髽, 皆名露紒. 其義爲男子則免爲婦人則髽者, 言
其義不過以此免與髽分別男女而已.

길한 시기라면 남자는 머리에 길한 때 쓰는 관을 착용하고, 부인은 머리
에 길한 때 꼽는 비녀를 착용한다. 만약 부모가 이제 막 돌아가신 때라
면, 남자는 관을 제거하고, 여자는 비녀를 제거한다. 부친의 상에서 성
복을 했다면, 남자는 6승의 포로 관을 만들어 착용하고, 여자는 전소나
무로 비녀를 만들어서 꼽는다. 만약 모친의 상이라면, 남자는 7승의 포
로 관을 만들어 착용하고, 여자는 개암나무로 비녀를 만들어서 꼽는다.
그렇기 때문에 "남자는 관을 쓰고 부인은 비녀를 꼽는다."고 말한 것이
다. "남자는 문을 하고 부인은 좌를 한다."는 말은 자최복의 상을 당하
게 되어, 남자가 문을 해야 할 때가 되면, 부인은 머리를 좌의 방법으로
튼다는 뜻이다. 좌의 방식에는 두 종류가 있으니, 참최복을 착용하는 경
우라면, 마를 이용해서 좌의 방식으로 머리를 틀고, 자최복을 착용하는

경우라면, 포를 이용해서 좌의 방식으로 머리를 트는데, 이 모두를 '노계(露紒)'라고 부른다. '기의위남자즉문위부인즉좌(其義爲男子則免爲婦人則髽)'라는 말은 그 의미는 이러한 문과 좌의 방법으로 남녀를 구별하는 데 불과하다는 뜻일 따름이다.

淺見

近按: 此言男女居喪冠飾之異, 而釋其義也.

내가 살펴보니, 이것은 남녀가 상을 치르며 관과 장식에 차이가 있었음을 말하고, 그 의미를 풀이한 것이다.

苴[雎]杖, 竹也. 削杖, 桐也.〈004〉

저장은['苴'자의 음은 '雎(저)'이다.] 대나무로 만든다. 삭장은 오동나무로 만든다.

竹杖圓以象天, 削杖方以象地, 父母之別也.

대나무 지팡이는 원형으로 만들어서 하늘을 형상화하고, 나무를 깎아서 만든 지팡이는 네모지게 만들어서 땅을 형상화하니, 돌아가신 부친과 모친에 대한 구별로 삼는다.

疏曰: 苴者, 黯也. 必用竹者, 以其體圓性貞, 四時不改, 明子爲父禮伸痛極, 自然圓足, 有終身之痛也. 削者, 殺也. 桐隨時凋落, 謂母喪外雖削殺, 服從時除, 而終身之心當與父同也.

소에서 말하길, '저(苴)'자는 "검다."는 뜻이다. 반드시 대나무를 이용해서 만드는 이유는 그 몸체가 원형으로 되어 있고 성질이 곧으며, 사계절 동안 변하지 않으니, 자식이 부친을 위해 의례를 펼치고 애통함을 극심히 나타내어, 자연스럽게 충족이 되지만 종신토록 슬픔을 간직한다는 뜻을 나타내기 때문이다. '삭(削)'자는 "깎다."는 뜻이다. 오동나무는 계절에 따라 잎이 시들어 떨어지니, 모친의 상은 외적으로 비록 줄어드는 면이 있어서 상복에 있어서도 시기에 따라 제거하는 면이 있지만, 종신토록 품게 되는 마음은 부친에 대한 경우와 동일하다는 의미이다.

近按: 此言爲父母喪杖之異.

내가 살펴보니, 이것은 부친과 모친의 상을 치를 때의 지팡이에 나타나는 차이점을 언급한 것이다.

祖父卒而後, 爲祖母後者三年.〈005〉

부친이 이미 돌아가셔서 손자인 본인이 후계자가 된 경우, 조부가 돌아
가신 이후에 조모가 돌아가시면 돌아가신 조모를 위해서는 3년 동안 복
상한다.

適孫無父, 旣爲祖三年矣, 今祖母又死, 亦終三年之制, 蓋祖在而喪
祖母, 則如父在而爲母期也. 子死則孫爲後, 故以爲後者言之.

적손 중 부친이 없는 경우, 이미 돌아가신 조부를 위해서 삼년상을 치렀
는데, 현재 조모 또한 돌아가셔서, 그녀에 대해서도 삼년 동안 상을 치
르게 되니, 조부가 생존해 계신 경우에 조모에 대한 상을 치르게 된다
면, 부친이 생존해 계실 경우 돌아가신 모친을 위해서 기년상을 치르는
경우처럼 하기 때문이다. 자식이 죽게 되면 손자가 후사가 된다. 그렇기
때문에 후사가 된 자를 기준으로 말한 것이다.

近按: 此因上言喪父母之事, 而兼言祖父母也.

내가 살펴보니, 이것은 앞에서 부모의 상을 치르는 사안을 언급한 것에
따라서, 조부모에 대한 경우도 함께 언급한 것이다.

爲[去聲]父母長子稽顙. 大夫弔之, 雖緦必稽顙.〈006〉

부모와 장자를 위해['爲'자는 거성으로 읽는다.] 상을 치르는 경우에는 이마를 땅에 닿게 한 뒤에야 절을 한다. 대부가 사에게 조문을 왔다면, 비록 시마복을 입고 치르는 상이라 하더라도 반드시 이마를 땅에 닿게 한 이후에 절을 한다.

集說

服重者, 先稽顙而後拜賓; 服輕者, 先拜賓而後稽顙. 父母, 尊也; 長子, 正體也, 故從重. 大夫弔於士, 是以尊臨卑, 雖是緦服之喪, 亦必稽顙而後拜. 蓋尊大夫, 不敢以輕待之也.

수위가 높은 상복을 착용한 자는 먼저 이마를 땅에 닿도록 하고 그 이후에 빈객에게 절을 한다. 수위가 낮은 상복을 착용한 자는 먼저 빈객에게 절을 하고 그 이후에 이마를 땅에 닿도록 한다. 부모는 존귀한 자이고 장자는 정통을 계승한 자이다. 그렇기 때문에 수위가 높은 상복을 입었을 때의 예법에 따른다. 대부가 사에게 조문을 하면, 존귀한 자가 신분이 낮은 자를 대한 경우이므로, 비록 시마복을 입고 치르는 상이라 하더라도, 또한 반드시 이마를 땅에 닿게 한 이후에 절을 한다. 대부를 존귀하게 대하여 감히 가벼운 예법으로 대할 수 없기 때문이다.

經文

婦人爲[去聲]夫與長子稽顙, 其餘則否.〈007〉

부인은 남편과 장자를 위한['爲'자는 거성으로 읽는다.] 상에서만 이마를 땅에 닿도록 절을 하며, 나머지 경우에는 이처럼 하지 않는다.

婦人受重於他族, 故夫與長子之喪則稽顙. 其餘, 謂父母也. 降服移天, 其禮殺也.

부인은 다른 친족들보다 중책을 맡기 때문에, 남편과 장자의 상에 대해서라면, 이마를 땅에 닿도록 한다. 그 나머지 경우는 부모에 대한 상을 뜻한다. 강복(降服)[1]을 하고 시집을 간 경우라면, 그 예법을 줄이게 된다.

近按: 此言男女喪拜之節.

내가 살펴보니, 이것은 남자와 여자가 상에서 절하는 예절을 언급한 것이다.

---

1) 강복(降服)은 상(喪)의 수위를 본래의 등급보다 한 등급 낮추는 일에 해당한다. 예를 들어 자식은 부모에 대해 삼년상을 치러야 하지만, 다른 집의 양자로 간 경우라면 자신의 친부모에 대해 삼년상을 치르지 않고, 한 등급 낮춰서 1년만 치르게 된다. 이것은 상(喪)의 기간에만 해당하는 것이 아니라, 상복(喪服) 및 상(喪)을 치르며 부수적으로 갖추게 되는 기물(器物)들에도 적용된다.

男主必使同姓, 婦主必使異姓.(008)

남자 상주가 없어서 다른 사람을 섭주로 삼는다면, 반드시 동성인 남자 중에서 선별하고, 여자 상주가 없어서 다른 사람을 섭주로 삼는다면, 반드시 이성인 여자 중에서 선별하니, 같은 종가의 아녀자들을 가리킨다.

集說

喪必有男主以接男賓, 必有女主以接女賓. 若父母之喪, 則適子爲男主, 適婦爲女主. 今無男主而使人攝主, 則必使喪家同姓之男; 無女主而使人攝主, 則必使喪家異姓之女, 謂同宗之婦也.

상을 치를 때에는 반드시 남자 상주가 있어서 남자 빈객들을 접대해야 하며, 반드시 여자 상주가 있어서 여자 빈객들을 접대해야 한다. 부모의 상인 경우라면, 적자가 남자 상주가 되고, 적자의 아내가 여자 상주가 된다. 현재 남자 상주가 없는 상태여서 다른 사람을 시켜 섭주로 삼는다면, 반드시 상을 당한 집안과 동성인 남자를 시키고, 여자 상주가 없는 상태여서 다른 사람을 시켜 섭주로 삼는다면, 반드시 상을 당한 집안과 이성인 여자를 시키니, 같은 종가의 아녀자를 뜻한다.

淺見

近按: 此言喪無主後, 則必使攝主爲後之禮.

내가 살펴보니, 이것은 상을 치를 때 상주인 후계자가 없다면, 반드시 섭주로 하여금 후계자로 삼아야 하는 예법을 언급한 것이다.

爲父後者, 爲[去聲]出母無服.〈009〉

부친의 후계자가 된 자는 출모를 위해서['爲'자는 거성으로 읽는다.] 상복을
착용하지 않는다.

出母, 母爲父所遣者也. 適子爲父後者不服之. 蓋尊祖敬宗, 家無二
主之義也, 非爲後者服期.

'출모(出母)'는 생모이지만 부친에 의해 쫓겨난 여자를 뜻한다. 적자가
부친의 후계자가 된 경우에는 그녀를 위해 상복을 입지 않는다. 조상을
존숭하고 종가를 공경하므로, 집안에는 두 명의 주인이 없다는 뜻 때문
이니, 후계자가 되지 않은 자라면, 출모를 위해서 기년복을 착용한다.

近按: 此言父母之恩雖同, 而義有輕重之異.

내가 살펴보니, 이것은 부모의 은혜는 동일하더라도, 의리에 있어서는
경중의 차이가 있음을 언급한 것이다.

親親以三爲五, 以五爲九, 上殺[色介反]·下殺·旁殺, 而親畢矣.〈010〉

친족을 친근하게 대함에 있어서, 3으로부터 5가 되고, 5로부터 9가 되니, 위로 줄어들고['殺'자는 '色(색)'자와 '介(개)'자의 반절음이다.] 밑으로 줄어들며 옆으로 줄어들어서, 그 끝에 이르면 친애하는 관계가 끝난다.

由己身言之, 上有父, 下有子, 宜言以一爲三, 而不言者, 父子一體, 無可分之義, 故惟言以三爲五. 謂因此三者, 而由父以親祖, 由子以親孫, 是以三爲五也. 又不言以五爲七者, 蓋由祖以親曾·高二祖, 由孫而親曾孫·玄孫, 其恩皆已疏略, 故惟言以五爲九也. 由父而上, 殺至高祖, 由子而下, 殺至玄孫, 是上殺·下殺也. 同父則期, 同祖則大功, 同曾祖則小功, 同高祖則緦麻, 是旁殺也. 高祖外无服, 故曰畢矣.

자신을 기준으로 말을 해보자면, 위로는 부친이 있고 아래로는 자식이 있으니, 마땅히 1로써 3이 된다고 해야 하는데, 언급하지 않은 이유는 부친과 자식은 한 몸이므로, 구분할 수 없는 뜻이 있기 때문에, 단지 3으로써 5가 된다고 말한 것이니, 이러한 세 부류의 관계에 따라서, 부친으로부터 조부를 친근하게 대하고, 자식으로부터 손자를 친근하게 대한다는 뜻으로, 이것이 3으로 5가 된다는 뜻이다. 또 5로부터 7이 된다고 말하지 않은 이유는 조부로부터 증조와 고조를 친근하게 대하고, 손자로부터 증손자와 현손자를 친근하게 대함에 있어서, 그 은정은 모두 이미 옅어졌기 때문에, 단지 5로부터 9가 된다고 말한 것이다. 부친으로부터 그 위로 올라가면, 그 관계가 점점 줄어들어 고조에 이르고, 자식으로부터 밑으로 내려가면, 그 관계가 점점 줄어들어 현손자에 이르게 되니, 이것이 위로 줄어들고, 밑으로 줄어든다는 뜻이다. 부친과 동렬인 자를 위해서는 기년복을 착용하고, 조부와 동렬인 자를 위해서는 대공복을 착용하며, 증조와 동렬인 자를 위해서는 소공복을 착용하고, 고조와 동렬인 자를 위해서는 시마복을 착용하니, 이것이 옆으로 줄어든다는 뜻이다. 고조 이상에 대해서는 상복관계가 없기 때문에, "끝난다."라고 말했다.

淺見

近按: 此以上言親親之事, 因父母而上及祖, 下及子, 是已擧其三而言, 自五而九者, 可因此而推之矣. 其言親親之殺盡矣.

내가 살펴보니, 여기까지는 친근한 자를 친근하게 대하는 사안을 언급한 것인데, 부모로부터 위로 올라가 조부에 이르고, 밑으로 자식에 이르니, 이것은 3을 기준으로 언급한 것이며, 5로부터 9에 이르기까지도 이를 통해 미루어볼 수 있다. 즉 친근한 자를 친근하게 대하는 것이 줄어들어 모두 다하는 경우를 말한 것이다.

王者禘其祖之所自出, 以其祖配之, 而立四廟. 庶子王亦如
之.〈011〉

천자는 시조를 출생시킨 제왕에게 체제사를 지내서, 시조를 배향하고,
네 개의 묘를 세운다. 서자가 천자가 된 경우에도 이처럼 한다.

集說

四廟, 謂高 · 曾 · 祖 · 禰四親廟也. 始祖居中爲五, 幷高祖之父祖爲
七. 或世子有廢疾不可立, 而庶子立爲王者, 其禮制亦然.

'사묘(四廟)'는 고조 · 증조 · 조부 · 부친의 네 조상에 대한 묘를 뜻한다.
시조의 묘는 그 중간에 위치하여 5개가 되며, 고조의 부친과 조부의 묘
를 합하면 7개가 된다. 간혹 세자 중에 폐위가 되거나 질병으로 인해
등극을 하지 못하여, 서자를 천자로 세운 경우가 있다면, 그 예제 또한
이와 같다.

趙氏曰: 禘, 王者之大祭也. 王者旣立始祖之廟, 又推始祖所自出之
帝, 祀之於始祖之廟, 而以始祖配之也.

조씨가 말하길, '체(禘)'는 천자가 지내는 큰 제사이다. 천자가 시조의
묘를 세웠다면, 또한 시조를 출생시킨 제왕을 추존하여 시조의 묘에서
제사를 지내고, 시조를 배향한다.

淺見

近按: 大夫以下庶子, 不得立廟而祭祖禰. 天子 · 諸侯, 則世子或有
故而不得嗣位, 庶子立以爲君, 則得主宗廟之祭不如他. 大夫以下
庶子, 雖貴而宗子主祭之禮也. 故曰庶子王亦如之, 以明之也.

내가 살펴보니, 대부 이하의 계층에 있어 서자는 묘를 세워서 조부와 부

친의 제사를 지낼 수 없다. 천자와 제후의 경우라면 세자가 간혹 특별한 연유로 인해 제위를 계승하지 못하여, 서자를 세워 군주로 삼는다면, 다른 계층과 달리 종묘의 제사를 주관할 수 있다. 대부 이하의 계층에 있어 서자는 비록 존귀한 신분이지만 종자가 제례를 주관하게 된다. 그렇기 때문에 "서자가 천자가 된 경우에도 이처럼 한다."라고 말하여 이러한 사실을 나타낸 것이다.

別子爲祖, 繼別爲宗. 繼禰者爲小宗. 有五世而遷之宗, 其繼
高祖者也. 是故祖遷於上, 宗易於下. 尊祖故敬宗, 敬宗所以
尊祖禰也.〈012〉

제후의 적장자 이외의 나머지 아들은 별자로 자기 가문의 시조가 되며,
별자를 계승하는 적장자는 대종이 된다. 별자의 적장자 이외의 나머지
아들은 부친의 제사를 섬기니 그는 별도로 자기 가문의 소종이 된다.
5세대가 지나서 소종의 지위를 잃는 것은 고조까지 섬기는 것을 소종의
한도로 삼기 때문이다. 이러한 까닭으로 조상은 위로 체천되어, 고조
이상이 되면 관계가 끊어지고, 종자는 밑으로 바뀌어, 5세대가 지나면
지위를 잃는다. 선조를 존숭하기 때문에 종자를 공경하는 것이며, 종자
를 공경함은 선조를 존숭하는 방법이다.

集說

別子有三, 一是諸侯適子之弟, 別於正適; 二是異姓公子來自他國,
別於本國不來者; 三是庶姓之起於是邦爲卿·大夫, 而別於不仕者,
皆稱別子也. 爲祖者, 別與後世爲始祖也. 繼別爲宗者, 別子之後,
世世以適長子繼別子, 與族人爲百世不遷之大宗也. 繼禰者爲小宗,
謂別子之庶子, 以其長子繼己爲小宗, 而其同父之兄弟宗之也. 五
世者, 高祖至玄孫之子. 此子於父之高祖無服, 不可統其父同高祖
之兄弟, 故遷易而各從其近者爲宗矣. 故曰有五世而遷之宗, 其繼
高祖者也. 四世之時, 尙事高祖, 五世則於高祖之父無服, 是祖遷於
上也. 四世之時, 猶宗三從族人, 至五世則不復宗四從族人矣, 是宗
易於下也. 宗是先祖正體, 惟其尊祖, 是以敬宗也.

'별자(別子)'에는 세 종류가 있다. 첫 번째는 제후의 적자 동생으로, 정
통 적자와는 구별되는 자이다. 두 번째는 이성의 공자가 다른 나라로부
터 이주한 자로, 그의 본국에 남아있던 자와 구별되는 자이다. 세 번째

는 군주와 이성이거나 친속 관계가 없는 자 중에서 이 나라에서 일어나 경이나 대부가 되어, 벼슬을 하지 않는 자와 구별되는 자인데, 이들에 대해서 모두 '별자(別子)'라고 지칭한다. '위조(爲祖)'는 별도로 후세의 시조가 된다는 뜻이다. '계별위종(繼別爲宗)'은 별자 이후에는 대대로 적장자가 별자의 뒤를 계승하여, 족인들에 대해 영원히 체천되지 않는 대종이 된다는 뜻이다. '계녜자위소종(繼禰者爲小宗)'은 별자의 서자들에 있어서, 그들의 장자가 그들을 이어서 소종이 되고, 부친이 같은 형제들이 그를 소종으로 섬긴다는 뜻이다. '오세(五世)'는 고조로부터 현손의 자식에 이르기까지를 뜻한다. 이러한 자식들은 부친의 고조에 대해 상복 관계가 없어서, 그의 부친과 고조가 같은 형제들에 대해서 통솔하지 못하기 때문에, 체천되고 바뀌어 각각 그들과 대수가 가까운 자를 종주로 삼는다. 그렇기 때문에 "5세대가 지나서 종주를 옮기는 자들은 고조를 잇는 자이다."라고 말한 것이다. 4세대가 지났을 때에는 여전히 고조를 섬기지만, 5세대가 되면 고조의 부친에 대해서는 상복 관계가 없으니, 이것이 조상이 위로 체천되는 경우이다. 4세대가 지났을 때에는 여전히 삼종의 족인들을 통솔하지만, 5세대가 되면 사종의 족인들을 재차 통솔하지 못하니, 이것이 종주가 밑으로 바뀌는 경우이다. 종자는 선조의 정통을 계승한 자이니, 선조를 존숭하기 때문에, 종자를 공경하는 것이다.

疏曰: 族人一身事四宗, 事親兄弟之適, 是繼禰小宗也. 事同堂兄弟之適, 是繼祖小宗也. 事再從兄弟之適, 是繼曾祖小宗也. 事三從兄弟之適, 是繼高祖小宗也. 小宗凡四, 獨云繼禰者, 初皆繼禰爲始, 據初而言之也.

소에서 말하길, 족인들 본인은 모두 4종류의 종주를 섬기니, 친형제 중 적자를 섬기는 것은 그가 부친을 계승한 소종에 해당하기 때문이다. 동당의 형제 중 적자를 섬기는 것은 그가 조부를 계승한 소종에 해당하기 때문이다. 재종형제 중 적자를 섬기는 것은 그가 증조를 계승한 소종에 해당하기 때문이다. 삼종형제 중 적자를 섬기는 것은 그가 고조를 계승한 소종에 해당하기 때문이다. 소종은 모두 네 부류인데, 유독 부친을 섬기는 자만 언급한 이유는 그들 모두는 애초에 부친을 계승한 자가 각 분파의 시조가 되었기 때문에, 처음에 기준을 두어 언급한 것이다.

淺見

近按: 此以上言尊尊之事, 上以尊其祖之死者, 下以敬其宗之生者, 皆尊尊也.

내가 살펴보니, 여기까지는 존귀한 자를 존귀하게 대하는 사안을 언급한 것인데, 위로는 돌아가신 조상을 존숭하고, 아래로는 살아있는 종자를 공경하는 것이 모두 존귀한 자를 존귀하게 대하는 것이다.

庶子不祭祖者, 明其宗也.〈013〉

적사는 2개의 묘를 세울 수 있지만, 그가 서자의 신분이라면, 조부의 묘를 세워서 제사를 지낼 수 없으니, 이처럼 하는 것은 종가에 조부의 묘가 있음을 드러내기 위해서이다.

集說

此據適士立二廟, 祭禰及祖. 今兄弟二人, 一適一庶, 而俱爲適士, 其適子之爲適士者, 固祭祖及禰矣, 其庶子雖適士, 止得立禰廟, 不得立祖廟而祭祖者, 明其宗有所在也.

이 내용은 적사가 2개의 묘를 세워서, 부친과 조부에 대해 제사를 지내는 것에 기준을 둔 것이다. 현재 형제 2명이 있는데, 한 명은 적자이고 다른 한 명은 서자이지만, 둘 모두 적사의 신분이 된다. 다만 그들 중 적자인 적사만이 조부와 부친에게 제사를 지낼 수 있고, 서자가 비록 적사의 신분이라 하더라도, 단지 부친의 묘만 세울 수 있고, 조부의 묘를 세워서 조부에게 제사를 지낼 수 없으니, 이처럼 하는 것은 종가에 조부의 묘가 있음을 명시하기 위해서이다.

經文

庶子不爲[去聲]長子斬, 不繼祖與禰故也.〈014〉

서자가 자신의 장자를 위해서['爲'자는 거성으로 읽는다.] 참최복을 착용하지 않음은 조부나 부친의 뒤를 잇지 않았기 때문이다.

集說

庶子不得爲長子服斬衰三年者, 以己非繼祖之宗, 又非繼禰之宗, 則長子非正統故也.

서자는 장자를 위해서 참최복을 3년 동안 착용하지 못하니, 본인은 조부를 잇는 종자가 아니기 때문이거나 또 부친을 잇는 종자도 아니기 때문이며, 그것이 아니라면 여기에서 말한 장자는 대종의 적통을 이은 적장자가 아니기 때문이다.

經文

庶子不祭殤與無後者, 殤與無後者, 從祖祔食.〈015〉

서자는 자식들 중 요절한 자와 후손이 없는 자에게 제사를 지내지 않으니, 요절한 자와 후손이 없는 자에 대해서는 조묘에 합사하여 흠향을 하도록 하기 때문이다.

集說

長·中·下殤, 見前篇, 蓋未成人而死者也. 無後者, 謂成人未昏, 或已娶無子而死者也. 庶子所以不得祭此二者, 以己是父之庶子, 不得立父廟, 故不得自祭其殤子也. 若己是祖之庶孫, 不得立祖廟, 故無後之兄弟, 己亦不得祭之也. 祖廟在宗子之家, 此殤與此無後者, 當祭祖之時, 亦與祭於祖廟也. 故曰從祖祔食.

장상·중상·하상에 대해서는 앞 편에 설명이 나오니, 아직 성인이 되지 못한 상태에서 요절한 자이다. '무후자(無後者)'는 성인이 되었지만 아직 혼인을 못했거나 혼인을 했지만 자식이 없는 상태에서 죽은 자를 뜻한다. 서자가 이 두 부류에 해당하는 자식들에 대해 제사를 지낼 수 없는 이유는 그가 부친의 서자 입장이 되어, 부친의 묘를 세울 수 없기 때문에, 직접 자신의 요절한 자식에 대해 제사를 지낼 수 없다. 만약 자신이 조부의 서손인 경우라면, 조부의 묘를 세울 수 없기 때문에, 후손이 없는 형제들에 대해 본인 또한 그들에 대한 제사를 지낼 수 없다. 조부의 묘는 종자의 집에 있으니, 여기에서 말한 요절한 자와 후손이 없는 자에 대해서는 조부에 대한 제사를 지내야 할 때, 그에 대해서도 조부의 묘에서 제사를 지낸다. 그렇기 때문에 "조묘에 합사하여 흠향을 하도록 한다."라고 말한 것이다.

經文

庶子不祭禰者, 明其宗也.〈016〉

서자가 부친에 대한 제사를 지내지 못하는 것은 종자의 권한을 나타내기 위해서이다.

集說

庶子不得立禰廟, 故不得祭禰. 所以然者, 明主祭在宗子, 廟必在宗子之家也. 庶子雖貴, 止得供具牲物, 而宗子主其禮也. 上文言庶子不祭祖, 是猶得立禰廟, 以其爲適士也. 此言不祭禰, 以此庶子非適士, 或未仕, 故不得立廟以祭禰也.

서자는 부친의 묘를 세울 수 없기 때문에, 부친에 대한 제사를 지낼 수 없다. 이처럼 하는 이유는 제사를 주관하는 권한이 종자에게 있고, 묘가 반드시 종자의 집에 있어야 함을 나타내기 위해서이다. 서자가 비록 존귀한 신분이 되었더라도, 단지 제사에 사용될 희생물을 공급만 할 수 있고, 종자가 그 제례를 주관하게 된다. 앞 문장에서는 서자가 조부에 대한 제사를 지내지 않는다고 했는데, 이러한 경우에는 오히려 부친의 묘를 세울 수 있으니, 그가 적사의 신분이기 때문이다. 이곳에서 부친에게 제사를 지내지 못한다고 했는데, 여기에서 말한 서자는 적사의 신분이 아니거나 아직 벼슬살이를 못한 경우이기 때문에, 묘를 세워서 부친에 대한 제사를 지내지 못하는 것이다.

淺見

近按: 上言不得祭祖, 下言不得祭禰者, 皆明其宗子主祭也.

내가 살펴보니, 앞에서는 조부에 대한 제사를 지낼 수 없다고 했고, 그 뒤에서는 부친에 대한 제사를 지낼 수 없다고 했는데, 이 모두는 종자가 제사를 주관한다는 사실을 나타낸다.

親親尊尊長長, 男女之有別, 人道之大者也. 〈017〉

상복 규정과 관련하여, 부모처럼 친근한 자를 친근하게 대하고, 조부 및 증조부처럼 존귀한 자를 존귀하게 대하며, 형이나 방계의 친족처럼 연장자를 연장자로 대하고, 남녀 사이의 구별됨이 있는 것은 인도 중에서도 큰 것에 해당한다.

集說

疏曰: 此論服之降殺. 親親, 謂父母也. 尊尊, 謂祖及曾祖 · 高祖也. 長長, 謂兄及旁親也. 不言卑幼, 擧尊長則卑幼可知也. 男女之有別者, 若爲父斬, 爲母齊衰; 姑姊妹在室期, 出嫁大功, 爲夫斬, 爲妻期之屬是也. 此四者, 於人之道爲最大.

소에서 말하길, 이 문장은 상복의 수위를 높이고 낮추는 내용을 논의하고 있다. "친근한 자를 친근하게 대한다."는 말은 부모에 대한 경우를 뜻한다. "존귀한 자를 존귀하게 대한다."는 말은 조부 · 증조부 · 고조부 등에 대한 경우를 뜻한다. "연장자를 연장자로 대한다."는 말은 형 및 방계의 친족들에 대한 경우를 뜻한다. 신분이 낮고 어린 자에 대해 언급하지 않은 것은 존귀한 자와 연장자를 거론한다면, 신분이 낮고 어린 자에 대한 경우까지도 알 수 있기 때문이다. "남녀에게 구별됨이 있다."는 말은 마치 부친을 위해서 참최복을 착용하고, 모친을 위해서 자최복을 착용하며, 고모나 자매 중 아직 시집을 가지 않은 자에 대해서는 기년복을 착용하지만, 출가한 여자에 대해서 대공복을 착용하고, 남편을 위해서 참최복을 착용하지만, 처를 위해서 기년복을 착용하는 부류가 이러한 경우에 해당한다. 이러한 네 가지 기준은 인도 중에서도 가장 큰 것이 된다.

近按: 此以上言長長之事, 而兼前三者, 以總結之也. 長長, 全言庶
子之禮者, 言庶子之不得伸禮, 卽所以長長之義也. 男女之別, 是指
首章男子婦人之禮而言也. 自篇首至此爲一章, 統言人道之大有此
四者也.

내가 살펴보니, 여기까지는 연장자를 연장자로 섬기는 사안을 언급한
것인데, 앞의 세 가지 경우도 함께 언급하여 총괄적인 결론을 맺은 것이
다. '장장(長長)'은 전적으로 서자의 예법을 언급한 것인데, 서자는 예법
대로 펼칠 수 없으니, 이것이 곧 연장자를 연장자로 섬기는 도의에 해당
한다는 뜻이다. 남녀의 구별은 첫 장에서 남자와 부인의 예법을 가리켜
말한 것이다. 편의 첫 부분으로부터 여기까지는 하나의 장이 되니, 인도
의 큰 도리에 이러한 네 종류가 있음을 통괄해서 말한 것이다.

무분류

禮不王不禘.〈020〉 [舊在"不爲女君之子服"之下.]

예법에 따르면, 천자가 아니라면 체제사를 지내지 않는다. [옛 판본에는 "여군의 자식을 위해서 상복을 착용하지 않는다."[1]라고 한 문장 뒤에 수록되어 있었다.]

集說

禘, 王者之大祭. 諸侯不得行之, 故云不王不禘.

'체(禘)'는 천자가 치르는 대제이다. 제후는 그 제사를 시행할 수 없다. 그렇기 때문에 "천자가 아니라면 체제사를 지내지 않는다."라고 말한 것이다.

石梁王氏曰: 此句合在王者禘其祖之所自出上, 錯亂在此.

석량왕씨가 말하길, 이 구문은 "천자는 자신의 시조를 출생한 자에 대해서 체제사를 지낸다."고 한 문장 앞에 와야 하는데, 착간되어 이곳에 기록된 것이다.

淺見

近按: 王氏謂此合在上章王者禘其祖之所自出之上, 蓋以下篇首章之次而言也. 今仍存於此, 以見下文父爲士子爲天子, 則祭以天子, 父爲天子子爲士, 則不得祭以天子之意也. 但世子爲妻一節, 雜出其間, 今釐而正之.

---

1) 『예기』「상복소기」019장 : 妾從女君而出, 則<u>不爲女君之子服</u>.

내가 살펴보니, 왕씨는 이곳 문장이 앞 문장에서 "천자는 자신의 시조를 출생한 자에 대해서 체제사를 지낸다."고 한 문장 앞으로 가야 한다고 했는데, 아마도 『예기』「대전(大傳)」편의 기록 순서에 따라 말을 한 것 같다. 현재 이곳으로 옮겨서 아래문장에서 "부친이 사의 신분이었고 자식이 천자가 되었다면, 제사를 지낼 때에는 천자의 예법을 사용하고,[2] 부친이 천자였고 자식이 사의 신분이 되었다면, 천자의 예법으로 제사를 지낼 수 없다."[3]고 한 뜻을 드러내도록 했다. 다만 세자가 처를 위해 상복을 착용한다는 하나의 문장[4]이 그 중간에 뒤섞여 나오고 있는데, 이를 정리하여 바로잡는다.

此下雜言喪祭之禮, 舊本錯亂無次, 今姑先此以自貴者而始也.

이곳으로부터 그 아래의 문장에서는 상례와 제례에 대해 뒤섞어 언급하였고, 옛 판본은 어지럽게 뒤섞여 질서가 없었는데, 현재 이 문장을 먼저 제시하는 것은 존귀한 자에 대한 것으로부터 시작한 것이다.

---

2) 『예기』「상복소기」022장 : 父爲士, 子爲天子諸侯, 則祭以天子諸侯, 其尸服以士服.

3) 『예기』「상복소기」023장 : 父爲天子諸侯, 子爲士, 祭以士, 其尸服以士服.

4) 『예기』「상복소기」021장 : 世子不降妻之父母. 其爲妻也, 與大夫之適子同.

父爲士, 子爲天子・諸侯, 則祭以天子・諸侯, 其尸服以士服.
〈022〉

부친이 사의 신분이었고, 그의 자식이 천자나 제후가 되었다면, 제사를
지낼 때에는 자식에게 해당하는 천자나 제후의 예법을 사용하되, 시동
의 복장은 부친의 계급에 해당하는 사의 복장을 사용한다.

集說

祭用生者之禮, 盡子道也. 尸以象神, 自用本服.

제사는 살아 있는 자에게 적용되는 예법에 따르니, 자식의 도리를 다하
기 위해서이다. 시동은 신을 형상화하니, 그 자신은 본래의 복장에 따
른다.

淺見

近按: 天子之父而爲士者, 卽其祖之所自出而禘之者也. 祭用生者
之禮, 尸用死者之服, 然此恐是上古之禮, 自周已有追王之禮, 則其
尸亦當服天子之服也. 或曰追謚之法, 雖加稱號, 尸以象神, 則自用
本服, 所以事死如生也. 未知孰是.

내가 살펴보니, 천자의 부친이 사인 경우는 곧 시조가 출생하게 된 대상
에 해당하여 체제사를 지내는 경우에 해당한다. 제사는 살아있는 자에
게 적용되는 예법에 따르고, 시동은 죽은 자의 복장을 착용하는데, 이것
은 아마도 상고시대의 예법인 것 같으니, 주나라부터는 이미 추왕하는
예법이 생겨났으므로, 시동 또한 천자의 복장을 착용해야만 한다. 혹자
는 시호를 추증하는 법도에 있어서는 비록 칭호를 높이게 되지만, 시동
은 신을 형상화하게 되므로, 그 본인은 본래의 복장에 따르니, 죽은 자
를 살아있을 때처럼 섬기기 위해서라고 하는데, 어느 말이 옳은지는 모
르겠다.

父爲天子·諸侯, 子爲士, 祭以士, 其尸服以士服.〈023〉[舊在"與
大夫之適子同"之下.]

부친이 천자나 제후의 신분이었지만, 자식이 사의 신분으로 전락했다
면, 부친에 대한 제사는 사의 예법에 따라 지내고, 시동을 맡은 자도 사
의 복장을 착용한다. [옛 판본에는 "대부가 자신의 적자를 위해서 착용하는 상복
과 동일하게 따른다."[1]라고 한 문장 뒤에 수록되어 있었다.]

集說

以天子·諸侯之禮祭其父之爲士者, 其禮伸, 故尸服死者之服, 爲禮
之正. 以士之禮祭其父之爲天子·諸侯者, 其禮屈, 故尸服生者之
服, 爲禮之變. 禮有曲而殺者, 此類是也.

천자와 제후에게 적용되는 예법으로 사의 신분이었던 부친에 대해 제사
를 지내는 경우에는 그 예법을 펼칠 수 있기 때문에, 시동은 죽은 자에
게 해당하는 복장을 착용하니, 예법 중에서도 정례가 된다. 사의 예법으
로 천자나 제후의 신분이었던 부친에 대해 제사를 지내는 경우에는 그
예법을 굽히기 때문에, 시동은 살아있는 자에게 적용되는 복장을 착용
하니, 예법 중에서도 변례가 된다. 예 중에 굽혀서 낮추는 경우가 있는
데, 바로 이러한 경우를 뜻한다.

淺見

近按: 位尊則其禮伸, 位卑則其禮屈, 故父雖天子而子不爲天子, 則
不得祭以天子之禮. 此卽不王不禘之類也. 然恐此亦是古禮, 周封
二王之後, 則得用天子禮樂, 以祀其先王, 但不得禘其祖之所自出者
也.

---

1) 『예기』「상복소기」 021장 : 世子不降妻之父母. 其爲妻也, 與大夫之適子同.

내가 살펴보니, 지위가 존귀하다면 그 예법을 펼치는 것이고, 지위가 미천하다면 그 예법을 굽히는 것이다. 그렇기 때문에 부친이 비록 천자였지만 자식이 천자에 오르지 못했다면 천자의 예법으로 제사를 지낼 수 없다. 이것은 곧 천자가 아니라면 체제사를 지내지 않는다는 부류에 해당한다. 그런데 이 또한 고대의 예법에 해당하는 것 같다. 주나라 때에는 두 왕조의 후손을 분봉하며 천자의 예악을 사용하여 그들 선왕에게 제사를 지낼 수 있도록 했고, 단지 그 시조가 출생하게 된 대상에게 체제사를 지낼 수 없었다.

諸侯不得祔於天子, 天子諸侯大夫可以祔於士.〈055〉[舊在"必以
其昭穆"之下.]

손자가 제후의 신분이었다 하더라도, 천자의 신분이었던 조부에게는 합
사할 수 없다. 다만 손자의 신분이 천자 · 제후 · 대부였고, 조부의 신분
이 사였다면, 조부의 묘에 합사할 수 있다. [옛 판본에는 "반드시 소목(昭穆)
의 순서에 따르기 때문이다."[1]라고 한 문장 뒤에 수록되어 있었다.]

集說

卑孫不可祔於尊祖, 孫貴而不祔其祖之爲士者, 是自尊而卑其祖, 不
可也. 故可以祔於士.

신분이 낮은 손자는 신분이 존귀한 조부에게 합사할 수 없지만, 손자의
신분이 존귀하다고 해서 사의 신분이었던 조부에게 합사를 하지 않는
것은 자신의 존귀함으로 인해 조부를 낮추는 꼴이 되어 할 수 없다. 그
렇기 때문에 사에게는 합사할 수 있다.

經文

士大夫不得祔於諸侯, 祔於諸祖父之爲士大夫者. 其妻祔於
諸祖姑, 妾祔於妾祖姑, 亡則中一以上而祔, 祔必以其昭穆.
〈054〉[舊在"祔葬者不筮宅"之下.]

자손들 중 사와 대부의 신분이었던 자는 제후의 묘에 합사할 수 없고,

---

1) 『예기』「상복소기」 054장 : 士大夫不得祔於諸侯, 祔於諸祖父之爲士大夫者.
其妻祔於諸祖姑, 妾祔於妾祖姑, 亡則中一以上而祔, 祔必以其昭穆.

조부의 형제들 중 사나 대부의 신분이었던 자의 묘에 합사한다. 그의 처도 조부의 형제들 중 사나 대부의 신분이었던 자의 처에게 합사하고, 첩은 조부의 첩에게 합사를 하지만, 조부의 첩이 없다면 한 대를 걸러서 그 이상의 대상에게 합사하니, 합사를 할 때에는 반드시 소목의 순서에 따르기 때문이다. [옛 판본에는 "합장을 하는 경우에는 그 무덤이 이미 점을 쳐서 정한 곳이므로, 재차 시초점을 치지 않는다."[2]라고 한 문장 뒤에 수록되어 있었다.]

集說

公子·公孫之爲士爲大夫者, 不得祔於先君之廟也. 諸祖父, 其祖之爲國君者之兄弟也. 諸祖姑, 諸祖父之妻也. 若祖爲國君, 而無兄弟可祔, 亦祔宗族之疏者. 上言士易牲而祔於大夫, 而大夫不得易牲而祔諸侯者, 諸侯之貴絶宗, 故大夫士不得親之也. 妾祔於妾祖姑, 言妾死則祔於祖之妾也. 亡, 無也. 中, 間也. 若祖無妾, 則又間曾祖一位而祔高祖之妾, 故云亡則中一以上而祔也. 所以間曾祖者, 以昭穆之次不同列, 祔必以昭穆也.

공자와 공손들 중 사나 대부가 된 자는 선군의 묘에 합사할 수 없다. '제조부(諸祖父)'는 제후가 된 조부의 형제들을 뜻한다. '제조고(諸祖姑)'는 제조부의 처를 뜻한다. 만약 조부가 제후의 신분이었고 합사할 수 있는 형제가 없을 때에는 또한 종족 중 관계가 소원한 자에게 합사한다. 앞에서는 사는 희생물을 바꾸고 대부의 묘에 합사를 한다고 했는데, 대부는 희생물을 바꿔서 제후의 묘에 합사할 수 없다. 그 이유는 제후처럼 존귀한 자와는 종주 관계가 끊어졌으므로 대부와 사가 친근하게 대할 수 없기 때문이다. 첩은 첩의 조고에게 합사하니, 첩이 죽었다면 조부의 첩에게 합사한다는 뜻이다. '망(亡)'자는 "없다."는 뜻이다. '중(中)'자는 "사이를 둔다."는 뜻이다. 만약 조부에게 첩이 없다면, 또한 증조부 한

---

2) 『예기』「상복소기」 053장 : 祔葬者不筮宅.

대를 걸러서, 고조부의 첩에게 합사한다. 그렇기 때문에 "없다면 한 자리를 걸러서 그 이상의 대상에게 합사한다."고 말한 것이다. 증조부에 대해 사이를 두는 이유는 소목의 순차에 따르면 동렬이 아니며, 합사를 할 때에는 반드시 소목의 순차에 따라야만 하기 때문이다.

淺見

近按: 此一節舊聯祔葬, 然祔葬與祔廟其事不同, 且先言卑而後言尊, 今悉更定.

내가 살펴보니, 이곳 문단은 옛 판본에 합장에 대한 문장 뒤에 연결되어 있었는데, 합장을 하는 것과 합사를 하는 것은 그 사안이 다르다. 다만 먼저 미천한 자에 대해 언급하고 이후에 존귀한 자에 대해 언급하여 이를 다시 바로잡았다.

士祔於大夫則易牲.⟨050⟩ [舊在"爲舅姑大功"之下.]

손자가 사의 신분이었고 조부가 대부의 신분이었는데, 손자가 죽어 대부였던 조부의 묘에 합사한다면, 대부에 대한 희생물로 바꿔서 사용한다. [옛 판본에는 "남편의 친부모를 위하여 등급을 낮춰서 대공복을 착용한다."[1]라고 한 문장 뒤에 수록되어 있었다.]

集說

祖爲大夫, 孫爲士, 孫死祔祖, 則用大夫牲. 士牲卑, 不可祭於尊者也. 此與葬以大夫祭以士者不同, 如妾無妾祖姑可祔, 則易牲而祔於女君也.

조부가 대부의 신분이었고, 손자가 사의 신분이었는데, 손자가 죽어서 조부의 묘에 합사하면, 대부의 희생물을 사용한다. 사에게 사용하는 희생물은 낮으므로, 이것을 사용하여 존귀한 자에게 제사를 지낼 수 없기 때문이다. 이 내용은 대부의 예법으로 장례를 치르고, 사의 예법으로 제사를 지낸다는 내용과는 다르니, 마치 첩에게 첩의 조고가 없어서 합사를 할 수 있을 때 희생물을 바꿔서 여군에게 합사를 하는 경우와 같다.

經文

婦祔於祖姑. 祖姑有三人, 則祔於親者.⟨081⟩

며느리는 조부의 처에게 합사한다. 간혹 계모가 있어서 조고가 세 사람이라면, 시아비를 낳은 생모에게 합사한다.

---

1) 『예기』「상복소기」 049장 : 夫爲人後者, 其妻爲舅姑大功.

此言祔廟之禮, 三人或有二繼也. 親者, 謂舅所生母也.

이것은 묘에 합사하는 예법을 뜻하는데, 세 사람이 있다는 것은 간혹 두 명의 계모가 있는 경우를 뜻한다. '친자(親者)'는 시아비를 낳은 생모를 뜻한다.

經文

其妻爲大夫而卒, 而后其夫不爲大夫, 而祔於其妻, 則不易牲. 妻卒而后夫爲大夫, 而祔於其妻, 則以大夫牲.〈082〉 [舊在"反以報之"之下.]

처가 죽었을 때, 남편이 대부의 신분이었고, 처가 죽은 이후 남편이 어떤 사정으로 인해 대부에서 물러났고, 남편이 죽어서 아내에게 합사하게 되면, 이전에 사용하던 대부의 희생물로 바꿀 수 없다. 처가 죽은 이후 남편이 대부의 신분이 되었고, 그 남편이 죽어서 아내에게 합사하게 되면, 대부에게 적용되는 희생물을 사용한다. [옛 판본에는 "반대로 올려 합해서 묶는다."2)라고 한 문장 뒤에 수록되어 있었다.]

集說

妻卒時夫爲大夫, 卒後夫黜退遂死, 以無祖廟, 故祔於妻之禮, 止得依夫今所得用之牲, 不得易用昔大夫之牲也. 若妻死時夫未爲大夫, 死後夫乃爲大夫而死, 今祔祭其妻, 則得用大夫牲矣.

처가 죽었을 때 남편이 대부의 신분이었는데, 처가 죽은 이후 남편이 축

---

2) 『예기』「상복소기」 080장 : 下殤小功, 帶澡麻不絕本, 詘而反以報之.

출되거나 물러났고, 결국 그 상태로 죽어서 조묘가 없어졌기 때문에, 아내에게 합사하는 예에서는 단지 남편의 현재 상태에 따라 사용할 수 있는 희생물만 사용하고, 이전 대부였을 때 사용하던 희생물로 바꿀 수 없다. 만약 처가 죽었을 때, 남편이 아직 대부의 신분이 아니었지만, 처가 죽은 이후 남편이 곧 대부가 되었고 그 후에 죽어서, 현재 아내에게 부제를 지내게 되었다면, 대부에게 적용되는 희생물을 사용할 수 있다.

疏曰: 此謂始來仕而無廟者, 若有廟, 則死者當祔於祖, 不得祔於妻也. 惟宗子去他國以廟從.

소에서 말하길, 이 내용은 처음으로 이 나라에 찾아와서 벼슬살이를 하여 묘가 없는 경우를 뜻하니, 만약 묘가 있다면, 죽은 자는 마땅히 조부의 묘에 합사해야 하고, 처에게 합사할 수 없다. 오직 종자만이 다른 나라로 떠날 때 묘의 신주를 가지고 간다.

經文

妾無妾祖姑者, 易牲而祔於女君可也. 〈072〉 [舊在"養卑者否"之下.]

첩에게 있어서 고조의 첩이 없는 경우라면, 희생물을 바꾸고 여군에게 합사해도 괜찮다. [옛 판본에는 "항렬의 낮은 자를 봉양하는 경우에는 바꾸지 않는다."[3]라고 한 문장 뒤에 수록되어 있었다.]

集說

妾當祔於妾祖姑. 上章言亡則中一以上而祔, 是祔高祖之妾, 今又

---

3) 『예기』「상복소기」071장 : 養有疾者不喪服, 遂以主其喪. 非養者入主人之喪, 則不易己之喪服. 養尊者必易服, <u>養卑者否</u>.

無高祖妾, 則當易妾之牲而祔於適祖姑. 女君, 謂適祖姑也.

첩에 대해서는 마땅히 첩의 조고에게 합사해야 한다. 앞 장에서는 없다면 한 등급을 건너서 그 위에 합사를 한다고 했는데, 이것은 고조의 첩에게 합사한다는 뜻이다. 현재는 또한 고조의 첩도 없는 경우이니, 마땅히 첩에 대한 희생물을 바꾸고, 조부의 정처에게 합사를 해야 한다. '여군(女君)'은 곧 적조고를 뜻한다.

淺見

近按: 此以上因言天子 · 諸侯祭禮, 而下及大夫 · 士祔祭之禮也.

내가 살펴보니, 여기까지는 천자와 제후의 제례를 언급한 것에 따라서, 밑으로 대부와 사의 부제를 지내는 예법까지 언급한 것이다.

諸侯弔於異國之臣, 則其君爲主.〈069〉

제후가 다른 나라의 신하에게 조문을 하게 되면, 신하의 임금이 상주를
맡는다.

君無弔外臣之禮, 若來在此國而適遇其卿·大夫之喪則弔之, 以主
君之故耳, 故主君代其臣之子爲主.

군주에게는 외신에게 조문하는 예법이 없지만, 만약 군주가 이 나라에
찾아와 머물고 있는데, 때마침 그 나라의 경이나 대부의 상이 발생하면
조문을 하니, 찾아간 나라의 군주 때문에 하는 것일 뿐이다. 그렇기 때
문에 그 나라의 군주는 죽은 신하의 자식을 대신하여 상주를 맡는다.

**諸侯弔必皮弁錫衰, 所弔雖已葬, 主人必免[問]. 主人未喪服,
則君亦不錫衰.**〈070〉 [舊在"以杖卽位可也"之下.]

제후가 신하에게 조문을 할 때에는 반드시 피변에 석최를 하며, 조문으
로 찾아간 집에서 비록 이미 장례를 치른 뒤라 하더라도, 상주는 반드
시 문을['免'자의 음은 '問(문)'이다.] 한다. 상주가 아직 성복을 하지 않았
다면, 제후 또한 석최를 착용하지 않는다. [옛 판본에는 "지팡이를 잡고
자리로 나아가는 것은 괜찮다."[1]라고 한 문장 뒤에 수록되어 있었다.]

---

1) 『예기』「상복소기」 068장 : 父在, 庶子爲妻, 以杖卽位可也.

錫者, 治其布使之滑易也. 國君自弔其臣, 則素弁環経錫衰; 弔異國臣, 則皮弁錫衰也. 凡免之節, 大功以上爲重服, 自始死至葬, 卒哭後, 乃不復免; 小功以下爲輕服, 自始死至殯, 殯後不復免, 至葬啓殯之後而免, 以至卒哭如始死. 今人君來弔, 雖非服免之時, 必爲之免, 以尊重人君故也. 禮"旣殯而成服." 此言未喪服, 謂未成服也.

'석(錫)'은 포를 다듬어서 매끄럽게 만든 것이다. 제후가 직접 자신의 신하에게 조문을 하게 되면, 소변에 환질을 두르고 석최를 착용하며, 다른 나라의 신하에게 조문을 한다면, 피변에 석최를 착용한다. 문을 하는 절차에 있어서, 대공복으로부터 그 이상의 상복은 수위가 높은 상복으로 여기고, 어떤 자가 이제 막 죽었을 때로부터 장례를 치를 때까지 하며, 졸곡을 끝낸 뒤에는 곧 재차 문을 하지 않는다. 소공복으로부터 그 이하의 상복은 수위가 낮은 상복으로 여기며, 이제 막 죽었을 때로부터 빈소를 차릴 때까지 하고, 빈소를 차린 뒤에는 다시 문을 하지 않고, 장례를 치르게 되어 가매장했던 빈소를 열게 된 이후에는 문을 하여 졸곡 때까지 하니, 어떤 자가 이제 막 죽었을 때처럼 하는 것이다. 현재 군주가 찾아와서 조문을 했는데, 비록 그 시기가 문을 하는 시기가 아니더라도, 반드시 그를 위해 문을 하니, 군주를 존중하기 때문이다. 예법에서는 "빈소를 차리고서 성복을 한다."라고 했는데, 이곳에서는 아직 상복을 입지 않았다고 했다. 이것은 아직 성복을 하지 않았다는 뜻이다.

君弔雖不當免時也, 主人必免, 不散麻. 雖異國之君, 免也, 親者皆免.〈089〉[舊在"及郊而後免反哭"之下.]

자기 나라의 군주가 조문을 오면 비록 문을 해야 할 시기가 아니더라도,

상주는 반드시 문을 하며, 요질의 끝을 늘어트리지 않는다. 비록 다른 나라의 군주가 조문을 온 경우라 하더라도, 상주는 문을 하며, 대공복 이상의 친족들도 모두 문을 한다. [옛 판본에는 "교외에 도달한 이후에는 문을 하며, 집의 묘에 와서 반곡을 한다."[2]라고 한 문장 뒤에 수록되어 있었다.]

君弔, 本國之君來弔也. 不散麻, 謂糾其要経不使散垂也. 親者皆免, 謂大功以上之親皆從主人而免, 所以敬異國之君也.

군주가 조문을 왔다는 말은 본국의 군주가 찾아와서 조문을 한다는 뜻이다. '불산마(不散麻)'는 요질을 묶어서 끝을 늘어트리지 않는다는 뜻이다. '친자개문(親者皆免)'은 대공복으로부터 그 이상의 상복을 착용한 친족들은 모두 상주를 따라서 문을 한다는 뜻이니, 다른 나라의 군주에 대해 공경을 표하는 방법이기 때문이다.

近按: 親者皆免, 非惟敬異國之君也. 是兼其國與異國之君, 而總言之者也.

내가 살펴보니, 친족들이 모두 문을 하는 것은 단지 다른 나라의 군주를 공경해서만이 아니다. 이것은 그가 속한 나라와 다른 나라의 군주에 대한 경우를 겸해서 총괄적으로 언급한 것이다.

---

2) 『예기』「상복소기」 088장 : 遠葬者, 比反哭者皆冠, <u>及郊而後免反哭</u>.

與諸侯爲兄弟者, 服斬.〈079〉 [舊在"父不爲衆子次於外"之下.]

다른 나라에 거주하고 있지만, 본국의 제후와 형제인 자는 제후의 상이 발생하면, 본국으로 되돌아와서 참최복을 착용한다. [옛 판본에는 "부친은 적장자를 제외한 나머지 아들들의 상을 치를 때, 중문 밖에 임시숙소를 마련하지 않는다."[1]라고 한 문장 뒤에 수록되어 있었다.]

卿大夫於君自應服斬, 若不爲卿大夫而有五屬之親者, 亦皆服斬衰. 此記者恐疑服本親兄弟之服, 故特明之, 蓋謂國君之兄弟先爲本國卿·大夫, 今居他國未仕, 而本國君卒, 以有兄弟之親, 又是舊君, 必當反而服斬也. 不言與君爲兄弟, 而言與諸侯爲兄弟, 明在異國也.

경과 대부는 자신의 군주에 대해 제 스스로 마땅히 참최복을 착용해야 하는데, 만약 경과 대부의 신분이 아니지만, 다섯 부류의 친족에 포함되는 자라면, 또한 모두들 참최복을 착용해야 한다. 이것은 『예기』를 기록한 자가 본래 친족 관계인 형제에 대한 상복에 따라 복장을 착용해야 한다고 오해할 것을 염려했기 때문에, 특별히 명시한 것이니, 제후의 형제들은 이전에 본국의 경과 대부의 신분이었지만, 현재는 다른 나라에 거주하며 아직 벼슬살이를 하지 않았는데, 본국의 제후가 죽게 되면, 그에게는 형제의 관계가 있게 되고, 또 그는 옛 군주에 해당하니, 반드시 본국으로 되돌아와서 참최복을 착용해야 한다. "군주에 대해서 형제가 된다."라고 말하지 않고, "제후에 대해서 형제가 된다."라고 말한 것은 다른 나라에 거주하고 있다는 사실을 밝히기 위해서이다.

---

1) 『예기』「상복소기」 078장 : 父不爲衆子次於外.

近按: 此以上言諸侯之禮.

내가 살펴보니, 여기까지는 제후의 예법을 언급한 것이다.

世子不降妻之父母. 其爲[去聲]妻也, 與大夫之適子同.〈021〉 [舊在"禮不王不禘"之下.]

세자는 처의 부모에 대해서 상복을 착용할 때 수위를 낮추지 않는다. 세자가 처를 위해['爲'자는 거성으로 읽는다.] 상복을 착용할 때에는 대부가 자신의 적자를 위해서 착용하는 상복과 동일하게 따른다. [옛 판본에는 "예법에 따르면, 천자가 아니라면 체제사를 지내지 않는다."[1]라고 한 문장 뒤에 수록되어 있었다.]

集說

世子, 天子·諸侯之適子傳世者也. 不降殺其妻父母之服者, 以妻故親之也. 大夫適子死, 服齊衰不杖. 今世子旣不降其妻之父母, 則其爲妻服, 與大夫服適子之服同也.

'세자(世子)'는 천자와 제후의 적장자로 세대를 전수받은 자를 뜻한다. "처의 부모에 대한 상복을 낮추지 않는다."는 말은 처의 친족이므로 친근하게 대하기 때문이다. 대부의 적자가 죽으면, 그를 위해서 자최복을 착용하되 지팡이는 잡지 않는다. 현재 세자는 이미 그의 처 부모에 대해 상복의 수위를 낮추지 않는다고 했으니, 그가 처를 위해 상복을 착용할 때, 대부가 자신의 적자를 위해 착용하는 상복과 동일하게 따른다.

淺見

近按: 此言世子爲妻之服, 與大夫適子之爲妻同也. 不以世子之貴而降其妻也.

내가 살펴보니, 이것은 세자가 자신의 처를 위해 상복을 착용하는 것이

---

1) 『예기』「상복소기」 020장 : 禮不王不禘.

대부의 적자가 자신의 처를 위해 상복을 착용하는 것과 같다고 말한 것이다. 즉 세자는 자신의 존귀함으로 인해 처에 대한 상복의 수위를 낮추지 않기 때문이다.

大夫降其庶子, 其孫不降其父.〈046〉

대부는 자신의 서자에 대해서 상의 등급을 낮추지만, 서자의 아들은 자신의 부친에 대해서 등급을 낮추지 않는다.

集說

大夫爲庶子服大功, 而庶子之子, 則爲父三年也. 大夫不服其妾, 故妾子爲其母大功.

대부는 서자를 위해서 대공복을 착용하지만, 서자의 자식은 부친을 위해서 삼년상을 치른다. 대부는 첩을 위해서 상복을 착용하지 않기 때문에, 첩의 자식은 그의 모친을 위해서 대공복을 착용한다.

經文

大夫不主士之喪.〈047〉 [舊在"其葬服斬衰"之下.]

대부는 사의 상에 대해서 상을 주관하지 않는다. [옛 판본에는 "모친에 대한 장례를 치를 때에도 부친에 대한 상복인 참최복을 그대로 착용한다."[1]라고 한 문장 뒤에 수록되어 있었다.]

集說

謂士死無主後, 其親屬有爲大夫者, 不得主其喪, 尊故也.

사가 죽었는데 상을 주관할 후사가 없을 때, 그의 친족들 중 대부의 지

---

1) 『예기』 「상복소기」 045장 : 父母之喪偕, 先葬者不虞祔, 待後事. 其葬服斬衰.

위에 오른 자가 있을 경우, 그는 그 상을 주관할 수 없다는 뜻이니, 그가
존귀한 신분이기 때문이다.

經文

士不攝大夫, 士攝大夫唯宗子.〈074〉[舊在"祔則舅主之"之下.]

사의 상에서는 대부를 섭주로 삼을 수 없다. 사가 종자의 신분이라면,
대부를 섭주로 삼을 수 있다. [옛 판본에는 "부제는 묘에서 치르므로 그녀의
시아비가 주관한다."2)라고 한 문장 뒤에 수록되어 있었다.]

集說

士喪無主, 不敢使大夫兼攝爲主. 若士是宗子, 則主喪之任, 可使大
夫攝之, 以宗子尊故也. 一說, 大夫之喪無主, 士不敢攝而主之, 若
士是宗子則可.

사의 상에 상주를 맡을 자가 없다 하더라도, 감히 대부로 하여금 섭주의
임무를 맡게 해서 상주로 삼을 수 없다. 만약 사가 종자의 신분이라면,
상을 주관하는 임무에 대해서, 대부로 하여금 돕도록 할 수 있으니, 종
자는 존귀한 신분이기 때문이다. 일설에는 대부의 상에 상주가 없을 경
우, 사가 감히 섭주를 맡아서 상주 노릇을 할 수 없고, 만약 사가 종자의
신분이라면 가능하다는 뜻이라고 주장한다.

---

2) 『예기』「상복소기」 073장 : 婦之喪虞卒哭, 其夫若子主之, 祔則舅主之.

士妾有子而爲之緦, 無子則已.〈030〉 [舊在“朋友虞祔而已”之下.]

사는 첩 중 자식을 낳은 여자에게만 시마복을 착용하고, 자식이 없다면 착용하지 않는다. [옛 판본에는 “벗들의 경우에는 우제와 부제만 지낼 수 있을 따름이다.”3)라고 한 문장 뒤에 수록되어 있었다.]

集說

喪服云: “大夫爲貴妾緦.” 士卑, 故妾之有子者爲之緦, 無子則不服也.

『의례』「상복(喪服)」편에서는 “대부는 귀첩을 위해서 시마복을 입는다.”4)라고 했다. 사는 미천한 계급이기 때문에, 첩 중에 자식을 낳은 여자를 위해서만 시마복을 착용하고, 자식이 없다면 착용하지 않는다.

淺見

近按: 此以上言世子以下大夫 · 士之禮.

내가 살펴보니, 여기까지는 세자로부터 그 이하로 대부와 사 계층의 예법을 언급한 것이다.

---

3) 『예기』「상복소기」 029장 : 大功者主人之喪, 有三年者則必爲之再祭, 朋友虞祔而已.

4) 『의례』「상복(喪服)」 : 貴臣 · 貴妾. 傳曰, 何以緦也? 以其貴也.

經文

> 復與書銘, 自天子達於士, 其辭一也. 男子稱名, 婦人書姓與
> 伯仲, 如不知姓則書氏.〈042〉[舊在"哭皆於其次"之下.]

초혼의 의식과 명정에 기록할 때 쓰는 명칭은 천자로부터 사에 이르기
까지 그 말들이 모두 동일하다. 남자의 경우에는 이름을 지칭하고, 부
인의 경우에는 성과 첫째나 둘째 등을 기록하며, 만약 성을 모르는 경
우라면 씨를 기록한다. [옛 판본에는 "곡을 할 때에는 모두 상중에 머무는 임시
숙소에서 한다."[1]라고 한 문장 뒤에 수록되어 있었다.]

集說

復, 招魂以復魄也. 書銘, 書死者名字於明旌也. 檀弓疏云: "士喪禮
爲銘各以其物, 士長三尺, 大夫五尺, 諸侯七尺, 天子九尺. 若不命
之士, 以緇長半幅長一尺, 輕末長終幅長二尺, 總長三尺." 周禮: "天
子之復, 曰皐天子復. 諸侯, 則曰皐某甫復." 此言天子達於士其辭一
者, 殷以上質不諱名, 故臣可以名君歟! 男子稱名, 謂復與銘皆名之
也. 婦人銘則書姓及伯仲, 此或亦是殷以上之制, 如周則必稱夫人
也. 姓, 如魯是姬姓, 後三家各自稱氏. 所謂氏也, 殷以前, 六世之
外, 則相與爲昏, 故婦人有不知姓者, 周不然矣.

'복(復)'은 혼을 불러서 백으로 되돌리는 절차이다. '서명(書銘)'은 죽은
자의 이름과 자를 명정에 기록한 것이다. 『예기』「단궁(檀弓)」편의 소에
서는 "『의례』「사상례(士喪禮)」편에서는 명을 만들 때에는 각각 해당하
는 사물을 사용하는데, 사의 것은 길이가 3척이고, 대부는 5척이며, 제
후는 7척이고, 천자는 9척이다. 만약 명의 등급을 받지 못한 사라면, 검
은색 천 반폭을 사용한다고 했으니, 그 길이는 1척이고, 끝부분의 붉은
색 천은 길이를 종폭으로 한다고 했고, 그 길이는 2척이 되니, 총 길이

---

1) 『예기』「상복소기」 041장 : 無事不辟廟門, <u>哭皆於其次</u>.

는 3척이 된다."라고 했다. 주나라의 예법에 있어서, "천자의 초혼에서는 '아아! 천자여 돌아오소서.'라고 말한다. 제후의 경우에는 '아아! 아무개 보여 돌아오소서.'라고 말한다."라고 했는데, 이곳에서는 천자로부터 사 계급에 이르기까지 사용하는 말이 동일하다고 했다. 그 이유는 은나라로부터 그 이전 시대에는 질박하여 이름을 피휘하지 않았기 때문에, 신하도 이름으로 군주를 부를 수 있었기 때문일 것이다. 남자에 대해서는 이름을 부른다고 했는데, 초혼과 명에 있어서 모두 이름으로 그를 지칭한다는 뜻이다. 부인의 명은 성 및 첫째나 둘째 등을 함께 기록한다고 했는데, 이것은 아마도 은나라로부터 그 이전 시대의 제도인 것 같으니, 주나라의 경우라면 반드시 '부인(夫人)'이라고 지칭해야 한다. '성(姓)'의 경우 노나라는 희성인데, 후대의 삼가에서는 각각 개별적인 씨를 불렀다. 이것이 바로 '씨(氏)'라는 것이니, 은나라로부터 그 이전에는 육세 밖이라면, 서로 혼사를 치를 수 있었다. 그렇기 때문에 부인의 경우 성을 모르는 경우도 있었던 것인데, 주나라에서는 이처럼 하지 않았다.

淺見

近按: 此擧自天子達於士之禮, 以總結之也.

내가 살펴보니, 이것은 천자로부터 사에게 두루 통용되는 예법을 언급하여, 총괄적인 결론을 맺은 것이다.

經文

父母之喪偕[句], 先葬者不虞祔, 待後事. 其葬服斬衰.〈045〉 [舊在"而后卒哭"之下.]

부모의 상이 동시에 발생하면['偕'자에서 구문을 끊는다.] 모친에 대한 장례를 먼저 치르는데, 먼저 치른 자에 대해서는 곧바로 우제와 부제를 지내지 않고, 부친에 대한 우제와 부제를 치른 뒤에야 모친에 대한 우제와 부제를 지낸다. 모친에 대한 장례를 치를 때에도 부친에 대한 상복인 참최복을 그대로 착용한다. [옛 판본에는 "지난 뒤에 치른다."[1]라고 한 문장 뒤에 수록되어 있었다.]

集說

父母之喪偕, 卽曾子問竝有喪, 言父母同時死也. 葬先輕而後重. 先葬, 葬母也. 不虞祔, 不爲母設虞祭祔祭也. 蓋葬母之明日, 卽治父葬, 葬父畢虞祔, 然後爲母虞祔, 故云待後事, 祭則先重而後輕也. 其葬母亦服斬衰者, 從重也. 以父未葬, 不敢變服也.

부모의 상이 모두 일어났다는 말은 『예기』「증자문(曾子問)」편에서 말한 "상이 동시에 발생한다."는 경우에 해당하니, 부모가 동시에 돌아가신 경우를 뜻한다. 장례의 경우에는 상대적으로 낮은 자를 먼저 하고 높은 자를 뒤에 한다. 먼저 장례를 치르는 것은 모친에 대한 장례를 치르는 것이다. 우제와 부제를 치르지 않는 것은 모친을 위해서 우제와 부제를 치르지 못한다는 뜻이다. 모친에 대한 장례를 치르고 난 다음날에는 곧 부친에 대한 장례를 치르게 되고, 부친에 대한 장례가 끝나면 우제와 부제를 치르고, 그런 뒤에야 모친에 대한 우제와 부제를 치른다. 그렇기 때문에 "뒤의 일을 기다린다."라고 말한 것이니, 제사의 경우에는 높은 자를 먼저 지내고, 상대적으로 낮은 자를 뒤에 지내기 때문이

---

1) 『예기』「상복소기」 044장 : 報葬者報虞, 三月<u>而後卒哭</u>.

다. 모친에 대한 장례를 치를 때에도 참최복을 착용하는 것은 높은 자에 대한 복장에 따르기 때문이다. 부친에 대한 장례를 아직 치르지 않았다면, 감히 상복을 바꿀 수 없기 때문이다.

淺見

近按: 此下皆言喪葬之禮, 先言父母, 自重者而始也.

내가 살펴보니, 이 문장으로부터 그 이하의 기록들은 모두 상례와 장례의 예법을 언급하고 있는데, 먼저 부모에 대한 경우를 언급한 것은 중대한 경우로부터 시작했기 때문이다.

報[赴]葬者報虞, 三月而后卒哭.〈044〉 [舊在"麻同皆兼服之"之下.]

가난하거나 특별한 변고 때문에 죽자마자['報'자의 음은 '赴(부)'이다.] 장
례를 치르는 경우에는 우제 또한 신속히 치른다. 다만 졸곡의 경우에는
3개월이 지난 뒤에 치른다. [옛 판본에는 "수위가 높은 상을 치르는 도중 수위
가 낮은 상을 당하여, 마로 된 것을 착용하고, 또 갈로 된 것을 착용한다."[1]라고 한
문장 뒤에 수록되어 있었다.]

集說

報, 讀爲赴, 急疾之義. 謂家貧或以他故不得待三月, 死而卽葬者,
旣疾葬亦疾虞. 虞以安神, 不可後也. 惟卒哭則必俟三月耳.

'보(報)'자는 부(赴)자로 풀이하니, 신속하다는 뜻이다. 즉 집안이 가난
하거나 다른 변고가 발생하여 3개월이 지날 때까지 기다릴 수 없어서,
죽은 뒤에 곧바로 장례를 치르는 경우에는 신속히 장례를 치르고 또 신
속히 우제를 치른다는 의미이다. 우제는 신령을 안심시키는 제사이므
로, 늦게 지낼 수 없다. 졸곡의 경우에만 반드시 3개월이 지날 때까지
기다린 뒤에 지낼 따름이다.

經文

祔葬者不筮宅.〈053〉 [舊在"門外之右南面"之下.]

합장을 하는 경우에는 그 무덤이 이미 점을 쳐서 정한 곳이므로, 재차

---

1) 『예기』「상복소기」 043장 : 斬衰之葛與齊衰之麻同, 齊衰之葛與大功之麻同,
麻同, 皆兼服之.

시초점을 치지 않는다. [옛 판본에는 "침문 밖 우측에서 남쪽을 바라보며, 조문 객들을 대한다."[2]라고 한 문장 뒤에 수록되어 있었다.]

집설(集說)

宅, 謂塋壙也. 前人之葬已筮而吉, 故祔葬則不必再筮也.

'택(宅)'은 무덤을 뜻한다. 이전에 장례를 치른 자에 대해서, 이미 시초점을 쳐서 길한 장지를 골랐기 때문에, 무덤에 합장하는 경우에는 재차 시초점을 칠 필요가 없다.

경문(經文)

遠葬者, 比反哭者皆冠, 及郊而後免反哭.⟨088⟩ [舊在"不報虞則除之"之下.]

장지가 멀리 떨어진 경우, 장례를 치를 때에는 반곡을 할 때까지 모두 관을 쓰고, 장례를 치르고 교외에 도달한 이후에는 문을 하며, 집의 묘에 와서 반곡을 한다. [옛 판본에는 "신속히 우제를 치르지 못한다면, 문을 하지 않고 상복을 제거한다."[3]라고 한 문장 뒤에 수록되어 있었다.]

집설(集說)

遠葬, 謂葬地在四郊之外也. 葬訖而反, 主人以下皆冠, 道路不可無飾也. 及至郊, 乃去冠著免而反哭于廟焉.

---

2) 『예기』「상복소기」 052장 : 哭朋友者於門外之右南面.
3) 『예기』「상복소기」 087장 : 爲兄弟旣除喪已, 及其葬也反服其服, 報虞卒哭則免, 如不報虞則除之.

'원장(遠葬)'은 장지가 사방 교외 밖에 있는 경우를 뜻한다. 장례를 끝내고 되돌아오게 되면, 상주로부터 그 이하의 사람들은 모두 관을 쓰니, 도로에서는 장식을 하지 않을 수 없기 때문이다. 교외에 이르게 되면, 곧 관을 제거하고, 문을 하며, 묘에서 반곡을 한다.

旣葬而不報[赴]虞, 則雖主人皆冠, 及虞則皆免.〈086〉

이미 장례를 치렀지만 특별한 사정 때문에 신속히['報'자의 음은 '赴(부)'이다.] 우제를 치르지 못하는 경우라면, 비록 상주라 하더라도 모두 관을 쓰고, 우제를 치르게 되면, 모두 문을 한다.

前章言赴葬者赴虞, 今言不赴虞, 謂以事故阻之也. 旣未得虞, 故且冠以飾首, 及虞則主人至緦小功者皆免也.

앞 장에서는 신속히 장례를 치러서 신속히 우제를 치르는 경우를 언급했고, 이곳에서는 신속히 우제를 치르지 않는다고 했으니, 특별한 일 때문에 지내지 못했다는 뜻이다. 이미 우제를 치르지 못했기 때문에, 또한 관을 써서 머리를 장식하고, 우제를 치르게 되면, 상주로부터 시마복과 소공복을 착용하는 자들까지 모두 문을 한다.

爲兄弟旣除喪已, 及其葬也反服其服, 報虞卒哭則免, 如不報虞則除之.〈087〉 [舊在"虞卒哭則免"之下.]

형제의 상을 치르는데, 기간이 오래되어 이미 상복을 벗은 상태이나 그의 장례를 치르게 되면, 다시 본래의 상복을 착용하고, 신속히 우제와 졸곡을 치르면 문을 한다. 만약 신속히 우제를 치르지 못한다면 문을 하지 않고 상복을 제거한다. [옛 판본에는 "우제와 졸곡을 치르게 되면, 문을 한다."[4]라고 한 문장 뒤에 수록되어 있었다.]

集說

此言爲兄弟除服, 及當免之節.

이 내용은 형제의 상을 치르며 상복을 제거하고, 문을 해야 할 때가 되었을 때의 규범을 설명하고 있다.

淺見

近按: 此因親之葬虞, 而幷及兄弟也.

내가 살펴보니, 이것은 부모의 장례와 우제를 말한 것에 따라서 형제에 대한 내용도 언급한 것이다.

---

4) 『예기』 「상복소기」 085장 : 緦小功, 虞卒哭則免.

三年而后葬者必再祭, 其祭之間不同時而除喪.〈028〉 [舊在"祭不
爲除喪也"之下.]

특별한 사정이 있어서, 삼년상을 치른 뒤에야 장례를 치르는 경우에는
반드시 소상과 대상의 제사를 두 차례 치르는데, 그 제사는 간격을 두
어 동시에 치르지 않고, 차례대로 상복을 제거한다. [옛 판본에는 "제사
는 상복을 제거하기 위해서 지내는 것이 아니다."1)라고 한 문장 뒤에 수록
되어 있었다.]

集說

孝子以事故不得及時治葬, 中間練祥時月, 以尸柩尚存, 不可除服.
今葬畢必擧練祥兩祭, 故云必再祭也. 但此二祭仍作兩次擧行, 不
可同在一時. 如此月練祭, 則男子除首経, 婦人除要帶, 次月祥祭,
乃除衰服. 故云其祭之間, 不同時而除喪也.

자식이 특별한 일 때문에 해당 시기가 되었는데도 장례를 치르지 못하
는 경우, 중간에 연상을 치르는 달에는 시신을 실은 영구가 여전히 존재
하므로 상복을 제거할 수 없다. 현재 장례를 끝냈다면 반드시 소상와
대상의 두 차례 제사를 시행해야 한다. 그렇기 때문에 "반드시 두 차례
제사를 지낸다."라고 말한 것이다. 다만 이러한 두 제사는 곧 두 가지를
순차에 따라 시행해야 하며, 같은 시기에 함께 치를 수 없다. 예를 들어
이번 달에 소상의 제사를 지냈다면, 남자는 수질을 제거하고 부인은 요
대를 제거하며, 다음 달에 대상의 제사를 지냈다면, 곧 상복을 제거하게
된다. 그렇기 때문에 "제사는 간격을 두며 동시에 하지 않고 상복을 제

---

1) 『예기』「상복소기」 027장 : 再期之喪, 三年也. 期之喪, 二年也. 九月·七月之
   喪, 三時也. 五月之喪, 二時也. 三月之喪, 一時也. 故期而祭, 禮也, 期而除喪,
   道也. 祭不爲除喪也.

거한다."고 말한 것이다.

經文

久而不葬者, 唯主喪者不除, 其餘以麻終月數者, 除喪則已.
⟨062⟩ [舊在"以其服服之"之下.]

오랜 기간이 지나도록 장례를 치르지 못하는 경우, 오직 상주만이 복장을 제거하지 않고, 나머지 기년복 이하의 관계에 있는 친족들은 장례를 치르지 않은 상태이므로, 복장에 변화를 주지 않고 마로 된 것을 착용하여 정해진 기간만큼 채우니, 기간을 끝내면 제거하고 계속 착용하지 않는다. [옛 판본에는 "상복 규정에 따라 복상한다."2)라고 한 문장 뒤에 수록되어 있었다.]

集說

主喪者不除, 謂子於父, 妻於夫, 孤孫於祖父母, 臣於君, 未葬不得除衰経也. 麻終月數者, 期以下至緦之親, 以主人未葬, 不得變葛, 故服麻以至月數足而除, 不待主人葬後之除也. 然其服猶必收藏以俟送葬也.

"상을 주관하는 자는 제거하지 않는다."는 말은 자식은 부친에 대해서, 처는 남편에 대해서, 고아가 된 손자는 조부모에 대해서, 신하는 군주에 대해서, 아직 장례를 치르지 못해서 상복과 질을 제거하지 못한 경우를 뜻한다. "마로써 개월 수를 끝낸다."는 것은 기년복으로부터 그 이하로 시마복의 관계에 있는 친족이니, 상주가 아직 장례를 치르지 못해서 갈

---

2) 『예기』「상복소기」061장 : 丈夫冠而不爲殤, 婦人笄而不爲殤. 爲殤後者, <u>以其服服之</u>.

로 된 것으로 바꿀 수 없기 때문에, 마로 된 것을 착용하고서 정해질 개월 수까지 채우고서야 제거하며, 상주가 장례를 치른 뒤 제거할 때까지 기다리지 않는다. 그러나 그 복장은 반드시 보관을 해두어 장례를 전송할 때 다시 입어야 한다.

經文

陳器之道, 多陳之而省納之可也, 省陳之而盡納之可也. 〈076〉
[舊在"不免而爲主"之下.]

장례 때 함께 부장하는 명기의 경우, 그것을 진열하는 법도는 빈객에게 받은 것들은 모두 진열하지만 추려서 부장하는 것이 옳고, 상주가 제작한 것들은 추려서 진열하지만 모두 부장하는 것이 옳다. [옛 판본에는 "문을 하지 않고 상주 역할을 시행한다."³⁾라고 한 문장 뒤에 수록되어 있었다.]

集說

陳器, 陳列從葬之明器也. 凡朋友賓客所贈遺之明器, 皆當陳列, 所謂多陳之也. 而所納於壙者有定數, 故云省納之可也. 省, 減殺也. 若主人所作者依禮有限, 故云省陳之而盡納之可也.

'진기(陳器)'는 장례를 치르며 함께 부장하는 명기를 진열한다는 뜻이다. 무릇 벗이나 빈객들이 증여한 명기들은 모두 진열해야 하니, 이것이 바로 "많이 진열한다."는 뜻이다. 그러나 무덤에 수용할 수 있는 용량에는 정해진 수치가 있기 때문에, "추려서 부장하는 것이 옳다."라고 말한 것이다. '생(省)'자는 줄인다는 뜻이다. 만약 상주가 제작한 것들은 예법에 따르면 제한이 있기 때문에, "줄여서 진열하지만 모두 부장하는 것이 옳

---

3) 『예기』「상복소기」 075장 : 主人未除喪, 有兄弟自他國至, 則主人<u>不免而爲主</u>.

다."라고 말한 것이다.

近按: 此言葬時陳列明器之禮, 以總結之也.

내가 살펴보니, 이것은 장례를 치를 때 명기를 진열하는 예법을 언급하
여, 총괄적인 결론을 맺은 것이다.

奔父之喪, 括髮於堂上, 袒降踊, 襲絰于東方. 奔母之喪, 不括髮, 袒於堂上降踊, 襲免于東方. 絰卽位成踊, 出門哭止, 三日而五哭三袒.〈091〉 [舊在"朝服縞冠"之下.]

부친의 상에 분상을 하게 되면, 도착하여 빈궁의 당상에서 머리를 묶고, 단을 한 뒤에 내려와서 용을 하며, 다시 동서의 동쪽에서 옷을 껴입고 질을 두른다. 모친의 상에 분상을 하게 되면, 머리를 묶지 않고, 당상에서 단을 하고 내려와서 용을 하며, 동서의 동쪽에서 옷을 껴입고 문을 한다. 질을 차게 되면, 자리로 나아가서 마저 용을 하고, 빈궁의 문밖으로 나아가 임시숙소로 가면 곡을 그치니, 3일 동안 다섯 차례 곡을 하고, 세 차례 단을 한다. [옛 판본에는 "조복과 호관을 착용한다."[1]라고 한 문장 뒤에 수록되어 있었다.]

不言笄纚者, 異於始死時也. 至卽以麻括髮于殯宮之堂上, 袒去上衣, 降阼階之東而踊, 踊畢而升堂, 襲掩所袒之衣而著要絰于東方. 東方者, 東序之東也. 此奔父喪之禮如此. 若奔母喪, 初時括髮, 至反哭以後至於成服皆不括髮, 其袒於堂上降踊者與父同. 父則括髮而加絰, 母則不括髮而加免, 此所異也. 著免加要絰而卽位於阼階之東而更踊, 故云絰卽位成踊也. 其卽位成踊, 父母皆然. 出門, 出殯宮之門而就廬次也, 故哭者止. 初至一哭, 明日朝夕哭, 又明日朝夕哭, 所謂三日而五哭也. 三袒者, 初至袒, 明日朝袒, 又明日朝袒也.

"비녀를 꼽고 이를 싸맨다."는 말을 언급하지 않은 것은 이제 막 돌아가셨을 때와는 다르게 하기 때문이다. 도착하게 되면 마를 이용해서 빈궁

---

1) 『예기』「상복소기」 090장 : 除殤之喪者, 其祭也必玄. 除成喪者, 其祭也<u>朝服縞冠</u>.

의 당상에서 머리를 묶고, 단을 하여 상의를 제거하고, 동쪽 계단의 동쪽으로 내려가서 용을 하며, 용을 마치고 당에 오르며, 단을 했던 옷을 가려서 끼우고, 동방에서 요질을 찬다. '동방(東方)'은 동서의 동쪽을 뜻한다. 이것은 부친의 상에 분상하는 예법이 이와 같다는 뜻이다. 만약 모친의 상에 분상을 하는 경우라면, 최초 머리를 묶고, 도달한 뒤에는 또 곡을 하고 그 이후로부터 성복을 할 때까지는 모두 머리를 묶지 않으며, 당상에서 단을 하고, 내려가서 용을 하는 것들은 부친의 상에 분상하는 경우와 동일하다. 그러나 부친의 상이라면, 머리를 묶은 뒤에 질을 차지만, 모친의 경우라면 머리를 묶지 않고 문을 하니, 이것이 그 차이점이다. 문을 하고 요질을 착용하고서 동쪽 계단의 동쪽으로 나아가 자리를 잡고 다시금 용을 한다. 그렇기 때문에 "질을 하고 자리로 나아가 용을 마친다."고 한 것이다. 자리로 나아가서 용을 마친다는 것은 부친과 모친에 대해서 모두 이처럼 한다. '출문(出門)'은 빈궁의 문을 빠져나와서 상중에 머무는 임시 숙소로 나아간다는 뜻이다. 그렇기 때문에 곡하던 것을 그친다. 최초 도착했을 때에는 한 차례 곡을 하고, 그 다음날 아침저녁으로 곡을 하며, 또 그 다음날 아침저녁으로 곡을 하니, 이것이 이른바 3일 동안 다섯 차례 곡을 한다는 뜻이다. '삼단(三袒)'이라는 것은 최초 도착했을 때 단을 하고, 그 다음날 아침에 단을 하며, 또 그 다음날 아침에 단을 한다는 뜻이다.

近按: 此因上言喪葬之事, 而又及奔喪之禮也.

내가 살펴보니, 이것은 앞에서 상례와 장례에 대한 사안을 말한 것에 따라 분상하는 예법도 언급한 것이다.

主人未除喪, 有兄弟自他國至, 則主人不免[問]而爲主. ⟨075⟩ [舊
在"士攝大夫唯宗子"之下.]

상주가 아직 상을 끝내지 않았는데, 형제 중 타국으로부터 돌아온 자가
있다면, 상주는 문을['免'자의 음은 '問(문)'이다.] 하지 않고 상주 역할을
시행한다. [옛 판본에는 "사가 종자의 신분이라면, 대부를 섭주로 삼을 수 있다."[1]
라고 한 문장 뒤에 수록되어 있었다.]

葬後而君弔之, 則非時亦免, 以敬君, 故新其事也. 兄弟, 親屬也. 親
則尙質, 故不免而爲主也.

장례를 치른 이후 군주가 조문을 하게 되면, 해당 시기가 아닌데도 또한
문을 하니, 군주를 공경하기 때문에 그 일을 새롭게 하는 것이다. 형제
는 친족이다. 친근한 자에 대해서는 오히려 질박하게 대한다. 그렇기 때
문에 문을 하지 않고 상주 노릇을 한다.

近按: 主人未除喪, 而有兄弟自他國至者, 卽奔喪者也, 故類記之.

내가 살펴보니, 상주가 아직 상을 끝내지 않았는데, 형제 중 타국으로부
터 돌아온 자가 있다는 것은 분상을 한 자에 해당한다. 그렇기 때문에
비슷한 부류라서 이곳에 기록해둔 것이다.

---

1) 『예기』 「상복소기」 074장 : 士不攝大夫, 士攝大夫唯宗子.

奔兄弟之喪, 先之墓而後之家, 爲位而哭. 所知之喪, 則哭於
宮而後之墓.〈077〉[舊在"盡納之可也"之下.]

형제의 상에서 이미 장례를 치렀는데 그 후에 분상을 할 때에는 먼저
묘에 찾아가고 이후에 그 집에 찾아가서 자리를 마련하여 곡한다. 알고
지내던 자의 상이라면, 먼저 빈소에서 곡을 하고 그 이후에 묘에 찾아
간다. [옛 판본에는 "모두 부장하는 것이 옳다."[1]라고 한 문장 뒤에 수록되어 있었
다.]

集說

兄弟, 天倫也. 所知, 人情也. 係於天者情急於禮, 由於人者禮勝於
情. 宮, 故殯宮也.

형제는 천륜으로 맺어진 관계이다. 알고 있는 사이는 인정으로 맺어진
관계이다. 천성적인 관계에서는 그 정감이 예법보다 우선되고, 인정에
따른 관계에서는 예법이 정감보다 우세하다. '궁(宮)'은 이전에 만들었던
빈궁을 뜻한다.

淺見

近按: 此因奔父母之喪, 而幷及之也.

내가 살펴보니, 이것은 부모의 상에 분상하는 것에 따라서 함께 언급한
것이다.

---

1) 『예기』「상복소기」 076장 : 陳器之道, 多陳之而省納之可也, 省陳之而盡納之
可也.

除喪者, 先重者, 易服者, 易輕者.〈040〉[舊在"與女君同"之下.]

상복을 제거하는 경우에는 중요한 것을 먼저 제거한다. 상복을 바꾸는 경우에는 덜 중요한 것을 바꾼다. [옛 판본에는 "여군이 따르는 법식과 동일하다."[1]라고 한 문장 뒤에 수록되어 있었다.]

集說

男子重在首, 婦人重在要, 凡所重者有除無變, 故雖卒哭不受輕服, 直至小祥, 而男子除首経, 婦人除要経. 此之謂除喪者先重者也. 易服者, 謂先遭重喪, 後遭輕喪, 而變易其服也. 輕, 謂男子要·婦人首也. 此言先是斬衰, 虞而卒哭, 已變葛経. 葛経之大小, 如齊衰之麻経. 今忽又遭齊衰之喪, 齊衰要首経皆牡麻, 牡麻重於葛也. 服宜從重, 故男不變首, 女不變要, 以其所重也. 但以麻易男要女首而已, 故云易服者易輕者也. 若未虞卒哭則後喪不能變.

남자의 경우 중요한 것은 머리에 쓰고, 부인의 경우 중요한 것은 허리에 차니, 모든 경우에 있어 중요하게 치는 것에는 제거하는 경우는 있어도 변화시키는 경우는 없다. 그렇기 때문에 비록 졸곡을 하고 수위가 낮은 상복을 받지 않았더라도, 소상에 이르게 되면, 남자는 수질을 제거하고 부인은 요질을 제거한다. 이것이 "상복을 제거하는 경우 중요한 것을 먼저 제거한다."는 뜻에 해당한다. "복장을 바꾼다."는 말은 앞서 수위가 높은 상을 당했고, 이후에 수위가 낮은 상을 당했을 때, 그 복장을 변화시켜 바꾼다는 뜻이다. 덜 중요한 것은 남자의 경우 허리에 찬 것이며 부인의 경우 머리에 쓴 것이다. 이것은 먼저 참최복을 착용하고 있는데, 우제를 치르고 졸곡을 하면, 이미 갈로 만든 질로 바꾼다는 뜻이다. 갈로 만든 질의 크기는 자최복에 하는 마로 만든 질의 크기와 같다. 그런

---

1) 『예기』 「상복소기」 039장 : 妾爲君之長子, <u>與女君同</u>.

데 현재 갑작스럽게 자최복의 상을 또 당했다면, 자최복에 하는 요질과 수질은 모두 모마로 만들게 되며, 모마로 만든 질은 갈로 만든 질보다도 수위가 높다. 상복을 착용하는 경우에는 마땅히 수위가 높은 것을 따라야 한다. 그렇기 때문에 남자는 수질을 바꾸지 않고 여자는 요질을 바꾸지 않으니, 그것들이 중시 여기는 것들이기 때문이다. 다만 마로 만든 것으로 남자의 요질과 여자의 수질을 바꿀 따름이다. 그렇기 때문에 "상복을 바꾸는 경우에는 덜 중요한 것을 바꾼다."고 말한 것이다. 만약 아직 우제를 치러서 졸곡을 하지 못한 경우라면, 뒤의 상에 대해서는 바꿀 수가 없다.

淺見

近按: 此下泛言喪服輕重之節.

내가 살펴보니, 이곳 문장과 아래의 내용은 상복의 수위에 따른 법도를 범범하게 언급한 것이다.

經文

斬衰之葛與齊衰之麻同, 齊衰之葛與大功之麻同, 麻同皆兼
服之.〈043〉 [舊在"不知姓則書氏"之下.]

참최복의 상에서 졸곡을 치른 뒤 차는 갈로 만든 질은 자최복의 상에서
초상 때 차는 마로 만든 질과 크기가 같다. 자최복의 상에서 졸곡을 치
른 뒤 차는 갈로 만든 질은 대공복의 상에서 초상 때 차는 마로 만든
질과 크기가 같다. 수위가 높은 상과 낮은 상이 겹쳤을 때, 여자의 경우
에는 모두 마로 된 것을 차고, 남자의 경우에는 마와 갈로 만든 질을
모두 착용한다. [옛 판본에는 "성(姓)을 모르는 경우라면 씨(氏)를 기록한다."[1]라
고 한 문장 뒤에 수록되어 있었다.]

集說

上章言経殺皆是五分去一, 此言斬衰卒哭後所受葛経, 與齊衰初死
之麻経大小同; 齊衰變服之葛経, 與大功初死之麻経大小同. 麻同
皆兼服之者, 謂居重喪而遭輕喪, 服麻又服葛也. 上章言男子易要
経不易首経, 故首仍重喪之葛, 要乃輕喪之麻也. 婦人卒哭後無變
上下皆麻, 此言麻葛兼服者, 止謂男子耳.

앞에서는 질의 크기를 줄일 때, 모두 5분의 1씩 줄인다고 했고, 이곳에
서는 참최복의 상에서 졸곡을 한 이후에 받게 되는 갈로 만든 질은 자최
복의 상에서 초상 때 착용하는 마의 질과 크기가 같다고 했으며, 자최복
의 상에서 상복을 변경하여 갈로 만든 질을 찰 때, 대공복의 상에서 초
상 때 착용하는 마의 질과 크기가 같다고 했다. '마동개겸복지(麻同皆兼
服之)'라는 말은 수위가 높은 상을 치르는 도중 수위가 낮은 상을 당하
여, 마로 된 것을 착용하고, 또 갈로 된 것을 착용한다는 뜻이다. 앞에서

---

1) 『예기』「상복소기」 042장 : 復與書銘, 自天子達於士, 其辭一也. 男子稱名, 婦
人書姓與伯仲, 如不知姓則書氏.

는 남자는 요질은 바꾸지만 수질은 바꾸지 않는다고 했기 때문에, 머리에 두르는 것은 곧 수위가 높은 상에서 차는 갈로 만든 질이고, 허리에는 곧 수위가 낮은 상에서 차는 마로 만든 질을 찬다. 부인의 경우 졸곡을 치른 뒤에는 변경하는 일이 없어서, 위아래 모두 마로 된 것을 차니, 이곳에서 마와 갈을 함께 착용한다고 한 말은 단지 남자에 대한 경우를 뜻할 따름이다.

淺見

近按: 此言絰殺輕重之制.

내가 살펴보니, 질의 크기를 줄임에 있어 상복 수위에 따른 제도를 언급한 것이다.

経殺[色介反]**五分而去**[上聲]**一, 杖大如経.**⟨038⟩ [舊在"不爲君母之黨服"之下.]

수질(首経)의 크기를 줄일['殺'자는 '色(색)'자와 '介(개)'자의 반절음이다.] 때에 는 5등분 중 1만큼을 줄이고['去'자는 상성으로 읽는다.] 지팡이의 크기는 요 질의 크기와 동일하게 한다. [옛 판본에는 "군주 정부인의 친족들을 위해서 상 복을 착용하지 않는다."[1]라고 한 문장 뒤에 수록되어 있었다.]

集説

喪服傳曰: "苴経大搹, 左本在下, 去五分一以爲帶経." 大搹者, 謂首 経也. 五分減一分, 則要経之大也. 遞減之, 則齊衰之経大如斬衰之 帶, 去五分一以爲齊衰之帶; 大功之経大如齊衰之帶, 去五分一以爲 大功之帶; 小功之経大如大功之帶, 去五分一以爲小功之帶; 緦麻之 経大如小功之帶, 去五分一以爲緦麻之帶. 麻在首在要, 皆曰経. 分 言之, 則首曰経, 要曰帶. 所以五分者, 象五服之數也. 杖大如経, 如 要経也. 搹者, 搤也.

『의례』「상복(喪服)」편의 전문에서는 "저질의 대격은 좌본이 밑에 있고, 5분의 1을 줄여서 대질로 한다."[2]고 했다. '대격(大搹)'은 수질을 뜻하 며, 다섯 등분을 하여 그 중 하나만큼을 줄이면, 요질의 크기가 된다. 교대로 줄여나가면, 자최복의 질 크기는 참최복의 대 크기와 같고, 그 중 5분의 1을 줄여서, 자최복의 대로 만든다. 대공복의 질 크기는 자최 복의 대 크기와 같고, 그 중 5분의 1을 줄여서, 대공복의 대로 만든다. 소공복의 질 크기는 대공복의 대 크기와 같고, 그 중 5분의 1을 줄여서,

---

1) 『예기』「상복소기」 037장 : 爲君母後者, 君母卒, 則不爲君母之黨服.
2) 『의례』「상복(喪服)」 : 傳曰, 斬者何? 不緝也. 苴経者, 麻之有蕡者也. 苴経大 搹, 左本在下, 去五分一以爲帶.

소공복의 대로 만든다. 시마복의 질 크기는 소공복의 대 크기와 같고, 그 중 5분의 1을 줄여서, 시마복의 대로 만든다. 마는 머리에도 쓰고 허리에도 차는데, 둘 모두를 '질(絰)'이라 부른다. 구분해서 말하면, 머리에 쓰는 것을 '질(絰)'이라 부르고, 허리에 차는 것을 '대(帶)'라 부른다. 다섯 등분으로 나누는 것은 오복의 수치를 본뜬 것이다. 지팡이의 길이는 질과 같다고 했는데, 요질의 크기와 같다는 뜻이다. '격(搹)'은 "쥐다."는 뜻이다.

朱子曰: 首絰大一搹, 只是拇指與第二指一圍.

주자가 말하길, 수질의 길이는 한 손으로 쥔 크기가 되니, 엄지손가락부터 두 번째 손가락까지의 둘레를 뜻한다.

浅見

近按: 此承上文以言絰殺, 而兼言杖制也.

내가 살펴보니, 이 문장은 앞 문장을 이어받아서 질의 크기를 줄이는 것을 언급하였고, 지팡이에 대한 제도도 함께 언급한 것이다.

虞, 杖不入於室; 祔, 杖不升於堂.〈036〉 [舊在"君雖未知喪臣服已" 之下.]

우제를 치른 뒤에는 지팡이를 짚고 실로 들어가지 않는다. 부제를 치른 뒤에는 지팡이를 짚고 당에 올라가지 않는다. [옛 판본에는 "군주가 비록 상 이 발생했다는 사실을 모르더라도, 신하는 상복을 착용할 따름이다."[1]라고 한 문장 뒤에 수록되어 있었다.]

集說

虞祭在寢, 祭後不以杖入室; 祔祭在祖廟, 祭後不以杖升堂, 皆殺哀 之節也.

우제는 침에서 치르는데, 제사를 끝낸 뒤에는 지팡이를 짚고 실로 들어 가지 않는다. 부제는 조묘에서 치르는데, 제사를 끝낸 뒤에는 지팡이를 짚고 당으로 올라가지 않는다. 이 모두는 애통한 감정을 줄이는 규범이 다.

經文

庶子不以杖卽位.〈066〉

서자는 지팡이를 짚고서 곡하는 자리로 나아가지 않는다.

集說

此言適庶俱有父母之喪者, 適子得執杖進阼階哭位, 庶子至中門外

---

1)『예기』「상복소기」 035장 : 君雖未知喪, 臣服已.

則去之矣.

이 내용은 적자와 서자에게 모두 부모의 상이 발생한 경우, 적자는 지팡이를 짚고서 동쪽 계단으로 나아가 곡을 하는 위치에 설 수 있지만, 서자는 중문 밖에 도달하면 지팡이를 제거한다는 뜻이다.

父不主庶子之喪, 則孫以杖卽位可也.〈067〉

부친이 서자의 상을 주관하지 않는다면, 서자의 아들이 지팡이를 잡고서 곡하는 자리로 나아가는 것은 괜찮다.

父主適子喪而有杖, 故適子之子不得以杖卽位, 避祖之尊故然, 非厭之也. 今父旣不主庶子之喪, 故庶子之子得以杖卽位, 祖不厭孫, 孫得伸也. 父皆厭子, 故舅主適婦喪, 而適子不杖. 大夫不服賤妾, 故妾子亦以厭而降服以服其母. 祖雖尊貴. 不厭其孫, 故大夫降庶子, 而孫不降其父也.

부친은 적자의 상을 주관하며 지팡이를 잡게 된다. 그렇기 때문에 적자의 자식은 지팡이를 들고서 자리로 나아갈 수 없으니, 조부의 존귀함을 피하기 위해서 이처럼 하는 것으로, 수위를 낮추는 경우는 아니다. 현재 부친이 이미 서자의 상을 주관하지 않는다고 했기 때문에, 서자의 자식은 지팡이를 들고서 자리로 나아갈 수 있으니, 조부는 손자의 수위를 낮추지 않아서, 손자가 예법대로 펼 수 있었던 것이다. 부친은 모든 경우에 자식의 수위를 낮춘다. 그렇기 때문에 시아비가 적부의 상을 주관하여 적자는 지팡이를 들지 않는 것이다. 대부는 천첩에 대해 상복을 착용하지 않는다. 그렇기 때문에 첩의 자식 또한 수위를 낮춰 강복을 하여 그의 생모에 대해 복상한다. 조부는 비록 존귀한 자이지만, 손자의 수위를 낮추지 않기 때문에, 대부는 서자에 대해 수위를 낮추지만, 손자는 그의 부친에 대해 낮추지 않는 것이다.

經文

父在, 庶子爲妻, 以杖卽位可也. 〈068〉 [舊在"爲其母不禫"之下.]

부친이 생존해 계실 때, 서자가 자기 처의 상을 주관하게 되면, 지팡이를 잡고 자리로 나아가는 것은 괜찮다. [옛 판본에는 "생모에 대한 장례를 치를 때 담제를 지내지 않는다."[2]라고 한 문장 뒤에 수록되어 있었다.]

集說

舅主適婦, 故適子不得杖. 舅不主庶婦, 故庶子爲妻可以杖卽位. 此以卽位言者, 蓋庶子厭於父母, 雖有杖不得持以卽位, 故明言之也.

시아비는 적자의 아내에 대한 상을 주관하기 때문에, 적자는 지팡이를 잡을 수 없다. 시아비는 서자의 아내에 대해서 상을 주관하지 않기 때문에, 서자는 자신의 처를 위해서 지팡이를 잡고 자리로 나아갈 수 있다. 여기에서 자리로 나아간다고 한 말은 아마도 서자는 부모에 대해서 수위를 낮추게 되어, 비록 지팡이를 잡지만 그것을 짚고서 자리로 나아갈 수 없는 경우가 있기 때문에 명시한 것이다.

---

2) 『예기』「상복소기」 065장 : 庶子在父之室, 則<u>爲其母不禫</u>.

婦人不爲主而杖者, 姑在爲夫杖. 母爲長子削杖. 女子子在
室爲父母, 其主喪者不杖, 則子一人杖.〈084〉 [舊在"喪者不祭故
也"之下.]

부인은 상주가 아닌데도 지팡이를 잡는 경우가 있으니, 시어미가 생존
해 계실 때 죽은 남편을 위해서 지팡이를 잡는다. 모친은 장자의 상을
치르게 되면 삭장을 잡는다. 딸 중 아직 시집을 가지 않은 여자는 부모
의 상을 치를 때, 남자 형제가 없어서 같은 성씨의 남자를 섭주로 삼아
그 자가 지팡이를 잡지 않으면, 딸 중 한 명이 지팡이를 잡는다. [옛 판본
에는 "상을 치르는 자는 제사를 지내지 못하기 때문이다."3)라고 한 문장 뒤에 수록
되어 있었다.]

集說

此明婦與女當杖之禮. 女子在室而爲父母杖者, 以無男昆弟而使同
姓爲攝主也.

이 내용은 부인과 딸이 지팡이를 잡아야 하는 예를 나타내고 있다. 딸이
아직 시집을 가지 않아서 부모의 상을 치르며 지팡이를 잡는 경우는 남
자 곤제가 없어서 동성인 친족 남자를 시켜 섭주로 삼았을 경우이다.

淺見

黃氏曰: 子一人杖, 謂長女也.

황씨가 말하길, 자식 한 사람이 지팡이를 잡는다고 했는데, 장녀를 뜻한
다.

---

3) 『예기』 「상복소기」 083장 : 爲父後者, 爲出母無服. 無服也者, 喪者不祭故也.

近按: 以上皆言喪杖之節.

내가 살펴보니, 여기까지는 모두 상례에서 지팡이를 잡는 예법을 언급
하였다.

經文

箭笄終喪三年, 齊衰三月, 與大功同者, 繩屨.〈063〉 [舊在"除喪則
已"之下.]

아직 시집을 가지 않은 딸은 부친의 상에 대해, 전계를 꼽고서 삼년상
을 치른다. 자최복을 착용하고 3개월 동안 복상하는 자는 대공복을 착
용하고 9개월 동안 복상하는 자와 수위가 비슷하므로, 둘 모두 승구를
신는다. [옛 판본에는 "기간을 끝내면 제거하고 계속 착용하지 않는다."[1]라고 한
문장 뒤에 수록되어 있었다.]

集說

前章言齊衰惡笄以終喪, 爲母也. 此言箭笄三年, 女子在室爲父也.
箭, 篠也. 齊衰爲尊, 大功爲卑. 然三月者恩之輕, 九月者恩稍重, 故
可以同用繩屨. 此制禮者淺深之宜也. 繩屨, 麻繩爲屨也.

앞 장에서는 자최복을 착용하는 여자는 악계를 꼽고 상을 끝낸다고 했
는데, 그것은 모친의 상을 치를 때이다. 이곳에서는 전계를 꼽고 삼년상
을 치른다고 했는데, 딸 중 아직 시집을 가지 않은 여자가 부친의 상을
치르는 경우를 뜻한다. '전(箭)'자는 소라는 나무를 뜻한다. 자최복을 착
용하는 경우는 존귀한 자이고, 대공복을 착용하는 경우는 낮은 자이다.
그러나 3개월을 치르는 것은 은정이 옅은 것이며, 9개월을 치르는 것은
은정이 보다 두터운 경우이다. 그렇기 때문에 둘 모두 승구를 동일하게
신을 수 있다. 이것은 예법을 제정한 것이 깊이에 합당한 경우이다. '승
구(繩屨)'는 마로 꼰 줄을 엮어서 신발로 만든 것이다.

---

1) 『예기』「상복소기」062장 : 久而不葬者, 唯主喪者不除, 其餘以麻終月數者, <u>除
<u>喪則已</u>.

近按: 箭笄終喪, 女子在室爲父之服, 故承上文女子子在室爲父母之後也.

내가 살펴보니, 전계를 꼽고서 상을 끝낸다는 것은 딸 중 아직 시집을 가지 않은 여자가 부친을 위해서 치르는 복상제도이다. 그렇기 때문에 앞 문장에서 " 딸 중 아직 시집을 가지 않은 여자가 부모의 상을 치른다." 라고 한 내용을 이어받아 그 뒤에 기록한 것이다.

爲父後者, 爲出母無服. 無服也者, 喪者不祭故也. 〈083〉 [舊在"以
大夫牲"之下.]

부친의 후계자가 된 자는 출모를 위해서 상복을 착용하지 않는다. 상복
을 착용하지 않는 이유는 상을 치르는 자는 제사를 지내지 못하기 때문
이다. [옛 판본에는 "대부에게 적용되는 희생물을 사용한다."[1]라고 한 문장 뒤에
수록되어 있었다.]

集說

出母, 父所棄絶, 爲他姓之母以死, 則有他姓之子服之. 蓋居喪者不
祭, 若喪他姓之母, 而廢己宗廟之祭, 豈禮也哉? 故爲父後者不喪出
母, 重宗祀也. 然雖不服, 猶以心喪自居爲恩也, 非爲後者期而不禫.

'출모(出母)'는 부친으로부터 쫓겨나서 관계가 끊어진 여자이니, 다른 성
을 가진 자의 모친이 된 상태로 죽었다면, 다른 성을 가진 자식이 그녀
를 위해 복상하게 된다. 무릇 상을 치르는 자는 제사를 지내지 않는데,
만약 다른 성의 모친에 대해 상례를 치른다면, 자기 종묘의 제사를 폐지
하는 꼴이 되니, 어찌 예법에 맞는 행동이라 할 수 있겠는가? 그렇기 때
문에 부친의 후계자가 된 자는 출모를 위해서 상을 치르지 않으니, 종묘
의 제사를 중시여기기 때문이다. 그러나 비록 상복을 입지 않는다 하더
라도, 여전히 심상의 방법으로 거처하게 되니 은정 때문이며, 후계자가
아닌 자는 기년상을 치르되 담제는 지내지 않는다.

朱子曰: 出母爲父後者無服, 此尊祖敬宗家無二主之意, 先王制作精
微不苟蓋如此.

---

1) 『예기』「상복소기」 082장 : 其妻爲大夫而卒, 而后其夫不爲大夫, 而祔於其妻,
則不易牲. 妻卒而后夫爲大夫, 而祔於其妻, 則以大夫牲.

주자가 말하길, 출모에 대해서 부친의 후계자가 된 자가 상복을 착용하지 않는데, 이것은 조상을 존숭하고 종가를 공경하며, 두 명의 주인이 없다는 뜻에 해당하니, 선왕이 예제를 제정했던 뜻이 이처럼 정밀했던 것이다.

浅見

近按: 此擧首章之言而釋其意也. 然爲父後者父在則己不主祭, 又有父命則喪出母, 此孔子使伯魚喪之者也. 子思又恐因此而父沒者亦喪出母, 故不使白也喪之, 蓋孔子行禮之權, 而子思守禮之經, 其經權輕重之差, 已見檀弓.

내가 살펴보니, 이 문장은 첫 장에서 언급한 내용을 제시하여 그 의미를 풀이한 것이다. 그런데 부친의 후계자가 된 자는 부친이 생존해 계시다면 자신은 제사를 주관하지 않고, 또 부친의 명령이 있다면 출모를 위해서 상례를 치르니, 공자가 백어로 하여금 출모의 상을 치르게 한 경우에 해당한다. 자사는 또한 이로 인해 부친이 돌아가신 경우라면 또한 출모에 대해 상례를 치를 것이라 염려했기 때문에 백으로 하여금 상을 치르지 못하도록 한 것이니, 공자는 권도에 따른 예법을 시행한 것이고, 자사는 경도에 따른 예법을 지킨 것인데, 경도와 권도에 따른 경중의 차이는 이미 『예기』「단궁(檀弓)」편에서 설명하였다.

經文

爲慈母後者, 爲庶母可也, 爲祖庶母可也.〈058〉 [舊在"宗子母在爲
妻禫"之下.]

첩의 자식 중 자모의 자식이 된 자는 서모의 자식이 될 수도 있고, 조부
서모의 자식도 될 수 있다. [옛 판본에는 "대종은 부친이 돌아가신 경우, 모친이
생존해 계시더라도, 자신의 처를 위해서 담제를 치른다."[1]라고 한 문장 뒤에 수록되
어 있었다.]

集說

傳曰: "妾之無子者, 妾子之無母者, 父命之爲子母." 此謂爲慈母後
者也. 若庶母嘗有子, 而子已死, 命他妾之子爲其後, 故云爲庶母可
也. 若父之妾有子而子死, 己命己之妾子後之亦可, 故云爲祖庶母
可也.

『의례』「상복(喪服)」편의 전문에서는 "첩 중 자식이 없는 자와 첩의 자
식 중 생모가 없는 자에 대해서, 부친은 명령을 하여, 둘을 자식과 모친
관계로 만든다."[2]라고 했다. 이 내용은 자모의 후계자가 된 자를 뜻한
다. 만약 서모 중 일찍이 자식이 있었지만 자식이 이미 죽은 상태라면,
다른 첩의 자식에게 명령하여 그녀의 후계자로 삼을 수 있다. 그렇기
때문에 "서모의 후계자가 될 수도 있다."라고 말한 것이다. 만약 부친의
첩 중 자식이 있었는데 자식이 죽어서, 자신이 자신의 첩 아들에게 그녀
의 후계자가 되라고 명령을 하는 것 또한 가능하다. 그렇기 때문에 "조
부의 서모 후계자가 될 수도 있다."라고 말한 것이다.

---

1) 『예기』「상복소기」 057장 : 宗子母在爲妻禫.
2) 『의례』「상복(喪服)」 : 傳曰, 妾之無子者, 妾子之無母者, 父命妾曰, "女以爲
子."

石梁王氏曰: 爲慈母後者, 爲庶母爲祖庶母後皆可. 謂旣是妾子, 此三母皆妾, 皆可以妾生之子爲後.

석량왕씨가 말하길, 자모의 후계자가 된 자는 서모와 조서모의 후계자가 되는 것도 모두 가능하다고 했다. 이 말은 이미 첩의 자식이고, 여기에서 말한 세 모친은 모두 첩의 신분이니, 모든 경우에 첩이 낳은 자식을 그녀들의 후계자로 삼을 수 있다는 뜻이다.

經文

爲慈母之父母無服.〈048〉 [舊在"大夫不主士之喪"之下.]

자모의 부모를 위해서는 상복을 입지 않는다. [옛 판본에는 "대부는 사의 상에 대해서 상을 주관하지 않는다."[3]라고 한 문장 뒤에 수록되어 있었다.]

集說

恩所不及故也.

은정이 미치는 대상이 아니기 때문이다.

經文

慈母與妾母, 不世祭也.〈060〉 [舊在"爲父母妻長子禫"之下.]

자모와 첩인 모친에 대해서는 자식이 제사를 지내더라도 손자는 제사를

---

3) 『예기』「상복소기」 047장 : 大夫不主士之喪.

지내지 않는다. [옛 판본에는 "부친·모친·처·장자의 상을 치를 때에는 담제를 지낸다."⁴⁾라고 한 문장 뒤에 수록되어 있었다.]

不世祭者, 謂子祭之而孫不祭也. 上章言妾祔於妾祖姑者, 疏云: "妾無廟, 今乃云祔及高祖, 當是爲壇以祔之耳."

"대대로 제사를 지내지 않는다."는 말은 자식이 제사를 지내더라도 손자는 제사를 지내지 않는다는 뜻이다. 앞 문장에서는 첩은 첩의 조고에 대해서 합사한다고 했고, 소에서는 "첩에 대해서는 묘가 없는데, 현재 합사가 고조에까지 미친다고 했으니, 제단을 만들어서 합사를 한다는 뜻일 뿐이다."라고 했다.

繼父不同居也者, 必嘗同居. 皆無主後, 同財而祭其祖禰爲同居, 有主後者爲異居.⟨051⟩ [舊在"士祔於大夫則易牲"之下.]

계부와 함께 거처를 하지 않지만, 반드시 그 이전에 함께 거처를 했고, 둘 모두에게 후사가 없으며, 재산을 공유하여 자신의 조부와 부친에 대해서 제사를 지내는 경우라면, 같은 곳에 거주하는 경우로 간주하여, 자식은 계부를 위해서 기년복을 착용한다. 그런데 계부에게 후사가 있거나 자식에게 후사가 있다면, 다른 곳에 거주하는 경우로 간주하여, 자식은 계부를 위해서 자최복을 3개월 동안 착용할 따름이다. [옛 판본에는 "손자가 사의 신분이었고, 조부가 대부의 신분이었는데, 손자가 죽어 대부였던 조부의 묘에 합사를 한다면, 대부에 대한 희생물로 바꿔서 사용한다."⁵⁾라고 한 문장 뒤

----

4) 『예기』「상복소기」 059장 : 爲父·母·妻·長子禫.

에 수록되어 있었다.]

集說

母再嫁而子不隨往, 則此子與母之繼父猶路人也, 故自無服矣. 今此子無大功之親, 隨母以往, 其人亦無大功之親, 故云同居皆無主後也. 於是以其貨財爲此子同築宮廟, 使之祭祀其先, 如此則是繼父同居, 其服期也. 異居有三, 一是昔同今異, 二是今雖同居却不同財, 三是繼父自有子卽爲異居. 異居者, 服齊衰三月而已. 此云有主後者爲異居, 則此子有子亦爲異居也.

모친이 재가를 했는데 자식이 따라가지 않았다면, 자식과 모친의 남편은 아무런 관련이 없다. 그렇기 때문에 상복을 착용하지 않는다. 현재 자식에게 대공복의 관계에 있는 친족이 없어서 모친을 따라갔고, 계부 또한 대공복의 관계에 있는 친족이 없는 상태이기 때문에, "함께 거주하지만 모두 계승할 자가 없다."고 말한 것이다. 이때 그 재화를 통해서 자식을 위해 궁묘를 함께 짓고, 자식으로 하여금 그의 선조에게 제사를 지내도록 했다면, 이것은 계부가 함께 거주하는 경우와 같으니, 그에 대해서는 기년복을 착용한다. 다른 건물에 사는 경우에는 세 종류가 있다. 첫 번째는 이전에는 같은 곳에 거주했지만 현재는 다른 곳에 거주하는 경우이다. 두 번째는 현재는 비록 같은 곳에 거주하지만 재산을 함께 사용하지 않는 경우이다. 세 번째는 계부에게 자식이 있어서 다른 곳에 거주하는 것으로 간주하는 경우이다. 다른 곳에 거주하는 경우에는 자최복으로 3개월 동안 상을 치를 따름이다. 이곳에서 "후계자가 있는 경우 다른 곳에 거주하는 경우로 삼는다."라고 했으니, 그 자식에게 자식이 생기면 또한 다른 곳에 거주하는 경우로 삼는다.

---

5) 『예기』 「상복소기」 050장 : 士祔於大夫則易牲.

淺見

近按: 此因言慈, 而幷及繼父也.

내가 살펴보니, 이것은 자모를 언급한 것에 연유하여 계부에 대한 내용까지도 함께 언급한 것이다.

經文

父不爲衆子次於外.〈078〉 [舊在"哭於宮而後之墓"之下.]

부친은 적장자를 제외한 나머지 아들들의 상을 치를 때, 중문 밖에 임시숙소를 마련하지 않는다. [옛 판본에는 "먼저 빈소에서 곡을 하고 그 이후에 묘에 찾아간다."[1]라고 한 문장 뒤에 수록되어 있었다.]

集說

適長子死, 父爲之居喪次於中門外, 庶子否.

적장자가 죽었을 때, 부친은 그를 위해 상을 치르며 중문 밖에 임시숙소를 마련하고, 서자에 대해서는 그렇게 하지 않는다.

經文

婦之喪虞卒哭, 其夫若子主之, 祔則舅主之.〈073〉 [舊在"祔於女君可也"之下.]

며느리의 상을 치를 때, 우제와 졸곡은 침에서 치르므로, 그녀의 남편이나 자식이 주관하고, 부제는 묘에서 치르므로 그녀의 시아비가 주관한다. [옛 판본에는 "여군에게 합사해도 괜찮다."[2]라고 한 문장 뒤에 수록되어 있었다.]

集說

虞卒哭在寢, 祭婦也. 祔於廟, 祭舅之母也. 尊卑異, 故所主不同.

---

1) 『예기』「상복소기」 077장 : 奔兄弟之喪, 先之墓而後之家, 爲位而哭. 所知之喪, 則哭於宮而後之墓.

2) 『예기』「상복소기」 072장 : 妾無妾祖姑者, 易牲而祔於女君可也.

우제와 졸곡을 침에서 치르는 것은 며느리에 대해 제사를 지내기 때문이다. 묘에서 부제를 치르는 것은 시아버지의 모친에 대해 제사를 지내기 때문이다. 존비의 차이 때문에 주관하는 자가 다른 것이다.

經文

夫爲人後者, 其妻, 爲舅姑大功.〈049〉 [舊在"爲慈母之父母無服" 之下.]

남편이 남의 집 후계자가 된 경우라면, 그의 처는 남편의 친부모를 위하여 등급을 낮춰서 대공복을 착용한다. [옛 판본에는 "자모의 부모를 위해서는 상복을 입지 않는다."3)라고 한 문장 뒤에 수록되어 있었다.]

集說

此舅姑, 謂夫之所生父母.

여기에서 말한 시부모는 남편을 낳은 친부모를 뜻한다.

經文

適婦不爲舅姑後者, 則姑爲之小功.〈092〉 [舊在此篇之終言奔喪禮 之下.]

적부의 상이 발생했는데, 그 남편이 후계자가 되지 못했다면, 시어미는 그녀를 위해서 소공복을 착용한다. [옛 판본에는 「상복소기」편 가장 마지막

---

3) 『예기』「상복소기」 048장 : 爲慈母之父母無服.

문장으로 분상례를 언급한 문장 뒤에 수록되어 있었다.]

禮: "舅姑爲適婦大功, 爲庶婦小功." 今此言不爲後者, 以其夫有廢疾, 或他故不可傳重, 或死而無子不受重者, 故舅姑以庶婦之服服之也.

예법에 따르면, "시부모는 적부를 위해서 대공복을 입고, 서부를 위해서 소공복을 입는다."고 했다. 그런데 이곳에서는 "후계자가 되지 못했다."라고 했으니, 그녀의 남편에게 폐위될 만한 질병이 있거나 혹은 다른 일 때문에 중책을 전수받지 못하고, 또는 죽었는데 자식이 없어서 중책을 전수하지 못한 경우이다. 그렇기 때문에 시부모는 서부에 대한 상복으로 그녀에 대한 상에 착용한다.

緦小功, 虞卒哭則免.〈085〉 [舊在"子一人杖"之下.]

시마복과 소공복을 치르는 상에서는 우제와 졸곡을 치르게 되면 문을 한다. [옛 판본에는 "딸 중 한 명이 지팡이를 잡는다."[4]라고 한 문장 뒤에 수록되어 있었다.]

緦與小功, 服之輕者也. 殯之後啓之前, 雖有事不免, 及虞與卒哭則

---

4) 『예기』「상복소기」 084장 : 婦人不爲主而杖者, 姑在爲夫杖. 母爲長子削杖. 女子子在室爲父母, 其主喪者不杖, 則子一人杖.

必免, 不以恩輕而略於後也.

시마복과 소공복은 상복 중에서도 수위가 낮은 것이다. 빈소를 차린 이후로부터 가매장한 영구를 열기 이전까지 비록 처리하는 일이 있더라도 문을 하지 않는데, 우제와 졸곡을 치르게 되면 반드시 문을 하니, 은정이 가볍더라도 그 뒤의 일들에 대해 소략하게 대하지 않기 때문이다.

淺見

近按: 此以上皆言成人之喪也.

내가 살펴보니, 여기까지는 모두 성인에 대한 상을 언급한 것이다.

下殤小功, 帶澡麻不絶本, 詘[屈]而反以報之.〈080〉[舊在"與諸侯
爲兄弟者服斬"之下.]

하상을 하여 단계를 낮춰 소공복을 착용할 때에는 조마로 대를 만들되
뿌리부분은 끊지 않고, 끝을 늘어트렸다가 굽혀서['詘'자의 음은 '屈(굴)'이
다.] 반대로 올려 합해서 묶는다. [옛 판본에는 "다른 나라에 거주하고 있지만,
본국의 제후와 형제인 자는 제후의 상이 발생하면, 본국으로 되돌아와서 참최복을
착용한다."[1]라고 한 문장 뒤에 수록되어 있었다.]

集說

本是期服之親, 以死在下殤, 降爲小功, 故云下殤小功也. 其帶以澡
麻爲之, 謂戞治其麻, 使之潔白也. 不絶本, 不斷去其根也. 報, 猶合
也. 垂麻向下, 又屈之而反向上, 以合而紏之, 故云詘而反以報之也.
凡殤服之麻皆散垂, 此則不散, 首経麻無根, 而要帶猶有根, 皆示其
重也.

본래는 기년복을 입어야 하는 친족이지만, 그가 하상의 나이에 요절하
여, 수위를 낮춰 소공복을 착용한 것이다. 그렇기 때문에 "하상을 하여
소공복을 입는다."라고 말한 것이다. 대는 조마로 만드니, 마를 두들기
고 다듬어서 깨끗하고 희게 만든 것을 뜻한다. "본을 자르지 않는다."는
말은 그 뿌리를 제거하지 않는다는 뜻이다. '보(報)'는 "합한다."는 뜻이
다. 마는 밑으로 늘어트리고, 또 그것을 굽혀서 반대로 위로 향하게 하
여, 합해서 매듭을 묶는다. 그렇기 때문에 "굽히고 반대로 올려서 합한
다."고 말한 것이다. 무릇 요절한 자를 위한 상복에서 마로 만든 대는
모두 끝을 늘어트리게 되는데, 이러한 경우라면 늘어트리지 않고, 수질
에 하는 마에는 뿌리 부분이 없지만, 요대에는 오히려 뿌리 부분이 있으

---

1) 『예기』「상복소기」 079장 : 與諸侯爲兄弟者, 服斬.

니, 이 모두는 중시 여김을 나타낸다.

經文

丈夫冠[去聲]而不爲殤, 婦人笄而不爲殤. 爲殤後者, 以其服服
之.〈061〉[舊在"不世祭也"之下.]

남자가 관례를 치르면['冠'자는 거성으로 읽는다.] 성인으로 간주하니, 요절
한 자의 상례에 따르지 않는다. 여자가 계례를 치르면 성인으로 간주하
니, 요절한 자의 상례에 따르지 않는다. 친족 중 요절한 자의 후계자가
된 자는 자신의 부친이나 모친에 대한 상복 규정에 따라 복상한다. [옛
판본에는 "대대로 제사를 지내지 않는다."2)라고 한 문장 뒤에 수록되어 있었다.]

集說

男子死在殤年, 則無爲父之道, 然亦有不俟二十而冠者, 冠則成人
也. 此章擧不爲殤者言之, 則此當立後者, 乃是已冠之子, 不可以殤
禮處之, 其族人爲之後者, 卽爲之子也. 以其服服之者, 子爲父之服
也. 舊說, 爲殤者父之子, 而依兄弟之服服此殤, 非也. 其女子已笄
而死, 則亦依在室之服服之, 不降而從殤服也.

남자의 죽은 나이가 요절의 나이에 해당한다면, 부친으로서의 도리가
없지만, 또한 20세가 될 때까지 기다리지 않고 관례를 치러준 경우가
있는데, 관례를 치렀다면 이미 성인이 된 것이다. 이곳 문장에서는 요절
로 여기지 않는 경우를 기준으로 언급했으니, 이곳에서 후계자로 세운
다고 한 자들은 곧 이미 관례를 치른 자식이 되므로, 요절한 자에 대한
예법으로 대처할 수 없고, 그의 족인들 중 죽은 자의 후계자가 된 자는

---

2) 『예기』 「상복소기」 060장 : 慈母與妾母, 不世祭也.

곧 죽은 자의 아들로 간주한다. "그 복장으로써 복상한다."는 말은 자식이 부친을 위해서 착용하는 상복을 뜻한다. 옛 학설에서 요절한 자는 부친의 자식이므로, 형제들에 대한 상복 규정에 따라서 여기에서 말한 요절한 자에 대해서 복상한다고 했는데, 잘못된 주장이다. 여자 중 이미 계례를 치르고서 죽었다면, 또한 이미 혼인이 결정된 여자에 대해 착용하는 상복 규정에 따라 복상하고, 수위를 낮춰서 요절한 자에 대한 상복 규정에 따르지 않는다.

浅見

近按: 此上二節言服殤之禮也.

내가 살펴보니, 여기까지의 두 문단은 요절한 자에 대해 복상하는 예법을 언급한 것이다.

除殤之喪者, 其祭也必玄. 除成喪者, 其祭也朝服縞冠.〈090〉

[舊在"親者皆免"之下.]

요절한 자의 상을 끝낼 때, 그 제사에서는 반드시 현관과 현단복을 착용한다. 성인의 상을 끝낼 때, 그 제사에서는 조복과 호관을 착용한다. [옛 판본에는 "친족들도 모두 문을 한다."[1]라고 한 문장 뒤에 수록되어 있었다.]

集說

玄, 謂玄冠玄端也. 殤無虞卒哭, 及練之變服, 其除服之祭, 用玄冠玄端黃裳, 此於成人爲釋禫之服, 所以異於成人之喪也. 若除成人之喪, 則祥祭用朝服縞冠, 朝服玄冠緇衣素裳. 今不用玄冠而用縞冠, 是未純吉之祭服也. 又按玄端黃裳者, 若素裳則與朝服純吉同, 若玄裳又與上士吉服玄端同, 故知此爲黃裳也.

'현(玄)'자는 현관과 현단복을 뜻한다. 요절한 자에 대해서는 우제와 졸곡을 치르지 않고, 소상을 치르며 복장을 바꾸는 절차가 없으며, 현관과 현단복에 황색 하의를 착용하니, 이것은 성인의 상에 있어서 담제를 치르며 상복을 제거할 때의 복장으로, 성인의 상과는 다르게 하기 위해서이다. 만약 성인의 상을 끝낸다면, 대상의 제사에서는 조복과 호관을 착용하는데, 본래 조복은 현관에 치의와 흰색 하의를 착용하는 것이다. 현재 현관을 사용하지 않고 호관을 사용한 것은 아직은 순전히 길한 시기의 제사 복장처럼 할 수 없기 때문이다. 또 살펴보니, 현단에 황색 하의를 착용하는데, 흰색 하의를 착용한다면, 조복처럼 순전히 길한 복장과 동일하게 되며, 만약 현색 하의를 착용한다면, 또한 상사가 길복에 현단을 착용하는 것과 동일하게 된다. 그러므로 이 복장이 황색 하의가 된다

---

1) 『예기』 「상복소기」 089장 : 君弔雖不當免時也, 主人必免, 不散麻. 雖異國之君, 免也, <u>親者皆免</u>.

는 사실을 알 수 있다.

近按: 此兼言殤與成喪而結之也.

내가 살펴보니, 이 문장은 요절한 자와 성인의 상례를 함께 언급하여 결론을 맺은 것이다.

經文

再期之喪, 三年也. 期之喪, 二年也. 九月·七月之喪, 三時也.
五月之喪, 二時也. 三月之喪, 一時也. 故期而祭, 禮也. 期而
除喪, 道也. 祭不爲除喪也.⟨027⟩ [舊在"旣練而反則遂之"之下.]

만 2년을 치르는 상은 삼년상에 해당한다. 만 1년을 치르는 상은 이년
상에 해당한다. 만 9개월과 7개월 동안 치르는 상은 세 계절 동안 치르
는 상이다. 만 5개월 동안 치르는 상은 두 계절 동안 치르는 상이다.
만 3개월 동안 치르는 상은 한 계절 동안 치르는 상이다. 그렇기 때문
에 만 1년이 되어서 제사를 지내는 것은 예이고, 만 1년이 되어서 상복
을 제거하는 것은 도이다. 제사는 상복을 제거하기 위해서 지내는 것이
아니다. [옛 판본에는 "1년이 지난 시점에 되돌아오라는 명령을 내렸다면, 삼년상
을 마저 다 치른다."[1]라고 한 문장 뒤에 수록되어 있었다.]

集說

儀禮大功章有中殤七月之文, 卽此七月之喪也. 期而祭, 謂再期之
喪致小祥之祭也. 期而除喪, 謂除衰経易練服也. 小祥之祭, 乃孝子
因時以伸其思親之禮也. 練時男子除首経, 婦人除要帶, 乃生者隨
時降殺之道也. 祭與練雖同特竝擧, 然祭非爲練而設也.

『의례』'대공장(大功章)'에는 중상인 자에 대해서 7개월 동안 복상한다
는 기록이 있으니,[2] 곧 여기에서 말한 7개월 동안의 상이다. '기이제(期
而祭)'는 만 2년 동안의 상에서 소상의 제사를 치른다는 뜻이다. '기이제
상(期而除喪)'은 상복과 질대를 제거하고, 연복으로 바꾼다는 뜻이다.
소상을 치르며 지내는 제사에서는 곧 자식이 그 시기에 따라서 부모를
그리워하는 예법을 펼치게 된다. 연제를 치를 때 남자는 수질을 제거하

1) 『예기』「상복소기」 026장 : 未練而反則期, 旣練而反則遂之.
2) 『의례』「상복(喪服)」 : 其中殤七月, 不纓経.

314 『예기천견록』 13권

고, 부인은 요대를 제거하니, 살아있는 자들이 각 시기에 따라 낮추는 도리에 해당하기 때문이다. 제사와 소상이 비록 동시에 거행되더라도, 제사는 소상을 위해서 시행하는 것이 아니다.

淺見

近按: 自父母之喪偕以下, 皆言喪服輕重之制, 而此節歷言年月久近之數, 以總結之.

내가 살펴보니, 부모의 상이 동시에 발생했다고 한 문장으로부터 그 이하는 모두 상복의 수위에 따른 제도를 말한 것인데, 이곳 문단에서는 복상기간의 차이를 차례대로 열거하여 총괄적인 결론을 맺은 것이다.

練, 筮日筮尸視濯, 皆要[平聲]絰杖繩屨, 有司告具而后去[上聲]
杖. 筮日筮尸, 有司告事畢而后杖拜送賓. 大祥吉服而筮尸.〈064〉
[舊在"與大功同者繩屨"之下.]

소상을 치르게 되면, 소상의 제사를 치르는 날과 그때 세우는 시동에
대해서 시초점을 치고, 제사에 사용될 제기들의 세척 상태를 살피며, 모
든 경우에 요질을 두르고['要'자는 평성으로 읽는다.] 지팡이를 잡으며 승
구를 신지만, 유사가 모든 사안이 갖춰졌다고 아뢴 이후에는 지팡이를
제거하고['去'자는 상성으로 읽는다.] 그 일에 임한다. 제삿날과 시동에
대해서 점을 칠 때, 유사가 관련 사안이 끝냈다고 아뢴 이후에는 지팡
이를 잡고 절을 하여 빈객을 전송한다. 대상 때에는 길복을 착용하고
시동에 대해서 점을 친다. [옛 판본에는 "대공복을 착용하고 9개월 동안 복상하
는 자와 수위가 비슷하므로, 둘 모두 승구를 신는다."1)라고 한 문장 뒤에 수록되어
있었다.]

集說

練, 小祥也. 筮日, 筮祥祭之日也. 筮尸, 筮爲尸之人也. 視濯, 視祭
器之滌濯也. 小祥除首絰, 而要之葛絰未除, 將欲小祥, 則預著此小
祥之服以臨此三事, 不言衰與冠者, 則亦必同小祥之制矣. 有司, 謂
執事者. 向者變服猶杖, 今執事者告三事辦具, 將欲臨事, 故孝子卽
去杖而致敬. 此三事者, 惟筮日筮尸有賓來, 今執事者告筮占之事
畢, 則孝子復執杖以拜送於賓. 視濯無賓, 故不言. 至大祥時, 則吉
服行事矣. 吉服, 朝服也. 不言筮日視濯, 與小祥同可知也.

'연(練)'은 소상을 뜻한다. '서일(筮日)'은 소상을 치르는 제삿날에 대해
서 시초점을 친다는 뜻이다. '서시(筮尸)'는 시동으로 삼을 자에 대해서

1) 『예기』「상복소기」 063장 : 箭笄終喪三年, 齊衰三月, 與大功同者, 繩屨.

시초점을 친다는 뜻이다. '시탁(視濯)'은 제기 세척하는 일들을 살펴본다는 뜻이다. 소상을 치르며 수질을 제거하지만, 허리에는 갈로 된 질을 차고 제거하지 않으니, 소상을 치르고자 한다면, 미리 이러한 소상 때의 복장을 착용하고서 앞서 말한 세 가지 사안에 임하는데, 상복과 관에 대해서 말하지 않았다면, 이때의 복장 또한 반드시 소상 때의 제도와 동일하게 했던 것이다. '유사(有司)'는 실무를 맡아보는 자이다. 이전에는 복장을 변경했지만 여전히 지팡이를 잡고 있었는데, 현재는 일을 맡아보는 자가 세 가지 사안이 모두 갖춰졌다고 알리면, 장차 그 사안에 임하고자 하기 때문에, 자식은 곧 지팡이를 제거하고 공경함을 지극히 나타낸다. 여기에서 말한 세 가지 사안 중 제삿날과 시동에 대해서 시초점을 칠 때에만, 빈객이 찾아오는 경우가 있으니, 현재 일을 맡아보는 자가 시초점 치는 일이 모두 끝났다고 아뢰면, 자식은 다시 지팡이를 잡고서 절을 하여 빈객을 전송한다. 제기를 세척하는 일을 살펴볼 때에는 빈객이 찾아오는 일이 없기 때문에, 언급하지 않은 것이다. 대상을 치를 때가 되면, 길복을 착용하고서 해당 사안을 치른다. '길복(吉服)'은 조복을 뜻한다. 제삿날에 대해서 점을 치거나 제기 세척하는 일을 살핀다고 언급하지 않았으니, 소상 때와 동일하게 함을 알 수 있다.

浅見

近按: 此言練祥之禮.

내가 살펴보니, 이것은 연상 때의 예법을 언급한 것이다.

經文

爲父・母・妻・長子禫.〈059〉 [舊在"爲祖庶母可也"之下.]

부친・모친・처・장자의 상을 치를 때에는 담제를 지낸다. [옛 판본에는
"조부 서모의 자식도 될 수 있다."[1]라고 한 문장 뒤에 수록되어 있었다.]

集說

此言當禫之喪, 有此四者. 然妻爲夫亦禫. 又慈母之喪無父在亦禫,
記者略耳.

이 문장은 마땅히 담제를 지내야 하는 상에는 이러한 네 부류가 있다는
뜻이다. 그러나 처는 남편을 위해서 또한 담제를 지낸다. 또 자모의 상
에 부친의 곁에 살지 않는 경우라면 또한 담제를 지내니, 『예기』를 기
록한 자는 간략히 기록한 것일 뿐이다.

經文

宗子母在爲妻禫.〈057〉 [舊在"母卒則不服"之下.]

대종은 부친이 돌아가신 경우, 모친이 생존해 계시더라도, 자신의 처를
위해서 담제를 치른다. [옛 판본에는 "모친이 돌아가시면 그녀를 위해서 상복을
입지 않는다."[2]라고 한 문장 뒤에 수록되어 있었다.]

集說

父在, 則適子爲妻不杖, 不杖則不禫. 父沒母存, 則杖且禫矣. 此宗

---

1) 『예기』「상복소기」 058장 : 爲慈母後者, 爲庶母可也, <u>爲祖庶母可也</u>.
2) 『예기』「상복소기」 056장 : 爲母之君母, <u>母卒則不服</u>.

子百世不遷者也. 恐疑於宗子之尊厭其妻, 故明言雖母在, 亦當爲妻禫也. 然則非宗子而母在者不禫矣.

부친이 생존해 계신 경우라면, 적자는 자신의 처를 위해서 상복을 착용하며 지팡이를 잡지 않는데, 지팡이를 잡지 않는다면 담제를 치르지 않는다. 부친이 돌아가시고 모친이 생존해 계신 경우라면, 자신의 처를 위해서 지팡이도 잡고 담제도 치른다. 여기에서 말한 종자는 영원토록 체천되지 않는 대종이다. 아마도 종자의 존귀한 신분으로 인해 자신의 처에 대해서 낮춰야 한다고 의심할 것을 염려했기 때문에, 비록 모친이 생존해 계시더라도 마땅히 처를 위해서 담제를 치른다고 명시한 것이다. 그렇다면 종자가 아닐 때 모친이 생존해 계신 경우라면, 담제를 치르지 않는다.

庶子在父之室, 則爲其母不禫.⟨065⟩ [舊在"大祥吉服而筮尸"之下.]

서자가 부친의 곁에 살 경우라면, 생모에 대한 장례를 치를 때 담제를 지내지 않는다. [옛 판본에는 "대상 때에는 길복을 착용하고 시동에 대해서 점을 친다."[3]라고 한 문장 뒤에 수록되어 있었다.]

此言不命之士父子同宮者.

이 내용은 명의 등급을 받지 못한 사 계급에 대한 것으로, 부친과 자식이 같은 건물에 거주하는 경우를 뜻한다.

---

3) 『예기』 「상복소기」 064장 : 練, 筮日筮尸視濯, 皆要絰杖繩屨, 有司告具而后去杖. 筮日筮尸, 有司告事畢而后杖拜送賓. 大祥吉服而筮尸.

近按: 此因上文練祥, 而又言禫禮, 自始喪至祥・禫, 喪祭之始終備
矣.

내가 살펴보니, 이 문장은 앞에서 연상을 언급한 것에 연유하여 담제의
예법도 언급한 것인데, 초상으로부터 연상과 담제에 이르게 되면 상제
의 처음과 끝이 모두 갖춰진 것이다.

婦當喪而出, 則除之.〈024〉

부인은 시부모의 상을 치르는 도중이라 하더라도, 남편에게 쫓겨나게
된다면 상복을 벗는다.

集說

婦當舅姑之喪, 而爲夫所出, 則卽除其服, 恩義絶故也.

부인은 시부모의 상을 당했더라도, 남편에게 쫓겨나게 된다면 곧바로
상복을 벗으니, 은정과 도리가 끊어졌기 때문이다.

經文

爲父母喪, 未練而出則三年, 旣練而出則已.〈025〉

부인이 자신의 부모를 위해서 상을 치르고 있는데, 아직 1년도 되기 이
전에 남편에게 쫓겨나게 된다면 집으로 되돌아가서 삼년상을 마저 치르
고, 만약 1년이 지난 뒤에 쫓겨나게 된다면 마저 상을 치르지 않는다.

集說

若當父母之喪未期而爲夫所出, 則終父母三年之制, 爲己與夫族絶,
故其情復隆於父母也. 若在父母小祥後被出, 則是己之期服已除, 不
可更同兄弟爲三年服矣, 故已也. 已者, 止也.

만약 부모의 상을 당했는데, 아직 1년이 되지 않은 상태에서 남편에게
쫓겨나게 된다면, 부모에 대한 삼년상의 규정을 마저 치르니, 자신은 남
편과 친족관계가 끊어졌기 때문에, 그녀의 정감은 재차 자신의 부모에

대해서 융성하게 펼치기 때문이다. 만약 부모의 상에서 소상 이후 쫓겨나게 된다면, 자신이 착용하던 기년복을 이미 제거한 상태이므로, 재차 다른 형제들과 동일하게 삼년상을 치를 수 없다. 그렇기 때문에 그만두는 것이다. '이(已)'자는 "그만둔다."는 뜻이다.

經文

未練而反則期, 旣練而反則遂之.〈026〉 [舊在"其尸服以士服"之下.]

남편에게 쫓겨난 여자가 자신의 집에 되돌아왔는데 부모의 상을 당했을 경우, 1년이 되지 않았을 때 남편이 되돌아오라는 명령을 내렸다면, 부모의 상은 기년상으로 끝내고, 1년이 지난 시점에 되돌아오라는 명령을 내렸다면, 삼년상을 마저 다 치른다. [옛 판본에는 "시동의 복장은 부친의 계급에 해당하는 사의 복장을 사용한다."[1]라고 한 문장 뒤에 수록되어 있었다.]

集說

若被出後遇父母之喪未及期, 而夫命之反, 則但終期服, 反在期後, 則遂終三年. 蓋緣已隨兄弟小祥服, 三年之喪, 不可中變也.

만약 남편에게 쫓겨나게 된 이후 부모의 상을 당하여, 그 기간이 아직 1년에 이르지 않았는데, 남편이 되돌아오라는 명령을 내렸다면, 단지 기년복으로 복상기간을 끝내며, 되돌아오라는 명령의 시기가 1년 이후가 된다면, 끝내 삼년상의 기간을 마친다. 본인은 형제들을 따라서 소상 때의 상복을 착용한 것에 연유하니, 삼년상은 중도에 폐지할 수 없기 때문이다.

---

1) 『예기』「상복소기」023장 : 父爲士, 子爲天子諸侯, 則祭以天子諸侯, 其尸服以士服.

近按: 此言婦人遭喪見出之禮, 上言當喪者夫之父母也, 下言爲父母
喪者己之父母也.

내가 살펴보니, 이것은 부인이 상을 당했는데 쫓겨나게 되었을 때의 예
법을 말한 것인데, 앞에서 '당상(當喪)'이라고 말한 것은 남편의 부모를
뜻하고, 뒤에서 '위부모상(爲父母喪)'이라고 말한 것은 자신의 부모를 뜻
한다.

自此以下, 是言喪事不常有而或然者也.

이 문장으로부터 그 이하로는 상사에 있어서 일상적이지 않고 간혹 그
렇게 될 경우들을 언급하고 있다.

從服者, 所從亡則已. 屬從者, 所從雖沒也服.〈018〉[舊在"人道之
大也"之下.]

누군가를 따라서 상복을 착용하는 경우, 따르던 자가 죽었다면 상복 착
용하는 일을 그만둔다. 혈연관계에 속하여 상대를 따라 상복을 착용하
는 경우, 따르던 자가 죽었더라도 상복을 착용한다. [옛 판본에는 "인도 중
에서도 큰 것에 해당한다."[1]라고 한 문장 뒤에 수록되어 있었다.]

集說

疏曰: 服術有六, 其一是徒從. 徒, 空也. 與彼非親屬, 空從此而服
彼. 有四者, 一是妾爲女君之黨, 二是子從母服於母之君母, 三是妾
子爲君母之黨, 四是臣從君而服君之黨. 此四徒之中, 惟女君雖沒,
妾猶服女君之黨. 餘三徒, 所從旣亡, 則止而不服. 已, 止也. 屬者,
骨血連續以爲親也. 亦有三, 一是子從母服母之黨, 二是妻從夫服
夫之黨, 三是夫從妻服妻之黨. 此三從雖沒, 猶從之服其親也.

소(疏)에서 말하길, 복술에는 여섯 가지가 있으니, 첫 번째는 도종이다.
'도(徒)'자는 "공허하다."는 뜻이다. 상대방과 친속 관계가 아닌데 공허
하게 이 자를 따라서 상대방에 대한 상복을 착용하는 것이다. 이러한
경우에는 네 가지가 있는데, 첫 번째는 첩이 여군(女君)[2]의 친족을 위한
경우이고, 두 번째는 자식이 모친을 따라서 모친의 군모(君母)[3]에 대해
상복을 착용하는 경우이며, 세 번째는 첩의 자식이 군모의 당을 위한 경
우이고, 네 번째는 신하가 군주를 따라서 군주의 당을 위해 상복을 착용

---

1) 『예기』「상복소기」 017장 : 親親尊尊長長, 男女之有別, <u>人道之大者也</u>.
2) 여군(女君)은 본부인을 뜻하는 용어이다. 주로 첩 등이 정처를 지칭할 때 쓰는
   용어이다.
3) 군모(君母)는 서자가 부친의 정처를 지칭하는 용어이다.

하는 경우이다. 이러한 네 가지 도종의 경우, 오직 여군에 대한 경우만 여군이 비록 죽더라도 첩은 여전히 여군의 당을 위해 상복을 착용한다. 나머지 세 가지 도종의 경우, 따르는 자가 이미 죽었다면 관계를 끝내서 상대방을 위해 상복을 착용하지 않는다. '이(已)'자는 "그치다."는 뜻이다. '속(屬)'자는 혈연으로 맺어져서 친족으로 여기는 자를 뜻한다. 이 경우에도 세 종류가 있다. 첫 번째는 자식이 모친을 따라서 모친의 당을 위해 상복을 착용하는 경우이다. 두 번째는 처가 남편을 따라서 남편의 당을 위해 상복을 착용하는 경우이다. 세 번째는 남편이 처를 따라서 처의 당을 위해 상복을 착용하는 경우이다. 이 세 가지 경우에는 따르는 자가 비록 죽었더라도, 여전히 죽은 자를 따라서 그의 친족을 위해 상복을 착용한다.

淺見

近按: 此下皆言從服之禮, 是本無服而以恩義爲之節者也.

내가 살펴보니, 이 문장 뒤로는 모두 종복의 예법을 언급하고 있는데, 이것은 본래 상복관계가 없는데 은정과 도의에 따라 그에 대한 예법으로 삼는 경우에 해당한다.

妾爲君之長子, 與女君同.〈039〉 [舊在"杖大如經"之下.]

첩은 군주의 장자를 위해서 삼년상을 치르니, 여군이 따르는 법식과 동
일하다. [옛 판본에는 "지팡이의 크기는 요질의 크기와 동일하게 한다."[1]라고 한
문장 뒤에 수록되어 있었다.]

集說

女君爲長子三年, 妾亦同服三年, 以正統故重也.

여군은 장자를 위해서 삼년상을 치르고, 첩 또한 동일하게 삼년상을 치
르니, 장자는 정통을 이어서 중대하기 때문이다.

經文

妾從女君而出, 則不爲[去聲]**女君之子服.**〈019〉 [舊在"雖沒也服"之
下.]

여군과 함께 따라온 질제가 만약 여군과 함께 내쫓기게 되었다면, 도의
가 끊어졌으니 여군의 자식을 위해서['爲'자는 거성으로 읽는다.] 상복을
착용하지 않는다. [옛 판본에는 "비록 죽었더라도 상복을 착용한다."[2]라고 한 문
장 뒤에 수록되어 있었다.]

集說

妾, 謂女君之姪娣也. 其來也, 與女君同入, 故服女君之子與女君同.

---

1) 『예기』「상복소기」 038장 : 経殺五分而去一, <u>杖大如経</u>.
2) 『예기』「상복소기」 018장 : 從服者, 所從亡則已. 屬從者, 所從<u>雖沒也服</u>.

若女君犯七出而出, 則此姪娣亦從之出. 子死, 則母自服其子, 姪娣
不服, 義絶故也.

'첩(妾)'은 여군의 질제를 뜻한다. 그녀가 시집을 올 때에는 여군과 함께
시집을 온다. 그렇기 때문에 여군의 자식을 위해서 상복을 착용하는 것
은 여군에 대한 경우와 동일하다. 만약 여군이 칠거지악을 범하여 내쫓
기게 되었다면, 그녀의 질제 또한 그녀를 뒤따라 쫓겨나게 된다. 자식이
죽었다면, 모친은 직접 그녀의 자식을 위해서 상복을 착용하지만, 질제
는 착용하지 않으니, 도의가 끊어졌기 때문이다.

經文

爲君母後者, 君母卒, 則不爲君母之黨服.〈037〉[舊在"祔杖不升於
堂"之下.]

서자가 후계자가 된 경우, 군주의 정부인에 대해서도 아들이 되는데, 그
자는 군주의 정부인이 죽으면, 더 이상 정부인의 친족들을 위해서 상복
을 착용하지 않는다. [옛 판본에는 "부제를 치른 뒤에는 지팡이를 짚고 당에 올
라가지 않는다."[3)라고 한 문장 뒤에 수록되어 있었다.]

集說

此言無適子而庶子爲後者, 卽上章從服者, 所從亡則已之義也.

이 내용은 적자가 없어서 서자가 후계자가 된 경우를 뜻하니, 곧 앞장에
서 말한 '종복(從服)'에 해당하는 자들로, 따르던 자가 죽게 되면 그만둔
다는 뜻에 해당한다.

---

3) 『예기』 「상복소기」 036장 : 虞, 杖不入於室; 祔, 杖不升於堂.

爲母之君母, 母卒則不服.〈056〉 [舊在"大夫可以祔於士"之下.]

모친의 생모가 아닌 외조부의 정처를 위해서는 모친이 생존해 계실 때, 그녀를 위해서 상복을 착용하지만, 모친이 돌아가시면 그녀를 위해서 상복을 입지 않는다. [옛 판본에는 "손자의 신분이 대부였고, 조부의 신분이 사였다면, 조부의 묘에 합사할 수 있다."[4]라고 한 문장 뒤에 수록되어 있었다.]

集說

母之君母者, 母之適母也. 非母所生之母, 故母在而爲之服, 則己亦從而服, 是徒從也. 徒從者, 所從亡則已, 故母卒則不服.

모친의 군모는 모친의 적모를 뜻한다. 모친을 낳은 생모가 아니기 때문에, 모친이 생존해 계실 때 그녀를 위해서 상복을 착용한다면, 자신 또한 그에 따라 상복을 착용하니, 이것은 '도종(徒從)'에 해당한다. 도종을 하는 경우 따르던 자가 죽으면 그만둔다. 그렇기 때문에 모친이 죽으면 상복을 입지 않는다.

淺見

近按: 此上四節, 是言其從服之事也.

내가 살펴보니, 여기까지의 4개 절은 종복을 하는 사안을 언급한 것이다.

---

4) 『예기』「상복소기」 055장 : 諸侯不得祔於天子, 天子諸侯大夫可以祔於士.

生不及祖父母諸父昆弟, 而父稅[吐外反]喪, 己則否.〈031〉[舊在 "無子則已"之下.]

어떤 자가 다른 나라에서 태어났는데, 본국에 남아있는 조부모 및 제부의 곤제들에 대해서 보지 못해 알지 못한 경우, 그들의 죽음에 대한 소식을 접했는데, 그 기간이 이미 지난 시점이라면, 부친의 경우에는 그들을 알고 있으므로, 기간을 미루어서['稅'자는 '吐(토)'자와 '外(외)'자의 반절음이다.] 그들에 대한 상복을 착용하지만, 본인은 상복을 입지 않는다. [옛 판본에는 "자식이 없다면 착용하지 않는다."1)라고 한 문장 뒤에 수록되어 있었다.]

稅者, 日月已過, 始聞其死, 追而爲之服也. 此言生於他國, 而祖父母諸父昆弟皆在本國, 己皆不及識之. 今聞其死而日月已過, 父則追而服之, 己則不服也.

'태(稅)'는 시기가 이미 경과했는데, 비로소 상대방의 죽음에 대해 듣게 되어, 기간을 미루어서 그를 위해 상복을 착용한다는 뜻이다. 이 내용은 어떤 자가 다른 나라에서 태어났고, 그의 조부모 및 제부의 곤제 등은 모두 본국에 남아 있는데, 본인이 모두에 대해 만나보지 못해 모르는 경우이다. 현재 그들의 죽음에 대한 소식을 들었는데, 그 시기가 이미 경과했다면, 부친의 경우에는 그들을 알고 있으므로 기간을 미루어서 그들을 위해 상복을 착용하지만, 본인의 경우에는 상복을 착용하지 않는다.

---

1) 『예기』「상복소기」030장 : 士妾有子, 而爲之緦, 無子則已.

降而在緦·小功者則稅之.〈033〉 [舊在"聞喪則不稅"之下.]

그 대상이 상복의 수위를 낮춰서 시마복이나 소공복에 해당하는 경우라
면, 기간을 미루어서 상복을 착용한다. [옛 판본에는 "상이 발생했다는 소식
을 들었다면, 기간을 미루어서 상복을 착용하지 않는다."[2]라고 한 문장 뒤에 수록되
어 있었다.]

集說

此句承父稅喪已則否之下, 誤在此. 降者, 殺其正服也. 如叔父及適
孫正服, 皆不杖期, 死在下殤, 則皆降服小功, 如庶孫之中殤, 以大
功降而爲緦也, 從祖昆弟之長殤, 以小功降而爲緦也. 如此者皆追
服之. 檀弓曾子所言小功不稅, 是正服小功, 非謂降也. 凡降服重於
正服, 詳見儀禮.

이 구문은 '부태상기즉부(父稅喪已則否)'라는 구문 뒤와 연결되니, 잘못
하여 이곳에 기록된 것이다. '강(降)'은 규범에 따른 복장을 낮춘다는 뜻
이다. 예를 들어 숙부 및 적손에 대한 정규 복장은 모두 지팡이를 잡지
않는 기년복인데, 하상일 때 죽었다면, 모두 수위를 낮춰서 소공복을 착
용하고, 만약 서손이 중상을 했다면, 대공복을 낮춰서 시마복을 착용하
며, 종조의 곤제가 장상을 했다면, 소공복을 낮춰서 시마복을 착용한다.
이러한 경우라면 모두 기간을 미루어서 상복을 착용한다. 『예기』「단궁
(檀弓)」편에서 증자가 "소공복에는 태를 하지 않는다."라고 한 말은 정
규 복장이 소공복인 경우이니, 낮춘 경우를 뜻하는 말이 아니다. 무릇
강복이 정복에 비해 무거운 경우에 대해서는 그 자세한 설명이 『의례』
에 나온다.

---

2) 『예기』「상복소기」 032장 : 爲君之父母妻長子, 君已除喪而后聞喪則不稅.

爲君之父母·妻·長子, 君己除喪而后聞喪則不稅.〈032〉 [舊在
上文"己則否"之下.]

경과 대부는 군주의 부모·처·장자를 위해서 상복을 착용하는데, 다른
나라에 사신으로 갔다가 어떠한 일 때문에 오래도록 머문 경우, 군주가
이미 상을 끝낸 뒤에 상이 발생했다는 소식을 들었다면, 기간을 미루어
서 상복을 착용하지 않는다. [옛 판본에는 앞 문장인 "본인은 상복을 입지 않는
다."3)라고 한 문장 뒤에 수록되어 있었다.]

集說

卿·大夫爲君之父母·妻·長子皆有服, 今以出使他國, 或以事久
留, 君除喪之後, 己始聞喪, 不追服也.

경과 대부는 군주의 부모·처·장자를 위해서 모두 상복을 착용하게 되
는데, 현재 국경을 벗어나 다른 나라로 사신을 갔는데, 간혹 어떠한 일
때문에 오래도록 머물게 되었고, 군주가 상을 끝낸 후 본인이 비로소 상
에 대한 소식을 들었다면, 기간을 미루어서 상복을 착용하지 않는다.

經文

近臣君服斯服矣. 其餘, 從而服, 不從而稅.〈034〉

소신이 군주를 따라서 다른 나라에 갔다가 되돌아왔을 경우, 군주의 친
족 상이 발생했는데 이미 그 기한을 넘겼다면, 군주는 기간을 미루어서
상복을 착용하여, 소신도 군주를 따라 상복을 착용한다. 군주를 따라나

---

3) 『예기』「상복소기」 031장 : 生不及祖父母諸父昆弟, 父稅喪, 己則否.

섰던 신하 중 경이나 대부는 군주가 되돌아왔을 때, 친족 상의 기한이 아직 남았다면 군주를 따라서 상복을 착용하지만, 이미 그 기한이 넘었다면 군주를 따라서 상복을 착용하지 않는다.

集說

近臣, 卑賤之臣也. 此言小臣有從君往他國旣返, 而君之親喪已過服之月日, 君稅之, 此臣亦從君而服. 其餘, 謂卿 · 大夫之從君出爲介爲行人 · 宰 · 史者, 返而君服限未滿, 亦從君而服, 若在限外而君稅, 則不從君而稅也.

'근신(近臣)'은 신분이 미천하고 낮은 신하이다. 이 내용은 소신이 군주를 따라 다른 나라로 갔다가 되돌아왔는데, 군주의 친족 상이 발생했고, 상복을 입는 기간을 이미 초과한 경우, 군주가 태를 하여, 신하 또한 군주를 따라서 상복을 착용한 경우를 뜻한다. '기여(其餘)'는 경과 대부 중 군주를 따라서 국경을 벗어나 개가 되거나 행인(行人)⁴⁾ · 재 · 사 등이 된 자를 뜻하니, 그들이 되돌아왔는데 군주가 상복을 입는 기한을 아직 채우지 않았다면, 또한 군주를 뒤따라서 상복을 착용하고, 만약 기한을 벗어나서 군주가 태를 했다면, 군주를 따라 태를 하지 않는다.

經文

君雖未知喪, 臣服已.〈035〉[舊在"小功者則稅之"之下.]

본국에 남아 있던 신하들은 군주가 비록 상이 발생했다는 사실을 모르더라도, 신하는 상복을 착용할 따름이다. [옛 판본에는 "소공복에 해당하는 경우라면, 기간을 미루어서 상복을 착용한다."⁵⁾라고 한 문장 뒤에 수록되어 있었다.]

---

4) 행인(行人)은 조근(朝覲) 및 빙문(聘問) 등의 일을 담당하던 관리이다.

此言君在他國, 而本國有喪君雖未知, 而諸臣之留國者, 自依禮成服
不待君返也.

이 내용은 군주가 다른 나라에 머물러 있을 때, 본국에서 군주의 친족
상이 발생하여, 군주가 비록 알지 못한다 하더라도, 본국에 남아있던 여
러 신하들은 곧 예법에 따라서 성복을 하며, 군주가 되돌아올 때까지 기
다리지 않는다는 뜻이다.

淺見

近按: 此以上言聞喪追服之禮.

내가 살펴보니, 여기까지는 상의 소식을 접하고 기간을 미루어 상복을
착용하는 예법을 언급하였다.

---

5) 『예기』「상복소기」 033장 : 降而在緦·<u>小功者則稅之</u>.

養[去聲]有疾者不喪服, 遂以主其喪. 非養者入主人之喪, 則不
易己之喪服. 養尊者必易服, 養卑者否.〈071〉 [舊在"君亦不錫衰"之
下.]

친족 중 가까운 친족이 없는데 병에 걸린 자가 있어서 본인이 그를 봉
양하게['養'자는 거성으로 읽는다.] 되면, 자신이 본래 입고 있던 상복을 벗
고 봉양한다. 그리고 그 자가 죽게 되면 봉양했던 인연에 따라 그의 상
을 주관한다. 그를 봉양했던 자가 아니지만 그가 죽은 뒤에 그 집에 찾
아와서 그의 상을 주관하게 된다면, 자신이 본래 입고 있던 상복을 바
꾸거나 제거하지 않는다. 부친이나 형 항렬의 존귀한 자를 봉양하는 경
우에는 반드시 복장을 바꾸지만, 자식이나 동생 항렬의 낮은 자를 봉양
하는 경우에는 바꾸지 않는다. [옛 판본에는 "제후 또한 석최를 착용하지 않는
다."[1]라고 한 문장 뒤에 수록되어 있었다.]

親屬無近親而遇疾者, 己往養之而身有喪服, 釋去其服, 惡其凶也.
故云養有疾者不喪服. 若此疾者遂死, 旣無主後, 己旣養之, 當遂主
其喪, 蓋養者於死者有親也. 然亦不著己之喪服, 故云遂以主其喪.
非養者入主人之喪, 謂疾時不曾釋服來致其養, 今死乃入來主其喪,
則亦不易去己之喪服也. 尊, 謂父兄. 卑, 謂子弟.

친족 중에 가까운 친족이 없는데 질병에 걸린 자가 있어서, 자신이 찾아
가서 봉양을 하였는데, 본인이 상복을 착용한 상태라면 상복을 제거하
니, 흉사를 꺼리기 때문이다. 그래서 "질병에 걸린 자를 봉양하는 자는
상복을 입지 않는다."라고 말한 것이다. 만약 질병에 걸린 자가 결국 죽

---

1) 『예기』「상복소기」 070장 : 諸侯弔必皮弁錫衰, 所弔雖已葬, 主人必免. 主人未
喪服, 則君亦不錫衰.

게 된다면, 이미 상주를 맡을 후사가 없는 상태이고, 자신이 이미 그를 돌봤으므로, 마땅히 그 일에 따라서 그 상까지도 주관하니, 봉양을 한 자는 죽은 자에 대해서 친족 관계가 성립되기 때문이다. 그러나 이러한 경우에도 본인이 본래 입고 있었던 상복을 입지 않는다. 그렇기 때문에 "결국 그 일로 인해 그 상을 주관한다."라고 말한 것이다. "병자를 돌본 자가 아니지만, 그 집에 들어가서 남의 상을 주관한다."라고 했는데, 어떤 자가 질병에 걸렸을 때, 일찍이 상복을 벗고서 찾아와 그를 봉양하지 못했지만, 현재 그가 죽어서 곧 그 집에 찾아와서 그 상을 주관한다는 뜻이니, 이때에는 또한 자신의 상복을 바꾸거나 제거하지 않는다. '존(尊)'은 부친이나 형을 뜻한다. '비(卑)'는 자식이나 동생을 뜻한다.

經文

大功者主人之喪, 有三年者則必爲之再祭, 朋友虞祔而已.〈029〉
[舊在"不同時而除喪"之下.]

본래 대공복을 입어야 하는 친족인데, 특별한 사정 때문에 남의 상을 주관하게 된 경우, 죽은 자의 가족 중 삼년상을 치러야 하는 자가 있다면, 반드시 그들을 위해서 소상과 대상의 제사를 시행하며, 벗들의 경우에는 우제와 부제만 지낼 수 있을 따름이다. [옛 판본에는 "동시에 치르지 않고, 차례대로 상복을 제거한다."[2]라고 한 문장 뒤에 수록되어 있었다.]

集說

大功者主人之喪, 謂從父兄弟, 來主此死者之喪也. 三年者, 謂死者之妻與子也. 妻旣不可爲主, 而子又幼小, 別無近親, 故從父兄弟主

---

2) 『예기』 「상복소기」 028장 : 三年而后葬者必再祭, 其祭之間<u>不同時而除喪</u>.

之. 必爲之主行練祥二祭, 朋友但可爲之虞祭祔祭耳.

"본래 대공복을 입어야 하는 자가 남의 상을 주관한다."는 말은 종부의 형제가 찾아와서 죽은 자의 상을 주관한다는 뜻이다. '삼년자(三年者)'는 죽은 자의 처와 아들을 뜻한다. 처는 이미 상주가 될 수 없고, 아들 또한 너무 어리며, 별도로 가까운 친족이 없기 때문에, 종부의 형제가 상을 주관하게 된다. 반드시 그들을 위해서 상을 주관하여, 소상과 대상의 두 제사를 시행하며, 벗들은 단지 그들을 위해서 우제와 부제만 지낼 수 있을 따름이다.

淺見

近按: 此兩節, 言凡爲非親者養疾, 與主喪之禮也.

내가 살펴보니, 이 두 문단은 가까운 친족이 아닌 자를 위해 병을 간호하고 상을 주관하는 예법을 언급한 것이다.

哭朋友者於門外之右南面.〈052〉 [舊在"有主後者爲異居"之下.]

친구를 위해 곡을 하는 자는 침문 밖 우측에서 남쪽을 바라보며 조문객들을 대한다. [옛 판본에는 "후사가 있거나 자식에게 후사가 있다면, 다른 곳에 거주하는 경우로 간주한다."1)라고 한 문장 뒤에 수록되어 있었다.]

集說

擅弓曰: "朋友吾哭諸寢門之外." 南向者, 爲主以待弔賓也.

『예기』「단궁(檀弓)」편에서는 "벗에 대해서라면, 나는 침문의 밖에서 곡을 해야 한다."고 했다. 남쪽을 바라보는 것은 상주가 되어 조문을 온 빈객들을 대하기 때문이다.

淺見

近按: 此因上節言朋友而類付之也. 門外之右, 門之西也.

내가 살펴보니, 이것은 앞 문단에서 벗들에 대한 내용을 언급하여 비슷한 부류를 여기에 덧붙인 것이다. 문밖의 우측은 문의 서쪽을 뜻한다.

---

1) 『예기』「상복소기」 051장 : 繼父不同居也者, 必嘗同居, 皆無主後, 同財而祭其祖禰爲同居, 有主後者爲異居.

無事不辟[毗亦反]**廟門, 哭皆於其次.**〈041〉 [舊在"易服者易輕"之下.]

특별한 일이 없으면 빈궁의 문은 열지['辟'자는 '毗(비)'자와 '亦(역)'자의
반절음이다.] 않으며, 수시로 곡을 할 때에는 모두 상중에 머무는 임시
숙소에서 한다. [옛 판본에는 "상복을 바꾸는 경우에는 덜 중요한 것을 바꾼다."[1]
라고 한 문장 뒤에 수록되어 있었다.]

集說

辟, 開也. 廟門, 殯宮之門也. 鬼神尙幽闇, 故有事則辟, 無事不辟
也. 次, 倚廬也. 朝夕之哭, 與受弔之哭, 皆卽門內之位, 若或晝或夜
無時之哭, 則皆於倚廬也.

'벽(辟)'자는 "연다."는 뜻이다. '묘문(廟門)'은 빈궁의 문을 뜻한다. 귀신
은 그윽하고 어두운 곳을 숭상하기 때문에, 특별한 일이 있는 경우에는
열고, 특별한 일이 없으면 열지 않는다. '차(次)'는 의려(倚廬)[2]이다. 아
침저녁으로 곡을 하거나 조문을 받아서 곡을 하는 경우에는 모두 문 안
쪽의 자리로 나아가서 하며, 낮이나 밤에 수시로 곡을 하는 경우라면,
모두 의려에서 한다.

淺見

近按: 此因上言哭朋友於門外之事, 以明其廟門闔辟之節, 與凡哭泣
各有位次之禮也.

내가 살펴보니, 이것은 앞에서 벗을 위해 곡을 할 때 문밖에서 한다는

---

1) 『예기』「상복소기」 040장 : 除喪者, 先重者. 易服者, 易輕者.
2) 의려(倚廬)는 상중(喪中)에 머물게 되는 임시 거처지이다. '의려'는 '의(倚)', '려
(廬)', '악실(堊室)', '사려(舍廬)' 등으로 부르기도 한다.

사안을 언급한 것에 따라서 묘문의 열고 닫는 예법과 곡을 하고 눈물을 흘릴 때에는 각각 정해진 자리가 있다는 예법을 나타낸 것이다.

右小記一篇, 亦雜引古禮之言, 故其節次錯亂而無序, 今悉以類而更定焉. 蓋記者於煨燼之餘隨所得而錄之, 故其參錯如此, 不可以不正也. 但恐類次先後未有盡合者, 姑爲序次如右, 以俟後之君子焉.

여기까지는 「상복소기」편인데, 이 또한 고대의 예법을 언급한 말들을 뒤섞어 인용하고 있다. 그렇기 때문에 문장의 순서가 어지럽고 순서가 없는데, 현재 이를 자세히 살펴 비슷한 부류로 묶어 다시금 순서를 바로 잡는다. 아마도 『예기』를 기록한 자는 불타고 남은 자료들을 얻는대로 기록을 해두었기 때문에, 그 순서가 이와 같이 어그러져 있으니, 바로잡지 않을 수가 없다. 다만 비슷한 부류로 묶으며 선후의 순서에 있어 완전히 들어맞지 않는 것들이 있을까 염려되지만, 이와 같이 순서를 잡아보니 후대의 군자가 바로잡아주길 기다린다.

「대전(大傳)」

集說

鄭氏曰: 記祖宗人親之大義.

정현이 말하길, 선조에 대한 제사와 친족에 대한 대의를 기록했다.

淺見

近按: 此篇記王者之大事·人道之大義, 故謂之大傳. 是則成於一時作者之手, 而非掇拾古禮之節目者, 故其言有倫, 非若前篇之錯亂也.

내가 살펴보니, 「대전」편은 천자의 대사와 인도의 대의를 기록하고 있다. 그렇기 때문에 편명을 '대전(大傳)'이라고 한 것이다. 이것은 어느 특정 시점에 특정인에 의해 완성된 문헌으로, 고대의 예법을 기록한 단편적 기록들을 수합해둔 것이 아니다. 그렇기 때문에 그 기록에는 질서가 있으니, 이전 편들의 어지러운 순서와는 다르다.

「대전」편 문장 순서 비교

『예기집설』	『예기천견록』	
	구분	문장
001		001
002		002
003		003
004		004
005		005
006		006
007		007
008		008
009		009
010		010
011	무분류	011
012		012
013		013
014		014
015		015
016		016
017		017
018		018
019		019
020		020
021		021

무분류

禮不王不禘. 王者禘其祖之所自出, 以其祖配之.〈001〉

예법에 따르면, 천자가 아니면 체제사를 지내지 않는다. 천자는 자신의 시조를 낳은 대상에 대해서 체제사를 지내고, 자신의 시조를 배향한다.

集說

方氏曰: 此禘也, 以其非四時之常祀, 故謂之間祀. 以其及祖之所自出, 故謂之追享. 以其比常祭爲特大, 故謂之大祭. 以其猶事生之有享焉, 故謂之肆獻祼. 名雖不同, 通謂之禘也.

방씨가 말하길, 여기에서 말한 체제사는 사계절마다 주기적으로 지내는 제사가 아니기 때문에, '간사(間祀)'라 부른다. 또 자신의 시조를 낳은 대상에게 제사를 지내기 때문에, '추향(追享)'이라 부른다. 또 정규적으로 지내는 제사에 대비하면 매우 성대하기 때문에, '대제(大祭)'라 부른다. 또 여전히 살아계실 때처럼 섬기며 흠향을 시키기 때문에, '사헌관(肆獻祼)'이라 부른다. 명칭은 비록 다르지만 이것들을 통괄적으로 '체(禘)'라고 부른다.

經文

諸侯及其太祖. 大夫士有大事省於其君, 干祫及其高祖.〈002〉

제후가 협제사를 지낼 때에는 태조까지도 제사를 지낸다. 대부와 사에게 협제사를 지낼 일이 있다면, 군주에게 문의하여 허락을 받아야 하며, 허락을 받아 협제사를 지낼 때에도 고조까지만 지낸다.

上文言諸侯不得行禘禮, 此言諸侯以下有祫祭之禮. 二昭二穆與大
祖而五者, 諸侯之廟也. 諸侯之祫, 固及其大祖矣. 大事, 謂祫祭也.
大夫三廟, 士二廟一廟, 不敢私自擧行, 必省問於君, 而君賜之, 乃
得行焉. 而其祫也, 亦上及於高祖. 干者, 自下干上之義. 以卑者而
行尊者之禮, 故謂之干. 祫禮說見王制.

앞 문장에서는 제후는 체제사의 의례를 시행할 수 없다고 했고, 이곳 문
장에서는 제후로부터 그 이하의 계층에게 있어서 협제사의 의례를 시행
하는 경우를 언급했다. 두 개의 소묘와 두 개의 목묘 및 태조의 묘를
합하면 다섯 개가 되니, 제후가 세우는 묘를 뜻한다. 제후가 지내는 협
제사에서는 진실로 그의 태조까지 제사를 지내게 된다. '대사(大事)'는
협제사를 뜻한다. 대부는 3개의 묘를 세우고, 사는 2개 또는 1개의 묘를
세우는데, 감히 자기 마음대로 제사를 시행할 수 없고, 반드시 군주에게
문의하여 군주가 허락을 해주어야만 시행할 수 있다. 그리고 협제사를
지낼 때에도 위로는 고조까지 지내게 된다. '간(干)'이라는 말은 아래로
부터 위로 요구한다는 뜻이다. 미천한 자가 존귀한 자에게 해당하는 예
법을 시행하려고 하기 때문에, '간(干)'이라고 말했다. 협제사의 예법은
그 설명이 『예기』「왕제(王制)」편에 나온다.

近按: 此言王者之大祭, 而兼反諸侯・大夫・士之禮, 以明不王不禘
之意也. 省於其君者, 舊說爲省問於君, 愚恐爲省減之義也.

내가 살펴보니, 이것은 천자의 대제를 언급한 것인데, 반대로 제후・대
부・사의 예법까지도 함께 언급하여 천자가 아니라면 체제사를 지내지
않는다는 뜻을 드러낸 것이다. '省於其君'에 대해서 옛 학설에서는 군주
에게 문의한다고 풀이했는데, 내 생각에는 아마도 군주의 예법보다 줄
인다는 뜻인 것 같다.

牧之野, 武王之大事也. 旣事而退, 柴於上帝, 祈於社, 設奠於
牧室, 遂率天下諸侯執豆籩, 逡奔走, 追王[去聲]大王亶父 · 王
季歷 · 文王昌, 不以卑臨尊也.〈003〉

목야 땅에서 은나라와 전쟁을 벌인 것은 무왕의 중대사이다. 전쟁을 치
른 이후 물러나서, 상제에게 시제를 지내고, 땅에게 기원을 했으며, 목
야의 숙소에서 전제사를 지냈고, 결국 천하의 제후들을 통솔하여, 그들
이 두와 변과 같은 제기들을 들고 분주하게 뒤따르도록 하여, 태왕단
보 · 왕계력 · 문왕창 등 천자의 칭호를['王'자는 거성으로 읽는다.] 추증했으
니, 미천한 자가 존귀한 자를 임할 수 없기 때문이다.

旣事, 殺紂之後也. 燔柴以告天, 陳祭以告社, 奠告行主於牧野之館
室, 然後率諸侯以祭告祖廟. 逡, 疾也. 追加先公以天子之號者, 蓋
爲不可以諸侯之卑號臨天子之尊也.

'기사(旣事)'는 주임금을 주살한 이후를 뜻한다. 땔나무를 태워서 연기를
피워 올려 하늘에 아뢰고, 제수를 진설하여 땅에게 아뢰며, 목야 땅의
숙소에서 행주에게 전제사를 지내 아뢰고, 그런 뒤에야 제후들을 통솔
하여 조묘에서 제사를 지내어 아뢰었다. '준(逡)'자는 신속하다는 뜻이
다. 선공에게 추향하며 천자의 칭호를 더한 것은 이전 선조가 가졌던
제후의 낮은 칭호로는 천자처럼 존귀한 자를 임할 수 없기 때문이다.

石梁王氏曰: 周頌作駿, 以此章參之, 書武成及中庸有不同者, 先儒
言文王已備禮亶父 · 季歷, 克商後但尊稱其號, 若王者禮制, 至周公
相成王而後備也.

석량왕씨가 말하길, 『시』「주송(周頌)」편에서는 '준(駿)'자로 기록했는

데,[1] 「대전」편의 기록을 통해 참고해보면, 『서』「무성(武成)」편과 『예기』「중용(中庸)」편의 기록이 같지 않은데, 선대 학자들은 문왕 때 이미 단보와 계력에 대해 예법을 갖춰 대했고, 은나라를 이긴 이후에는 단지 호칭만을 높였을 뿐이며, 천자에게 걸맞은 예법을 제정한 것은 주공이 성왕을 도운 이후에야 갖춰졌다.

上治祖禰, 尊尊也. 下治子孫, 親親也. 旁治昆弟, 合族以食, 序以昭繆[穆], 別之以禮義, 人道竭矣.〈004〉

위로 조부와 부친 항렬의 질서를 바로잡는 것은 존귀한 자를 존귀하게 대하는 뜻이다. 밑으로 자식과 손자 항렬의 질서를 바로잡는 것은 친근한 자를 친근하게 대하는 뜻이다. 옆으로 곤제 항렬의 친족들을 다스리고, 족인들을 음식에 대한 예법으로 회합하며, 소목의['繆'자의 음은 '穆(목)'이다.] 차례로 질서를 세우니, 예의에 따라 구별을 두어서, 인륜의 도리를 다하게 된다.

治, 理而正之也. 謂以禮義理正其恩之降殺, 屬之戚疏也. 合會族人以飮食之禮, 次序族人以昭穆之位, 上治下治旁治之道, 皆有禮義之別, 則人倫之道, 竭盡於此矣.

'치(治)'자는 이치로 다스려서 바르게 한다는 뜻이다. 즉 예의로 은정의 높고 낮음을 이치에 따라 바르게 함이니, 친족들의 가깝고 먼 관계를 의

---

1) 『시』「주송(周頌)·청묘(淸廟)」: 於穆淸廟, 肅雝顯相. 濟濟多士, 秉文之德. 對越在天, 駿奔走在廟. 不顯不承, 無射於人斯.

미한다. 족인들을 모을 때에는 음식을 먹는 예법으로 하며, 족인들에 대해 차례를 세움은 소목의 위치로 하니, 위로 다스리고 밑으로 다스리며 옆으로 다스리는 도리는 모두 예의에 따른 구별을 포함하고 있어서, 인륜의 도리는 여기에서 다하게 된다.

聖人南面而聽天下, 所且先者五, 民不與[去聲]焉. 一曰治親, 二曰報功, 三曰擧賢, 四曰使能, 五曰存愛. 五者一得於天下, 民無不足無不贍者 五者一物紕[篇夷反]繆, 民莫得其死. 聖人南面而治天下, 必自人道始矣.〈005〉

성인이 남면하여 천하의 정사를 들을 때에는 우선적으로 처리해야 할 것이 다섯 가지인데, 백성들을 다스리는 일은 별개의['與'자는 거성으로 읽는다.] 문제이다. 첫 번째는 친족들을 다스리는 일이다. 두 번째는 신하들의 공적에 대해 보답하는 일이다. 세 번째는 현명한 자를 등용하는 일이다. 네 번째는 능력이 있는 자를 임명하는 일이다. 다섯 번째는 친애하는 것들을 자세히 살피는 일이다. 이 다섯 가지가 천하에 모두 행해지게 된다면, 백성들 중에는 부족한 자가 없게 되고, 구휼을 받지 못하는 자가 없게 된다. 만약 이 다섯 가지 중에서 한 가지 사안이라도 어그러지게['紕'자는 '篇(편)'자와 '夷(이)'자의 반절음이다.] 된다면, 백성들은 제대로 된 죽음조차 얻지 못하게 된다. 성인이 남면하고 천하를 다스리는 것은 반드시 인도로부터 시작해야 한다.

民不與焉, 謂未及治民也. 治親, 卽上治下治旁治也. 君使臣以禮, 故功曰報. 行成而上, 故賢曰擧. 藝成而下, 故能曰使. 存, 察也. 人於其所親愛而辟焉, 有以察之, 則所愛者一出於公, 而四者皆無私意之累矣. 一得, 猶皆得也. 贍, 賙也. 物, 事也. 紕繆, 舛戾也. 民莫得其死, 言此五事之得失, 關國家之治亂也. 人道, 申言上文之意.

'민불여언(民不與焉)'은 백성들을 다스리는 일까지는 미치지 않는다는 뜻이다. '치친(治親)'은 위로 다스리고 밑으로 다스리며 옆으로 다스린다는 뜻이다. 군주는 신하를 부릴 때 예로 하기 때문에, 공적에 대해서는 "보답한다."고 말한 것이다. 행실을 이루는 것이 우선이기 때문에, 현명한 자에 대해서는 "등용한다."고 말한 것이다. 재예를 이루는 것은 상대적으로 뒤이기 때문에, 능력 있는 자에 대해서는 "시킨다."고 말한 것이다. '존(存)'자는 "살핀다."는 뜻이다. 사람은 자신이 친애하는 대상에 대해 회피하게 되니, 살피게 된다면 친애하는 것들이 모두 공적인 것에서 도출되어, 네 가지 것들도 모두 사사로운 뜻에 얽매임이 없게 된다. '일득(一得)'은 모두 얻는다는 뜻이다. '섬(贍)'자는 "진휼하다."는 뜻이다. '물(物)'은 사안을 뜻한다. '비무(紕繆)'는 어그러지고 잘못된다는 뜻이다. "백성들이 죽음을 얻지 못한다."는 말은 다섯 가지 일들의 득실은 국가가 다스려지거나 혼란스럽게 됨과 연계된다는 뜻이다. '인도(人道)'는 앞 문장의 뜻을 거듭 밝힌 것이다.

經文

立權度量, 考文章, 改正朔, 易服色, 殊徽號, 異器械, 別衣服, 此其所得與民變革者也. ⟨006⟩

도량형을 세우고, 예법을 수록한 전적을 고찰하며, 달력을 고치고, 복식과 그 색깔을 바꾸며, 깃발 등을 다르게 하고, 예악의 기물과 병장기에 차이를 두며, 의복을 구별하니, 이것들은 백성들과 함께 변혁할 수 있는 것들이다.

權, 稱錘; 度, 丈尺; 量, 斗斛也. 文章, 典籍也. 正者, 年之始. 朔者, 月之初. 服之色, 隨所尙而變易. 徽, 旌旗之屬. 徽之號, 亦隨所尙而味異, 如殷之大白, 周之大赤之類也. 器者, 禮樂之器. 械者, 軍旅之器. 衣服各有章采, 時王因革不同. 此七者, 以立·考·改·易·殊·異·別爲言, 是與民變革者也.

'권(權)'은 무게의 단위를 뜻하며, '도(度)'는 길이의 단위를 뜻하고, '양(量)'은 용적의 단위를 뜻한다. '문장(文章)'은 예법을 수록한 전적을 뜻한다. '정(正)'은 한 해의 시작이다. '삭(朔)'은 한 달의 시작이다. 의복의 색깔은 숭상하는 바에 따라서 바꾼다. '휘(徽)'는 깃발 부류를 뜻한다. 깃발의 칭호는 숭상하는 바에 따라 다르게 하니, 예를 들어 은나라의 대백(大白)[2]이나 주나라의 대적과 같은 부류이다. '기(器)'는 예악에 사용되는 기물이다. '계(械)'는 군대에서 사용하는 무기이다. 의복에는 각각 무늬와 채색이 들어가는데, 각 시대의 왕조는 답습하고 변혁한 것이 다르다. 이러한 일곱 가지 것들에 대해서는 세우고, 고찰하며, 고치고, 바꾸며, 다르게 하고, 차이를 두며, 구별한다고 말했는데, 이것들은 백성과

---

2) 대백(大白)은 대적(大赤)과 비슷한 것으로, 구기(九旗) 중 순색의 비단을 이용하여 만든 깃발인 전(旜)에 해당한다. 다만 백색의 비단을 사용하였기 때문에, '대백'이라고 부른다. 은(殷)나라 때 사용하던 깃발이다. 정색(正色)을 사용해서 만들었다. 주(周)나라는 하(夏)나라 때의 역법을 기준으로 한다면 11월을 정월로 삼았는데, 그 시기에는 만물의 맹아들이 붉은색을 나타내기 때문에, 주나라에서는 '대적'이라는 깃발을 사용했던 것이다. 한편 은(殷)나라는 12월을 정월로 삼았는데, 그 시기에는 만물의 맹아들이 흰색을 나타내기 때문에, 은나라에서는 '대백'이라는 깃발을 사용했던 것이다. 『주례』「춘관(春官)·건거(巾車)」편에는 "革路, 龍勒, 條纓五就, 建大白."이라는 기록이 있는데, 이에 대한 정현의 주에서는 "大白, 殷之旗."라고 풀이했고, 가공언(賈公彦)의 소(疏)에서는 "明堂位云, 殷之大白, 周之大赤. 相對而言, 故云猶周大赤. 周以十一月爲正, 物萌色赤. 殷以十二月爲正, 物牙色白. 是象正色. 無正文, 故云蓋."라고 풀이했다. 한편 『예기』「명당위(明堂位)」편에서는 "殷之大白, 周之大赤."이라는 기록이 있는데, 이에 대한 공영달(孔穎達)의 소(疏)에서는 "殷之大白, 謂白色旗."라고 풀이했다.

함께 변혁하는 것들에 해당한다.

其不可得變革者則有矣. 親親也, 尊尊也, 長長也, 男女有別,
此其不可得與民變革者也.〈007〉

그러나 그 중에는 변혁을 시킬 수 없는 것도 있다. 친근한 자를 친근하
게 대하고, 존귀한 자를 존귀하게 대하며, 연장자를 연장자로 대하고,
남녀 사이에 구별됨이 있는데, 이것들은 백성들과 함께 변혁시킬 수 없
는 것들이다.

集說

此天地之常經, 故不可變革.

이것들은 천지의 항상된 법칙이기 때문에, 변혁시킬 수 없다.

淺見

近按: 此全言天子之事, 制度雖有損益, 而綱常不得變易也.

내가 살펴보니, 여기에서는 전적으로 천자에 대한 사안을 언급하고 있
는데, 제도에 있어서는 비록 덜어내거나 더하는 점이 있더라도 강상의
윤리에 있어서는 바꿀 수 없다는 의미이다.

同姓從宗合族屬, 異姓主名治際會, 名著而男女有別.〈008〉

동성의 친족들은 대종 및 소종을 통해 종족들이 회합된다. 이성의 친족들은 명칭을 중심으로 회합하니, 명칭이 드러나면 남녀 사이에 구별됨이 생긴다.

集說

同姓, 父族也. 從宗, 從大宗小宗也. 合聚其族之親屬, 則無離散陵犯之事. 異姓, 他姓之女來歸者也. 禮莫大於分, 分莫大於名. 卑者爲婦, 尊者爲母, 以婦與母之名, 治婚姻交際會合之事, 名分顯著, 尊卑有等, 然後男女有別, 而無淫亂賊逆之禍也.

'동성(同姓)'은 부계의 친족을 뜻한다. '종종(從宗)'은 대종(大宗)[1] 및 소종을 따른다는 뜻이다. 그의 종족인 친족들을 회합한다면, 떠나거나 흩어져서 참람되게 구는 일이 없게 된다. '이성(異姓)'은 다른 성씨의 여자로 시집을 온 자이다. 예는 구분을 하는 것보다 큰 것이 없고, 구분은 명칭을 바로잡는 것보다 큰 것이 없다. 상대적으로 미천한 자는 며느리의 명칭을 갖고, 존귀한 자는 모친의 명칭을 가지니, 며느리와 모친의 명칭으로 혼인으로 맺어진 여자들과 회합하는 일을 다스리면, 명칭과 구분이 현저하게 밝혀지고, 신분에 등급이 정해지니, 이처럼 한 뒤에야 남녀 사이에 구별됨이 생기고, 음란하거나 패역하게 되는 근심이 없게 된다.

---

1) 대종(大宗)은 소종(小宗)과 상대되는 말이다. 소종과 '대종'은 고대 종법제(宗法制)에 따른 구분이다. 적장자(嫡長子)의 한 계통만이 '대종'이 되고, 나머지 아들들은 소종이 된다. 예를 들어 천자의 적장자는 '대종'이 되고, 나머지 아들들은 소종이 된다. 만약 소종인 천자의 나머지 아들들이 제후가 되었다면, 본인의 나라에서는 '대종'이 되지만, 천자에 대해서는 역시 소종이 된다. 제후가 된 자의 적장자는 본인의 나라에서 '대종'이 되고, 나머지 아들들은 소종이 된다.

其夫屬[燭]乎父道者, 妻皆母道也; 其夫屬乎子道者, 妻皆婦道也. 謂弟之妻婦者, 嫂亦可謂之母乎? 名者人治之大者也, 可無愼乎?〈009〉

아녀자들은 남편의 항렬에 따르므로, 만약 남편이 부친 항렬에 속한다면['屬'자의 음은 '燭(촉)'이다.] 그의 처도 모두 모친 항렬에 해당한다. 반대로 남편이 자식 항렬에 속한다면 그의 처도 모두 며느리 항렬에 해당한다. 동생의 처는 제수인데 그녀에 대해서 며느리라고 부를 수 없다. 만약 이처럼 부르게 된다면, 형수에 대해서 또한 모친이라고 부를 수 있게 되는데, 가능하겠는가? 명칭이라는 것은 인도의 다스림 중 가장 큰 것이니, 신중히 하지 않을 수 있겠는가?

집설

屬, 聯也. 父之兄弟爲伯叔父, 則其妻謂之伯叔母; 兄弟之子爲從子, 則其妻謂之婦, 此於昭穆爲宜. 弟之妻不可謂之爲婦, 猶兄之妻不可謂之爲母, 以紊昭穆也. 故云謂弟之妻婦者, 是嫂亦可謂之母乎? 言皆不可也. 舊說, 弟妻可婦嫂不可母, 失其指矣.

'촉(屬)'자는 "연계된다."는 뜻이다. 부친의 형제는 백부나 숙부가 되니, 그의 아내는 백모나 숙모라 부르고, 형제의 자식은 조카가 되니, 그의 아내는 며느리라고 부르는데, 이것은 소목의 항렬에 따라 합당한 것이다. 동생의 아내에 대해 며느리라고 부를 수 없으니, 이것은 형의 아내에 대해 모친이라 부를 수 없는 경우와 같은 것으로, 소목의 항렬을 문란하게 만들기 때문이다. 그렇게 때문에 "동생의 아내에 대해 며느리라 부른다면, 형수에 대해서 또한 모친이라 부를 수 있는가?"라고 했으니, 모두 불가하다는 뜻이다. 옛 학설에서는 동생의 처에 대해서 '부수(婦嫂)'라고 부를 수 있지만, 모친이라고는 부를 수 없다고 하는데, 이것은 그 요지를 놓친 주장이다.

四世而緦, 服之窮也. 五世袒免[問], 殺[色介反]同姓也. 六世親
屬竭矣. 其庶姓別[彼列反]於上, 而戚單[丹]於下, 昏姻可以通乎?
〈010〉

4세대가 지나면 같은 고조를 모시는 친족들이 되니, 서로를 위해서 시
마복을 착용한다. 5세대가 지나면 고조의 부친을 함께 모시는 친족들이
되니, 서로를 위해서 단문을['免'자의 음은 '問(문)'이다.] 할 따름으로, 동성
인 친족이라도 줄이게['殺'자는 '色(색)'자와 '介(개)'자의 반절음이다.] 된다. 6
세대가 지나면 고조의 조부를 함께 모시는 친족들이 되니, 친족관계가
끝나게 된다. 씨는 정식 성에 있어서 윗세대에서 갈라져['別'자는 '彼(피)'
자와 '列(렬)'자의 반절음이다.] 나온 것이고, 친족관계도 후대에서 다하였다
고['單'자의 음은 '丹(단)'이다.] 하지만, 혼인은 할 수 있겠는가?

四世, 高祖也. 同高祖者服緦麻, 服盡於此矣, 故云服之窮也. 五世
袒免, 謂共承高祖之父者, 但爲袒免而已, 是減殺同姓也. 六世則共
承高祖之祖者, 幷袒免亦無矣, 故曰親屬竭也. 上, 指高祖以上也.
姓爲正姓, 氏爲庶姓, 故魯姬姓而三家各自爲氏, 春秋諸國皆然, 是
庶姓別異於上世也. 戚, 親也. 單, 盡也. 四從兄弟, 恩親已盡, 各自
爲宗, 是戚單於下也. 殷人五世以後, 則相與通昏, 故記者設問云,
今雖周世, 昏姻可以通乎?

4세대라는 말은 고조까지를 뜻한다. 고조가 같은 친족들에 대해서는 시
마복을 착용하니, 정규 상복 규정은 이 관계에서 다하기 때문에, "상복
의 제도가 다한다."고 말한 것이다. 5세대가 지난 자들에 대해서는 단문
을 하니, 고조의 부친을 함께 모시는 자들은 서로를 위해서 단문만 할
따름이라는 뜻으로, 동성인 친족이라도 줄이고 낮춘다는 의미이다. 6세
대가 지난 자들이라면, 고조의 조부를 함께 모시는 자들인데, 이들에 대

해서는 단문 또한 없게 된다. 그렇기 때문에 "친속 관계가 끝난다."고 말한 것이다. '상(上)'자는 고조 이상의 조상을 뜻한다. '성(姓)'은 정식 성을 뜻하며, '씨(氏)'는 서성이 된다. 그렇기 때문에 노나라는 희성의 국가이지만, 세 가문은 각각 제 자신의 씨를 갖췄던 것이니, 춘추시대의 제후국에서는 모두 이처럼 했다. 이것은 서성이 윗세대에서 별도로 갈라져 나온 것임을 뜻한다. '척(戚)'은 친족을 뜻한다. '단(單)'은 "다한다." 는 뜻이다. 사종형제들은 은정과 친족관계가 이미 다하여, 각각 그 스스로 종가를 이루게 되니, 이것이 친족관계가 아래에서 다한다는 뜻이다. 은나라 때에는 5세대가 지난 뒤라면 서로 혼인할 수 있었다. 그렇기 때문에 『예기』를 기록한 자는 의문 형식으로 기록하여, "현재 주나라 시대라 하지만, 혼인을 할 수 있는가?"고 말한 것이다.

> 繫[計]之以姓而弗別, 綴[株衛反]之以食[嗣]而弗殊, 雖百世而昏姻不通者, 周道然也.〈011〉

혼인을 하는 것은 불가하다. 영원이 체천되지 않는 대종이 있어서, 족인들을 통합할['繫'자의 음은 '計(계)'이다.] 때 성을 통해서 하여 구별을 두지 않고, 그들을 음식에['食'자의 음은 '嗣(사)'이다.] 대한 예법으로 회합을['綴'자는 '株(주)'자와 '衛(위)'자의 반절음이다.] 시켜서 차이를 두지 않으니, 비록 100세대가 지났더라도 혼인을 할 수 없다. 이것은 주나라의 도에서 이처럼 만든 것이다.

周禮: "大宗百世不遷." 庶姓雖別, 而有木姓世繫以聯繫之, 不可分別也. 又連綴族人以飮食之禮, 不殊異也. 雖百世之遠, 無通昏之事,此周道所以爲至, 而人始異於禽獸者也. 此是答上文設問之辭.

주나라의 예법에서는 "대종(大宗)은 100세대가 지나더라도 체천되지 않는다."고 했다. 서성이 비록 갈라졌지만 본래의 성은 세대마다 연계되어 이를 통해 족인들을 합치니 구별할 수 없다. 또 족인들을 음식에 대한 예법으로 모아서 회합하니 차이를 둘 수 없다. 비록 100세대처럼 먼 시간이 흘렀더라도 혼인을 하지 못하는 사안은 주나라의 도에서 이룩한 것으로, 사람이 비로소 금수와 달라진 점이다. 이것은 앞에서 질문을 했던 말에 대답을 한 기록이다.

服術有六: 一曰親親, 二曰尊尊, 三曰名, 四曰出入, 五曰長幼, 六曰從服.〈012〉

상복을 착용하는 방법에는 여섯 가지가 있다. 첫 번째는 친근한 자를 친근하게 대하는 경우이고, 두 번째는 존귀한 자를 존귀하게 대하는 경우이며, 세 번째는 명칭에 따른 경우이고, 네 번째는 여자가 시집을 가지 않았느냐 갔느냐에 따른 경우이며, 다섯 번째는 나이에 따른 차등의 경우이고, 여섯 번째는 따라서 착용하는 경우이다.

疏曰: 親親者, 父母爲首, 次妻子伯叔. 尊尊者, 君爲首, 次公·卿·大夫. 名者, 若伯叔母及子婦弟婦兄嫂之屬. 出入者, 女在室爲入, 適人爲出, 及爲人後者. 長幼者, 長謂成人, 幼謂諸殤. 從服者, 下文六等是也.

소에서 말하길, 친근한 자를 친근하게 대하는 경우, 부모가 첫 번째가 되고, 그 다음으로는 처나 자식, 백부나 숙부에 대한 경우가 된다. 존귀한 자를 존귀하게 대하는 경우, 군주가 첫 번째가 되고, 그 다음으로는 공·경·대부 등에 대한 경우가 된다. 명칭에 따른 경우는 마치 백모·숙모 및 자부·제부·형수 등의 부류가 여기에 해당한다. '출입(出入)'이라는 것은 여자가 아직 시집을 가지 않은 경우에는 '입(入)'이 되고, 남에게 시집을 간 경우에는 '출(出)'이 되며, 남의 후손이 된 경우도 해당한다. '장유(長幼)'에서의 '장(長)'은 성인을 뜻하며 '유(幼)'는 요절한 자를 뜻한다. '종복(從服)'이라는 것은 아래 문장에 나오는 여섯 등급의 경우가 여기에 해당한다.

經文

> 從服有六: 有屬從, 有徒從, 有從有服而無服, 有從無服而有服, 有從重而輕, 有從輕而重.〈013〉

종복의 경우에는 여섯 가지가 있다. 첫 번째는 친속 관계에 따라 상복을 착용하는 경우이다. 두 번째는 공허하게 남을 따라 친속 관계가 없는 자에 대해 상복을 착용하는 경우이다. 세 번째는 상복을 착용해야 하는 자를 따라서 상복을 착용해야 하지만 실제로 상복을 착용하지 않는 경우이다. 네 번째는 상복을 착용하지 않아야 하는 자를 따라서 상복을 착용하지 않지만 실제로 상복을 착용하는 경우이다. 다섯 번째는 수위가 높은 상복을 입는 자를 따라서 상복을 착용하지만, 수위가 낮은 상복을 착용하는 경우이다. 여섯 번째는 수위가 낮은 상복을 입는 자를 따라서 상복을 착용하지만, 수위가 높은 상복을 착용하는 경우이다.

集說

屬, 親屬也. 子從母而服母黨, 妻從夫而服夫黨, 夫從妻而服妻黨, 是屬從也. 徒, 空也. 非親屬而空從之服其黨, 如臣從君而服君之黨,妻從夫而服夫之君, 妾服女君之黨, 庶子服君母之父母, 子服母之君母, 是徒從也. 如公子之妻爲父母期, 而公子爲君所厭, 不得服外舅外姑, 是妻有服而公子無服, 如兄有服而嫂無服, 是從有服而無服也. 公子爲君所厭, 不得爲外兄弟服, 而公子之妻則服之, 妻爲夫之昆弟無服, 而服娣姒, 是從無服而有服也. 妻爲其父母期, 重也. 夫從妻而服之三月, 則爲輕. 母爲其兄弟之子大功, 重也. 子從母而服之三月, 則爲輕. 此從重而輕也. 公子爲君所厭, 自爲其母練冠, 輕矣, 而公子之妻爲之服期, 此從輕而重也.

'속(屬)'자는 친속을 뜻한다. 자식은 모친을 따라서 모친의 친족을 위해 상복을 착용하고, 처는 남편을 따라서 남편의 친족을 위해 상복을 착용하며, 남편은 처를 따라서 처의 친족을 위해 상복을 착용하는 경우가 '속종(屬從)'에 해당한다. '도(徒)'자는 "공허하다."는 뜻이다. 친속 관계가 아님에도 공허하게 남을 따라서 그의 친족을 위해 상복을 착용하는 것이니, 마치 신하가 군주를 따라서 군주의 친족을 위해 상복을 착용하고, 처가 남편을 따라서 남편의 군주를 위해 상복을 착용하며, 첩이 여군의 친족을 위해 상복을 착용하고, 서자가 군모의 부모를 위해 상복을 착용하며, 자식이 모친의 군모를 위해 상복을 착용하는 경우가 '도종(徒從)'에 해당한다. 예를 들어 공자의 처는 자신의 부모를 위해서 기년상을 치르게 되지만, 공자는 군주에 의해서 수위를 낮추게 되어, 장인과 장모에 대해 상복을 착용하지 못하게 되니, 이것은 처는 상복을 착용하지만 공자는 상복을 착용하지 않는 경우이다. 또 예를 들어 형에 대해서는 상복을 착용하지만 형수에 대해서는 상복을 착용하지 않는 경우가 있는데, 이것은 상복을 착용하는 자를 따라서 상복을 착용해야 하지만 실제로는 상복을 착용하지 않는 경우이다. 공자는 군주에 의해 수위를 낮추게 되어 외가의 형제들에 대해서는 상복을 착용하지 않지만, 공자의 처인 경우에는 그들을 위해 상복을 착용하며, 처는 남편의 곤제를 위해 상복을 착용하지 않지만, 손윗동서와 손아랫동서를 위해서는 상복을 착용하니, 이것은 상복을 착용하지 않는 자를 따라서 상복을 착용하지 않아야 하지만 실제로는 상복을 착용하는 경우이다. 처는 그녀의 부모에 대해 기년상을 치르니, 중복(重服)[2]을 착용한 경우이다. 남편은 처를 따라서 그들을 위해 3개월 상을 치르니, 이것은 수위가 낮은 상복을 착용한 것이다. 모친은 그녀의 형제 자식들을 위해 대공복을 착용하니, 중복을 착용한 경우이다. 그러나 자식은 모친을 따라 그들을 위해 상복을 착용할 때 3개월 상을 치르니, 이것은 수위가 낮은 상복을 착용한 경우이다. 이러한 경우 등은 수위가 높은 상복을 입은 자를 따라서 상복을 착용하지만, 수위가 낮은 상복을 착용하는 경우이다. 공자가 군주에 의해 수위를 낮추게 되면, 스스로 그의 모친에 대해서는 연관을 착용하니, 수위를 낮추는 것인데, 공자의 처는 공자의 모친을 위해서 기년복을 착용하니, 이것은 수위가 낮은 상복을 입은 자를 따라서 상복을 착용하지만, 수위가 높은 상복을 착용하는 경우이다.

經文

> 自仁率親, 等而上之至于祖, 名曰輕; 自義率祖, 順而下之至于禰, 名曰重. 一輕一重, 其義然也.〈014〉

은정을 사용하여 부모에 따름에 순차적으로 위로 올라가 조상에 이르게 되니, 이러한 경우를 가벼워진다고 부른다. 반면 의로움을 사용하여 조상을 따름에 순차적으로 밑으로 내려가 부친에 이르게 되니, 이러한 경우를 무거워진다고 부른다. 어떤 경우에는 가벼워지고 또 어떤 경우에는 무거워지는 것은 그 도의에 따라 그러한 것이다.

集說

疏曰: 自, 用也. 仁, 恩也. 率, 循也. 親, 父母也. 等, 差也. 子孫君用

---

2) 중복(重服)은 상복(喪服)의 단계를 뜻하는 용어 중 하나이다. 대공복(大功服) 이상이 되는 상복을 '중복'이라고 부른다.

恩愛依循於親, 節級而上至於祖, 遠者恩愛漸輕, 故名曰輕也. 義主斷割, 用義循祖, 順而下之至於禰, 其義漸輕, 祖則義重, 故名曰重也. 義則祖重而父母輕, 仁則父母重而祖輕. 一輕一重, 宜合如是, 故云其義然也. 按喪服條例, 衰服表恩, 若高曾之服, 本應緦麻小功而進以齊衰, 豈非爲尊重而然邪? 至親以期斷, 而父母三年, 寧不爲恩深乎?

소에서 말하길, '자(自)'자는 "~을 쓰다."는 뜻이다. '인(仁)'자는 은정을 뜻한다. '솔(率)'자는 "따르다."는 뜻이다. '친(親)'자는 부모를 뜻한다. '등(等)'자는 차등을 뜻한다. 자손이 만약 은정을 사용하여 부모에게 의거해 따르면, 순차에 따라 위로 올라가 조상에 이르고, 대수가 먼 조상에 대해서는 그 은정이 점진적으로 옅어지기 때문에, "가벼워진다고 부른다."고 했다. 의로움은 판결하는 것을 위주로 하니, 의를 사용하여 조상에게 따르면, 순차적으로 낮아져서 부친에 이르게 되니, 그 의로움은 점진적으로 옅어지지만, 조상은 도의상 중대한 대상이기 때문에, "중대해진다고 부른다."고 했다. 의로움에 따른다면 조상은 중대하고 부모는 상대적으로 덜 중요하며, 은정에 따른다면 부모는 중대하고 조상은 상대적으로 덜 중요하다. 어떤 것은 가벼워지고 어떤 것은 중대해진다는 것은 마땅히 이처럼 해야 한다. 그렇기 때문에 "그 도의에 따라 그러한 것이다."고 말한 것이다. 『상복조례』를 살펴보면, 상복을 통해서 은정을 드러내니, 고조나 증조를 위해 착용하는 상복은 본래 시마복과 소공복을 착용해야 하지만, 단계를 높여서 자최복을 착용하는데, 이것이 어찌 존귀한 자를 중대하게 대해서 이처럼 한 것이 아니겠는가? 지극히 친근한 자에 대해서는 기년복으로 제도를 단정했지만, 부모를 위해서는 삼년상을 치르니, 어찌 은정이 깊기 때문에 이처럼 한 것이 아니겠는가?

君有合族之道, 族人不得以其戚戚君[句], 位也.〈015〉

군주에게는 족인들을 회합할 수 있는 도리가 포함된다. 그러나 족인들의 경우에는 군주와 친족관계라 하더라도 그 관계를 내세워 군주에게 친근하게 대할 수 없으니['君'자에서 구문을 끊는다.] 지위가 엄격히 구분되기 때문이다.

集說

君恩可以下施, 故於族人有合聚燕飮之禮. 而族人則皆臣也, 不敢以族屬父兄子弟之親而上親於君者, 一則君有絶宗之道, 二則以嚴上下之辨, 而杜簒代之萌也.

군주의 은정은 밑으로 베풀 수 있다. 그렇기 때문에 족인들에 대해 취합하여 연회를 할 수 있는 예법이 포함된다. 그러나 족인들의 경우는 모두 신하의 신분이 되어, 감히 친족 중 부친 및 형제 항렬 또는 자식이나 동생 항렬 등의 관계를 통해서 위로 군주에 대해 친근하게 대할 수 없다. 그 이유는 군주에게는 종족 관계를 끊을 수 있는 도리가 포함되기 때문이며, 다른 하나는 이것을 통해 상하 신분 관계를 엄격히 구분하여, 지위가 찬탈될 수 있는 위험의 싹을 막기 위해서이다.

石梁王氏曰: 詳註下文以十一字爲句, 然位也當自爲句, 蓋族人不敢戚君者, 限於位也.

석량왕씨가 말하길, 주석을 상세히 따져보니, '군유합족지도(君有合族之道)'라는 구문 뒤의 11자를 하나의 구문으로 끊었다. 그러나 '위야(位也)'는 마땅히 그 자체로 하나의 구문이 된다. 무릇 족인들은 감히 군주에게 친척관계를 내세워 친하게 대할 수 없으니, 지위에 따른 제한 때문이다.

庶子不祭, 明其宗也. 庶子不得爲[去聲]長子三年, 不繼祖也.
〈016〉

서자가 자기 집에서 제사를 지내지 못함은 종가를 밝히기 위해서이다.
서자는 장자를 위해서['爲'자는 거성으로 읽는다.] 삼년상을 치르지 못하니,
조부를 계승하지 못했기 때문이다.

集說

說見前篇.

설명이 앞 편에 나온다.

經文

別子爲祖, 繼別爲宗, 繼禰者爲小宗. 有百世不遷之宗, 有五
世則遷之宗. 百世不遷者, 別子之後也. 宗其繼別子之所自出
者, 百世不遷者也. 宗其繼高祖者, 五世則遷者也. 尊祖故敬
宗, 敬宗, 尊祖之義也.〈017〉

제후의 적장자를 제외한 나머지 아들 중 별자의 명령을 받게 되면, 별
자는 자기 가문의 시조가 되고, 별자를 계승한 자는 대종이 되며, 그 후
손들 중 대종의 적장자 외에 나머지 아들은 부친을 계승하여 소종이 된
다. 따라서 100세대가 지나더라도 영원히 바뀌지 않는 대종의 종가가
생기고, 5세대가 지나면 바뀌는 소종의 종가가 생긴다. 100세대가 지나
더라도 바뀌지 않는 자는 별자의 적통을 계승한 대종이다. 별자를 계승
하여 그에게 제사를 지내는 집을 종가로 삼으면, 그 종가는 100세대가

지나더라도 바뀌지 않는 대종의 가문이 된다. 고조를 계승하여 그에게 제사를 지내는 집을 종가로 삼으면, 그 종가는 5세대가 지나면 바뀌는 소종의 가문이 된다. 조상을 존숭하기 때문에 종가를 공경하니, 종가를 공경하는 것은 조상을 존숭하는 도의에 해당한다.

宗其繼別子者, 百世不遷者也. "之所自出"四字, 朱子曰衍文也. 凡大宗, 族人與之爲絶族者, 五世外皆爲之齊衰三月, 母妻亦然. 爲小宗者, 則以本親之服服之. 餘竝說見前篇.

별자를 계승한 자를 종주로 삼는 자는 백세대가 지나도록 체천되지 않는 종가이다. '지소자출(之所自出)'이라는 네 글자에 대해, 주자는 "연문이다."라고 했다. 무릇 대종의 경우, 족인들이 대종과 친족관계가 끊어진 경우라면, 5세대가 넘어간 자들은 모두 대종을 위해서 자최복을 착용하고 3개월 동안 복상하며, 그의 모친과 처에 대해서도 이처럼 한다. 소종을 위한 경우라면, 본래의 친족관계에 따른 상복으로 복상한다. 나머지 설명은 앞 편에 나온다.

有小宗而無大宗者, 有大宗而無小宗者, 有無宗亦莫之宗者, 公子是也.〈018〉

특수한 경우로 소종은 있어도 대종이 없는 경우가 있고, 대종은 있어도 소종이 없는 경우가 있으며, 종자도 없고 종자를 삼길 자도 없는 경우가 있으니, 이러한 경우는 오직 공자에게만 해당한다.

君無適昆弟, 使庶兄弟一人爲宗, 以領公子, 其禮亦如小宗. 此之謂
有小宗而無大宗也. 君有適昆弟使之爲宗, 以領公子, 更不得立庶
昆弟爲宗. 此之謂有大宗而無小宗也. 若公子止一人, 無他公子可
爲宗, 是無宗也, 則亦無他公子宗於己矣. 此之謂無宗亦莫之宗也.
前所論宗法, 是通言卿·大夫大小宗之制, 此則專言國君之子, 上不
得宗君, 下未爲後世之宗, 有此三事也.

군주에게 적자인 곤제가 없어서 서자 형제들 중 첫째 서열 1명을 종자
로 세워, 그를 통해 공자들을 통솔하게 하면, 그에 대한 예법은 또한 소
종에 대한 경우와 같게 된다. 이것이 소종은 있어도 대종이 없는 경우를
뜻한다. 군주에게 적자인 곤제가 있어서 그를 종자로 세우고 그를 통해
공자들을 통솔하게 하면, 다시금 서자인 곤제들을 종자로 세울 수 없다.
이것이 대종은 있어도 소종이 없는 경우이다. 만약 공자가 단지 1명일
뿐이고, 종자로 삼을 수 있는 다른 공자가 없다면, 이것은 종자가 없는
경우인데, 이러한 경우에는 또한 자신을 종주로 받들 공자들이 없게 된
다. 이것이 종자도 없고 또한 종주를 섬기는 자도 없는 경우이다. 앞에
서 논의한 종법제는 경과 대부에게 적용되는 대종과 소종의 제도를 범
범하게 말한 것이고, 이곳에서는 전적으로 제후의 자식 중 위로는 군주
를 종주로 삼을 수 없고, 밑으로는 후세의 종주가 아직 못된 경우로 이
러한 세 가지 경우가 있다는 사실만을 언급하였다.

公子有宗道. 公子之公, 爲其士大夫之庶者, 宗其士大夫之適
者, 公子之宗道也.〈019〉

공자에게는 종주의 도리가 포함되어 있다. 공자들의 군주인 자는 자신
의 서자 형제들 중 사나 대부의 신분인 자들을 위해서, 적자 형제들 중

사나 대부의 신분인 자를 세워 그를 종주로 삼게 되니, 이것이 바로 공자에게 포함된 종주의 도리이다.

此又申言公子之宗道. 公子之公, 謂公子之適兄弟爲君者, 爲其庶兄弟之爲士爲大夫者, 立適公子之爲士·大夫者爲宗, 使此庶者宗之, 故云宗其士·大夫之適者. 此適, 是君之同母弟, 適夫人所生之子也.

이 내용 또한 공자에게 해당하는 종주의 도리를 거듭 설명한 것이다. '공자지공(公子之公)'은 공자의 적자 형제들로 군주가 된 자를 뜻하는데, 그의 서자 형제들 중 사나 대부의 신분이 된 자들을 위해서, 적자인 공자들 중 사나 대부가 된 자를 종주로 세워, 이러한 서자들로 하여금 그를 종주로 받들게 한다는 뜻이다. 그렇기 때문에 "사나 대부 중의 적자를 종주로 삼게 한다."고 말한 것이다. 여기에서 말한 적자는 군주와 같은 어머니에게서 태어난 동생으로, 곧 정부인이 출생한 자식을 뜻한다.

絶族無移[去聲]服, 親者屬也. ⟨020⟩

친족관계가 끊어진 자에 대해서는 상복을 소급하여['移'자는 거성으로 읽는다.] 입지 않으니, 친족관계가 유지되는 자에 대해서는 해당하는 상복을 착용한다.

三從兄弟同高祖, 故服緦麻, 至四從則族屬絶, 無延及之服矣. 移,

讀爲施.　在旁而及之曰施,　服之相爲以有親而各以其屬爲之服耳,
故云親者屬也.

삼종형제는 고조가 같은 자들이다. 그렇기 때문에 서로를 위해서 시마
복을 착용한다. 사종형제에 이르게 되면 친족관계가 끊어지게 되어, 관
계를 연장하여 그에 대한 상복을 착용하는 일이 없다. '이(移)'자는 "베
풀다."는 뜻으로 풀이한다. 방계의 친족에 대해서 그에 대한 상복 규정
이 소급되는 것을 '시(施)'라 부르니, 서로를 위해 상복을 착용하는 것은
그와 친족관계에 있기 때문이며, 각자 그 친속 관계에 따라서 상복을 착
용할 따름이다. 그렇기 때문에 "친족관계에 있는 자는 해당 복장을 착용
한다."고 말한 것이다.

經文

自仁率親, 等而上之至于祖; 自義率祖, 順而下之至于禰. 是
故人道親親也. 親親故尊祖, 尊祖故敬宗, 敬宗故收族, 收族
故宗廟嚴, 宗廟嚴故重社稷, 重社稷故愛百姓, 愛百姓故刑罰
中[去聲], 刑罰中故庶民安, 庶民安故財用足, 財用足故百志成,
百志成故禮俗刑, 禮俗刑然後樂[洛]. 時云: "不顯不承, 無斁[亦]
於人斯." 此之謂也.〈021〉

은정을 써서 부모에 따르면 등급대로 위로 올라가 조상에게 이르게 된
다. 의로움을 써서 조상에 따르면 순차적으로 밑으로 내려가서 부친에
게 이르게 된다. 이러한 까닭으로 인도는 친근한 자를 친근하게 대하는
도리에 해당한다. 친근한 자를 친근하게 대하기 때문에 조상을 존숭하
게 되고, 조상을 존숭하기 때문에 종가를 공경하게 되며, 종가를 공경하
기 때문에 족인들을 거둬들이게 되고, 족인들을 거둬들이기 때문에 종
묘의 제사가 엄숙하게 되며, 종묘의 제사가 엄숙하기 때문에 사직의 제

사를 중시하고, 사직의 제사를 중시하기 때문에 모든 관리들을 사랑하게 되며, 모든 관리들을 사랑하기 때문에 형벌이 알맞게['中'자는 거성으로 읽는다.] 되고, 형벌이 알맞기 때문에 백성들이 편안하게 느끼게 되며, 백성들이 편안하게 느끼기 때문에 재화가 풍족하고, 재화가 풍족하기 때문에 모든 뜻이 이루어지며, 모든 뜻이 이루어지기 때문에 예와 풍속이 이루어지고, 예와 풍속이 이루어진 뒤에라야 즐거워하게['樂'자의 음은 '洛(락)'이다.] 된다. 『시』에서 "드러나지 아니하며 떠받들지 아니할까, 사람들에게 미움을['斁'자의 음은 '亦(역)'이다.] 받는 일이 없도다."라고 한 말이 바로 이러한 경지를 가리킨다.

祖之遷者逾遠, 宗之繼者無窮, 必知尊祖, 乃能敬宗. 收, 不離散也. 宗道既尊, 故族無離散, 而祭祀之禮嚴肅. 內嚴宗廟之事, 故外重社稷之禮. 知社稷之不可輕, 則知百官族姓之當愛. 官得其人, 則刑不濫而民安其生. 安生樂業, 而食貨所育上下俱足, 有恒產者有恒心, 倉廩實而知禮節. 故非心邪念不萌, 而百志以成; 乖爭陵犯不作, 而禮俗一致. 刑, 猶成也. 如此則愜氣嘉生, 薰爲大和矣, 豈不樂乎! 詩, 周頌·淸廟之篇, 言文王之德, 豈不光顯乎? 豈不見尊奉於人乎? 無厭斁於人矣. 引此以喩人君自親親之道, 推之而家而國而天下, 至於禮俗大成, 其可樂者, 亦無有厭斁也.

조상 중 체천되는 자는 그 대수가 더욱 멀어지고, 종자를 계승하는 자는 끝이 없으니, 반드시 조상을 존숭할 줄 알아야만 종가를 공경할 수 있다. '수(收)'자는 떠나거나 흩어지지 않게 한다는 뜻이다. 종가의 도리가 이미 존엄하기 때문에, 족인들 중에 흩어지거나 떠나는 자가 없고, 제사의 예법이 엄숙해진다. 내적으로 종묘의 제사를 엄숙하게 대하기 때문에, 외적으로도 사직의 예법을 중시한다. 사직의 제사를 소홀히 할 수 없음을 안다면, 모든 관리와 족인들에 대해 사랑해야만 함을 알게 된다. 해당 관직에 그에 걸맞은 인물을 얻는다면 형벌이 범람하지 않고, 백성들이 자신의 생활을 안정되게 느낀다. 생활이 안정되고 과업을 즐거워하며 음식과 재화가 풍족하여 상하 모든 계층이 풍족하면, 항산하는 자는 항심을 갖게 되고, 창고가 가득하여 예절을 알게 된다. 그렇기 때문에 그릇된 마음과 사특한 생각이 싹트지 않고, 모든 뜻이 이루어지며, 어그러진 다툼과 참람됨이 일어나지 않아서, 예와 풍속이 일치된다. '형(刑)'자는 "이루어진다."는 뜻이다. 이와 같게 되면 기운을 합하여 무수하게 생겨나고, 무르익어 큰 조화를 이루는데, 어찌 즐겁지 않을 수 있겠는가? '시(詩)'는 『시』「주송(周頌)·청묘(清廟)」편으로,[3] 문왕의 덕을 노래한 것이니, 어찌 빛나지 않겠는가? 또 어찌 존경을 받아 사람들이 떠받들지 않겠는가? 이것이 사람들이 싫어하지 않는 이유라는 의미이다. 이 시를 인용하여 군주 스스로 친근한 자를 친근하게 대하는 도를 실천하여, 이것을 미루어 가·국·천하에 이르게 해서, 결국 예와 풍속이 크게 완성되는 지경에 이르게 됨을 비유한 것이니, 기뻐할 수 있다는 것은 또한 싫어하지 않는 것이다.

淺見

近按: 此以通乎上下者言之, 而又推及於王者治化之極功, 以終之也.

내가 살펴보니, 이것은 상하계층에 두루 통하는 것을 기준으로 말한 것이고, 또한 천자가 다스리고 교화하는 지극한 공덕을 미루어 언급하여 결론을 맺었다.

---

3) 『시』「주송(周頌)·청묘(清廟)」: 於穆清廟, 肅雝顯相. 濟濟多士, 秉文之德. 對越在天, 駿奔走在廟. 不顯不承, 無射於人斯.

禮記淺見錄卷第十四

『예기천견록』 14권

「소의(少儀)」

集說

朱子曰: 小學之支流餘裔.

주자가 말하길, 『소학』의 내용과 관련된 기록들이다.

石梁王氏曰: 非幼少之少. 此篇曲禮之類.

석량왕씨가 말하길, '소의(少義)'라고 할 때의 소(少)자는 어린아이라고 할 때의 '소(少)'자가 아니다. 이 편은 『예기』「곡례(曲禮)」편과 같은 부류이다.

淺見

近按: 此篇記與人交際言行之節, 非直爲少者言也, 故王氏以爲非幼少之少, 然亦少者所當儀刑而學之者也, 故曰少儀, 非幼少之少, 卽何哉?

내가 살펴보니, 「소의」편은 남과 교제할 때의 언행에 대한 예절을 기록하고 있으니, 단지 나이가 어린 사람만을 위해 말한 것이 아니다. 그렇기 때문에 석량왕씨가 어린아이라고 할 때의 소자가 아니라고 했는데, 그러나 이 또한 나이가 어린 사람들이 마땅히 본받고 배워야 하는 것들이다. 그렇기 때문에 '소의(少儀)'라고 편명을 붙인 것인데, 어린아이라고 할 때의 '소(少)'자가 아니라고 한다면 무슨 뜻이란 말인가?

「소의」편 문장 순서 비교

『예기집설』	『예기천견록』	
	구분	문장
001		001
002		002
003		003
004		004
005		005
006		006
007		007
008		008
009		009
010		010
011		011
012		012
013		015
014		014
015		033
016		027
017	무분류	025
018		022
019		060
020		041
021		042
022		053
023		079
024		080
025		016
026		017
027		018
028		019
029		020
030		021
031		023
032		024
033		055

『예기집설』	『예기천견록』	
	구분	문장
034		056
035		057
036		067後
037		066
038		058
039		059
040		068
041		069
042		070
043		061
044		072
045		065
046		071
047		067前
048		062
049		063
050		064
051	무분류	075
052		074
053		039
054		040
055		076
056		077
057		078
058		043
059		044
060		045
061		046
062		047
063		048
064		049
065		050
066		051
067		052

『예기집설』	『예기천견록』	
	구분	문장
068		013
069		026
070		028
071		029
072		031
073		034
074	무분류	037
075		038
076		073
077		030
078		035
079		036
080		054
		032

무분류

聞始見[現]君子者辭, 曰: "某固願聞名於將命者." 不得階主. 適
[敵]者曰: "某固願見." 罕見曰 "聞名." 亟[器]見曰: "朝夕." 瞽曰:
"聞名."〈001〉

듣건대, 처음 군자를 뵙는['見'자의 음은 '現(현)'이다.] 자는 말을 전하며,
"아무개는 진실로 명령을 전달하는 자에게 제 이름이 전해지기를 원합
니다."라고 말하니, 주인에게 직접적으로 전달할 수 없기 때문이다. 만
약 신분이 대등한['適'자의 음은 '敵(적)'이다.] 자의 경우라면, "아무개는 진
실로 명령을 전달하는 자를 만나보기를 원합니다."라고 말한다. 만약
만나본 지가 매우 오래된 경우라면, "명령을 전달하는 자에게 제 이름이
전해지기를 원합니다."라고 말하고, 자주['亟'자의 음은 '器(기)'이다.] 만나
보는 사이라면, 군자에 대해서는 "아무개는 아침이나 저녁 문안인사를
드리고자 하여, 명령을 전달하는 자에게 제 이름이 전해지기를 원합니
다."라고 말하고, 신분이 대등한 자에 대해서는 "아무개는 아침이나 저
녁 문안인사를 드리고자 하여, 명령을 전달하는 자를 만나보기를 원합
니다."라고 말한다. 찾아온 자가 장님인 경우라면, "아무개는 명령을 전
달하는 자에게 제 이름이 전해지기를 원합니다."라고 말한다.

記者謙言我嘗聞之於人云, 初見有德有位之君子者, 其辭云, 某固願
通聞己名於將命之人. 固, 如固辭之固. 不曰願而曰固願, 慮主人不
卽見己, 而假此荐請之辭也. 將命者, 通客主言語出入之人也. 階者,
升進之喩. 主, 主人也. 言賓請見之辭, 不得徑指主人也. 適者, 賓主
適體之人也. 則曰某固願見於將命者. 罕見, 謂久不相見也. 亦曰願

聞名於將命者, 蓋疑疎闊之久, 未必主人肯見也. 亟見, 數見也. 於
君子, 則曰某願朝夕聞名於將命者. 於敵者, 則曰某願朝夕見於將
命者. 若瞽者來見, 無問貴賤, 惟曰某願聞名於將命者, 以無目, 故
不言願見也.

『예기』를 기록한 자는 겸손하게 말하여, "내가 일찍이 남에게서 들었
다."고 말한 것인데, 덕을 갖추고 있고 지위를 갖추고 있는 군자를 처음
으로 만나 뵐 때에는 그 말에 있어서, "아무개인 저는 진실로 제 이름이
명령을 전달하는 자에게 전해지기를 원합니다."라고 말한다. '고(固)'자
는 완강히 사양한다고 할 때의 고(固)자와 같다. "원합니다."라고 말하
지 않고, "진실로 원합니다."라고 말한 것은 주인이 곧바로 자신을 만나
보지 않을 것을 염려하여, 재차 청원할 때 쓰는 말을 빌려서 사용한 것
이다. '장명자(將命者)'는 빈객과 주인의 말을 전달하는 사람이다. '계
(階)'는 올라가 나아간다는 뜻을 비유한 말이다. '주(主)'자는 주인을 뜻
한다. 즉 빈객이 만나 뵙기를 청원하는 말은 곧바로 주인에게 전달될
수 없다는 의미이다. '적자(適者)'자는 빈객과 주인의 신분이 대등한 경
우를 뜻한다. 즉 이러한 경우에는 "아무개는 진실로 명령을 전달하는 자
를 만나보기를 원합니다."라고 말한다. '한현(罕見)'은 오래도록 서로 만
나보지 못했다는 뜻이다. 이러한 경우에는 또한 "명령을 전달하는 자에
게 이름이 전달되기를 원합니다."라고 말하니, 소원하게 지낸 지가 오래
되어, 주인이 기꺼이 만나보기를 기필할 수 없다고 의심되기 때문이다.
'기현(亟見)'은 자주 만나본다는 뜻이다. 군자에 대해서는 "아무개는 아
침이나 저녁 문안인사를 드리고자 하여, 명령을 전달하는 자에게 제 이
름이 전달되기를 원합니다."라고 말한다. 만약 신분이 대등한 자에 대해
서라면, "아무개는 아침이나 저녁 문안인사를 드리고자 하여, 명령을 전
달하는 자를 만나보기를 원합니다."라고 말한다. 만약 장님이 찾아와서
만나보고자 할 때에는 그의 신분을 따지지 않고, 단지 "아무개는 명령을
전달하는 자에게 이름이 전달되기를 원합니다."라고 말하니, 장님이기
때문에 만나보기를 원한다고 말하지 않는다.

適有喪者曰 "比[毗]." 童子曰 "聽事."〈002〉

상을 당한 자에게 찾아가서 만나보고자 할 때에는 "아무개는 명령을 전달하는 자를 돕고자['比'자의 음은 '毗(비)'이다.] 합니다."라고 말하고, 어린 아이인 경우라면 "아무개는 명령을 전달하는 자의 지시를 따르고자 합니다."라고 말한다.

集說

適, 往也. 其辭云, 某願比於將命者. 喪不主相見, 來欲比方於執事之人也. 童子未成人, 其辭則云, 某願聽事於將命者, 謂來聽主人以事見使令也.

'적(適)'자는 "가다."는 뜻이다. 전하는 말에서는 "아무개는 명령을 전달하는 자를 돕고자 합니다."라고 말한다. 상사에서는 서로 만나보는 것을 위주로 하지 않으니, 찾아와서 일을 맡아보는 자를 돕고자 하는 것이다. 어린아이는 아직 성인이 아니므로, 전하는 말에 있어서는 "아무개는 명령을 전달하는 자의 지시를 따르고자 합니다."라고 말하니, 찾아와서 주인이 어떤 일에 따라 시키는 일들을 따르고자 한다는 의미이다.

經文

適公卿之喪, 則曰聽役於司徒.〈003〉

공이나 경의 상에 가서 찾아뵙고자 한다면, "아무개는 사도의 심부름을 따르고자 합니다."라고 말한다.

孟獻子之喪, 司徒旅歸四布, 則公卿之喪, 司徒掌其事也. 故云某願
聽役於司徒.

맹헌자의 상에서 사도는 그 휘하의 하사들을 시켜서, 부의로 들어왔던
재화 중 남은 것들을 부의를 보내준 사방의 여러 사람들에게 되돌려주
도록 했으니, 공이나 경의 상에 있어서는 사도가 그 일들을 담당했다.
그렇기 때문에 "아무개는 사도의 심부름을 따르고자 합니다."라고 말하
는 것이다.

淺見

近按: 此皆言始見接禮之辭.

내가 살펴보니, 이 문장들은 모두 처음 만나볼 때 예법에 따라 전하는
말들을 언급한 것이다.

君將適他, 臣如致金玉貨貝於君, 則曰 "致馬資於有司." 敵者
曰 "贈從[去聲]者."〈004〉

제후가 장차 다른 나라로 가게 될 때, 신하가 만약 군주에게 금은보화
및 여비를 바치게 된다면, "유사에게 수레나 말 등을 사용할 때 필요한
재화를 바칩니다."라고 말하며, 만약 신분이 대등한 자에게 주는 경우라
면, "이러한 물건을 종자에게[從'자는 거성으로 읽는다.] 보냅니다."라고 말
한다.

集說

適他, 謂以朝會之事而出也. 馬資, 謂資給道路車馬之費也.

'적타(適他)'는 조회 등의 일 때문에 국경을 벗어난다는 뜻이다. '마자(馬
資)'는 도로에서 사용할 수레나 말 등의 비용을 보탠다는 뜻이다.

經文

臣致襚於君, 則曰 "致廢衣於賈[架]人." 敵者曰 "襚". 親者兄弟
不以襚進.〈005〉

신하가 죽은 군주에게 수의를 보내게 되면, "가인에게[賈'자의 음은 '架
(가)'이다.] 보잘것없는 의복을 보냅니다."라고 말하고, 상대가 자신과 신
분이 대등한 자라면, "수의를 보냅니다."라고 말한다. 친족의 형제들에
대해서는 다른 사람을 통해 수의를 전달하지 않는다.

集說

以衣送死者謂之襚. 稱廢衣者, 不敢必用之以斂, 將廢棄之也. 賈人,

識物價貴賤, 而主君之衣物者也. 敵者則直以襚言矣. 凡致襚若非親者, 則須擯者傳辭將進以爲禮. 若親者兄弟之類, 但直將進而陳之, 不須執以將命, 故云不以襚進也. 士喪禮大功以上同財之親, 襚不將命, 卽陳於房中. 小功以下及同姓等皆將命.

상례에 사용될 의복을 죽은 자에게 보내는 것을 '수(襚)'라고 부른다. '폐의(廢衣)'라고 지칭하는 것은 감히 염을 할 때 반드시 사용되기를 기필할 수 없고 버려질 수도 있기 때문이다. '가인(賈人)'은 물건을 감정하여 가치를 매기고, 군주의 의복 등을 담당하는 자이다. 신분이 대등한 경우라면, 단지 수의를 보낸다고 말할 따름이다. 무릇 수의를 보내는 경우, 만약 친족이 아닌 경우라면, 반드시 의례를 돕는 자가 말을 전달하고, 그것을 가져가서 바치는 것을 예법으로 삼는다. 그런데 친족의 형제들에 대해서라면, 단지 직접 그것을 가져가서 진열하니, 명령을 전달하는 자에게 들려 보낼 필요가 없다. 그렇기 때문에 "다른 자가 수의를 들고 가도록 하지 않는다."고 했다. 『의례』「사상례(士喪禮)」편에서는 대공복으로부터 그 이상의 상복을 착용하는 친족 중 재화를 함께 쓰는 친족인 경우라면, 수의는 명령을 전달하는 자에게 전달하지 않고, 곧 방 안에 진열한다. 소공복으로부터 그 이하의 상복을 착용하는 친족 및 단지 동성인 자 등을 위해서라면 모두 명령을 전달하는 자를 통한다고 했다.

經文

臣爲[去聲]君喪, 納貨貝於君, 則曰 "納甸於有司." 賵[芳鳳反]馬入廟門. 賻[附]馬與其幣, 大白兵車, 不入廟門.〈006〉

신하는 군주의 상을 위해서[爲'자는 거성으로 읽는다.] 군주에게 재물을 보내게 된다면, "부여받은 채읍에서 산출된 물건을 유사에게 드렸습니다."라고 말한다. 영구를 전송하는 말을 부의로 보내왔다면[賵'자는 '芳(방)'자와 '鳳(봉)'자의 반절음이다.] 묘문(廟門)으로 들일 수 있다. 그러나 상주를 돕기 위해 부의로 보내온['賻'자의 음은 '附(부)'이다.] 말과 폐물 또 대백의 깃발과 전쟁용 수레는 묘문 안으로 들일 수 없다.

納, 入也. 甸, 田也. 臣受君之田邑, 此納者, 田野所出, 故云納甸也. 賵馬以送死者, 故可入廟門. 賻馬與幣, 所以助主人喪事之用, 故不入廟門. 大白之旗馬兵車, 雖竝爲送喪之用, 以其本戰伐之具, 故亦不可入於廟門. 此謂國君之喪, 鄰國有以此爲賵者, 亦或本國自有之也.

'납(納)'자는 "들이다."는 뜻이다. '전(甸)'자는 농경지를 뜻한다. 신하는 군주로부터 식읍을 받는데, 이때 들이는 물건은 식읍으로 받은 땅에서 산출된 것이기 때문에, "채읍에서 산출된 것을 들입니다."라고 말한다. 부의로 보내는 말은 이것을 사용하여 죽은 자를 전송하는 것이기 때문에, 묘문으로 들어갈 수 있다. 상주에게 부의로 보내는 말과 폐물은 상주가 상사를 치를 때 사용되는 것들을 돕기 위한 것이기 때문에, 묘문으로 들이지 않는다. 대백의 깃발과 전쟁용 수레는 모두 영구를 전송할 때 쓰는 것들이지만 그것은 본래 전쟁을 할 때 사용하는 기구들이기 때문에 묘문으로 들일 수 없다. 여기에서 말하는 물건들은 제후의 상이 발생하여, 이웃 나라에서 이러한 물건들을 부의로 보낸 것이거나 또는 본국에서 가지고 있었던 것들을 뜻한다.

賻者旣致命, 坐委之, 擯者擧之, 主人無親受也.〈007〉

부를 보내온 심부름꾼이 자기 주인의 말을 전달하면, 곧 무릎을 꿇고서 가져온 물건을 땅에 내려놓는다. 그러면 부관은 그것을 들어서 가져가니, 주인은 직접 받지 않는다.

來賵者旣致其主之命, 卽跪而委置其物於地. 擯者乃擧而取之, 主
人不親受, 異於吉事也.

찾아와서 부를 건네는 자가 이미 자기 주인의 명령을 전달하면, 곧 무릎
을 꿇고서 가져온 물건을 땅에 내려놓는다. 부관은 곧 그것을 들어 올려
서 가져가고, 주인이 직접 받지 않으니, 길한 때의 일과 차이를 두기 위
해서이다.

淺見

近按: 此兼言君臣以下吉凶辭命禮也.

내가 살펴보니, 이것은 군신 관계로부터 그 이하의 관계에서 길사나 흉
사에 말 전달하는 예법을 언급한 것이다.

受立授立不坐, 性之直者則有之矣.〈008〉

서 있는 자에게 물건을 받거나 서 있는 자에게 물건을 건넬 때에는 모두 무릎을 꿇지 않는다. 그러나 감정에만 내맡겨서 경솔하게 행동하는 자라면, 간혹 무릎을 꿇는 경우도 있다.

集說

受人之物而立, 與以物授人之立者皆不跪, 此皆委曲以盡禮之當然耳. 然直情徑行之人亦或有跪者, 故曰性之直者則有之矣.

남의 물건을 받는 자가 서 있고 물건을 남에게 주는 자가 서 있는 경우에는 모두 무릎을 꿇지 않는데, 이것은 모두 완곡하게 예법의 마땅함을 다한 것일 뿐이다. 그러나 단지 감정에만 내맡겨서 경솔하게 행동하는 자라면 또한 무릎을 꿇는 자도 있다. 그렇기 때문에 "감정에만 따르는 경우라면 그러한 경우도 있다."라고 말한 것이다.

淺見

近按: 此因上文賻者之事, 而泛言受授之通禮也.

내가 살펴보니, 이것은 앞 문장에서 부의를 보낸다는 사안을 언급한 것에 따라서, 물건을 주고받는 일반적인 예법을 언급한 것이다.

始入而辭, 曰: "辭矣." 〈009〉

빈객과 주인이 비로소 문으로 들어가려고 할 때에는 주인은 사양을 해야 하니, 주인의 부관은 "빈객에게 사양해야 합니다."라고 아뢴다.

賓始入門, 主人當辭讓令賓先入, 故擯者告主人曰辭矣, 謂當致辭以讓賓也. 至階亦然. 此不言者, 禮可知也.

빈객이 처음으로 문으로 들어서려고 하면, 주인은 마땅히 사양을 하여, 빈객으로 하여금 먼저 들어가도록 해야 한다. 그렇기 때문에 부관은 주인에게 아뢰며, "사양해야 합니다."라고 말하니, 마땅히 사양하여 빈객에게 양보를 해야 한다는 뜻이다. 계단에 이르게 되면 또한 이처럼 한다. 이곳에서 이 사실을 언급하지 않은 것은 예법에 따라 그러한 사실을 알 수 있기 때문이다.

卽席, 曰: "可矣." 〈010〉

빈객과 주인이 자신의 자리로 나아가게 되면, 부관은 "재차 사양하지 않고 자리에 앉으셔도 괜찮습니다."라고 아뢴다.

及主賓升堂各就席, 擯者恐賓主再辭, 故告之曰可矣. 言可卽席, 不須再辭也.

빈객과 주인이 당에 올라가서 각자 자신의 자리로 나아가게 되면, 부관은 빈객과 주인이 재차 사양하게 될 것을 염려하기 때문에, "괜찮습니다."라고 아뢴다. 즉 자리로 나아가면 재차 사양할 필요가 없다는 뜻이다.

經文

排闔說[它括反] 屨於戶內者, 一人而已矣. 有尊長在則否.〈011〉

문짝을 열어두고 방문 안쪽에서 신발을 벗어두는[說'자는 '它(타)'자와 '括(괄)'자의 반절음이다.] 것은 가장 연장자 한 사람만 할 수 있을 뿐이며, 나머지 사람들은 할 수 없다. 만약 그보다 앞서 존장자가 자리를 잡고 있는 경우라면, 뒤에 들어오는 사람들은 이처럼 할 수 없고, 모두 방문 밖에 신발을 벗어둔다.

集說

闔, 門扇也. 推排門扇而脫屨於戶內者一人而已, 言止許最長者一人如此, 餘人不可也. 若先有尊長在堂或在室, 則後入之人皆不得脫屨於戶內, 故云有尊長在則否也.

'합(闔)'은 문짝이다. 문짝을 밀쳐서 열어두고 방문 안에 신발을 벗어두는 일은 한 사람만 할 수 있을 뿐이니, 가장 연장자 한 사람만 이처럼 하는 것이 허용될 따름이며, 나머지 사람들은 할 수 없다는 뜻이다. 만약 그보다 앞서 존장자가 당 또는 실에 있는 경우라면, 뒤에 들어오는 사람들은 모두 방문 안에 신발을 벗어둘 수 없다. 그렇기 때문에 "존장자가 먼저 자리를 잡고 있는 경우라면 이처럼 하지 않는다."라고 말한 것이다.

近按: 始入者承首章始見而言, 旣見接辭之後, 又始入門而其禮如此也.

내가 살펴보니, 비로소 들어선다는 것은 첫 장에서 처음 만나본다는 내용을 이어받아서 말한 것이니, 이미 만나보아 말을 전달한 이후라면 또한 비로소 문으로 들어가게 되는데 그 예법이 이와 같다는 의미이다.

問品味, 曰: "子亟[器]食於其乎?" 問道藝, 曰: "子習於某乎? 子善於某乎?"〈012〉

어떤 음식을 좋아하는지 물을 때에는 "그대는 어떤 음식을 자주['亟'자의 음은 '器(기)'이다.] 먹습니까?"라고 말한다. 도예에 대해서 물을 때에는 "그대는 어떤 것을 익혔습니까?"라고 말하거나 "그대는 어떤 것을 잘합니까?"라고 말한다.

方氏曰: 人之情, 品味有偏嗜, 道藝有異尙, 問品味, 不可斥之以好惡而昭其癖, 故曰子亟食於某乎. 問道藝, 不可斥之以能否而暴其短, 故曰子習於某乎, 子善於某乎.

방씨가 말하길, 사람의 정감에 따르면, 음식에 있어서 편향된 취향이 있고, 도예에 있어서도 숭상하는 것이 다른데, 어떤 음식을 좋아하는지 물을 때에는 직접적으로 좋아하고 싫어하는 것을 가리켜서 그의 편벽된 습관을 드러내서는 안 된다. 그렇기 때문에 "그대는 어떤 음식을 자주 먹습니까?"라고 말한다. 도예에 대해서 물을 때에는 직접적으로 할 수 있는 것과 그렇지 못한 것을 가리켜서 그의 단점을 폭로해서는 안 된다. 그렇기 때문에 "그대는 어떤 것을 익혔습니까?" 또는 "그대는 어떤 것을 잘합니까?"라고 말한다.

近按: 此言旣入門, 卽席之後, 主人問客之禮也. 主人不問, 客不先擧, 故必先有問以啓之也.

내가 살펴보니, 이것은 이미 문으로 들어서서 자리로 나아간 이후에 주인이 빈객에게 질문하는 예법을 언급한 것이다. 주인이 질문을 하지 않았다면 빈객은 먼저 말을 꺼낼 수 없다. 그렇기 때문에 반드시 먼저 질문을 해서 말을 할 수 있도록 이끌어주어야 한다.

問卜筮, 曰: “義與[平聲]志與?” 義則可問, 志則否. 不貳問.〈015〉
[舊在“執箕膺擖”之下.]

거북점과 시초점을 치는 것을 보고 어떤 사안인가 궁금하여 질문을 하
게 되면, "의로운 일인가?['與'자는 평성으로 읽는다.] 아니면 자신의 뜻에
따른 것인가?"라고 말한다. 의로운 일이라면 어떤 사안인지 물어볼 수
있지만, 자신의 뜻에 따른 일이라면 물어보아서는 안 된다. 거북점과
시초점은 동일한 사안에 대해 재차 점을 치지 않는다. [옛 판본에는 "쓰레
받기를 들었을 때 그 입구가 자신의 가슴 쪽을 향하도록 든다."[1]라고 한 문장 뒤에
수록되어 있었다.]

見人卜筮, 欲問其所卜何事, 則曰義與志與. 義者, 事之宜爲. 志則心之隱
謀也. 故義者則可問其事, 志則不可問其事也. 一說, 卜者, 問求卜之人,
義則爲卜之, 志則不爲之卜. 亦通. 不貳問, 謂謀之龜筮, 事雖正而兆不吉,
則不可以不正者再問之也.

남이 거북점과 시초점을 치는 것을 보고서, 어떤 일에 대해 점을 치는가
를 묻고자 한다면, "의로운 일인가? 자기의 뜻에 따른 것인가?"라고 말
한다. 의로운 일은 마땅히 시행해야 할 사안을 뜻한다. 자기의 뜻에 따
른 것은 마음속으로 은밀히 계획을 세운 것이다. 그렇기 때문에 의로운
일에 해당하면 그 사안에 대해 물어볼 수 있지만, 자기의 뜻에 따른 것
이라면 그 사안을 물어볼 수 없다. 일설에는 점치는 자가 점을 의뢰한
자에게 질문한 것으로, 의로운 일에 해당한다면 그를 위해 점을 치고,
그 자의 개인적인 뜻에 따른 것이라면 그를 위해 점을 치지 않는 뜻이라
고 하는데, 이 또한 통용되는 해석이다. "질문을 두 번 하지 않는다."는

1)『예기』「소의」014장 : 氾埽曰埽, 埽席前曰拚. 拚席不以鬣, 執箕膺擖.

말은 거북점과 시초점을 통해 계책을 물을 때, 그 사안이 비록 바르지만 조짐이 길하지 않다고 나왔다면, 올바르지 않은 것으로 재차 거북점과 시초점을 쳐서는 안 된다는 뜻이다.

浅見

近按: 此言客或有爲卜筮而來者, 其問之禮當如此也. 不貳問者, 卜筮之法, 初筮告, 再三瀆, 瀆則不告, 故雖不得吉, 不可再問也. 此三字, 舊在"問卜筮"之上. 意記者恐人與義則可問之問爲同, 故特言於上也. 然其文意不屬, 今當移之于下也.

내가 살펴보니, 이것은 빈객에게 간혹 거북점이나 시초점을 쳐야 할 일이 있어 찾아온 경우도 있는데, 그때 질문하는 예법은 마땅히 이와 같아야 한다고 언급한 것이다. "질문을 두 번 하지 않는다."는 말은 거북점과 시초점을 치는 법도로, "처음 점치면 일러주고, 두 번 세 번 점치면 욕되게 하는 것이니, 욕되게 한다면 일러주지 않는다."[2]라고 했다. 그렇기 때문에 비록 길한 점괘를 얻지 못했다 하더라도 재차 물을 수 없다. 이 세 글자는 옛 판본에 '문복서(問卜筮)'라는 말 앞에 수록되어 있었다.[3] 내 생각에는 『예기』를 기록한 자가 사람들이 의로운 일이라면 물어볼 수 있다고 할 때의 '문(問)'자와 동일한 뜻으로 여길 것을 염려했기 때문에 특별히 앞에 언급한 것이다. 그러나 문맥의 뜻이 통하지 않으므로, 그 뒤로 옮겼다.

---

2) 『역』「몽괘(蒙卦)」: 蒙, 亨. 匪我求童蒙, 童蒙求我. <u>初筮告, 再三瀆, 瀆則不告</u>. 利貞.

3) 『예기』「소의」 015장 : 不貳問. 問卜筮, 曰: "義與志與?" 義則可問, 志則否.

氾[泛]埽[去聲]曰埽, 埽席前曰拚[糞]. 拚席不以鬣[獵], 執箕膺揲[葉].〈014〉[舊在"不訾重器"之下.]

넓은 장소를['氾'자의 음은 '泛(범)'이다.] 쓰는['埽'자는 거성으로 읽는다.] 것을 '소(埽)'라 부르며, 자리 주변을 청소하는 것을 '분(拚)'이라['拚'자의 음은 '糞(분)'이다.] 부른다. 자리 주변을 청소할 때에는 큰 빗자루를['鬣'자의 음은 '獵(렵)'이다.] 이용하지 않고, 쓰레받기를 들었을 때 그 입구가['揲'자의 음은 '葉(엽)'이다.] 자신의 가슴 쪽을 향하도록 든다. [옛 판본에는 "남이 가지고 있는 보물을 헐뜯지 않는다."[1]라고 한 문장 뒤에 수록되어 있었다.]

集說

氾埽, 廣埽也. 拚, 除穢也. 鬣, 帚也. 席上不可用帚. 膺, 胸也. 揲, 箕舌也. 執箕而拚, 則以箕舌向己胸前, 不可持向尊者也.

'범소(氾埽)'는 널리 쓴다는 뜻이다. '분(拚)'은 더러운 것을 제거한다는 뜻이다. '엽(鬣)'은 큰 빗자루이다. 자리 위에서는 큰 빗자루를 사용할 수 없다. '응(膺)'자는 가슴이다. '엽(揲)'은 쓰레받기의 입구이다. 쓰레받기를 잡고서 주변을 청소하게 되면, 쓰레받기의 입구가 자신의 가슴 전면을 향하도록 하니, 존장자를 향하도록 잡을 수 없다.

淺見

近按: 此特記子弟爲尊長拚埽之禮, 自始入以下, 是言敵者相見之事, 此則幼少者見於師長而所執之事也.

내가 살펴보니, 이것은 자제들이 존장자를 위해 청소하는 예법을 특별히 기록한 것인데, 비로소 들어선다고 한 문장으로부터 그 이하의 기록

---

1) 『예기』 「소의」 013장 : 不疑在躬. 不度民械, 不願於大家, 不訾重器.

은 신분이 대등한 자가 서로 만나보는 사안에 해당하는데, 이곳 문장은 나이가 어린 자가 스승이나 어른을 만나볼 때 담당하게 되는 사안에 해당한다.

右自篇首至此, 通言君臣賓主交際之間, 吉凶行禮言辭之節也.

편의 첫 문장으로부터 여기까지는 군신 및 빈주가 교제할 때 길사나 흉사에 따라 해당 의례를 시행하고 말을 하는 예절을 통괄적으로 언급한 것이다.

問國君之子長幼, 長則曰: "能從社稷之事矣." 幼則曰: "能御." "未能御." 問大夫之子長幼, 長則曰: "能從樂人之事矣." 幼則曰: "能正於樂人." "未能正於樂人." 問士之子長幼, 長則曰: "能耕矣." 幼則曰: "能負薪." "未能負薪."〈033〉 [舊在"肅肅雍雍"之下.]

제후의 자식에 대해 그 나이를 묻게 되면, 자식이 장성한 나이에 해당하면 "사직의 일을 잘해내실 수 있습니다."라고 말하고, 나이가 어리다면 "수레를 잘 모실 수 있습니다."라고 말하고, 나이가 매우 어리다면, "아직은 수레를 잘 모실 수 없습니다."라고 말한다. 대부의 자식에 대해 그 나이를 묻게 되면, 자식이 장성한 나이에 해당하면, "대사악이 가르치는 일들에 대해서 잘 따를 수 있습니다."라고 말하고, 나이가 어리다면, "악공들의 일에 대해 시비를 올바르게 가릴 수 있습니다."라고 말하고, 나이가 매우 어리다면, "아직은 악공들의 일에 대해 시비를 올바르게 가릴 수 없습니다."라고 말한다. 사의 자식에 대해 그 나이를 묻게 되면, 자식이 장성한 나이에 해당한다면, "경작을 잘 할 수 있습니다."라고 말하고, 나이가 어리다면, "땔나무를 짊어질 수 있습니다."라고 말하고, 나이가 매우 어리다면, "아직은 땔나무를 짊어질 수 없습니다."라고 말한다. [옛 판본에는 "공경스럽고 조화롭다."[1]라고 한 문장 뒤에 수록되어 있었다.]

集說

社稷之事, 如祭祀軍旅之類皆是也. 御者, 六藝之一. 國君尊, 故以社稷言. 樂人之事, 如周禮樂德·樂語·樂舞之類, 大司樂以敎國子者. 正者, 正其善否. 大夫下於君, 故以敎子言. 士賤, 則以耕與負薪言. 此與曲禮所記不

---

1) 『예기』 「소의」 032장 : 言語之美, 穆穆皇皇. 朝廷之美, 濟濟翔翔. 祭祀之美, 齊齊皇皇. 車馬之美, 匪匪翼翼. 鸞和之美, 肅肅雍雍.

同, 蓋記者之辭異耳.

사직에 대한 일은 제사를 지내거나 군대에 대한 일 등이 모두 여기에 해당한다. 수레를 모는 것은 육예 중 하나이다. 제후는 존귀하기 때문에 사직을 통해 언급한 것이다. 악인의 일은 『주례』에서 말한 악덕(樂德)[2] · 악어(樂語)[3] · 악무(樂舞)[4] 등의 부류로,[5] 대사악이 이를 통해 국자들을

---

[2] 악덕(樂德)은 음악을 가르치면서 교육했던 여섯 가지 음악의 덕목이다. 여섯 가지 덕목은 중(中) · 화(和) · 지(祇) · 용(庸) · 효(孝) · 우(友)이다. '중'은 충심을 뜻한다. '화'는 굳셈과 부드러움이 알맞은 것을 뜻한다. '지'는 공경함을 뜻한다. '용'은 항상된 법도를 지닌다는 뜻이다. '효'는 부모를 잘 섬기는 것을 뜻한다. '우'는 형제들과 잘 지내는 것을 뜻한다. 『주례』「춘관(春官) · 대사악(大司樂)」편에는 "以樂德教國子: 中 · 和 · 祇 · 庸 · 孝 · 友."라는 기록이 있고, 이에 대한 정현의 주에서는 "中, 猶忠也; 和, 剛柔適也; 祇, 敬; 庸, 有常也; 善父母曰孝; 善兄弟曰友."라고 풀이했다.

[3] 악어(樂語)는 음악의 가사를 익힐 때의 여섯 가지 이론을 뜻한다. 여섯 가지 이론은 흥(興) · 도(道) · 풍(諷) · 송(誦) · 언(言) · 어(語)이다. '흥'은 선한 사물을 통해서 선한 사안을 비유하는 것이다. '도'는 인도한다는 뜻으로, 고대의 일을 언급하여 현재의 일에 알맞게 하는 것이다. '풍'은 가사를 암송하는 것이다. '송'은 소리에 맞춰서 읽는 것이다. '언'은 직접적으로 언급하는 것이다. '어'는 답변을 조술하는 것이다. 『주례』「춘관(春官) · 대사악(大司樂)」편에는 "以樂語教國子: 興 · 道 · 諷 · 誦 · 言 · 語."라는 기록이 있고, 이에 대한 정현의 주에서는 "興者, 以善物喻善事; 道讀曰導, 導者, 言古以剴今也; 倍文曰諷; 以聲節之曰誦; 發端曰言; 答述曰語."라고 풀이했다.

[4] 악무(樂舞)는 음악을 연주할 때 추는 육대(六代)의 춤을 뜻한다. 육대의 춤은 운문(雲門) · 대권(大卷) · 대함(大咸) · 대소(大韶) · 대하(大夏) · 대호(大濩) · 대무(大武)이다. '운문'과 '대권'은 황제(黃帝) 때의 악무이다. '대함'은 요(堯)임금 때의 악무이다. '대소'는 순(舜)임금 때의 악무이다. '대하'는 우(禹)임금 때의 악무이다. '대호'는 탕(湯)임금 때의 악무이다. '대무'는 무왕(武王)에 대한 악무이다. 『주례』「춘관(春官) · 대사악(大司樂)」편에는 "以樂舞教國子: 舞雲門 · 大卷 · 大咸 · 大韶 · 大夏 · 大濩 · 大武."라는 기록이 있다.

[5] 『주례』「춘관(春官) · 대사악(大司樂)」: 以樂德教國子: 中 · 和 · 祇 · 庸 · 孝 · 友. 以樂語教國子: 興 · 道 · 諷 · 誦 · 言 · 語. 以樂舞教國子: 舞雲門 · 大卷 · 大咸 · 大韶 · 大夏 · 大濩 · 大武.

가르쳤다. '정(正)'자는 선하고 그렇지 못함을 올바르게 가린다는 뜻이다. 대부는 제후보다 낮기 때문에 자식을 가르치는 일로 언급한 것이다. 사는 미천한 신분이니, 경작을 하거나 땔감을 짊어지는 일로 언급한 것이다. 이 내용은 『예기』「곡례(曲禮)」편에서 기록한 것과 동일하지 않은데, 아마도 『예기』를 기록한 자가 달리 들었던 내용을 기록한 것일 뿐이다.

淺見

近按: 此亦賓主相見問答之所及也. 其辭與曲禮不同, 所記有詳略爾.

내가 살펴보니, 이 또한 빈객과 주인이 서로 만나보았을 때 문답하며 언급하는 내용에 해당한다. 이곳의 기록은 『예기』「곡례(曲禮)」편의 기록과 다른데, 기록한 것에 있어서 상세하거나 간략한 차이가 있을 따름이다.

爲人臣下者, 有諫而無訕[所諫反], 有亡而無疾, 頌而無諂[諂], 諫而無驕, 怠則張而相[去聲]之, 廢則埽而更[平聲]之, 謂之社稷 之役.〈027〉 [舊在"不戲色"之下.]

남의 신하가 된 자는 간언은 하되 헐뜯는['訕'자는 '所(소)'자와 '諫(간)'자의 반절음이다.] 일은 없으며, 도망은 가되 미워함이 없고, 칭송은 하지만 아첨하지['諂'자의 음은 '諂(첨)'이다.] 않으며, 간언은 하지만 교만함이 없으니, 어떤 사안이 느슨해지면 다시 흥기시켜 돕고['相'자는 거성으로 읽는다.] 어떤 사안이 폐지되면 폐단을 제거하여 새롭게 고치니['更'자는 평성으로 읽는다.] 이러한 자를 사직에 공적을 세운 신하라 부른다. [옛 판본에는 "희롱하는 표정을 지어서는 안 된다."¹⁾라고 한 문장 뒤에 수록되어 있었다.]

疏曰: 諫而無驕者, 謂君若從己之諫, 己不得恃己言行無用而生驕慢也.

소에서 말하길, "간하되 교만함이 없다."고 했는데, 군주가 만약 자신의 간언을 따른다면, 본인은 자신의 말이 시행되고 모의한 것이 사용되는 것을 믿고서 교만한 마음이 생겨나도록 해서는 안 된다는 뜻이다.

方氏曰: 君有過, 諫之使止可也, 訕之則不恭. 諫不從, 逃而去之可也, 疾之則太傷. 頌而無諂, 則所頌爲公; 諫而無驕, 則所諫爲正. 事弛而不力爲怠, 事弊而無用爲廢. 相之, 更之, 則君豈有失德, 國豈有廢事哉? 謂之社稷之役, 以其有勞於社稷也.

방씨가 말하길, 군주에게 과실이 있으면, 간언을 하여 군주로 하여금 그

---

1) 『예기』 「소의」 026장 : 不窺密, 不旁狎, 不道舊故, <u>不戲色</u>.

치게 하는 것은 옳지만, 헐뜯는다면 공손하지 못하게 된다. 간언을 따르지 않으면, 피하여 그 자리를 떠나는 것은 옳지만, 미워하게 된다면 큰 해를 당한다. 칭송을 하되 아첨함이 없다면, 칭송한 것은 공적인 것이 되고, 간언을 하되 교만함이 없다면, 간언을 한 것은 올바른 것이 된다. 사안이 느슨해지고 힘을 쓰지 않는 것은 태만함이 되고, 사안에 폐단이 발생하고 사용됨이 없다면 폐지함이 된다. 돕고 고친다면, 군주가 어찌 덕을 잃고, 국가에 어찌 사안을 폐지하는 일이 있겠는가? 그를 사직을 돕는 신하라 부르는 것은 그가 사직에 대해 공적을 세웠기 때문이다.

浅見

近按: 此言人臣事君之禮. 頌謂美其實德而形容之, 諂謂豊其虛譽而媚悅也. 諫則致其責難之恭, 驕則矜其才智之能也.

내가 살펴보니, 이것은 신하가 군주를 섬기는 예법을 언급한 것이다. '송(頌)'은 실덕을 찬미하여 형용한 것이며, '첨(諂)'은 허명만을 풍성하게 꾸며내며 아첨하는 것을 뜻한다. '간(諫)'을 한다면 어려운 것을 권하는 공손함을 지극히 하는 것이고, '교(驕)'를 한다면 재주와 지혜의 능력을 과시하는 것이다.

事君者, 量[去聲]而后入, 不入而后量. 凡乞假於人, 爲[去聲]人
從事者亦然. 然故上無怨而下遠[去聲]罪也.〈025〉 [舊在"雖請退可
也"之下.]

군주를 섬길 때에는 먼저 헤아린['量'자는 거성으로 읽는다.] 이후에야 그의
휘하로 들어가니, 들어간 이후에 헤아리는 것이 아니다. 무릇 남에게
무언가를 요구하거나 빌리고, 또 남을 위해['爲'자는 거성으로 읽는다.] 어떤
일에 종사할 때에도 이처럼 한다. 이처럼 하기 때문에 윗사람은 노여워
하는 일이 없고, 아랫사람은 죄를 멀리하게['遠'자는 거성으로 읽는다.] 된
다. [옛 판본에는 "비록 물러가기를 청하더라도 괜찮다."[1]라고 한 문장 뒤에 수록되
어 있었다.]

集說

先度其君之可事而后事之, 則道可行而身不辱. 入而后量, 則有不
勝其輕進之悔者矣. 或乞, 或假, 或任人之事, 亦必量其可而后行.
上無怨, 下遠罪, 爲事君者言之.

먼저 군주를 섬길 수 있는지를 헤아린 이후에 섬긴다면, 도를 시행할 수
있고 본인을 욕되게 하지 않는다. 그러나 섬긴 뒤에야 헤아린다면, 경솔
하게 관직에 나아가서 발생한 후회를 감당할 수 없게 된다. 요구하거나
빌리거나 남의 일을 떠맡는 경우에도 반드시 가능한지의 여부를 헤아린
후에야 시행해야 한다. 윗사람은 성냄이 없고 아랫사람이 죄를 멀리한
다는 말은 군주를 섬기는 자를 위해서 한 말이다.

---

1) 『예기』「소의」 024장 : 待坐於君子, 君子欠伸·運笏·澤劒首·還屨·問日之
蚤莫, 雖請退可也.

馬氏曰: 古之人有能盡臣道, 量而后入者, 莫如伊周. 不入而后量者, 莫如孔·孟.

마씨가 말하길, 고대인들 중 신하의 도리를 다한 사람에 있어서, 헤아린 이후에 들어가서 섬긴 자로는 이윤이나 주공만한 자가 없다. 또 들어간 이후에 헤아리지 않은 자로는 공자나 맹자만한 자가 없다.

淺見

近按: 此因事君, 而兼及爲人之事也.

내가 살펴보니, 이것은 군주를 섬긴다는 사안으로 인하여 남을 위해 일을 하는 사안까지도 언급한 것이다.

執君之乘車則坐. 僕者右帶劍, 負良綏, 申之面, 拖[徒我反]諸幦
[覓]. 以散綏升, 執轡然後步.〈022〉[舊在"不擢馬"之下.]

군주의 수레를 몰게 되면 무릎을 꿇고 군주가 탈 때까지 기다린다. 수
레를 모는 자는 오른쪽으로 검을 차고, 군주가 수레에 탈 때 군주가 잡
는 끈을 등 뒤로 짊어지듯 넘긴 뒤, 끝의 끈을 늘어트리고, 수레의 덮개
['幦'자의 음은 '覓(멱)'이다.] 위로 끌어당긴다.['拖'자는 '徒(도)'자와 '我(아)'자의
반절음이다.] 수레를 모는 자가 수레에 탈 때에는 산수를 이용해서 수레
에 오르고, 고삐를 잡은 뒤에는 말이 몇 발자국 이동하도록 하여 상태
를 살핀다. [옛 판본에는 "상대방의 마를 빼앗지 않는다."[1]라고 한 문장 뒤에 수록
되어 있었다.]

集說

方氏曰: 執, 謂執轡也. 凡僕必立, 今坐者, 君未升車而車未行也. 劍
在左, 以便右抽, 僕則右帶者, 以君在左, 嫌妨君也. 良綏, 正綏也.
猶良車良材之良. 散綏, 貳綏也. 猶散材之散. 正綏君所執, 貳綏則
僕執之. 僕在車前, 而君自後升, 故曰負良綏. 申之面者, 言垂綏之
末於前也. 拖諸幦者, 引之於車闌覆苓之上也. 以散綏升者, 復言僕
初升時也. 執轡然後步者, 防馬之逸也.

방씨가 말하길, '집(執)'자는 수레의 고삐를 잡는다는 뜻이다. 무릇 수레
를 모는 자는 반드시 서 있어야 하는데, 현재 '좌(坐)'라고 한 것은 군주
가 아직 수레에 오르지 않아서 수레가 아직 움직이지 않았기 때문이다.
검은 좌측에 차서 오른손으로 뽑기에 편리하도록 하는데, 복의 경우라
면 우측 허리띠에 차니, 군주가 좌측에 위치하여, 군주에게 방해가 될까

---

1) 『예기』 「소의」 021장 : 勝則洗而以請, 客亦如之. 不角, 不擢馬.

를 염려해서이다. '양수(良綏)'는 군주가 수레에 탈 때 잡게 되는 끈이다. '양수(良綏)'라고 부르는 것은 좋은 수레나 좋은 재목이라고 하여 '양(良)'자를 붙이는 것과 같다. '산수(散綏)'는 보조 끈으로 수레를 모는 자등이 수레에 오를 때 잡는 끈이다. '산수(散綏)'라고 부르는 것은 쓸모없는 재목이라고 할 때 '산(散)'자를 붙이는 것과 같다. 정수는 군주가 잡는 끈이고, 이수는 복 등이 잡는 끈이다. 복은 수레의 전면에 있고, 군주는 뒤로부터 수레에 오르기 때문에, "양수를 짊어진다."라고 말한 것이다. '신지면(申之面)'이라는 말은 앞으로 끈의 끝부분을 늘어트린다는 뜻이다. '타저멱(拖諸幦)'은 수레의 난간 덮개 위로 끌어당긴다는 뜻이다. "산수를 잡고 오른다."는 말은 복이 최초 수레에 오를 때를 재차 설명한말이다. "고삐를 잡고 몇 발자국을 움직이게 한다."고 한 말은 말이 실수하는 것을 방지하기 위해서이다.

集說

陳氏曰: 荂, 卽軾也.

진씨가 말하길, '영(荂)'은 수레의 식이다.

經文

酳尸之僕, 如君之僕. 其在車, 則左執轡, 右受爵, 祭左右軌范乃飮. 〈060〉 [舊在"詔辭自右"之下.]

시동의 수레를 모는 자에게 술을 따라 줄 때에는 군주의 수레를 모는 자에게 술을 따라줄 때처럼 한다. 그가 수레에 있게 되면, 왼손으로 고삐를 잡고, 오른손으로 술잔을 받아서, 수레바퀴의 좌우측과 식의 앞부분에 술을 뿌려 제사를 지내고, 곧 그 술을 마신다. [옛 판본에는 "군주의 명령을 전달하는 자는 군주의 우측에서 한다."[2]라고 한 문장 뒤에 수록되어 있었다.]

集說

尸之僕, 御尸車者. 軌, 轂末也. 范, 軾前也. 尸僕 · 君僕之在車, 以
左手執轡, 右手受爵, 祭軌之左右及范, 乃飮之也.

'시지복(尸之僕)'은 시동의 수레를 모는 자를 뜻한다. '궤(軌)'는 수레바
퀴의 끝부분이다. '범(范)'은 식의 앞부분이다. 시동의 수레를 모는 자와
군주의 수레를 모는 자가 수레에 있으면, 왼손으로 고삐를 잡고 오른손
으로 술잔을 받으며, 수레바퀴의 좌우측과 식의 앞부분에 술을 뿌려 제
사를 지내고, 곧 그 술을 마신다.

淺見

黃氏曰: 先祭車之左右軌及前范, 乃自飮. 祭者, 求神助, 使不敧危.

황씨가 말하길, 먼저 수레바퀴의 좌우측과 식의 앞부분에 술로 제사를
지내고서야 남은 술을 마신다. 제사라는 것은 신의 도움을 구하여, 수레
가 전복되거나 위태로운 지경에 빠지지 않게끔 하기 위한 것이다.

近按: 此兩節言爲君僕御之禮.

내가 살펴보니, 이 두 문장은 군주를 위해 수레를 모는 자가 따라야 하
는 예법을 언급한 것이다.

---

2) 『예기』「소의」 059장 : 贊幣自左, 詔辭自右.

僕於君子, 君子升下則授綏, 始乘則式, 君子下行, 然後還[旋]
立. 乘貳車則式, 佐車則否.〈041〉

군자의 수레를 몰게 되면, 군자가 수레에 타거나 내릴 때, 잡는 끈을 군
자에게 건네고, 처음 수레에 타게 되면, 수레의 식을 잡아서 공경의 예
를 표한 뒤 군자가 탈 때까지 기다리며, 군자가 수레에서 내려서 가게
된 뒤에야 수레를 되돌려서['還'자의 음은 '旋(선)'이다.] 세워 둔다. 조회나
제사 때 뒤따르는 수레에 타게 되면, 식을 잡아서 공경의 예를 표하고,
전쟁이나 사냥 때 뒤따르는 수레에 타게 되면, 식을 잡아서 공경의 예
를 표하는 행동을 하지 않는다.

集說

君子或升或下, 僕者皆授之綏. 始乘之時, 君子猶未至, 則式以待君
子之升. 凡僕之禮, 升在君子之先, 下在君子之後, 故君子下車而步,
僕者乃得下而還車以立, 以待君子之去也. 貳車, 朝祀之副車也. 佐
車, 戎獵之副車也. 朝祀尙敬, 故式. 戎獵尙武, 故不式.

군자가 수레에 오르거나 내릴 때, 수레를 모는 자는 모두 그에게 수레에
오르고 내릴 때 잡는 끈을 건넨다. 수레에 처음 오를 때 군자가 아직
도착하지 않았다면, 식을 잡고서 예의를 표한 상태로 군자가 수레에 탈
때까지 기다린다. 무릇 수레를 모는 자가 따라야 하는 예에서는 군자보
다 먼저 수레에 오르고, 군자보다 뒤에 수레에서 내린다. 그렇기 때문에
군자가 수레에서 내려서 걸어가게 되면, 수레를 모는 자는 곧 수레에서
내려서, 수레를 거꾸로 돌려 세워 놓을 수 있으니, 군자가 다시 그 장소
를 떠나려고 할 때까지 기다리는 것이다. '이거(貳車)'는 조회에 참가하
거나 제사에 참여할 때 타는 뒤따르는 수레이다. '좌거(佐車)'는 전쟁이
나 사냥을 할 때 타는 뒤따르는 수레이다. 조회나 제사에서는 공경함을
숭상하기 때문에 식을 잡고서 예의를 표한다. 전쟁과 사냥에서는 무예

를 숭상하기 때문에 식을 잡고 예의를 표하는 행위를 하지 않는다.

貳車者, 諸侯七乘, 上大夫五乘, 下大夫三乘, 有貳車者之乘
馬服車不齒, 觀君子之衣服服劍乘馬弗賈[嫁]. ⟨042⟩ [舊在"未嘗不
食新"之下.]

뒤따르는 수레의 경우, 제후는 7대가 있고, 상대부는 5대가 있으며, 하
대부는 3대가 있다. 뒤따르는 수레를 가진 자에 대해서, 그 말과 수레에
대해서는 연식을 따지지 않고, 군자의 의복 및 허리에 찬 검과 수레 및
말에 대해서는 가치를['賈'자의 음은 '嫁(가)'이다.] 평가하지 않는다. [옛 판본
에는 "새로 수확한 음식을 침묘에 아직 바치지 않았다면, 새로 수확한 것을 먼저
먹지 않는다."[1]라고 한 문장 뒤에 수록되어 있었다.]

周禮: "貳車, 公九乘, 侯·伯七乘, 子·男五乘." 又典命云: "卿六命,
大夫四命, 車服各如命數." 與此不同者, 或周禮成而未行, 亦或異代
之制也. 服車, 所乘之車也. 馬有老少, 車有新舊, 皆不可齒次其年
歲. 服劍, 所佩之劍也. 不賈, 不可評論其所直多少之價. 曲禮云:
"齒路馬有誅." 此皆貴貴之道, 以廣敬也.

『주례』에서는 "이거의 경우 공작은 9대이고, 후작·백작은 7대이며, 자
작·남작은 5대이다."[2]고 했고, 「전명(典命)」편에서는 "경은 6명의 등

---

1) 『예기』「소의」040장 : 未嘗不食新.
2) 『주례』「추관(秋官)·대행인(大行人)」: 上公之禮, 執桓圭九寸, 繅藉九寸, 冕
服九章, 建常九斿, 樊纓九就, 貳車九乘, 介九人, 禮九牢, 其朝位, 賓主之間九

급이고, 대부는 4명의 등급이며, 수레와 의복에 대해서는 각각 명의 등급에 따른다."3)라고 하여, 이곳 내용과 차이를 보인다. 그 이유는 주나라의 예법이 완성되었지만 아직 시행되지 않았기 때문이거나 또는 다른 시대의 제도를 기록하고 있기 때문이다. '복거(服車)'는 타게 되는 수레를 뜻한다. 말에는 늙거나 젊은 차이가 있고, 수레에는 새것이나 오래된 것의 차이가 있으니, 모두 그 연식에 따라 등급을 나눠서는 안 된다. '복검(服劍)'은 허리에 차게 되는 검이다. '불가(弗賈)'는 두고 있는 물건들의 가치를 평해서는 안 된다는 뜻이다. 『예기』 「곡례(曲禮)」편에서는 "노마의 나이를 헤아리면, 형벌을 받게 된다."고 했다. 이러한 규정들은 모두 존귀한 자를 존귀하게 대하는 도이니, 이를 통해 공경스러운 태도를 폭넓게 나타내는 것이다.

淺見

近按: 此言凡爲人僕之禮, 而又及君大夫車乘之數也.

내가 살펴보니, 이것은 남을 위해 수레를 몰게 되었을 때의 예법을 말한 것이며, 또한 군주와 대부가 타게 되는 수레의 수치까지도 언급한 것이다.

十步, 立當車軹, 擯者五人, 廟中將幣三享, 王禮再祼而酢, 饗禮九獻, 食禮九擧, 出入五積, 三問三勞. 諸侯之禮, 執信圭七寸, 繅藉七寸, 冕服七章, 建常七斿, 樊纓七就, 貳車七乘, 介七人, 禮七牢, 朝位賓主之間七十步, 立當前疾, 擯者四人, 廟中將幣三享, 王禮壹祼而酢, 饗禮七獻, 食禮七擧, 出入四積, 再問再勞. 諸伯執躬圭, 其他皆如諸侯之禮. 諸子執穀璧五寸, 繅藉五寸, 冕服五章, 建常五斿, 樊纓五就, 貳車五乘, 介五人, 禮五牢, 朝位賓主之間五十步, 立當車衡, 擯者三人, 廟中將幣三享, 王禮壹祼不酢, 饗禮五獻, 食禮五擧, 出入三積, 壹問壹勞. 諸男執蒲璧, 其他皆如諸子之禮.

3) 『주례』 「춘관(春官)·전명(典命)」: 王之三公八命, 其卿六命, 其大夫四命. 及其出封, 皆加一等. 其國家·宮室·車旗·衣服·禮儀亦如之. …… 其宮室·車旗·衣服·禮儀, 各視其命之數.

乘兵車, 出先刃, 入後刃. 軍尚左, 卒尚右.〈053〉[舊在"授人則辟刃"
之下.]

전쟁용 수레에 타게 되면, 국성을 빠져나갈 때에는 칼날이 전면을 향하
게 하고, 국성으로 들어올 때에는 칼날이 후면을 향하게 한다. 장수에
게 있어서는 좌측을 높이고, 병사들에게 있어서는 우측을 높인다. [옛 판
본에는 "상대에게 건넬 때라면, 칼날이 상대를 향하지 않도록 피해서 준다."[1]라고
한 문장 뒤에 수록되어 있었다.]

집설

先刃, 刃向前也. 入後刃, 不以刃向國也. 左, 陽, 生道也. 右, 陰, 死
道也, 左將軍爲尊, 其行伍皆尊尚左方, 欲其無覆敗也. 士卒之行伍
尊尚右方, 示有必死之志也.

'선인(先刃)'은 칼날을 앞쪽으로 향하게 한다는 뜻이다. "들어오면 칼날
을 뒤로 한다."고 한 말은 칼날을 국성 쪽으로 향할 수 없기 때문이다.
좌측은 양에 해당하니, 생겨나게 하는 도이다. 우측은 음에 해당하니,
죽게 하는 도이다. 좌장군은 존귀한 자가 되며, 군대에 있어서는 모두
좌측을 존귀하게 높이니, 패배하는 일이 없게끔 하고자 해서이다. 병사
들의 대열에서는 우측을 존귀하게 높이니, 반드시 목숨을 걸고서라도
지키겠다는 뜻을 가지고 있음을 드러내는 것이다.

천견

近按: 此因上文乘車之事, 而又言兵車之法也.

---

1) 『예기』「소의」 052장 : 笏·書·脩·苞苴·弓·茵·席·枕·几·穎·杖·
琴·瑟, 戈有刃者櫝, 筴·籥, 其執之皆尚左手. 刀郤刃授穎, 削授拊. 凡有刺
刃者以授人, 則辟刃.

내가 살펴보니, 이 문장은 앞에서 수레에 타는 사안을 언급한 것에 따라
전쟁용 수레에 대한 예법도 언급한 것이다.

國家靡[平聲]敝.〈079〉

국가의 재정이 피폐해지면.['靡'자는 평성으로 읽는다.]

謂師旅饑饉之餘, 財力靡散, 民庶彫敝也.

전쟁이나 기근 등의 일로 인해 재력이 소진되고, 백성들이 피폐해진 것을 뜻한다.

則車不雕幾[祈], 甲不組縢, 食器不刻鏤, 君子不履絲屨, 馬不常秣.〈080〉[舊在此扁之終 "左肩五箇"之下.]

수레에는 조각을 하거나 옻칠을['幾'자의 음은 '祈(기)'이다.] 하지 않고, 갑옷은 화려한 끈으로 연결하지 않으며, 식기에는 조각을 하지 않고, 군자는 비단으로 만든 신발을 신지 않으며, 말에게는 사람이 먹는 곡식을 항상 먹이지 않는다. [옛 판본에는 「소의」편 끝 부분의 "좌측 어깨로부터 다리까지를 5개의 부위로 나눠서 보낸다."[1]라고 한 문장 뒤에 수록되어 있었다.]

雕, 刻鏤之也. 幾, 漆飾之畿限也. 縢者, 縛約之名, 不用組以連甲,

---

1) 『예기』「소의」078장 : 凡膳告於君子, 主人展之以授使者于阼階之南面, 再拜稽首送, 反命, 主人又再拜稽首. 其禮大牢則以牛左肩臂臑折九箇, 少牢則以羊左肩七箇, 犆豕則以豕左肩五箇.

及爲紒帶也. 以穀食馬曰秣.

'조(雕)'자는 조각을 해서 새긴다는 뜻이다. '기(幾)'자는 옻칠로 장식을 해서 경계선을 드러낸다는 뜻이다. '등(縢)'이라는 것은 비단으로 꿰맨 것을 뜻하는 명칭이니, 화려한 무늬가 들어간 끈을 사용해서 갑옷의 이음새를 연결하거나 비단으로 연결 끈을 만들지 않는다는 뜻이다. 사람이 먹는 곡식을 말에게 먹이는 것을 '말(秣)'이라고 부른다.

淺見

近按: 此通言君以下車馬之事也.

내가 살펴보니, 이것은 군주로부터 그 이하의 계층에게 있어 수레와 말에 대한 사안을 통괄적으로 언급한 것이다.

経文

> 尊長於己踰等, 不敢問其年. 燕見[現]不將命. 遇於道見則面,
> 不請所之. 喪俟事不犆[特]弔.〈016〉[舊在"志則否"之下.]

존장자의 나이가 부친이나 조부 항렬에 해당한다면, 감히 그 자의 나이
에 대해서 물어보지 않는다. 사적으로 존장자를 찾아가 만나보는['見'자
의 음은 '現(현)'이다.] 경우에는 명령을 전달하는 자를 통해서 말을 전하지
않는다. 도로에서 우연히 존장자를 보았다면, 상대가 자신을 보면 면전
으로 다가가 만나보되 감히 가는 곳을 묻지 않는다. 존장자의 상이 발
생했을 때에는 해당 절차가 될 때까지 기다린 뒤에 조문을 하며, 해당
시기가 아닐 때 자기 홀로['犆'자의 음은 '特(특)'이다.] 조문하지 않는다. [옛
판본에는 "자신의 뜻에 따른 일이라면, 물어보아서는 안 된다."[1]라고 한 문장 뒤에
수록되어 있었다.]

集說

> 踰等, 祖與父之行也. 不敢問年, 嫌若序齒也. 燕見不將命, 謂卑幼
> 者燕私來見, 不使擯者傳命, 非賓主之禮也. 若遇尊長於道路, 尊者
> 見己則面見之, 不見則隱避, 不欲煩動之也. 不請所之, 不問其所往
> 也. 若於尊者之喪, 則待主人哭之時而往, 不非時特弔.

'유등(踰等)'은 상대가 조부나 부친 항렬에 해당한다는 뜻이다. 감히 그
나이를 묻지 않는 것은 나이에 따라 서열을 매기려고 한다는 혐의를 받
기 때문이다. "사적으로 만나보는 경우라면 명령을 전달하는 자를 통하
지 않는다."라고 했는데, 신분이 낮고 나이가 어린 자가 사적으로 찾아
와서 만나보는 경우에는 부관을 시켜서 명령을 전달하도록 시키지 않으
니, 빈객과 주인의 예법에 따르지 않기 때문이라는 뜻이다. 만약 우연히
도로에서 존장자를 만나보게 되었을 때, 존장자가 자신을 보았다면 면

---

1) 『예기』「소의」 015장 : 不貳問. 問卜筮, 曰: "義與志與?" 義則可問, 志則否.

전으로 가서 만나보고, 보지 못했다면 길을 피하니, 존장자를 번거롭게 움직이도록 하고 싶지 않기 때문이다. "가는 곳을 청해 묻지 않는다."는 말은 가는 곳을 물어보지 않는다는 뜻이다. 만약 존귀한 자의 상인 경우라면, 주인이 곡을 할 때를 기다렸다가 찾아가니, 해당 시기가 아닐 때 자기 홀로 조문을 하지 않기 때문이다.

淺見

近按: 上言事君之禮, 而兼言車乘之制, 此下言事長之禮也.

내가 살펴보니, 앞에서는 군주를 섬기는 예법을 언급하고, 수레를 타는 제도를 함께 설명하였는데, 이곳 구문으로부터 그 이하의 기록은 존장자를 섬기는 예법을 언급한 것이다.

侍坐弗使不執琴瑟.〈017〉

존장자를 모시고 앉아 있을 때, 존장자가 시키지 않았다면, 금슬 등의
악기를 제멋대로 잡고서 연주하지 않는다.

侍坐於尊者, 不使之執琴瑟, 則不得擅執而鼓之.

존장자를 모시고 앉아 있는 경우, 존장자가 그로 하여금 금슬 등의 악기
를 잡도록 시키지 않는다면, 제멋대로 악기를 잡아서 연주할 수 없다.

不畫地, 手無容, 不翣也. 寢則坐而將命.〈018〉

존장자를 모시고 앉아 있을 때, 손으로 땅에 그림을 그려서는 안 되며,
손을 공손하지 못하게 놀려서는 안 되고, 덥다 하더라도 손으로 부채질
을 해서는 안 된다. 존장자가 누워 계시다면 무릎을 꿇고서 말을 전달
한다.

無故而畫地, 亦爲不敬. 手容恭, 若擧手以爲容, 亦爲不恭. 時雖暑
熱, 不得揮扇. 若當尊者寢臥之時而傳命, 必跪而言之, 不可直立以
臨之也.

특별한 일이 없이 땅에 그림을 그리는 것 또한 불경스러운 태도가 된다.
손의 모습은 공손해야 하니, 만약 손을 들어서 어떤 모양새를 취한다면,

이 또한 공손하지 못한 태도가 된다. 그 시기가 비록 더운 계절이라 하더라도 손부채질을 할 수 없다. 만약 존장자가 누워 계신 때인데 말을 전달해야 한다면, 반드시 무릎을 꿇고서 말해야 하니, 서서 존장자를 대할 수 없기 때문이다.

經文

侍射則約矢.〈019〉

존장자를 모시고 활을 쏘는 경우라면, 모시는 자는 화살을 한꺼번에 가져간다.

集說

凡射必二人爲耦. 楅在中庭, 箭倚於楅, 上耦前取一矢, 次下耦又進取一矢, 如是更進, 各得四矢. 若卑者侍射, 則不敢更迭取之, 但一時幷取四矢, 故謂之約矢也.

무릇 활을 쏠 때에는 반드시 두 사람이 짝이 된다. 화살을 꼽아두는 복은 마당에 있고, 화살은 복에 담겨 있는데, 두 명 중 앞서 쏘는 사람이 먼저 하나의 화살을 가져가고, 그 다음으로 뒤이어 쏘는 나머지 한 사람이 또한 나아가서 하나의 화살을 가져가는데, 이처럼 번갈아가며 나아가서 가져가게 된다면 각각 네 개의 화살을 가지게 된다. 만약 신분이 미천한 자가 존장자를 모시고 활을 쏘는 경우라면, 감히 교대로 화살을 가져갈 수 없으니, 단지 한꺼번에 네 개의 화살을 모두 가져간다. 그렇기 때문에 "화살을 한꺼번에 가져간다."라고 말한 것이다.

侍投則擁矢.〈020〉

존장자를 모시고 투호를 하는 경우라면, 모시는 자는 화살 네 개를 손
에 쥐고 한다.

集說

投壺之禮, 亦賓主各四矢. 尊者則委四矢於地, 一一取而投之. 卑者
不敢委於地, 故悉擁抱之也.

투호의 예법 또한 빈객과 주인이 각각 네 개의 화살을 가지고 한다. 존
장자의 경우라면, 땅에 네 개의 화살을 내려놓고, 하나씩 들고서 던지게
된다. 미천한 자는 감히 땅에 내려놓을 수 없기 때문에 모두 손에 쥐고
한다.

經文

勝則洗[蘇典反]而以請, 客亦如之. 不角, 不擢馬.〈021〉 [舊聯上文.]

승리한 자는 잔을 씻어서['洗'자는 '蘇(소)'자와 '典(전)'자의 반절음이다.] 술을
권해도 되는지를 청하고, 빈객에 대한 경우 또한 이처럼 한다. 벌주를
줄 때에는 뿔잔을 사용하지 않고, 일반잔을 사용하며, 투호에서 상대방
의 마를 빼앗지 않는다. [옛 판본에는 앞 문장의 뒤에 기록되어 있었다.]

集說

射與投壺之禮, 勝者之弟子酌酒置于豊上, 其不勝者跪而飮之. 若
卑者得勝, 則不敢徑酌, 當前洗爵而請行觴也. 客若不勝, 則主人亦

洗而請, 所以優賓也. 角, 兕觥也. 今飮尊者及客不敢用角, 但如常
獻酬之爵也. 擢, 進而取之也. 馬者, 投壺之勝筭, 每一勝則立一馬,
至三馬而成勝. 若一朋得二馬, 一朋得一馬, 則二馬者, 取彼之一馬,
足成己之三馬. 今卑者雖得二馬, 不敢取尊者之一馬以成己勝也.

활쏘기나 투호의 예법에 있어서, 승리를 한 자의 제자는 술잔을 따라서
풍 위에 놓아두고, 이기지 못한 자는 무릎을 꿇고서 그 술을 마신다. 만
약 신분이 미천한 자가 승리를 했다면, 감히 경솔하게 술을 따라서 권할
수 없으니, 마땅히 그보다 앞서 술잔을 씻고 술을 권해도 되는지 청해야
한다. 빈객이 만약 승리하지 못했다면, 주인 또한 술잔을 씻고서 술을
권해도 되는지 청하니, 빈객을 우대하기 때문이다. '각(角)'은 시굉이라
는 뿔잔이다. 현재의 상황은 존귀한 자에게 술을 권하거나 빈객에게 권
하게 되어, 뿔잔을 사용하지 않고 단지 일상적으로 술을 권할 때 사용하
는 술잔을 이용한다. '탁(擢)'자는 나아가서 취한다는 뜻이다. '마(馬)'는
투호를 하여 승리 횟수를 셈하고, 매번 한 번 승리할 때마다 한 개의
마를 세우며, 세 개의 마가 서게 되면 최종 승리를 하게 된다. 만약 한
쪽이 두 개의 마를 얻었고, 다른 한쪽이 한 개의 마를 얻었다면, 두 개의
마를 가진 자가 상대방의 마 한 개를 가져가서, 자기가 세워야 하는 세
개의 마를 만들 수 있다. 현재의 상황은 신분이 미천한 자가 비록 두
개의 마를 세웠지만, 감히 존귀한 자가 세운 한 개의 마를 가져다가 자
기의 승리를 확정시킬 수 없다.

經文

請見不請退. 朝廷曰退, 燕遊曰歸, 師役曰罷.〈023〉[舊在"執觿然
後步"之下.]

존장자에 대해서는 만나 뵙기를 청하되, 물러나고자 청해서는 안 된다.
되돌아가는 일에 있어서 그 장소가 조정이라면 '퇴(退)'라 부르고, 한가

롭게 거처하는 장소라면 '귀(歸)'라 부르며, 병역이나 부역을 하던 곳이라면 '파(罷)'라 부른다. [옛 판본에는 "고삐를 잡은 뒤에는 말이 몇 발자국 이동하도록 하여 상태를 살핀다."[1]라고 한 문장 뒤에 수록되어 있었다.]

方氏曰: 跂慕則來, 厭斁則去, 人之情也. 請見不請退, 嫌有厭斁之心也. 朝廷人之所趨, 故於其還曰退, 退則爲出故也. 燕遊不可以久, 故於其還曰歸, 歸有所止故也. 師役勞苦爲甚, 故於其還曰罷, 以其疲故也.

방씨가 말하길, 흠모하면 찾아오고 싫어하면 떠나는 것이 사람의 일반적인 감정이다. "뵙기를 청하되 물러나기를 청하지 않는다."는 말은 싫어하는 마음이 있다는 오해를 사기 때문이다. 조정은 사람들이 종종걸음으로 나아가는 장소이기 때문에, 되돌아가는 것에 있어서는 '퇴(退)'라고 부르니, 물러나게 된다면 밖으로 나가기 때문이다. 한가롭게 있을 경우에는 오래도록 있을 수 없기 때문에, 되돌아가는 것에 있어서는 '귀(歸)'라고 부르니, 돌아가는 것에는 그치는 바가 있기 때문이다. 병역이나 부역 등은 매우 수고롭기 때문에, 되돌아가는 것에 있어서는 '파(罷)'라고 부르니, 피로하기 때문이다.

近按: 朝廷曰退以下, 因上文請退而記之, 以見其敬尊長之所如敬朝廷, 故其辭同.

내가 살펴보니, 조정에서 물러나는 것을 퇴라고 부른다는 말로부터 그 이하의 기록은 앞 문장에서 물러나기를 청한다고 한 말로 인해 기록하

---

1) 『예기』 「소의」 022장 : 執君之乘車則坐. 僕者右帶劍, 負良綏, 申之面, 拖諸幦. 以散綏升, <u>執轡然後步</u>.

여, 이를 통해 존장자를 공경하길 마치 조정에서 공경을 드러내는 것처럼 한다는 뜻을 드러낸 것이다. 그렇기 때문에 그 말이 동일한 것이다.

侍坐於君子, 君子欠伸·運笏·澤劍首·還[旋]屨·問日之蚤
莫, 雖請退可也.〈024〉 [舊聯上文.]

군자를 모시고 앉아 있을 때, 군자가 하품 또는 기지개를 켜거나 홀을
움직이거나 검의 머리 부분을 만지작거린다거나 신발을 신을 수 있도록
돌려놓거나['還'자의 음은 '旋(선)'이다.] 해가 떠 있는지 아니면 저물었는지
를 물어본다면, 비록 물러가기를 청하더라도 괜찮다. [옛 판본에는 앞 문장
의 뒤에 기록되어 있었다.]

運, 轉動之也. 澤, 玩弄而生光澤也. 還屨, 謂轉屨正之, 示欲著也.
餘見曲禮.

'운(運)'자는 움직인다는 뜻이다. '택(澤)'자는 만지작거려서 광택을 낸다
는 뜻이다. '선구(還屨)'는 위치를 돌려서 바르게 한다는 뜻이니, 신고자
한다는 뜻을 나타내는 것이다. 나머지 설명은 『예기』「곡례(曲禮)」편에
나온다.

近按: 此以上, 皆言卑幼事尊長之禮.

내가 살펴보니, 여기까지는 모두 미천하고 나이가 어린자가 존장자를
섬기는 예법을 언급한 것이다.

燕侍食於君子, 則先飯[上聲]而後已, 毋放飯, 毋流歠, 小飯而
亟[棘]之, 數[朔]嚌[醮]毋爲口容. 客自徹, 辭焉則止.〈055〉 [舊在"隱
情以虞"之下.]

연회를 하며, 군자를 모시고 식사를 하는 경우라면, 군자보다 먼저 밥을
떠서 맛보고['飯'자는 상성으로 읽는다.] 군자보다 뒤에 식사를 끝낸다. 밥을
크게 떠서 먹어서는 안 되고, 물을 들이키듯 먹어서는 안 되며, 밥을 적
게 떠서 신속히['亟'자의 음은 '棘(극)'이다.] 삼켜야 하고, 자주['數'자의 음은
'朔(삭)'이다.] 씹어서['嚌'자의 음은 '醮(초)'이다.] 입모양을 우스꽝스럽게 만
들어서는 안 된다. 식사를 끝낸 뒤 빈객이 직접 상을 치우려고 하면,
주인은 사양하니, 그런 뒤에는 행동을 그친다. [옛 판본에는 "자신의 실정을
숨기고 상대의 실정을 파악해야 한다."[1]라고 한 문장 뒤에 수록되어 있었다.]

先飯, 猶嘗食之禮也. 後已, 猶勸食之意也. 放飯·流歠, 見曲禮. 小
飯則無噦噎之患. 亟之, 謂速咽下, 備或有見問之言也. 數嚌毋爲口
容, 言數數嚼之, 不得弄口以爲容也. 若食訖而客欲自徹食器, 主人
辭之則止也.

먼저 밥을 먹는다는 말은 음식을 맛보는 예법과 같다. 뒤에 끝낸다는
말은 식사를 권유하는 뜻과 같다. '방반(放飯)'과 '유철(流歠)'에 대해서
는 『예기』「곡례(曲禮)」편에 설명이 나온다. 밥을 적게 떠서 먹으면, 천
천히 먹거나 목이 멜 걱정이 없다. '극지(亟之)'는 신속히 삼켜서 혹여
물어보는 말이 있을 때를 대비한다는 뜻이다. '삭초무위구용(數嚌毋爲口
容)'이라는 말은 자주 씹어 입을 오물거려서 우스꽝스러운 모습을 지어

---

1) 『예기』「소의」 054장 : 賓客主恭, 祭祀主敬, 喪事主哀, 會同主詡. 軍旅思險,
隱情以虞.

서는 안 된다는 뜻이다. 식사를 끝냈는데 빈객이 직접 자신의 식기를 치우려고 할 때 주인이 사양을 해서 만류하면 멈춘다.

淺見

近按: 此下泛言賓主之禮.

내가 살펴보니, 이 문장으로부터 아래의 문장들은 빈객과 주인의 예법을 폭넓게 언급하고 있다.

客爵居左, 其飲居右. 介爵·酢爵·僎[遵]爵皆居右.〈056〉

연회를 하며 술을 마시게 되면, 빈객이 주인으로부터 받은 술잔은 자신의 좌측에 놓아두고, 자신이 마시던 술잔은 우측에 놓아둔다. 빈객의 부관이 사용하는 술잔, 빈객이 주인에게 답례로 따라준 술잔, 준이['僎'자의 음은 '遵(준)'이다.] 사용하는 술잔들은 모두 우측에 놓아둔다.

集說

疏曰: 鄕飲酒禮, 主人酬賓之爵, 賓受奠觶于薦東, 是客爵居左也. 旅酬之時, 一人擧觶于賓, 賓奠觶于薦西, 至旅酬, 賓取薦西之觶以酬主人, 是其飲居右也. 介, 賓副也. 酢, 客酌還答主人也. 僎, 鄕人來觀禮副主人者也. 鄕飲禮, 介爵及主人受酢之爵幷僎爵, 皆不明奠置之所, 故記者於此明之.

소에서 말하길, 『의례』「향음주례(鄕飲酒禮)」의 기록에 따르면, 주인이 빈객에게 권하는 술잔에 있어서, 빈객은 그것을 받아서 음식이 차려진 곳 동쪽에 술잔 치를 내려놓는다고 했으니, 이것이 빈객이 받은 술잔은 좌측에 놓아둔다는 뜻이다. 여수를 시행할 때, 한 사람이 빈객에게 치를 들어 올리면, 빈객은 음식이 차려진 곳 서쪽에 치를 내려놓고, 여수를 해야 할 때가 되면, 빈객은 음식이 차려진 곳 서쪽에 내려둔 치를 들어서 주인에게 술을 권하니, 이것이 자신이 마시던 술잔은 우측에 놓아둔다는 뜻이다. '개(介)'는 빈객의 부관을 뜻한다. '초(酢)'라는 것은 빈객이 술을 따라서 재차 주인에게 답례로 술을 권한다는 뜻이다. '준(僎)'[1]은 향인들 중 찾아와서 의례 시행을 살펴보고 주인을 보좌하는 자이다. 「향음주례」에서는 부관이 마시는 술잔 및 주인이 빈객으로부터 답례로

---

1) 준(僎)은 준(遵)이라고도 부르며, 향음주례(鄕飲酒禮) 등을 시행할 때 주인(主人)이 시행하는 의례절차를 보좌하던 사람이다.

받은 술잔, 준의 술잔 등에 대해서는 모두 그 술잔을 놓아두는 장소를 언급하지 않았다. 그렇기 때문에 『예기』를 기록한 자는 이곳 문장에서 그 사실을 명시한 것이다.

経文

羞濡魚者進尾, 冬右腴, 夏右鰭[奇], 祭膴[許].〈057〉[舊聯上文.]

물기가 있는 생선을 음식으로 진설할 때에는 꼬리 쪽이 앞을 향하도록 두고, 겨울에는 배 쪽이 오른쪽으로 가도록 진설하며, 여름에는 지느러미가['鰭'자의 음은 '奇(기)'이다.] 오른쪽으로 가도록 진설하고, 제사를 지낼 때에는 배 쪽의 살찐 부위로['膴'자의 음은 '許(허)'이다.] 제사를 지낸다. [옛 판본에는 앞 문장의 뒤에 기록되어 있었다.]

集說

擘濡魚從後起, 則脅肉易離, 故以尾向食者, 若乾魚則進首也. 腴, 腹下肥處. 鰭在脊. 冬時陽氣在下, 夏則陽在上, 凡陽氣所在之處肥美. 右之者, 便於食也. 祭膴者, 刳魚腹下大臠以祭也. 此言尋常燕食進魚者如此, 祭祀及饗食正禮者不然.

물기가 있는 물고기를 뒤로부터 찢으면, 옆의 가시와 살점이 쉽게 분리된다. 그렇기 때문에 꼬리 쪽이 식사하는 자를 향하도록 둔다. 만약 마른 물고기라면 머리 쪽을 앞으로 둔다. '유(腴)'는 배 쪽의 살찐 부위이다. 지느러미는 등뼈 쪽에 있다. 겨울에는 양기가 밑으로 내려가니, 여름의 경우에는 양기가 위로 상승한다. 무릇 양기가 있는 부위는 살찌고 맛있는 부위가 된다. 우측으로 둔다는 것은 식사를 하는데 편리하도록 하기 위해서이다. '제허(祭膴)'라는 말은 물고기 배 쪽의 큰 살점을 잘라내서 그것으로 제사를 지낸다는 뜻이다. 이 내용은 일상적인 연사에서는 물고기를 이처럼 진설하지만, 제사를 지내거나 향례 및 사례 등의 정식 의례를 시행할 경우에는 이처럼 하지 않는다는 사실을 나타낸다.

羞首者, 進喙[充芮反]**祭耳.**〈067〉2) [舊在"絶其本末"之下.]

음식 중 머리가 있는 것을 진설하게 되면, 입 쪽이['喙'자는 '充(충)'자와 '芮(예)'자의 반절음이다.] 군자를 향하도록 진설하고, 군자는 귀 부분을 가져다가 음식에 대한 제사를 지낸다. [옛 판본에는 "뿌리와 끝부분을 자른다."3)라고 한 문장 뒤에 수록되어 있었다.]

喙, 口也. 以口向尊者, 而尊者先取耳以祭也.

'훼(喙)'자는 입을 뜻한다. 입을 존귀한 자 쪽으로 향하도록 하고, 존귀한 자는 먼저 귀 부분을 가져다가 제사를 지낸다.

凡羞, 有湆[泣]**者不以齊**[去聲].〈066〉 [舊在"不提心"之下.]

무릇 음식 중에 국물이['湆'자의 음은 '泣(읍)'이다.] 있는 것이라면, 조미를 ['齊'자는 거성으로 읽는다.] 가미하지 않는다. [옛 판본에는 "중앙 부분을 자르지

----

2) 『예기』 「소의」 067장 : 爲君子擇蔥薤, 則絶其本末. <u>羞首者, 進喙祭耳</u>.
3) 『예기』 「소의」 067장 : 爲君子擇蔥薤, 則<u>絶其本末</u>. 羞首者, 進喙祭耳.

않는다."⁴⁾라고 한 문장 뒤에 수록되어 있었다.]

湆, 大羹也. 大羹不和, 故不用鹽梅之齊也.

'읍(湆)'은 대갱(大羹)⁵⁾이다. 대갱에는 조미를 가미하지 않기 때문에, 소
금이나 매실 등의 조미료를 사용하지 않는다.

黃氏曰: 有湆者, 不再以鹽梅齊和, 嫌於薄主人之味也.

황씨가 말하길, '유읍(有湆)'은 소금이나 매실 등으로 재차 조미를 가미
하지 않는다는 뜻이니, 주인이 내온 음식에 대해 맛이 없다고 여긴다는
혐의를 받기 때문이다.

凡齊[去聲], 執之以右, 居之於左.〈058〉

무릇 음식에 맛을 첨가하는['齊'자는 거성으로 읽는다.] 것들은 오른손으로
잡고, 좌측에 맛을 내는 대상을 놓는다.

凡調和鹽梅者, 以右手執之, 而居羹器於左, 則以右所執者調之爲

---

4) 『예기』「소의」 065장 : 牛羊之肺, 離而不提心.
5) 대갱(大羹)은 조미료를 첨가하지 않은 고깃국이다. 『예기』「악기(樂記)」편에는
"大饗之禮, 尙玄酒而俎腥魚, 大羹不和, 有遺味者矣."라는 기록이 있고, 이에 대
한 정현의 주에서는 "大羹, 肉湆, 不調以鹽菜."라고 풀이했다.

便也.

무릇 음식의 맛을 조화롭게 만드는 소금이나 매실 등은 오른손으로 잡고 좌측에 국그릇 등을 놓으니, 오른손으로 잡고 있는 것으로 맛을 내기에 편리하도록 하기 위해서이다.

經文

贊幣自左, 詔辭自右.〈059〉 [舊在"右鰭祭膴"之下.]

군주를 대신하여 폐물을 받는 자는 군주의 좌측에서 받고, 군주의 명령을 전달하는 자는 군주의 우측에서 한다. [옛 판본에는 "지느러미가 오른쪽으로 가도록 진설하고, 제사를 지낼 때에는 배 쪽의 살찐 부위로 제사를 지낸다."[6]라고 한 문장 뒤에 수록되어 있었다.]

集說

此言相禮者爲君受幣, 則由君之左, 傳君之辭命於人, 則由君之右也.

이 내용은 의례를 돕는 자가 군주를 위해서 폐물을 받는다면 군주의 좌측에서 하고, 상대에 대해서 군주의 말이나 명령을 전달한다면 군주의 우측에서 한다는 뜻이다.

淺見

近按: 贊幣以下, 相禮之事, 以因左右之意而類記也. 無例可付, 仍存於此.
내가 살펴보니, '찬폐(贊幣)'라는 말로부터 그 이하의 기록은 의례의 진

---

6) 『예기』「소의」057장 : 濡魚者進尾, 冬右腴, 夏右鰭, 祭膴.

행을 돕는 사안에 해당하는데, 앞에 좌측으로 한다거나 우측으로 한다고 한 뜻에 따라서 비슷한 부류로 여겨 기록한 것이다. 뚜렷하게 연관된 것이 없음에도 덧붙일 수 있었던 것으로 바로 이러한 점 때문이다.

尊者以酌者之左爲上尊.〈068〉 [舊在"進喙祭耳"之下.]

술동이를 진설하는 자는 술을 따라주는 자의 좌측 방향을 상등의 술동이를 놓아두는 장소로 삼는다. [옛 판본에는 "군자는 귀 부분을 가져다가 음식에 대한 제사를 지낸다."[1]라고 한 문장 뒤에 수록되어 있었다.]

尊者, 謂設尊之人也. 酌者, 酌酒之人也. 人君陳尊在東楹之西, 南北列之, 設尊者在尊西而向東, 以右爲上, 酌人在尊東而向西, 以左爲上, 二人俱以南爲上也. 上尊在南, 故云以酌者之左爲上尊.

'준자(尊者)'는 술동이를 진설하는 사람을 뜻한다. '작자(酌者)'는 술을 따라주는 사람을 뜻한다. 군주는 술동이를 진설할 때, 동쪽 기둥의 서쪽에 두고, 남북 방향으로 나열하는데, 술동이를 진설하는 자는 술동이의 서쪽에서 동쪽을 바라보게 되고, 우측을 존귀한 방위로 삼으며, 술을 따라주는 자는 술동이의 동쪽에서 서쪽을 바라보게 되고, 좌측을 존귀한 방위로 삼으며, 또 두 사람은 모두 남쪽을 존귀한 방향으로 삼는다. 상등의 술동이가 남쪽에 있기 때문에, "술을 따라주는 자의 좌측 방향을 상등의 술동이를 놓는 자리로 삼는다."고 말한 것이다.

尊壺者面其鼻.〈069〉

술동이나 호를 진설할 때에는 그것들의 코 부위가 존귀한 자를 향하도

---

1) 『예기』「소의」 067장 : 爲君子擇葱薤, 則絶其本末. 羞首者, <u>進喙祭耳</u>.

록 진설한다.

尊與壺皆有面, 面有鼻, 鼻宜向尊者, 故云尊壺者面其鼻. 言設尊設
壺, 皆面其鼻也.

술동이와 호는 모두 얼굴에 해당하는 부분이 있고, 얼굴 부분에는 코로
여기는 부분이 있는데, 코 부위는 마땅히 존귀한 자를 향하도록 진설해
야 한다. 그렇기 때문에 "술동이와 호는 그 코를 향하도록 한다."고 말
한 것이니, 술동이와 호를 진설할 때에는 그 코가 존귀한 자를 향하도록
진설해야 한다는 의미이다.

經文

飲酒者, 襪[暨]者 · 醮者, 有折俎不坐, 未步爵不嘗羞.〈070〉[舊聯
上文.]

술을 마실 경우, 그것이 목욕을 한 후에 마시는 것이거나['襪'자의 음은 '暨
(기)'이다.] 관례를 치른 뒤에 마시는 것이라면, 절조가 있는 경우에는 자
리에 앉지 않고, 무산작의 의례에서 술잔을 아직 돌리지 않았다면 음식
들을 맛보지 않는다. [옛 판본에는 앞 문장의 뒤에 기록되어 있었다.]

集說

襪, 沐而飲酒也. 醮, 冠而飲酒也. 折俎, 折骨體於俎也. 襪醮小事爲
卑, 折俎禮盛, 故襪醮而有折俎則不坐, 無俎則可坐也. 步, 行也. 無
筭爵之禮, 行爵之後乃得嘗羞, 謂庶羞也. 若正羞脯醢, 則飲酒之前
得嘗之.

'기(禨)'는 목욕을 하고 술을 마신다는 뜻이다. '초(醮)'는 관례를 치르고 술을 마신다는 뜻이다. '절조(折俎)'는 희생물의 뼈와 몸체를 갈라서 도마에 올린 것을 뜻한다. 목욕을 한 후에 술을 마시거나 관례를 치르고 술을 마시는 것은 작은 일에 해당하여 상대적으로 미천한 의례인데, 절조를 차리는 예법은 융성한 것이기 때문에, 목욕을 하고 술을 마시거나 관례를 치르고 술을 마시는데, 절조가 차려지게 된다면 자리에 앉지 않고, 절조가 없다면 앉을 수 있다. '보(步)'자는 "시행하다."는 뜻이다. 무산작의 의례를 시행할 때, 술잔을 돌린 이후라면 곧 음식을 맛볼 수 있으니, 여기에서 말한 '수(羞)'는 여러 찬들을 뜻한다. 만약 정찬이나 포 및 육장의 경우라면, 술을 마시기 전에도 맛볼 수 있다.

經文

凡羞, 有俎者, 則於俎內祭.〈061〉[舊在"軌范乃飮"之下.]

무릇 음식 중에 도마에 담겨진 것이라면, 도마 사이에 덜어내지 않고 도마 안에서 제사를 지낸다. [옛 판본에는 "식의 앞부분에 술을 뿌려 제사를 지내고, 곧 그 술을 마신다."[2]라고 한 문장 뒤에 수록되어 있었다.]

集說

羞在豆, 則祭之豆間之地. 俎長而橫於人之前, 則祭之俎內也.

음식 중 두에 담겨진 것이라면, 두 사이의 자리에서 음식을 덜어내어 제사를 지낸다. 도마는 길이가 길고, 상대 앞에 가로로 진설되니, 도마 내에서 음식에 대한 제사를 지낸다.

----

2)『예기』「소의」060장 : 酌尸之僕, 如君之僕. 其在車, 則左執轡, 右受爵, 祭左右 <u>軌范乃飮</u>.

其有折俎者, 取祭反之不坐, 燔[煩]亦如之. 尸則坐. ⟨072⟩ [舊在 "醓以柔之"之下.]

절조가 있을 경우, 그곳에서 희생물의 폐를 가져다가 음식에 대한 제사를 지내거나 다시 되돌려놓을 때에는 모두 자리에 앉지 않고, 불로 구운 고기에['燔'자의 음은 '煩(번)'이다.] 대한 경우에도 이처럼 한다. 만약 시동의 입장이라면 자리에 앉아서 시행한다. [옛 판본에는 "식초에 담가 부드럽게 만든다."[3]라고 한 문장 뒤에 수록되어 있었다.]

有折骨體之俎者, 若就俎取肺而祭之, 及祭竟而反此所祭之物於俎, 皆立而爲之. 燔, 燒肉也. 此肉亦在俎, 其取祭與反亦皆不坐, 故云燔亦如之. 尸則坐者, 言不坐者賓客之禮耳, 尸尊, 祭反皆坐也.

희생물의 뼈와 몸체를 갈라서 도마에 담긴 것이 있는데, 만약 그 도마에다가 희생물의 폐를 가져다가 제사를 지내고, 제사가 끝나서 제사를 지냈던 희생물의 부위를 도마에 돌려놓을 때에는 모두 서서 시행한다. '번(燔)'은 불로 구운 고기이다. 이러한 고기 또한 도마에 담겨 있어서, 그것을 가져다가 제사를 지내거나 또는 되돌려 놓게 된다면, 이러한 경우에도 모두 자리에 앉지 않는다. 그렇기 때문에 "구운 고기도 이처럼 한다."라고 한 것이다. "시동이라면 앉는다."는 말은 앉지 않는다는 것은 빈객이 시행하는 예법일 뿐이며, 시동은 존귀한 존재이므로, 제사를 지내거나 도마에 되돌려놓을 때에는 모두 자리에 앉는다는 뜻이다.

---

3) 『예기』「소의」 071장 : 牛與羊魚之腥, 聶而切之爲膾. 麋鹿爲菹, 野豕爲軒, 皆聶而不切. 麕爲辟雞, 兎爲宛脾, 皆聶而切之. 切蔥若薤, 實之醓以柔之.

牛羊之肺, 離而不提[丁禮反]心.〈065〉 [舊在"凡洗必盥"之下.]

소나 양의 폐에 대해서는 자르되 중앙 부분을 자르지['提'자는 '丁(정)'자와 '禮(례)'자의 반절음이다.] 않는다. [옛 판본에는 "무릇 술잔을 씻을 때에는 반드시 그보다 먼저 손을 씻어야 한다."[4]라고 한 문장 뒤에 수록되어 있었다.]

集說

提, 猶絶也. 心, 中央也. 牛羊之肺雖割離之, 而不絶中央少許, 使可手絶之以祭也. 不言豕, 事同可知.

'제(提)'자는 "자른다."는 뜻이다. '심(心)'자는 중앙을 뜻한다. 소나 양의 폐는 비록 잘라서 나누게 되지만, 중앙의 일정부분은 자르지 않으니, 손으로 끊어서 제사를 지낼 수 있게끔 하기 위해서이다. 돼지 등에 대해서 언급하지 않은 것은 그 사안이 동일하여, 동일하게 따른다는 사실을 알 수 있기 때문이다.

經文

牛與羊魚之腥, 聶[泥涉反]而切之爲膾. 麋鹿爲菹, 野豕爲軒[去聲], 皆聶而不切. 麕[俱倫反]爲辟[壁]雞, 兔爲宛脾, 皆聶而切之. 切蔥若薤, 實之醯以柔之.〈071〉 [舊在"未步爵不嘗羞"之下.]

소나 양 및 물고기 중 생고기에 대해서는 얇게 저며서['聶'자는 '泥(니)'자와 '涉(섭)'자의 반절음이다.] 잘라내어 회로 만든다. 큰 사슴과 사슴은 저로 만들고, 야생 돼지는 헌으로['軒'자는 거성으로 읽는다.] 만드니, 모두 얇게 저

---

4) 『예기』「소의」 064장 : 凡洗必盥.

미되 잘라내지 않는다. 노루는['麤'자는 '俱(구)'자와 '倫(륜)'자의 반절음이다.]
벽계로['辟'자의 음은 '壁(벽)'이다.] 만들고, 토끼는 완비로 만드니, 얇게 저
며서 잘라낸다. 파와 염교는 잘라서 식초에 담가 부드럽게 만든다. [옛
판본에는 "술잔을 아직 돌리지 않았다면, 음식들을 맛보지 않는다."5)라고 한 문장
뒤에 수록되어 있었다.]

聶而切之者, 謂先聶爲大臠, 而後報切之爲膾也. 餘見內則.

얇게 저며서 잘라내는 것은 먼저 저며서 큰 덩어리로 자르고, 그 후에
재차 잘라서 회로 만든다는 뜻이다 · 나머지 설명은 『예기』「내칙(內則)」
편에 나온다.

經文

爲君子擇葱薤, 則絶其本末.〈067〉6) [舊在"有滫者不以齊"之下.]

군자를 위해서 파나 염교 등을 고르게 되면, 뿌리와 끝부분을 자른다.
[옛 판본에는 "국물이 있는 것이라면, 조미를 가미하지 않는다."7)라고 한 문장 뒤에
수록되어 있었다.]

---

5) 『예기』「소의」 070장 : 飮酒者, 襚者 · 醮者, 有折俎不坐, 未步爵不嘗羞.
6) 『예기』「소의」 067장 : 爲君子擇葱薤, 則絶其本末. 羞首者, 進喙祭耳.
7) 『예기』「소의」 066장 : 凡羞, 有滫者, 不以齊.

經文

君子不食圂[豢]腴. 〈062〉

군자는 개나 돼지의['圂'자의 음은 '豢(환)'이다.] 창자를 먹지 않는다.

集說

圂, 與豢同, 謂犬豕也. 腴, 腸也. 犬豕亦食米穀, 其腹與人相似, 故不食其腸也.

'환(圂)'자는 환(豢)자와 동일하니, 개와 돼지를 뜻한다. '유(腴)'자는 창자를 뜻한다. 개와 돼지 또한 곡식을 먹어서, 그것의 창자는 사람의 것과 유사하다. 그렇기 때문에 그 창자를 먹지 않는 것이다.

經文

小子走而不趨, 擧爵則坐祭立飮. 〈063〉 [舊在"於俎內祭"之下.]

소자는 심부름을 할 때 달려가되 어른처럼 종종걸음으로 걷지 않는다. 술잔을 들게 되면, 무릎을 꿇고 술에 대한 제사를 지내고, 서서 술을 마신다. [옛 판본에는 "도마 안에서 제사를 지낸다."[8]라고 한 문장 뒤에 수록되어 있었다.]

集說

小子不敢與尊者竝禮, 故行步擧爵, 皆異於成人也.

소자는 감히 존장자와 함께 의례를 시행할 수 없기 때문에, 걸음걸이와 술잔을 드는 예절을 모두 성인들과 다르게 한다.

---

8) 『예기』「소의」 061장 : 凡羞, 有俎者, 則於俎內祭.

近按: 此以上, 皆言賓客飮食之制.

내가 살펴보니, 여기까지는 모두 빈객이 음식을 먹는 제도를 언급한 것이다.

凡洗必盥.〈064〉 [舊聯上文.]

무릇 술잔을 씻을 때에는 반드시 그보다 먼저 손을 씻어야 한다. [옛 판본에는 앞 문장의 뒤에 기록되어 있었다.]

集說

洗, 洗爵也. 盥, 洗手也. 凡洗爵必先洗手, 示潔也.

'세(洗)'는 술잔을 씻는다는 뜻이다. '관(盥)'은 손을 씻는다는 뜻이다. 무릇 술잔을 씻을 때에는 반드시 손을 먼저 씻어서, 청결함을 보여야 한다.

經文

洗盥執食飲者, 勿氣, 有問焉, 則辟[匹亦反]呭[二]而對.〈075〉 [舊在 "不辭不歌"之下.]

존장자를 위해 대야에 씻을 물을 들고 가거나 음식을 들고 갈 때에는 숨을 크게 내쉬어서는 안 되니, 숨기운이 존장자에게 닿지 않도록 해야 한다. 또 존장자가 질문을 하게 된다면, 입을['呭'자의 음은 '二(이)'이다.] 돌려서['辟'자는 '匹(필)'자와 '亦(역)'자의 반절음이다.] 존장자를 향하지 않도록 한 뒤에 대답을 해야 한다. [옛 판본에는 "사양을 하지 않으며, 노래도 부르지 않는다."[1]라고 한 문장 뒤에 수록되어 있었다.]

---

1) 『예기』「소의」 074장 : 其未有燭而後至者, 則以在者告. 道瞽亦然. 凡飲酒, 爲 獻主者執燭抱燋, 客作而辭, 然後以授人. 執燭不讓·不辭·不歌.

奉進洗盥之水於尊長, 及執食飮以進之時, 皆不可使口氣直衝尊者.
若此時尊者有問, 則偏其口之所向而對. 咡, 口旁也.

존장자에게 씻을 대야의 물을 받들고 나아가거나 음식을 들고서 나아갈
때에는 모두 자신의 숨기운이 직접적으로 존장자에게 닿게 해서는 안
된다. 만약 이러한 시기에 존장자가 질문을 한다면, 그 입이 향하는 방
향을 옆으로 돌려서 대답한다. '이(咡)'자는 입 주변을 뜻한다.

近按: 此承上文, 以言洗盥進食之禮.

내가 살펴보니, 이것은 앞 문장의 내용을 이어서 손을 씻고 잔을 씻으며
음식을 바치는 예를 언급한 것이다.

經文

其未有燭而後至者, 則以在者告. 道瞽亦然. 凡飮酒, 爲獻主
者執燭抱燋[側角反], 客作而辭, 然後以授人. 執燭不讓·不辭·
不歌.〈074〉 [舊在"不知其名爲罔"之下.]

아직 횃불을 붙이지 않았는데 날이 저문 후에 방으로 들어오는 자가 있
다면, 방안에 있는 사람이 누구인지를 알려준다. 장님에게 말해줄 때에
도 이처럼 한다. 무릇 술을 마실 때 주인이 불을 붙인 횃불을 잡고 아직
불을 붙이지 않은 횃불을['燋'자는 '側(측)'자와 '角(각)'자의 반절음이다.] 잡으
면, 빈객은 일어나서 물러나겠다고 사양하고, 그런 뒤에 주인은 상대에
게 횃불을 건네준다. 횃불을 잡게 되면 사양하지 않고, 재차 서로에게
사양하지 않으며, 노래도 부르지 않는다. [옛 판본에는 "의복의 이름과 뜻을
알지 못한다면, 무지한 사람이 된다."[1]라고 한 문장 뒤에 수록되어 있었다.]

集說

獻主, 主人也. 人君則使宰夫燋未爇之炬也. 飮酒之禮, 賓主有讓,
及更相辭謝, 又各歌詩以見意. 今以暮夜, 略此三事. 一說, 執燭在
手, 故不得兼爲之.

'헌주(獻主)'는 주인을 뜻한다. 군주의 경우라면 재부를 시켜서 아직 다
타지 않은 횃불에 불을 붙이게 한다. 음주를 하는 예법에서 빈객과 주인
은 양보를 하는데, 서로에게 거듭 사양을 하는데 이르면, 또한 각자 시
가를 노래로 불러서 그 뜻을 나타낸다. 현재는 날이 저물어서, 이러한
세 가지 사안을 생략하는 것이다. 일설에는 횃불을 손으로 잡고 있기
때문에, 이러한 일들을 함께 시행할 수 없다고 주장한다.

---

1) 『예기』「소의」 073장 : 衣服在躬, 而不知其名爲罔.

淺見

近按: 此言莫夜相見之禮, 自燕侍食以下至此, 其言賓客飲食之事備矣.

내가 생각하기에, 이것은 저녁과 밤에 서로 만나보는 예법을 말한 것인데, "연회를 하며 모시고 식사를 한다."[2]라고 한 말로부터 그 이하로 이곳 문장까지는 빈객과 술을 마시고 음식을 먹는 일들을 말한 것이 갖춰져 있다.

---

2) 『예기』 「소의」 055장 : <u>燕侍食</u>於君子, 則先飯而後已. 毋放飯, 毋流歠, 小飯而亟之, 數噍毋爲口容. 客自徹, 辭焉則止.

凡祭, 於室中堂上無跣, 燕則有之.⟨039⟩

모든 제사에 있어서 방안과 당상에서는 신발을 벗는 일이 없는데, 연례를 시행하는 경우라면 당상에서 신발을 벗는 경우도 있다.

集說

凡祭, 通言君臣上下之制也. 跣, 脫屨也. 祭禮主敬, 凡祭在室中者, 非惟室中不脫屨, 堂上亦不敢脫屨. 燕則有之者, 謂行燕禮, 則堂上可跣也.

'범제(凡祭)'는 군주와 신하 및 상하 모든 계층이 지내는 제사를 통괄적으로 말한 것이다. '선(跣)'자는 신발을 벗는다는 뜻이다. 제례에서는 공경함을 위주로 하니, 실에서 지내는 모든 제사에서는 방안에서만 신발을 벗지 않는 것이 아니며, 당상에서도 감히 신발을 벗을 수 없다. "연회인 경우라면 그러한 경우가 있다."고 했는데, 이 말은 연례를 시행하면 당상에서 신발을 벗을 수 있다는 뜻이다.

經文

未嘗不食新.⟨040⟩ [舊在"入虛如有人"之下.]

새로 수확한 음식을 침묘에 아직 바치지 않았다면, 새로 수확한 것을 먼저 먹지 않는다. [옛 판본에는 "빈 방에 들어갈 때에는 사람이 있는 방에 들어가는 것처럼 한다."[1]라고 한 문장 뒤에 수록되어 있었다.]

---

1) 『예기』「소의」 038장 : 執虛如執盈, 入虛如有人.

嘗者, 薦新物於寢廟也. 未薦, 則孝子不忍先食. 一云, 嘗, 秋祭也.

'상(嘗)'은 침묘(寢廟)[2]에 새로 수확한 물건을 바친다는 뜻이다. 아직 바치지 않았다면 자식은 차마 부모보다 먼저 먹을 수 없다. 한편으로 '상(嘗)'은 가을에 지내는 정규 제사를 뜻한다고 말한다.

近按: 上言賓禮, 而此下又言祭禮也.

내가 살펴보니, 앞에서는 빈객에 대한 예법을 말했는데, 이곳 구문으로부터 그 이하의 기록에서는 또한 제례를 언급하고 있다.

---

2) 침묘(寢廟)는 '묘(廟)'와 '침(寢)'을 합쳐 부르는 말이다. 종묘(宗廟)에 있어서, 앞에 있는 정전(正殿)을 '묘'라고 부르며, 뒤에 있는 후전(後殿)을 '침'이라고 부른다. 이때 '묘'는 접신(接神)하는 장소이기 때문에 앞쪽에 있는 것이다. '침'은 의관(衣冠) 등을 보관하는 장소이다. '묘'에 비해 상대적으로 낮기 때문에 뒤에 위치하게 된다. 그리고 '묘'에는 동서쪽에 상(廂)이 있고, 서장(序牆)이 있는데, '침'에는 단지 실(室)만이 있게 된다. 『시』「소아(小雅)·교언(巧言)」편에는 "奕奕寢廟, 君子作之."라는 용례가 있다. 또한 『예기』「월령(月令)」편에는 "寢廟畢備."이라는 기록이 있는데, 이에 대한 정현의 주에서는 "凡廟, 前曰廟, 後曰寢."이라고 풀이하였으며, 공영달(孔穎達)의 소(疏)에서는 "廟是接神之處, 其處尊, 故在前, 寢, 衣冠所藏之處, 對廟爲卑, 故在後. 但廟制有東西廂, 有序牆, 寢制唯室而已. 故釋宮云, 室有東西廂曰廟, 無東西廂有室曰寢, 是也."라고 풀이하였다. 또한 '침묘'는 사람이 거주하는 집과 종묘를 지칭하는 용어로 사용되기도 한다. 『시』「대아(大雅)·숭고(崧高)」편에는 "有俶其城, 寢廟旣成."이라는 기록이 있는데, 이에 대한 공영달의 소에서는 "寢, 人所處, 廟神亦有寢, 但此宜, 處人神, 不應獨言廟事, 故以爲人寢也."라고 풀이하였다.

爲[去聲]人祭曰: “致福.” 爲己祭而致膳於君子曰: “膳.” 〈076〉

섭주가 되어 남을 위해['爲'자는 거성으로 읽는다.] 제사를 주관해서 지냈다
면, 사람들이 돌아갈 때 제사 때 사용한 고기를 나눠주며, “제사를 지내
며 얻은 복을 함께 나눕니다.”고 말한다. 그리고 본인이 자신의 제사를
주관하게 되어, 군자에게 제사에 사용한 음식을 전하게 된다면, “맛있는
음식을 전합니다.”고 말한다.

集說

爲人祭, 攝主也. 其歸胙將命之辭言致福, 謂致其祭祀之福也. 曰膳,
則善味而已.

남을 위해 제사를 지낸다는 것은 섭주를 가리킨다. 사람들에게 제사 때
사용된 고기를 들려서 보낼 때 전달하는 말에 있어서는 '치복(致福)'이라
고 전하니, 제사를 지내며 얻은 복을 함께 나눈다는 뜻이다. '선(膳)'이
라고 말했다면, 맛있는 음식이라는 뜻일 뿐이다.

經文

祔練曰: “告.” 〈077〉

부제나 연제를 지내고서 그 고기를 전하게 되면, “그 사안을 알립니다.”
고 말한다.

集說

言告其事也. 顏淵之喪, 亦饋孔子祥肉.

그 사안을 알린다는 뜻이다. 안연의 상에서도 공자에게 대상을 치르고
난 고기를 보냈다.

經文

凡膳告於君子, 主人展之以授使者于阼階之南南面, 再拜稽
首送, 反命, 主人又再拜稽首. 其禮大牢則以牛左肩臑[奴道反]
折九箇, 少牢則以羊左肩七箇, 犆[特]豕則以豕左肩五箇.〈078〉
[舊在"辟咡而對"之下.]

무릇 군주에게 고기를 보내서 맛있는 음식이라고 알리거나 그 사안을
아뢰게 되면, 주인은 먼저 그것을 풀어서 확인하고, 동쪽 계단의 남쪽에
서 남쪽을 바라보며 심부름을 하는 자에게 건네며, 재배를 하고 머리를
조아린 뒤에 보낸다. 심부름을 한 자가 다녀와서 그 사안을 보고하면,
주인은 또한 재배를 하고 머리를 조아린다. 그 예법에 있어서 태뢰를
사용했다면, 소의 좌측 어깨로부터 다리까지를['臑'자는 '奴(노)'자와 '道(도)'
자의 반절음이다.] 9개의 부위로 나눠서 보내고, 소뢰를 사용했다면, 양의
좌측 어깨로부터 다리까지를 7개의 부위로 나눠서 보내며, 한 마리의
['犆'자의 음은 '特(특)'이다.] 돼지를 사용했다면, 돼지의 좌측 어깨로부터
다리까지를 5개의 부위로 나눠서 보낸다. [옛 판본에는 "입을 돌려서 존장자
를 향하지 않도록 한 뒤에 대답을 해야 한다."[1]라고 한 문장 뒤에 수록되어 있었다.]

集說

膳告, 承上文而言. 臂臑, 肩脚也. 九箇, 自肩上至蹄折爲九段也. 周
人牲體尙右, 右邊已祭, 故獻其左.

---

1) 『예기』「소의」 075장 : 洗盥執食飮者, 勿氣, 有問焉, 則辟咡而對.

'선(膳)'과 '고(告)'는 앞 문장과 연이어서 한 말이다. '비노(臂臑)'는 어깨 부분과 다리부분을 뜻한다. '구개(九箇)'는 어깨의 상단부분부터 발까지를 9단으로 자른다는 뜻이다. 주나라 때에는 희생물의 몸체 중에서도 우측을 숭상했는데, 우측의 몸체로는 이미 제사를 지냈기 때문에, 좌측 부위를 보내는 것이다.

淺見

黃氏曰: 主人展之, 展省視也. 送與反命皆拜, 敬之至也.

황씨가 말하길, 주인이 펼쳐두는 것은 펼쳐서 살피기 때문이다. 심부름 꾼을 보내고 그가 되돌아와서 보고를 할 때 주인이 모두 절을 하는 것은 공경함을 지극히 나타내기 때문이다.

近按: 旣祭而致膳於人, 其祭之事畢矣.

내가 살펴보니, 제사를 마치고 음식을 남에게 보내는데, 그렇게 되면 그 제사의 사안이 모두 마치게 된다.

其以乘壺酒束脩一犬賜人, 若獻人, 則陳酒執脩以將命, 亦曰:
"乘壺酒束脩一犬."〈043〉

4개의 호에 담긴 술과 속수 및 한 마리의 개를 아랫사람에게 하사하거
나 윗사람에게 바칠 때라면, 술을 진설하고, 육포를 들고서 말을 전달하
며, 또한 "4개의 호에 담긴 술과 속수와 한 마리의 개입니다."라고 말한
다.

集說

乘壺, 四壺也. 束脩, 十脡脯也. 卑者曰賜, 尊者曰獻.

'승호(乘壺)'는 4개의 호를 뜻한다. '속수(束脩)'는 열 가닥의 마른 육포
를 뜻한다. 신분이 낮은 자에게 줄 때에는 "하사한다."고 말하며, 존귀한
자에게 바칠 때에는 "바친다."고 말한다.

經文

其以鼎肉, 則執以將命.〈044〉

만약 부위별로 잘라낸 고기를 하사하거나 바치는 경우라면, 그것을 들
고서 말을 전달한다.

集說

鼎肉, 謂肉之已解剔而可升鼎者, 故可執也.

'정육(鼎肉)'은 고기를 이미 부위별로 잘라서 정에 넣을 수 있도록 한 것
이다. 그렇기 때문에 들고 갈 수 있다.

其禽加於一雙, 則執一雙以將命, 委其餘.〈045〉

조류를 하사하거나 바칠 경우 그 수가 한 쌍보다 많다면, 한 쌍만 들고
가서 말을 전달하고, 나머지는 문밖에 진열해 둔다.

集說

加於一雙, 不止一雙也. 委其餘, 陳列于門外也.

"한 쌍보다 많다."는 말은 한 쌍에만 그치지 않는다는 뜻이다. "그 나머
지는 내려놓는다."는 말은 문밖에 진열한다는 뜻이다.

經文

犬則執緤[息列反], 守[去聲]犬田犬則授擯者, 旣受乃問犬名.〈046〉

개를 하사하거나 바치게 된다면 개줄을['緤'자는 '息(식)'자와 '列(렬)'자의 반
절음이다.] 잡고서 가며, 집을 지키는['守'자는 거성으로 읽는다.] 개나 사냥용
개를 바치는 경우라면 주인의 부관에게 건네고, 부관은 개를 넘겨받은
뒤 개의 이름을 묻는다.

集說

緤, 牽犬繩也. 犬有三種, 守禦宅舍曰守犬, 田獵所用曰田犬, 充庖
廚所烹曰食犬.

'설(緤)'은 개를 끌고 갈 때 사용하는 끈이다. 개에는 세 종류가 있다.
집을 지키는 개는 '수견(守犬)'이라 부르고, 사냥에 사용하는 개는 '전견
(田犬)'이라 부르며, 주방에서 식재료로 사용하는 것은 '식견(食犬)'이라

부른다.

牛則執紖[直軫反], 馬則執靮[的], 皆右之.〈047〉

하사하거나 바치는 것이 소라면 소고삐를['紖'자는 '直(직)'자와 '軫(진)'자의 반절음이다.] 잡고 가고, 말이라면 말고삐를['靮'자의 음은 '的(적)'이다.] 잡고 가는데, 모두 오른손으로 잡는다.

集說

紖·靮, 皆執之以牽者. 右之者, 以右手牽, 由便也.

'진(紖)'과 '적(靮)'은 모두 잡고서 끌고 갈 때 사용하는 고삐들이다. '우지(右之)'는 오른손으로 끌고 간다는 뜻이니, 힘을 쓰기에 편리하기 때문이다.

經文

臣則左之.〈048〉

포로를 하사하거나 바치는 경우라면, 왼손으로 포로의 오른쪽 소매를 잡는다.

集說

臣, 征伐所獲民虜也. 曲禮云: "獻民虜者操右袂." 左之, 以左手操其右袂, 而右手得以制其非常也.

'신(臣)'자는 정벌을 해서 포획한 포로를 뜻한다. 『예기』「곡례(曲禮)」편
에서는 "포로를 헌상할 때에는 포로의 우측 소매를 잡아서 바친다."고
했다. 왼손으로 잡는 것은 왼손으로 포로의 오른쪽 소매를 잡고, 오른손
으로 비정상적인 행위를 하는 것에 대해 제어할 수 있기 때문이다.

經文

> 車則說[脫]綏, 執以抭命. 甲若有以前之, 則執以抭命, 無以前
> 之, 則袒櫜[羔]奉[上聲]胄.〈049〉

수레를 하사하거나 바치는 경우라면 수레에 탈 때 잡는 끈을 풀어서['說'
자의 음은 '脫(탈)'이다.] 그것을 잡고 나아가서 말을 전달한다. 갑옷을 하
사하거나 바치는 경우 만약 그보다 먼저 건넬 것이 있다면, 먼저 건넬
것을 잡고 나아가서 말을 전달하고, 만약 먼저 건넬 것이 없다면, 갑옷
주머니를['櫜'자의 음은 '羔(고)'이다.] 열어서 갑옷을 꺼낸 뒤 투구를 받들고
['奉'자는 상성으로 읽는다.] 나아가서 말을 전달한다.

集說

前之, 謂以他物先之也. 古人獻物必有先之者, 如左傳所云: "乘韋先
牛十二"之類是也. 袒, 開也. 櫜, 弢甲之衣也. 胄, 兜鍪也. 謂開櫜出
甲, 而奉胄以將命也.

'전지(前之)'는 다른 사물을 그보다 앞서 바친다는 뜻이다. 고대인들은
사물을 헌상할 때 반드시 그보다 앞서 바치는 것들이 있었으니, 예를 들
어 『좌전』에서 "4마리의 소가죽을 먼저 바치고, 소 12마리를 바쳤다."[1]
고 한 부류와 같다. '단(袒)'자는 "열다."는 뜻이다. '고(櫜)'는 갑옷을 넣

어두는 주머니이다. '주(冑)'는 투구를 뜻한다. 즉 갑옷을 넣어둔 주머니를 열어서 갑옷을 꺼내고, 투구를 받들고서 말을 전달한다는 뜻이다.

經文

器則執蓋, 弓則以左手屈韣[獨]執拊[無].〈050〉

그릇을 하사하거나 바치는 경우라면 뚜껑을 들고 나아가서 말을 전달하고, 활의 경우라면 왼손으로 활집을['韣'자의 음은 '獨(독)'이다.] 접어 파지하는 부분에서['拊'자의 음은 '無(무)'이다.] 잡은 뒤, 오른손으로 끝을 잡고 나아가서 말을 전달한다.

集說

執蓋, 蓋輕便於執也. 韣, 弓衣. 拊, 弓把. 左手屈弓衣幷於把而執之, 而右手執簫以將命. 曲禮云: "右手執簫, 左手承拊", 是也.

"뚜껑을 잡는다."는 말은 뚜껑이 가벼워서 잡기에 편리하기 때문이다. '독(韣)'은 활을 넣어두는 활집이다. '부(拊)'는 활의 부위 중 손으로 파지하는 부분이다. 왼손은 활집을 접어 손으로 파지하는 부분에서 함께 잡고, 오른손으로는 활 몸통 끝의 머리 부분을 잡고서 말을 전달한다. 『예기』「곡례(曲禮)」편에서는 "우측 손으로는 활의 끝부분을 잡고, 좌측 손으로는 활 중앙 손잡이를 받쳐서 준다."고 했다.

---

1) 『춘추좌씨전』「희공(僖公) 33년」: 及滑, 鄭商人弦高將市於周, 遇之, 以乘韋先, 牛十二犒師.

劍則啓櫝蓋襲之, 加夫[扶]橈[饒]與劍焉.〈051〉

검을 하사하거나 바치는 경우라면, 검을 넣는 상자를 열고, 상자의 뚜껑을 상자 밑에 합치며, 상자 안에 검집을 넣고, 검집['夫'자의 음은 '扶(부)'이다. '橈'자의 음은 '饒(요)'이다.] 위에 검을 올리며, 이것을 가지고 가서 말을 전달한다.

集說

啓, 開也. 櫝, 劍匣也. 蓋者, 匣之蓋也. 襲, 郃合也. 夫橈, 劍衣也. 開匣以其蓋郃合於匣之底下, 乃加橈於匣中, 而以劍置橈上也.

'계(啓)'자는 "열다."는 뜻이다. '독(櫝)'은 검을 넣는 상자이다. '개(蓋)'는 상자의 뚜껑이다. '습(襲)'은 합친다는 뜻이다. '부요(夫橈)'는 검집이다. 상자를 열고 그 뚜껑을 상자의 바닥에 합한 뒤 상자 안에 검집을 넣고, 검은 검집 위에 올려둔다는 뜻이다.

經文

笏·書·脩·苞苴·弓·茵·席·枕·几·穎[京領反]·杖·琴·瑟[句], 戈有刃者櫝[句], 筴籥, 其執之皆尙左手. 刀卻刃授穎, 削[笑]授拊. 凡有剌[次]刃者以授人, 則辟[僻]刃.〈052〉 [舊在"乘馬弗賈"之下.]

홀·서책·육포·깔개를 대고 감싼 것·활·왕골자리·자리·베개·안석·나무 베개['穎'자는 '京(경)'자와 '領(령)'자의 반절음이다.]·지팡이·금·슬이나['瑟'자에서 구문을 끊는다.] 창 중 칼날이 있어서 상자에 넣은 것

['檟'자에서 구문을 끊는다.] 시초·피리 등을 하사하거나 바치게 되면, 그것을 잡을 때에는 모두 왼손을 위로 가게 해서 윗부분을 잡고 오른손으로는 밑을 받친다. 칼을 건넬 때에는 칼날을 피하여 손잡이 끝에 있는 고리 부분을 건네고, 굽어 있는 칼을['削'자의 음은 '笑(소)'이다.] 건넬 때에는 손잡이를 건넨다. 무릇 날카로운['刺'자의 음은 '次(차)'이다.] 칼날이 있는 것을 상대에게 건넬 때라면, 칼날이 상대를 향하지 않도록 피해서['辟'자의 음은 '僻(벽)'이다.] 준다. [옛 판본에는 "수레 및 말에 대해서는 가치를 평가하지 않는다."[2]라고 한 문장 뒤에 수록되어 있었다.]

集說

笏也, 書也, 脯脩也, 苞苴也, 苴籍而苞裹之, 非特魚肉, 他物亦可苞苴以遺人也. 弓也, 茵褥也, 席也, 枕也, 几也, 潁, 警枕也, 杖也, 琴也, 瑟也, 戈有刃者, 櫝而致之也. 筴, 蓍也. 籥, 如笛而三孔也. 凡十六物, 左手執上, 右手捧下, 陰陽之義也. 潁, 刀鐶也. 削, 曲刀也. 拊, 刀把也. 辟, 偏也. 謂不以刃正向人也.

홀을 뜻한다. 서책을 뜻한다. 육포를 뜻한다. '포저(苞苴)'라고 했는데, 이것은 깔개를 대고 감싼 것이니, 물고기나 육고기뿐만 아니라, 다른 사물들 또한 감싸서 타인에게 줄 수 있다. 활을 뜻한다. 왕골 등으로 짠 자리를 뜻한다. 자리를 뜻한다. 베개를 뜻한다. 안석을 뜻한다. '경(潁)'은 나무로 만든 베개를 뜻한다. 지팡이를 뜻한다. 금을 뜻한다. 슬을 뜻한다. 창 중에 칼날이 있는 것은 상자에 넣어서 전달한다. '책(筴)'은 시초이다. '약(籥)'은 피리와 비슷한데, 세 개의 구멍이 있는 것이다. 무릇 이러한 열여섯 가지 사물들은 왼손으로 그 위를 잡고 오른손으로 밑을 받치니, 음양의 뜻에 따르기 때문이다. '영(潁)'은 칼의 손잡이 끝에 고리가 있는 부분이다. '소(削)'는 칼날이 굽어 있는 칼이다. '부(拊)'는 칼

---

2) 『예기』「소의」 042장 : 貳車者, 諸侯七乘, 上大夫五乘, 下大夫三乘. 有貳車者之乘馬服車不齒, 觀君子之衣服服劍乘馬弗賈.

을 파지하는 부분이다. '벽(辟)'은 한쪽으로 치우친다는 뜻이다. 즉 칼날이 곧바로 상대를 향하게 할 수 없다는 의미이다.

淺見

近按: 此泛言獻遺於人之禮, 祭肉重, 故先之而此爲後也.

내가 살펴보니, 이것은 남에게 물건을 건네는 예법을 폭넓게 말하고 있는데, 제사에서는 고기가 중요하기 때문에 그것에 대해 먼저 기술한 것이고 나머지 것들을 그 뒤에 기술한 것이다.

經文

不疑在躬, 不度[大洛反]民械, 不願於大家, 不訾[咨]重器.〈013〉
[舊在"子善於某乎"之下.]

남의 의심을 사지 않게 함은 전적으로 자신에게 달려 있다. 소장하고 있는 병장기에 대해서는 살펴보지['度'자는 '大(대)'자와 '洛(락)'자의 반절음이다.] 않으며, 부유한 집에 대해서 부러워하지 않고, 남이 가지고 있는 보물을 헐뜯지['訾'자의 음은 '咨(자)'이다.] 않는다. [옛 판본에는 "그대는 어떤 것을 잘합니까?"[1]라고 한 문장 뒤에 수록되어 있었다.]

集說

一言一行, 皆其在躬者也. 口無擇言, 身無擇行, 是不疑在躬也. 器械之備所以防患, 不可度其利鈍, 恐人以非心議己. 大家之富, 爵位所致, 不可願望於己, 以其有僭竊之萌. 訾, 鄙毀之也. 重器之傳, 寶之久矣, 乃從而毁之, 豈不起人之怒乎?

한 마디의 말과 행동은 모두 자신에게 달려 있는 것이다. 입으로는 자기 멋대로 선택하여 내뱉는 말이 없도록 하며, 몸으로는 자기 멋대로 선택하여 행동하는 일이 없도록 함[2]이 곧 의심을 사지 않음이 자기에게 달려 있다는 뜻이다. 병장기를 갖춘 것은 우환을 대비하기 위해서인데, 그 날카로움과 둔함에 대해 헤아려서는 안 되니, 상대가 그릇된 마음으로 자신과 의론하게 됨을 염려하기 때문이다. 큰 가문의 부유함은 작위에 따라 이룬 것이므로, 자신에 대해서도 동일한 것을 원할 수 없으니, 참람되게 훔치고 싶은 마음이 생겨나기 때문이다. '자(訾)'자는 헐뜯는다는 뜻이다. 보물로 여기는 기물이 전수되었다면, 오래전부터 귀중하게 여

---

1) 『예기』「소의」012장 : 問品味, 曰: "子亟食於某乎?" 問道藝, 曰: "子習於某乎? 子善於某乎?"
2) 『효경』「경대부장(卿大夫章)」 : 口無擇言, 身無擇行.

겨 왔던 것인데, 그 기물에 대해 헐뜯는다면, 어찌 상대방의 분노를 일
으키지 않겠는가?

淺見

近按: 此下皆言君子言行敬謹之事, 蓋前旣言上下交際之禮, 而後又
言反身修德之要, 獲乎上信乎朋友, 皆自誠身而始者也. 不疑在躬
者, 身之所行皆能見信於人, 而無有可疑之事, 卽誠身之謂也.

내가 살펴보니, 이 문장으로부터 그 이하의 기록들에서는 모두 군자의
언행에 있어 공경스럽고 조심하는 사안을 언급하고 있는데, 아마도 앞
에서 상하 계층이 교제하는 예법을 이미 설명하였으므로, 그 뒤에서는
또한 자신을 돌이켜보고 덕을 수양하는 요점을 언급하였는데, 윗사람의
신임을 얻고 벗들의 신의를 얻는 것은 모두 자신을 성실히 하는 것으로
부터 시작되기 때문이다. 자신에게 의혹됨을 두지 않는다는 것은 자신
이 시행한 것들이 모두 남들로부터 신의를 얻을 수 있어서 의혹을 살만
한 일이 없다는 것으로, 곧 자신을 성실하게 한다는 의미이다.

不窺密, 不旁狎, 不道舊故, 不戲色.〈026〉 [舊在"下遠罪也"之下.]

은밀한 곳을 엿보아서는 안 되고, 친숙하게 대한다고 하여 버릇없이 굴어서는 안 되며, 옛날에 범한 잘못을 말해서는 안 되고, 희롱하는 표정을 지어서는 안 된다. [옛 판본에는 "아랫사람은 죄를 멀리하게 된다."[1]라고 한 문장 뒤에 수록되어 있었다.]

集說

窺覘隱密之處, 論說故舊之非, 非重厚者所爲也.

은밀한 곳을 엿보고, 옛날에 범한 잘못을 말하는 것은 중후한 자가 할 일이 아니다.

應氏曰: 旁狎, 非必正爲玩狎, 旁近循習而流於狎也. 戲色, 非必見諸笑言, 外貌斯須不敬, 則色不莊矣.

응씨가 말하길, '방압(旁狎)'은 반드시 희롱하고 친압하게 구는 것은 아니지만, 곁에서 가까이하며 친숙해져서 친압하는 지경에 빠지는 것이다. '희색(戲色)'은 반드시 비웃는 말을 하는 것은 아니지만, 외적인 모습이 공경스럽지 못하다면, 얼굴빛이 장엄하지 않게 된다.

---

1) 『예기』「소의」025장 : 事君者, 量而后入, 不入而后量. 凡乞假於人, 爲人從事者亦然. 然故上無怨而下遠罪也.

毋拔[蒲末反]**來, 毋報**[赴]**往.** 〈028〉

갑작스럽게['拔'자는 '蒲(포)'자와 '末(말)'자의 반절음이다.] 와서는 안 되고, 갑
작스럽게['報'자의 음은 '赴(부)'이다.] 떠나서는 안 된다.

集說

朱子曰: 拔, 是急走倒從這邊來. 赴, 是又急再還倒向那邊去. 來往,
只是向背之意. 此二句文義, 猶云其就義若熱, 則其去義若渴. 言人
見有箇好事, 火急歡喜去做, 這樣人不耐久, 少間心懶意闌, 則速去
之矣. 所謂其進銳者, 其退速也.

주자가 말하길, '발(拔)'자는 급히 달려서 이쪽으로 오는 것이다. '부(赴)'
자는 또한 급히 재차 돌아가서 저쪽으로 가는 것이다. '내왕(來往)'은 단
지 향하고 등지는 쪽을 뜻할 따름이다. 이곳 양 구문의 뜻은 마치 "의로
움에 나아갈 때 맹렬하게 한다면 의로움을 떠나갈 때에도 목이 마른 듯
신속히 떠난다."라고 한 말과 같다. 즉 사람이 좋은 일이 있는 것을 보
고 불처럼 급속히 기뻐하는데, 이러한 사람들은 오래 견뎌낼 수 없어서,
작은 틈에 마음이 게을러지고 뜻이 무뎌지면, 신속히 떠나가게 됨을 뜻
한다. 이것은 이른바 "나아가길 민첩히 하는 자는 떠나갈 때에도 신속하
다."[2]는 뜻이다.

---

2) 『맹자』「진심상(盡心上)」: 孟子曰, "於不可已而已者, 無所不已. 於所厚者薄,
無所不薄也. 其進銳者, 其退速."

毋瀆神, 毋循枉, 毋測未至.〈029〉 [舊在"社稷之役"之下.]

신을 업신여겨서는 안 되고, 잘못을 따라서는 안 되며, 아직 오지 않은 일을 함부로 예측해서는 안 된다. [옛 판본에는 "사직에 공적을 세운 신하라고 부른다."3)라고 한 문장 뒤에 수록되어 있었다.]

集說

神不可瀆, 必敬而遠之. 言行過而邪枉, 當改以從直, 後復循襲, 是貳過矣. 君子以誠自處, 亦以誠待人, 不逆料其將然也. 未至而測之, 雖中亦僞.

신은 업신여길 수 없으니, 반드시 공경하며 관계를 멀리 두어야 한다.4) 언행이 지나쳐서 잘못되었다면, 마땅히 고쳐서 바른 것을 따라야 하는데, 그 이후에 재차 답습을 하게 되면, 이것은 잘못을 반복하는 일이다.5) 군자는 진심으로 자처하며, 또한 진심으로 남을 대하니, 미리 그 일이 어떻게 될 것을 예측하지 않는다. 아직 도달하지도 않았는데 예측을 한다면, 비록 그것이 적중하더라도 또한 거짓된 것이다.

---

3) 『예기』「소의」 027장 : 爲人臣下者, 有諫而無訕, 有亡而無疾, 頌而無諂, 諫而無驕, 怠則張而相之, 廢則埽而更之, 謂之社稷之役.

4) 『논어』「옹야(雍也)」 : 樊遲問知. 子曰, "務民之義, 敬鬼神而遠之, 可謂知矣." 問仁. 曰, "仁者先難而後獲, 可謂仁矣."

5) 『논어』「옹야(雍也)」 : 哀公問, "弟子孰爲好學?" 孔子對曰, "有顏回者好學, 不遷怒, 不貳過. 不幸短命死矣, 今也則亡, 未聞好學者也."

經文

> 毋訾[咨]衣服成器, 毋身質言語.〈031〉 [舊在"游於說"之下.]

남의 아름다운 옷과 기물에 대해서 헐뜯어서는['訾'자의 음은 '咨(자)'이다.]
안 되며, 제 자신은 말을 할 때 의심스러운 부분에 대해서 함부로 말을
해서는 안 된다. [옛 판본에는 "어느 때이건 강론 등을 익히는데 힘써야 한다."6)
라고 한 문장 뒤에 수록되어 있었다.]

集說

> 訾, 毀其不善也. 曲禮"疑事毋質", 與此質字義同, 謂言語之際, 疑則闕之,
> 不可自我質正, 恐有失誤也.

'자(訾)'자는 좋지 않은 점을 헐뜯는다는 뜻이다. 『예기』 「곡례(曲禮)」편
에서는 "의심스러운 일에 대해서는 근거도 없는 말을 지어내서는 안 된
다."고 했는데, 이때의 '질(質)'자는 이곳의 '질(質)'자와 의미가 같으니,
말을 할 때 의심스러운 점이라면 빼버려야 하고, 제 스스로 따져서 잘잘
못을 가려서는 안 되니, 잘못을 범할 수도 있기 때문이다.

經文

> 執玉執龜筴不趨, 堂上不趨, 城上不趨. 武車不式, 介者不
> 拜.〈034〉 [舊在"未能負薪"之下.]

옥을 들거나 거북껍질 및 시초를 들고 있을 때에는 종종걸음으로 걷지
않고, 당상에서는 종종걸음으로 걷지 않으며, 성곽 위에서는 종종걸음
으로 걷지 않는다. 전쟁용 수레에 타서는 식을 잡고서 예의를 표하는

---

6) 『예기』 「소의」 030장 : 士依於德, 游於藝; 工依於法, <u>游於說</u>.

일을 하지 않고, 갑옷을 착용한 자는 절을 하지 않는다. [옛 판본에는 "아
직은 땔나무를 짊어질 수 없습니다."7)라고 한 문장 뒤에 수록되어 있었다.]

集說

說見曲禮.
설명이 『예기』「곡례(曲禮)」편에 나온다.

經文

取俎‧進俎不坐.〈037〉[舊在"葛絰而麻帶"之下.]

도마에서 제수를 취하거나 도마에 제수를 진설할 때에는 무릎을 꿇지
않는다. [옛 판본에는 "갈로 된 수질을 쓰고, 마로 된 요대를 찬다."8)라고 한 문장
뒤에 수록되어 있었다.]

集說

取俎, 就俎上取肉也. 進俎, 進肉於俎也. 俎有足, 立而取進爲便, 故不跪.
'취조(取俎)'는 도마로 다가가 그 위에 있는 고기를 가져간다는 뜻이다.
'진조(進俎)'는 도마에 고기를 진설한다는 뜻이다. 도마에는 다리가 붙어
있어서, 서서 그곳에서 물건을 취하거나 진설하는 것이 편리하다. 그렇
기 때문에 무릎을 꿇지 않는다.

---

7) 『예기』「소의」 033장 : 問國君之子長幼, 長則曰: "能從社稷之事矣"; 幼則曰:
"能御"‧"未能御". 問大夫之子長幼, 長則曰: "能從樂人之事矣"; 幼則曰: "能正
於樂人"‧"未能正於樂人". 問士之子長幼, 長則曰: "能耕矣"; 幼則曰: "能負
薪"‧"未能負薪".
8) 『예기』「소의」 036장 : 葛絰而麻帶.

執虛如執盈, 入虛如有人.〈038〉 [舊聯上文.]

빈 그릇을 잡을 때에는 마치 물건이 가득 찬 그릇을 잡는 것처럼 하고, 빈 방에 들어갈 때에는 사람이 있는 방에 들어가는 것처럼 한다. [옛 판본에는 앞 문장의 뒤에 수록되어 있었다.]

集說

皆敬心之所寓.

이 모두는 공경하는 마음에서 비롯된 것이다.

淺見

近按: 上文皆言言行之謹於外, 而此全言嚴敬之存乎中, 愼獨之功愈加密矣, 學者所當體念而不忘者也.

내가 살펴보니, 앞 문장에서는 모두 외적으로 언행을 조심하는 일을 언급하였고, 이곳에서는 전적으로 내적으로 엄숙함과 공경함을 보존하는 일을 언급하였는데, 신독의 노력에 더욱 정밀함이 더해지는 것으로, 배우는 자라면 마땅히 체득하고 유념하여 잊어버리지 말아야 할 것들이다.

衣服在躬, 而不知其名爲罔.〈073〉 [舊在"尸則坐"之下.]

의복을 몸에 걸치고 있으면서도, 그 의복의 이름과 뜻을 알지 못한다면, 무지한 사람이 된다. [옛 판본에는 "시동의 입장이라면, 자리에 앉아서 시행한다."[1]라고 한 문장 뒤에 수록되어 있었다.]

集說

衣裳之制, 取諸乾坤, 有其名, 則有其義, 服之而不審名義, 是無知之人矣.

의복의 제도는 건곤에서 취한 것인데,[2] 그 이름이 생겼다면 그에 대한 의미도 있는 것이다. 그런데도 그 의복을 입고서 이름과 뜻을 살피지 않는다면, 이러한 자는 무지한 사람에 해당한다.

石梁王氏曰: 學而不思則罔, 當如此罔字.

석량왕씨가 말하길, 배우되 생각하지 않는다면 '망(罔)'이 된다고 하니,[3] 이곳에 나온 '망(罔)'자도 마땅히 이러한 '망(罔)'자의 뜻으로 해석해야 한다.

淺見

近按: 謹於言行者, 又當察於事物之理, 而衣服之制, 是事物之最切於身者也, 故不可不知其名義也.

내가 살펴보니, 언행에 조심하는 자는 마땅히 사물의 이치를 살펴야 하는데, 의복의 제도는 사물 중에서도 자신의 몸과 가장 밀접한 것이다. 그렇기 때문에 그 명칭과 뜻을 몰라서는 안 된다.

---

1) 『예기』「소의」 072장 : 其有折俎者, 取祭反之不坐, 燔亦如之. <u>尸則坐</u>.
2) 『역』「계사하(繫辭下)」 : 黃帝堯舜垂衣裳而天下治, 蓋取諸乾坤.
3) 『논어』「위정(爲政)」 : 子曰, "<u>學而不思則罔</u>, 思而不學則殆."

士依於德, 游於藝; 工依於法, 游於說.〈030〉[舊在"毋側未至"之下.]

선비는 덕에 의거해서 따르고, 어느 때이건 도예를 익히는데 힘써야 한다. 공인은 규범에 의거해서 따르고, 어느 때이건 강론 등을 익히는데 힘써야 한다. [옛 판본에는 "아직 오지 않은 일을 함부로 예측해서는 안 된다."[1] 라고 한 문장 뒤에 수록되어 있었다.]

集說

依者, 據以爲常. 游, 則出入無定. 工之法, 規矩尺寸之制也. 說, 則講論變通之道焉.

'의(依)'자는 그에 따라서 항상된 법칙으로 삼는다는 뜻이다. '유(游)'자는 출입함에 고정됨이 없다는 뜻이다. 공인의 법은 규구에 따른 길이 등의 제도를 뜻한다. '설(說)'은 강론하고 변화된 이치에 소통되는 도를 뜻한다.

淺見

近按: 上旣言君子言行之節, 而此言士之依德游藝, 以結之. 工之依法, 游說, 亦以類而幷記之.

내가 살펴보니, 앞에서는 이미 군자의 언행에 대한 예절을 언급하였고, 이곳에서는 사가 덕에 따르고 예에 노닌다고 언급하여 결론을 맺은 것이다. 공인이 법에 따르고 강론에 노닌다고 한 것 또한 비슷한 부류이므로 이곳에 함께 기록한 것이다.

---

1) 『예기』「소의」 029장 : 毋瀆神, 毋循枉, 毋測未至.

婦人吉事, 雖有君賜, 肅拜. 爲尸坐, 則不手拜肅拜. 爲喪主則
不手拜.〈035〉 [舊在"介者不拜"之下.]

부인은 길한 일에 있어서, 비록 군주의 하사품처럼 중대한 사안일지라
도 숙배를 한다. 부인이 시동이 되어서 앉게 된다면, 수배를 하지 않고
숙배를 한다. 부인이 상주가 되었다면, 수배를 하지 않는다. [옛 판본에는
"갑옷을 착용한 자는 절을 하지 않는다."[1]라고 한 문장 뒤에 수록되어 있었다.]

集說

肅拜, 如今婦人拜也. 左傳三肅使者, 亦此拜. 手拜, 則手至地而頭
在手上, 如今男子拜也. 婦人以肅拜爲正, 故雖君賜之重, 亦肅拜而
受. 爲尸, 虞祭爲祖姑之尸也. 爲喪主, 夫與長子之喪也. 爲喪主則
稽顙, 故不手拜. 若有喪而不爲主, 則手拜矣. 或曰: "爲喪主不手拜,
則亦肅拜也."

'숙배(肅拜)'는 마치 오늘날의 부인들이 하는 절의 방식과 같다. 『좌전』
에서는 "세 차례 사신에게 숙배를 했다."고 했는데, 이 또한 여기에서
말하는 절의 방식에 해당한다. '수배(手拜)'[2]는 손을 땅에 대고, 머리를
손등 위에 올리는 방식으로, 마치 오늘날 남자들이 하는 절의 방식과 같
다. 부인들은 숙배를 절의 정규 방식으로 삼는다. 그렇기 때문에 비록
군주의 하사품처럼 중대한 것에 대해서도 숙배를 하고 받는다. "시동이
되다."라는 말은 우제를 치르며, 조고의 시동이 되었다는 뜻이다. "상주
가 되다."라는 말은 남편 및 장자의 상을 치르는 경우를 뜻한다. 상주가

---

1) 『예기』「소의」 034장 : 執玉執龜筴不趨, 堂上不趨, 城上不趨. 武車不式, 介者
不拜.
2) 수배(手拜)는 무릎을 꿇고서 절을 하는 방법 중 하나이다. 양쪽 손을 먼저 땅바닥
에 대고, 동시에 머리를 내리되 손등 위에 도달하면 그치게 된다.

된 여자는 이마가 땅에 닿도록 조아리는 절을 하기 때문에 수배를 하지 않는다. 만약 상이 발생했지만 상주를 맡지 않은 여자라면 수배를 한다. 어떤 자는 "상주가 되어서 수배를 하지 않는다면, 또한 숙배를 하는 것이다."라고 했다.

経文

葛絰而麻帶.〈036〉 [舊聯上文.]

부인들은 졸곡을 한 이후에 갈로 된 수질을 쓰고, 마로 된 요대를 찬다. [옛 판본에는 앞 문장의 뒤에 수록되어 있었다.]

集說

婦人遭喪, 卒哭後, 以葛絰易首之麻絰, 而要之麻絰不變, 故云葛絰而麻帶也.

부인은 상을 당했을 때, 졸곡을 한 후에는 갈로 만든 질로 머리에 쓰고 있던 마로 된 질을 바꾸지만, 허리에 차고 있던 마로 만든 질은 바꾸지 않는다. 그렇기 때문에 "갈로 된 수질을 쓰고, 마로 된 요대를 찬다."고 말한 것이다.

淺見

近按: 此因上言士工, 而幷及婦人之禮也.

내가 살펴보니, 이것은 앞에서 선비와 공인에 대해 언급한 것에 따라서, 부인에 대한 예절도 함께 언급한 것이다.

賓客主恭, 祭祀主敬, 喪事主哀, 會同主詡[許]. 軍旅思險, 隱情
以虞.〈054〉 [舊在"卒尚右"之下.]

빈객이 되었을 때에는 공손함을 위주로 하고, 제사를 지낼 때에는 공경
함을 위주로 하며, 상사를 치를 때에는 애도함을 위주로 하고, 회동에
참여해서는 말과 기운을 융성하게 함을['詡'자의 음은 '許(허)'이다.] 위주로
한다. 군대에 있어서는 항상 위험에 대한 생각을 하며, 자신의 실정을
숨기고 상대의 실정을 파악해야 한다. [옛 판본에는 "병사들에게 있어서는 우
측을 높인다."[1]라고 한 문장 뒤에 수록되어 있었다.]

恭, 以容言. 敬, 以心言. 詡者, 辭氣明盛之貌. 前扁德發揚詡萬物,
義亦相近. 軍行舍止經由之處, 必思爲險阻之防, 又當隱密己情, 以
虞度彼之情計也.

공손함은 모습을 위주로 한 말이다. 공경함은 마음가짐을 위주로 한 말
이다. '허(詡)'는 말과 기운이 밝고 융성한 모습을 뜻한다. 앞에서는 "천
지의 덕이 발양하여 만물에게 두루 미친다."고 했는데, 이때의 '허(詡)'
자는 그 의미가 이곳의 '허(詡)'자와 유사하다. 군대가 주둔하거나 경유
하는 장소에서는 반드시 위험하게 될 방해 요소를 헤아리고, 마땅히 자
신의 실정을 은밀히 숨겨서, 상대의 실정과 계략을 헤아려야만 한다.

---

1) 『예기』 「소의」 053장 : 乘兵車, 出先刃, 入後刃. 軍尚左, 卒尚右.

言語之美[五美字, 皆讀爲儀, 然皆如本字亦可通], 穆穆皇皇. 朝廷之
美, 濟濟[上聲]翔翔. 祭祀之美, 齊齊[如字]皇皇[舊音往, 方讀如字].
車馬之美, 匪匪[非]翼翼. 鸞和之美, 肅肅雍雍.〈032〉[舊在"毋身質
言語"之下.]

말을 할 때의 모습은[이 문장에 나온 5개의 '美'자는 모두 '儀'자로 풀이한다. 그
러나 5개 글자 모두 글자대로 풀이하더라도 뜻은 통한다.] 조화롭고 공경스러우
며 올바르고 아름답다. 조정에서의 모습은 출입을 할 때 가지런하며['濟'
자는 상성으로 읽는다.] 몸을 숙이고 폄이 선하다. 제사에서의 모습은 재계
를['齊'자는 글자대로 읽는다.] 지극히 하여 안정되고 신령을 찾으나 찾을 수
없어 간절한 마음이['皇'자의 구음은 '往(왕)'이며, 방씨는 글자대로 읽었다.] 나
타난다. 수레에 탔을 때의 모습은 행동에 격식이 나타나고['匪'자의 음은
'非(비)'이다.] 안정된다. 수레의 방울이 울리는 모습은 공경스럽고 조화롭
다. [옛 판본에는 "제 자신은 말을 할 때 의심스러운 부분에 대해서 함부로 말을
해서는 안 된다."[2]라고 한 문장 뒤에 수록되어 있었다.]

方氏曰: 穆穆者, 敬以和; 皇皇者, 正而美; 濟濟者, 出入之齊; 翔翔
者, 翕張之善. 齊齊, 致齊而能定也. 皇皇, 有求而不得也. 匪匪, 言
行而有文. 翼翼, 言載而有輔. 肅肅, 唱者之敬. 雍雍, 應者之和. 此
卽保氏所敎六儀也.

방씨가 말하길, '목목(穆穆)'은 조화롭고 공경스러운 태도를 보인다는 뜻
이다. '황황(皇皇)'은 바르면서도 아름답다는 뜻이다. '제제(濟濟)'는 출
입함이 가지런하다는 뜻이다. '상상(翔翔)'은 몸을 숙이고 펴는 것이 좋

---

2) 『예기』「소의」 031장 : 毋訾衣服成器, 毋身質言語.

다는 뜻이다. '제제(齊齊)'는 재계를 지극히 하여 안정될 수 있다는 뜻이다. '황황(皇皇)'은 찾지만 얻지 못함이 있다는 뜻이다. '비비(匪匪)'는 행동함에 격식이 있다는 뜻이다. '익익(翼翼)'은 수레에 탔는데 보필함이 있다는 뜻이다. '숙숙(肅肅)'은 울리는 소리가 공경스럽다는 뜻이다. '옹옹(雍雍)'은 응답하는 소리가 조화롭다는 뜻이다. 이것들은 곧 보씨가 가르치는 육의(六儀)[3]에 해당한다.[4]

淺見

近按: 此兩節總釋此篇所言之事而通結之. 前節以其致功而言, 後節以其得效而言, 前節言賓客會同軍旅, 後節言言語朝廷車馬, 變文以見意也. 但前言喪事, 而後不言者, 喪事不可以美言, 故略之也.

내가 살펴보니, 이 두 문단은 이곳 「소의」편에서 언급한 사안들을 총괄적으로 풀이하여 통괄해서 결론을 맺은 것이다. 앞 문단에서는 노력을 지극히 한다는 것을 기준으로 말한 것이고, 뒤의 문단에서는 그를 통해 얻게 되는 효과를 기준으로 말한 것이며, 앞의 문단에서는 빈객·회동·군대에 대한 일을 언급한 것이고, 뒤의 문단에서는 언어·조정·거마라고 언급했는데, 글자를 바꿔서 그 뜻을 드러내도록 한 것이다. 다만 앞에서는 상사에 대한 언급을 했는데, 뒤의 문단에서 이 내용을 언급하지 않은 것은 상사라는 것은 좋은 말로 표현할 수 없기 때문에 생략한 것이다.

右少儀一篇多與曲禮相類. 但記者之辭有詳略之不同爾. 朱子謂曲

---

3) 육의(六儀)는 여섯 가지 의례들을 뜻한다. 즉 '제사 때의 행동 방법[祭祀之容]', '빈객을 접대할 때의 행동 방법[賓客之容]', '조정에서의 행동 방법[朝廷之容]', '상을 치를 때의 행동 방법[喪紀之容]', '군대와 관련된 행동 방법[軍旅之容]', '수레를 몰 때의 행동 방법[車馬之容]'을 뜻한다.
4) 『주례』「지관(地官)·보씨(保氏)」: 乃敎之六儀: 一曰祭祀之容, 二曰賓客之容, 三曰朝廷之容, 四曰喪紀之容, 五曰軍旅之容, 六曰車馬之容.

禮·內則與此篇, 爲小學之支流餘裔, 是也. 然曲禮所謂毋不敬者,
聖學終始之要,　而內則所謂后王降德于民者,　卽明德新民之事也.
至於此篇執虛如執盈, 入虛如有人, 曲禮視於無形, 聽於無聲者, 其
言學者操存省察之要, 最爲親切, 其與大學十目十手, 中庸不覩不聞
之意, 互相發明, 學者所當潛心而勉學, 不可以其支裔而忽之也. 又
況其言民生日用彝倫之道至爲纖備,　爲大學者固不可不先乎此者
也. 記者次學記於此篇之後, 其以是歟.

「소의」편은 대체로 「곡례」편의 내용과 유사하다. 다만 『예기』를 기록
한 자의 말에 있어서 상세하거나 간략한 차이가 있을 따름이다. 주자가
「곡례」·「내칙」편과 「소의」편을 『소학』의 지류에 해당한다고 한 말이
바로 이러한 뜻을 나타낸다. 그런데 「곡례」편에서 "공경하지 않음이 없
다."고 한 말은 유학의 시종일관된 요체에 해당하는 것이고, 「내칙」편에
서 "천자가 명령하여 백성들에게 덕을 내려주었다."고 한 말은 덕을 밝
히고 백성들을 새롭게 만드는 사안에 해당한다. 그리고 「소의」편에서
"빈 그릇을 잡을 때에는 마치 물건이 가득 찬 그릇을 잡는 것처럼 하고,
빈 방에 들어갈 때에는 사람이 있는 방에 들어가는 것처럼 한다."고 한
말이나 「곡례」편에서 "형체가 없는 곳에서 보고 소리가 없는 곳에서 듣
는다."고 한 말은 배우는 자들이 마음을 다잡고 성찰해야 하는 요점을
말한 것 중에서 가장 절실한 것이고, 『대학』에서 열 사람의 눈이 지켜
보고 열 사람의 손이 가리킨다고 한 말이나 『중용』에서 아무도 보지 못
하고 아무도 듣지 못하는 곳에서 조심한다고 한 말의 뜻과 상호 그 의미
를 나타내고 있으니, 배우는 자는 마땅히 마음을 침잠시켜 열심히 배워
야 하며, 말단에 해당하는 내용이라 치부하여 소홀히 해서는 안 된다.
하물며 그 말들은 백성들의 일상생활과 윤리의 도가 지극히 세밀히 나
타나고 있어서 『대학』을 공부하는 자는 진실로 이것을 우선적으로 공부
하지 않아서는 안 된다. 따라서 『예기』를 기록한 자가 「학기」편을 「소
의」편 뒤에 배치시킨 것도 아마 이러한 이유 때문일 것이다.

「학기(學記)」

石梁王氏曰: 六經言學字, 莫先於說命. 此篇不詳言先王學制與教
者學者之法, 多是泛論, 不如大學篇敎是敎簡甚, 學是學簡甚.

석량왕씨가 말하길, 육경 중 '학(學)'을 말한 것 중에는 『서』「열명(說命)」
편보다 앞선 것이 없다. 「학기」편은 선왕이 제정한 학문 제도와 가르치
는 자 및 배우는 자들의 법도에 대해 상세히 설명한 것은 아니며, 대부
분 범범하게 논의한 것이니, 「대학」편에서 가르침에 대해 가르치는 일
을 상세히 설명하고, 배움에 대해 배우는 일을 상세히 설명한 것만 못하
다.

近按: 此篇泛論敎學之義, 而不詳言所以敎學之法, 每節之終多引書
與古記之言, 以明之, 是猶論學之義疏也.

내가 살펴보니, 「학기」편은 가르치고 배우는 뜻을 범범하게 논의하고
있으며, 가르치고 배우는 법도에 대해서는 상세히 언급하지 않았는데,
매 문단의 종결부분에서는 대체로 『서』나 옛 『기』의 말들을 인용하여
그 뜻을 드러내고 있으니, 학문의 뜻을 논의한 것과 같다.

「학기」편 문장 순서 비교

『예기집설』	『예기천견록』	
	구분	문장
001		001
002		002
003		003
004		004
005		005
006		006
007		007
008		008
009		009
010		010
011		011
012		012
013		013
014	무분류	014
015		015
016		016
017		017
018		018
019		019
020		020
021		021
022		022
023		023
024		024
025		025
026		026
027		027
028		028

무분류

發慮憲, 求善良, 足以諛[小]聞[去聲], 不足以動衆. 〈001〉

사고를 깊게 하여 법칙에 부합되기를 구하며, 선량하고 현명한 자를 구하면, 작은['諛'자의 음은 '小(소)'이다.] 명성을['聞'자는 거성으로 읽는다.] 이루기에는 충분하지만, 백성들을 감동시킬 수는 없다.

集說

發慮憲, 謂致其思慮以求合乎法則也. 求善良, 親賢也. 此二者, 可以小致聲譽, 不能感動衆人.

'발려헌(發慮憲)'은 사고를 깊게 하여, 법칙에 부합되기를 구한다는 뜻이다. '구선량(求善良)'은 현명한 자를 친근하게 대한다는 뜻이다. 이 두 가지 일은 명성을 작게나마 이룰 수 있지만, 백성들을 감동시킬 수는 없다.

經文

就賢體遠, 足以動衆, 未足以化民. 〈002〉

현명한 자에게 나아가고 멀리 떨어져 있는 신하를 내 몸처럼 살핀다면, 이를 통해 백성들을 감동시킬 수는 있지만, 아직까지는 백성들을 교화시키기에 부족하다.

集說

就賢, 禮下賢德之士也, 如王就見孟子之就. 體, 如中庸體群臣之體,謂設以身處其地而察其心也. 遠, 疎遠之臣也. 此二者, 可以感動衆人, 未能化民也.

'취현(就賢)'은 현명한 덕을 갖춘 선비에 대해 예법을 갖춰 스스로를 낮춘다는 뜻이니, 마치 "왕이 맹자에게 나아가 보았다."[1]라고 했을 때의 '취(就)'자와 같다. '체(體)'자는 『중용』에서 "뭇 신하들을 내 몸처럼 살핀다."[2]라고 했을 때의 '체(體)'자와 같으니, 본인이 그 입장에 서서 그 마음을 살핀다는 의미이다. '원(遠)'자는 관계가 소원하고 멀리 떨어져 있는 신하이다. 이 두 가지 일은 대중들을 감동시킬 수 있지만, 아직까지 백성들을 교화시키지는 못한다.

經文

君子如欲化民成俗, 其必由學乎!〈003〉

군자가 만약 백성들을 교화하고 풍속을 완성하기를 원한다면, 반드시 학문을 통해야만 이룩할 수 있을 것이다.

集說

化民成俗, 必如唐虞之於變時雍乃爲至耳. 然則舍學何以哉? 此學乃大學之道, 明德·新民之事也.

백성을 교화하고 풍속을 이루는 것은 반드시 당우(唐虞)[3]가 "오! 변하여

---

1) 『맹자』「공손추하(公孫丑下)」: 王就見孟子, 曰, "前日願見而不可得, 得侍同朝, 甚喜, 今又棄寡人而歸, 不識可以繼此而得見乎?" 對曰, "不敢請耳, 固所願也."

2) 『중용』「20장」: 修身也, 尊賢也, 親親也, 敬大臣也, 體群臣也, 子庶民也, 來百工也, 柔遠人也, 懷諸侯也.

이에 조화를 이룬다."⁴⁾라고 한 것처럼 해야만 이룰 수 있을 따름이다. 그렇다면 이러한 학문을 버린다면 무엇으로 이룬단 말인가? 여기에서 말한 학문은 대학(大學)의 도에 해당하니, 덕을 밝히고 백성들을 새롭게 하는 사안에 해당한다.

淺見

近按: 此篇是言大學之教, 而非小學之事, 故首以化民成俗言之. 然終始不言明明德之事, 是脩己治人, 皆無其本也.

내가 살펴보니, 「학기」편의 내용은 『대학』의 가르침을 언급한 것이니, 『소학』에 해당하는 사안이 아니다. 그렇기 때문에 첫 부분에서 백성들을 교화하고 풍속을 완성한다는 내용을 언급한 것이다. 그렇지만 시종일관 밝은 덕을 밝힌다는 사안은 언급하지 않았는데, 이것은 자신을 수양하고 남을 다스리는 일에 있어서 모두 근본이 없는 것이다.

---

3) 당우(唐虞)는 당요(唐堯)와 우순(虞舜)을 병칭하는 용어이다. 요순(堯舜)시대를 가리키며, 의미상으로는 태평성세(太平盛世)를 뜻한다. 『논어』 「태백(泰伯)」편 에는 "唐虞之際, 於斯爲盛."이라는 용례가 있다.

4) 『서』 「우서(虞書) · 요전(堯典)」 : 克明俊德, 以親九族, 九族旣睦, 平章百姓, 百姓昭明, 協和萬邦, 黎民於變時雍.

玉不琢, 不成器; 人不學, 不知道. 是故古之王者建國君民, 教
學爲先. 兌[說]命曰: "念終始典于學", 其此之謂乎!〈004〉

옥은 다듬지 않으면 기물이 될 수 없고, 사람은 배우지 않으면 도를 알
수 없다. 이러한 까닭으로 고대의 천자는 나라를 세우고 백성들에 대해
군주 노릇을 할 때, 가르치고 배우는 것을 급선무로 삼았다. 『서』「열명」
편에서['兌'자의 음은 '說(열)'이다.] "시작과 끝을 생각함에, 배움에서 항상
본받는다."1)라고 한 말도 바로 이러한 뜻을 나타낼 것이다.

建國君民, 謂建立邦國以君長其民也. 敎學爲先, 以立敎立學爲先
務也. 說命, 商書. 典, 常也.

'건국군민(建國君民)'은 국가를 세워서, 백성들에 대해 군주 노릇을 한다
는 뜻이다. '교학위선(敎學爲先)'은 가르침의 법도를 세우고 배움의 법도
를 세우는 것을 급선무로 삼는다는 뜻이다. '열명(兌命)'은 『서』「상서
(商書)」편이다. '전(典)'자는 "항상된 법도로 삼는다."는 뜻이다.

雖有嘉肴, 弗食不知其旨也; 雖有至道, 弗學不知其善也. 是
故學然後知不足, 敎然後知困. 知不足, 然後能自反也; 知困,
然後能自强[上聲]也. 故曰敎學相長也. 說命曰: "學[效]學半", 其
此之謂乎!〈005〉

---

1) 『서』「상서(商書)·열명하(說命下)」: 惟斅學半, <u>念終始典于學</u>, 厥德修罔覺.

비록 맛있는 음식이 있더라도, 그것을 먹어보지 않으면 그 맛을 알지 못한다. 이와 마찬가지로 비록 지극한 도리가 있더라도, 그것을 배우지 않으면 그 선함을 알지 못한다. 이러한 까닭으로 배운 뒤에라야 부족함을 알게 되고, 가르친 뒤에라야 곤궁함을 알게 된다. 부족함을 안 뒤에라야 스스로에게 반추할 수 있고, 곤궁함을 안 뒤에라야 스스로 노력할['强'자는 상성으로 읽는다.] 수 있다. 그러므로 "가르치는 일과 배우는 일은 서로 배양한다."고 말한 것이다. 「열명」편에서 "가르치는['學'자의 음은 '效(효)'이다.] 일은 배움의 반이다."라고 했는데, 바로 이러한 뜻을 나타낼 것이다.

集說

學然後知不足, 謂師資於人, 方知己所未至也. 敎然後知困, 謂無以應人之求, 則自知困辱也. 自反, 知反求而已. 自强, 則有黽勉倍進之意. 敎學相長, 謂我之敎人與資人, 皆相爲長益也. 引說命敎學半者, 劉氏曰: "敎人之功, 居吾身學問之半. 蓋始之脩己所以立其體, 是一半, 終之敎人所以致其用, 又是一半. 此所以終始典于學, 成己成物合內外之道, 然後爲學問之全功也."

"배운 뒤에야 부족하다는 사실을 안다."는 말은 남에게서 배운 뒤에야 비로소 자신의 미치지 못하는 점을 알게 된다는 뜻이다. "가르친 뒤에야 어려움을 안다."는 말은 남의 질문에 대답하지 못한다면, 곤궁하다는 사실을 스스로 알게 된다는 뜻이다. '자반(自反)'은 스스로에게서 구해야 함을 안다는 뜻일 뿐이다. '자강(自强)'은 힘을 다해 더욱 정진하겠다는 뜻을 가지는 것이다. '교학상장(敎學相長)'은 내가 남을 가르치고 남에게서 배우는 것은 모두 상호간에 보탬이 된다는 뜻이다. 『서』「열명(說命)」편의 "가르침은 배움의 반이다.[2]라는 말을 인용했는데, 유씨는 "남을 가

---

2) 『서』「상서(商書)·열명하(說命下)」: 惟斅學半, 念終始典于學, 厥德修罔覺.

르치는 공력은 내 자신이 학문을 하는 것의 반을 차지한다. 무릇 자신을 수양하는 것으로부터 시작하는 것은 자신을 세우는 것으로, 이것이 반절이 되며, 남을 가르치는 일로 끝맺는 것은 그 쓰임을 이루는 것이니, 이것이 또한 나머지 반절이다. 이 내용은 곧 '시작과 끝을 학문에서 본받는다.'는 뜻이고, 자신을 이루고 대상을 이루어서, 내외를 합하는 도이니, 이처럼 한 뒤에라야 학문의 전체적인 공을 이룰 수 있다."라고 했다.

淺見

近按: 此兩節之首皆先設譬, 以明不可不學之意, 而終引書之說命以證之. 六經言學莫先於此, 故必本此而言之也.

내가 살펴보니, 이곳 두 문단의 첫 부분에서는 먼저 비유를 제시하여 배우지 않을 수 없다는 뜻을 나타냈고, 끝에서는 『서』「열명」편의 내용을 인용하여 그 사실을 증명하였다. 육경에서 배움을 언급한 것 중에 이보다 앞서는 것은 없다. 그렇기 때문에 반드시 여기에 근본을 두고서 말해야 한다.

古之教者, 家有塾, 黨有庠, 術[當爲州]有序, 國有學. 比[毗志反]
年入學, 中[平聲]年考校. 一年視離經辨志, 三年視敬業樂[五敎
反]群, 五年視博習親師, 七年視論學取友, 謂之小成. 九年知
類通達, 强立而不反, 謂之大成.〈006〉

고대의 학교제도에 있어서, 가에 속한 자들은 마을의 숙에서 배웠고, 당
에 속한 자들 중 승급된 자들은 상에서 배웠으며, 주에[‘術’자는 마땅히 ‘州’
자가 되어야 한다.] 속한 자들 중 승급된 자들은 서에서 배웠고, 국성에는
가장 높은 학교인 학이 있었다. 매해[‘比’자는 ‘毗(비)’자와 ‘志(지)’자의 반절음
이다.] 학생들은 입학을 하고, 매번 1년을 걸러서[‘中’자는 평성으로 읽는다.]
그들의 재예를 시험한다. 1년째에는 경전의 구문을 끊어서 읽는 수준과
그들의 뜻이 올바른지를 변별한다. 3년째에는 과업을 공경스럽게 익히
고 동급생들과 친하게[‘樂’자는 ‘五(오)’자와 ‘敎(교)’자의 반절음이다.] 지내는
지를 살펴본다. 5년째에는 널리 익히고 스승을 친애하는지를 살펴본다.
7년째에는 학문의 오묘한 뜻을 연구하고 자신보다 나은 벗들을 사귀고
있는지를 살펴본다. 이처럼 할 수 있다면, 이러한 자들을 소성이라 부른
른다. 9년째가 되면, 의리를 깊이 연구하였으니, 같은 부류에 대해서도
그 지식을 확장해서 달통하지 않음이 없게 되며, 굳건하게 자신을 세우
고 그 뜻이 무너지지 않으니, 이러한 자들을 대성이라 부른다.

集說

古者二十五家爲閭, 同在一巷, 巷首有門, 門側有塾. 民在家者, 朝
夕受敎於塾也. 五百家爲黨, 黨之學曰庠, 敎閭塾所升之人也. 術,
當爲州. 萬二千五百家爲州, 州之學曰序. 周禮: “鄕大夫春秋以禮會
民, 而射于州序”, 是也. 序, 則敎黨學所升之人. 天子所都, 及諸侯
國中之學, 謂之國學, 以敎元子·衆子及卿·大夫·士之子, 與所升
俊選之士焉. 比年, 每歲也. 每歲皆有入學之人. 中年, 閒一年也. 與

小記中一以上之中同. 每間一年而考校其藝之進否也. 離經, 離絶
經書之句讀也. 辨志, 辨別其趨向之邪正也. 敬業, 則於所習無怠忽.
樂群, 則於朋徒無睽貳. 博習, 則不以程度爲限制. 親師, 則於訓誨
知嗜好. 論學, 講求學問之縕奧也. 取友, 擇取益者而友之也. 能如
此, 是學之小成也. 至於九年, 則理明義精, 觸類而長, 無所不通, 有
卓然自立之行, 而外物不得以奪之矣, 是大成也.

고대에는 25개의 가가 1개의 여가 되었으며, 모두 1개의 마을에 모여
있었고, 1개의 마을에는 마을 입구에 문이 있었으며, 문 측면에는 마을
학교인 숙이 있었다. 백성들 중 가에 속한 자들은 아침저녁으로 숙에서
가르침을 받았다. 500개의 가는 1개의 당이 되는데, 당의 학교는 '상
(庠)'이라 부르며, 여의 학교인 숙에서 승급된 자들을 가르쳤다. '술(術)'
자는 마땅히 주(州)자가 되어야 한다. 12,500개의 가는 1개의 주가 되는
데, 주의 학교는 '서(序)'라고 부른다. 『주례』에서 "향대부(鄕大夫)[1]는
봄과 가을에 예법에 따라 백성들을 모아서, 주의 서에서 사례를 시행했
다."[2]고 한 말이 바로 이러한 사실을 나타낸다. 서에서는 당의 학교에서
승급된 자들을 가르쳤다. 천자가 도읍으로 삼은 곳이나 제후의 국성에
있는 학교를 '국학(國學)'이라 부르며, 천자와 제후의 적장자 및 나머지
아들들, 그리고 경·대부·사의 아들들과 승급된 준선(俊選)[3]의 사들을
가르쳤다. '비년(比年)'은 매해를 뜻한다. 해마다 학교에는 입학하는 자
들이 있다. '중년(中年)'은 1년을 거른다는 뜻이다. 『예기』「상복소기(喪
服小記)」편에서 "한 대를 걸러서 그 이상의 대상에게 한다."라고 했을

---

1) 향대부(鄕大夫)는 주대(周代)의 행정단위였던 향(鄕)을 담당하는 관리이다.
2) 『주례』「지관(地官)·주장(州長)」: 若以歲時祭祀州社, 則屬其民而讀法, 亦如
   之. <u>春秋以禮會民而射于州序.</u>
3) 준선(俊選)은 준사(俊士)와 선사(選士)를 합쳐 부르는 말이다. 향학(鄕學)의 사
   (士)들 중에서 덕행과 재예(才藝)가 뛰어난 사를 수사(秀士)라고 불렀고, 수사들
   중에서도 뛰어난 사람은 사도(司徒)에게 천거되는데, 그 사람을 선사(選士)라고
   불렀다. 준사(俊士)는 선사(選士)들 중에서도 덕행과 재주가 뛰어나서, 국학(國
   學)에 입학하였던 자들을 뜻한다.

때의 '중(中)'자와 동일한 의미이다. 매번 한 해를 걸러서 재예의 진척 정도를 시험한다. '이경(離經)'은 경전의 구문을 끊어서 읽는 것을 뜻한다. '변지(辨志)'는 그가 지향하는 것이 그른지 또는 옳은지를 변별한다는 뜻이다. 과업을 공경한다면 익히는 대상에 대해 태만하거나 소홀함이 없다. 무리들을 좋아한다면 동급생들에 대해 질시함이 없다. 널리 익힌다면 특정한 굴레에 따라 제한을 두지 않는다. 스승을 친애한다면 스승의 가르침에 대해 즐기고 좋아할 줄 알게 된다. '논학(論學)'은 학문의 깊고 오묘한 뜻을 강론하여 탐구하는 것이다. '취우(取友)'는 자신보다 나은 자를 택해서 그와 벗하는 것을 뜻한다. 이처럼 할 수 있다면, 이것은 학문을 작게 이룬 것이다. 9년째가 되면 의리가 분명해지고 정밀해져서, 그 부류를 접해 확장해가서 달통하지 않은 것이 없고, 의젓하게 스스로를 세울 수 있는 행실을 갖추며, 외물이 그것을 빼앗을 수 없게 되니, 이것을 학문의 큰 이룸이라고 한다.

집설

朱子曰: 這幾句, 都是上兩字說學, 下兩字說所得處. 如離經便是學, 辨志是所得處. 它放此.

주자가 말하길, 이러한 몇 개의 구문에 있어서, 이것들은 모두 앞의 두 글자가 배움에 대해 말한 것이고, 뒤의 두 글자는 배움을 통해 얻게 되는 것을 말한 것이다. 예를 들어 '이경(離經)'이라는 것은 배움의 대상이며, '변지(辨志)'라는 것은 배움을 통해 터득한 것이다. 다른 내용들도 모두 이와 같다.

經文

夫然後足以化民易俗, 近者說服而遠者懷之. 此大學之道也. 記曰: "蛾[魚起反]子時術之", 其此之謂乎!〈007〉

무릇 이처럼 완성된 사람을 등용해야만 백성들을 교화하여 풍속을 좋게 바꿀 수 있으니, 가까이 있는 자들은 기뻐하며 감복하고, 멀리 떨어져 있는 자들은 흠모를 하게 된다. 이것은 바로 대학의 도에 해당한다. 고대의 『기』에서는 "개미는['蛾'자는 '魚(어)'자와 '起(기)'자의 반절음이다.] 수시로 흙덩이를 나른다."고 했으니, 바로 이러한 뜻을 나타낼 것이다.

집설(集說)

前言成俗, 成其美俗也. 此言易俗, 變其汙俗也. 以此大成之士而官使之, 其功效如此, 是所謂大學敎人之道也. 蛾子, 蟲之微者, 亦時時述學衛土之事而成大垤, 以喩學者由積學而成大道也. 此古記之言, 故引以證其說.

앞에서는 '성속(成俗)'이라고 했는데, 아름다운 풍속으로 완성시킨다는 뜻이다. 이곳에서는 '역속(易俗)'이라고 했는데, 잘못된 풍속을 변화시킨다는 뜻이다. 여기에서 말한 크게 이룬 선비를 관리로 등용하면 그 효과가 이와 같으니, 이것이 바로 대학에서 사람을 가르치는 도라는 뜻이다. 개미는 곤충 중에서도 미물에 해당하는데, 또한 수시로 배운 것에 따라 흙을 물고 날라서 큰 개밋둑을 이루니, 이것을 통해 학생들이 배움을 쌓는 것에 따라 큰 도를 이루게 됨을 비유한 것이다. 이것은 고대 『기』의 말이기 때문에, 이 내용을 인용하여 주장에 대한 증거로 삼은 것이다.

천견(淺見)

近按: 篇首三節泛論爲學之義, 而此節之首始擧古者學校之制, 末必言化民易俗, 而曰此大學之道也. 是所以結首章之意, 又以明此非家塾黨庠小學之事也.

내가 살펴보니, 편의 첫 부분에 나온 세 단락은 학문을 하는 뜻을 폭넓게 논의하였고, 이곳 문단의 첫 부분에서는 비로소 고대 학교의 제도를 제시하였으며, 끝에서는 기어코 백성들을 교화하고 풍속을 바꾼다고 말

하며 이것이 대학의 도라고 했다. 이것은 첫 장의 뜻을 결론 맺은 것이
고, 또한 이것은 가의 숙, 당의 상 등 소학에서 시행하는 사안이 아님을
나타내었다.

大學始敎, 皮弁祭菜, 示敬道也.〈008〉

대학에 학생들이 처음으로 입학하여 가르칠 때에는 유사가 피변복을 착용하고, 선사들에게 나물 등으로 제사를 지내서, 도예를 공경한다는 사실을 나타낸다.

集說

始敎, 學者入學之初也. 有司衣皮弁之服, 祭先師以蘋藻之菜, 示之以尊敬道藝也.

'시교(始敎)'는 학생들이 학교에 입학한 첫날을 뜻한다. 유사는 피변의 복장을 착용하고, 선사(先師)[1]들에 대해서 빈조 등의 나물로 제사를 지내서, 이를 통해 도예를 존경한다는 사실을 나타낸다.

經文

宵雅肄[異]三, 官其始也.〈009〉

---

1) 선사(先師)는 전 세대에 태학(太學)에서 교육을 담당하였던 자들로, 도덕(道德)을 갖춘 자들을 뜻한다. 이들이 죽게 되면 뛰어난 자들을 각 학문의 시조로 삼아 제사를 지내게 되므로, 또한 이전 세대에 태학에서 교육을 담당했던 자들을 가리키기도 한다. 『예기』「문왕세자(文王世子)」편에는 "凡學, 春官釋奠于其先師, 秋冬亦如之."라는 기록이 있고, 이에 대한 정현의 주에서는 "周禮曰: '凡有道者有德者, 使敎焉. 死則以爲樂祖, 祭於瞽宗.' 此之謂先師之類也."라고 풀이했다. 즉 『주례』에는 "무릇 도(道)를 가지고 있고 덕(德)을 가지고 있는 자들로 하여금 교육을 담당하게 한다. 그들이 죽게 되면, 그들을 악(樂)의 시조로 삼아서, 고종(瞽宗)에서 제사를 지낸다."라고 하였는데, 이러한 자들이 바로 '선사'들이다.

『시』「소아」세 편의 시를 익히게[`肄`자의 음은 '異(이)'이다.] 하여, 벼슬살이를 하는 것에 대해 가르친다.

當祭菜之時, 使歌小雅中鹿鳴 · 四牡 · 皇皇者華之三篇而肄習之. 此三詩皆君臣燕樂相勞苦之辭, 蓋以居官受任之美, 誘喩其初志, 故曰官其始也.

나물로 제사를 지내야 할 때에는 『시』「소아(小雅)」중「녹명(鹿鳴)」·「사모(四牡)」·「황황자화(皇皇者華)」라는 세 편의 시를 노래 불러서 익히게 한다. 이 세 편의 시는 모두 군주와 신하가 연회를 하며 서로의 노고를 위로하는 말들이 수록되어 있으니, 관직에 몸담아 임무를 받았을 때의 아름다운 일을 통해서 그들이 최초 마음먹은 뜻을 깨우쳐주는 것이다. 그렇기 때문에 "그 최초의 마음가짐에 대해 벼슬살이를 하는 것을 가르친다."라고 말한 것이다.

經文

入學鼓篋, 孫[去聲]其業也.〈010〉

학교에 들어가게 되면 북을 울리고 상자를 열어 책을 꺼내니, 그들이 공손히[`孫`자는 거성으로 읽는다.] 학업에 전념하도록 만들기 위해서이다.

入學時, 大胥之官擊鼓以召學士, 學士至, 則發篋以出其書籍等物, 警之以鼓聲, 使以遜順之心進其業也. 書言惟學遜志.

학교에 들어갔을 때, 대서라는 관리는 북을 쳐서 학생들을 불러 모으고,

학생들이 모두 도착하면, 상자를 열어서 책 등의 물건을 꺼내는데, 북소리로 그들에게 주의를 주어, 그들로 하여금 공손히 따르는 마음으로 학업에 전념하도록 하는 것이다. 『서』에서는 "오직 배움에 있어서는 뜻을 겸손히 한다."[2]라고 했다.

經文

夏[古雅反]楚二物, 收其威也.〈011〉

개오동나무와[‘夏’자는 ‘古(고)’자와 ‘雅(아)’자의 반절음이다.] 가시나무를 이용해서 회초리를 만드는 것은 자신을 가다듬어 위엄스러운 행동을 하도록 만들기 위해서이다.

集說

夏, 榎也. 楚, 荊也. 榎形圓, 楚形方, 以二物爲扑, 以警其怠忽者, 使之收斂威儀也.

‘하(夏)’는 개오동나무이다. ‘초(楚)’는 가시나무이다. 개오동나무는 형체가 둥글고 가시나무는 형체가 네모지니, 이 두 사물을 이용해 회초리를 만들어서 태만하게 구는 자를 경각시키는 것은 그들로 하여금 자신을 가다듬어서 위엄스러운 행동을 하도록 만들기 위해서이다.

---

2) 『서』「상서(商書)·열명하(說命下)」: 惟學遜志, 務時敏, 厥修乃來.

未卜禘不視學, 游其志也. 時觀而弗語[去聲], 存其心也. 幼者 聽而弗問, 學[石梁王氏曰: 此學字如字讀.]不躐等也. 此七者, 敎之 大倫也. 記曰: "凡學, 官先事, 士先志", 其此之謂乎!〈012〉

아직 체제사 지낼 날짜에 대해 거북점을 치지 않았다면, 천자는 시학을 하지 않으니, 학생들의 뜻을 우대하기 위해서이다. 스승은 수시로 학생들을 관찰하지만 모든 것을 말해주지['語'자는 거성으로 읽는다.] 않으니, 그의 마음을 보존하기 위해서이다. 나이가 어린 자는 듣기만 하며 질문을 하지 않으니, 학문을['學'자에 대해 석량왕씨는 "이곳의 '學'자는 글자대로 읽는다."라고 했다.] 할 때에는 등급을 뛰어넘을 수 없기 때문이다. 이러한 7가지 사안은 대학 교육의 큰 법칙이다. 고대의 『기』에서는 "무릇 배움에 있어서, 관직에 있는 자는 우선적으로 자신이 맡고 있는 일과 관련된 사안을 배우고, 아직 벼슬에 나아가지 않은 자는 우선적으로 그 뜻을 기를 수 있는 것을 배운다."라고 했으니, 바로 이러한 뜻을 나타낼 것이다.

集說

禘者, 五年之大祭也. 不五年不視學, 所以優游學者之心志也. 此又 非仲春 · 仲秋視學之禮. 使觀而感於心, 不言以盡其理, 欲其自得之 也. 故曰存其心. 幼者未必能問, 問亦未必知要, 故但聽受師說而無 所請. 亦長幼之等當如是, 不可踰躐也.

'체(禘)'는 5년마다 지내는 큰 제사이다. 5년째가 되지 않아서 시학을 하지 않는 것은 학생들의 뜻을 우대하기 위해서이다. 여기에서 말한 것은 또한 중춘과 중추에 시학하는 예법은 아니다. 스승으로 하여금 그들을 살펴서 마음을 감화시키도록 하고, 일일이 말해주지 않음으로써 그 이치를 다하도록 한 것은 그들로 하여금 스스로 터득하게끔 하기 위해서이다. 그렇기 때문에 "그 마음을 보존한다."고 말한 것이다. 나이가 어린 자는 아직까지 질문을 잘 할 수 없고, 질문을 하더라도 또한 반드시 요점을 알아듣는 것은 아니다. 그렇기 때문에 단지 스승의 말을 듣기만 하고 청해 묻는 것이 없고, 이것은 또한 장유의 등급에 따라서도 마땅히 이처럼해야 하니, 등급을 뛰어넘을 수 없기 때문이다.

劉氏曰: 自皮弁祭菜至聽而不問, 凡七事, 皆大學爲敎之大倫. 大倫, 猶言大節耳. 官先事, 士先志, 竊意官是已仕者, 士是未仕者, 謂已仕而爲學, 則先其職事之所急, 未仕而爲學, 則未得見諸行事, 故先其志之所尙也. 子夏曰: "仕而優則學." 是已居官而爲學也. 王子塾問士何事, 孟子曰: "尙志." 是未仕而學, 則先尙志也. 然大學之道, 明德·新民而已, 先志者, 所以明德, 先事者, 所以新民. 七事上句皆發者之事, 下句皆學者之志.

유씨가 말하길, 피변을 착용하고 나물로 제사를 지낸다는 것으로부터 듣기만 하며 질문을 하지 않는다는 것까지는 모두 7가지 사안이 되는데, 이 모두는 대학에서 가르침의 큰 법도로 삼는 것들이다. '대륜(大倫)'은 큰 규범이라는 말과 같을 따름이다. '관선사(官先事)'와 '사선지(士先志)'는 내가 생각하기에 '관(官)'은 이미 벼슬살이를 하고 있는 자를 뜻하며, '사(士)'는 아직 벼슬에 오르지 못한 자를 뜻하는데, 이미 벼슬살이를 하는 자가 학문을 연마하게 되면, 직무로 맡고 있는 것 중 급선무로 여기는 것에 대해 우선적으로 배우고, 아직 벼슬살이를 하지 않은 자가 학문을 연마하게 되면, 아직 시행해야 할 사안들에 대해서 확인할 수 없기 때문에, 그의 뜻이 숭상하는 것들에 대해 우선적으로 배운다. 자하는 "벼슬을 하면서 여유가 생기면 배운다."[3]라고 했으니, 이것은 이미 관직에 몸담고 있는 자라 하더라도 학문을 연마한다는 사실을 나타낸다. 왕자 점이 선비는 무엇을 일삼느냐고 물었을 때, 맹자는 "뜻을 고상하게 만든다."[4]라고 했으니, 이것은 아직 벼슬에 나아가지 않은 자가 학문을

---

3) 『논어』「자장(子張)」 : 子夏曰, "仕而優則學, 學而優則仕."

연마한다면, 우선적으로 뜻을 고상하게 해야 함을 나타낸다. 그런데 대학의 도는 곧 덕을 밝히고 백성들을 새롭게 만드는데 있을 따름이니, 먼저 뜻을 고상하게 만든다는 것은 곧 덕을 밝히는 것이며, 먼저 그 사안을 익힌다는 것은 백성들을 새롭게 만드는 것이다. 7가지 사안 중 앞의 구문은 모두 가르치는 자의 일에 해당하고, 뒤의 구문은 모두 배우는 자의 뜻에 해당한다.

浅見

近按: 此節是言爲學之事, 然但言其入學行禮之節目, 而不言其爲學工夫之節次.

내가 살펴보니, 이 문단은 학문하는 사안을 언급한 것이다. 그러나 학교에 들어가서 예를 시행하는 절목만 언급하고 학문을 시행하는 절차에 대해서는 언급하지 않았다.

---

4) 『맹자』「진심상(盡心上)」 : 王子塾問曰, "士何事?" 孟子曰, "尙志."

大學之敎也, 時敎必有正業, 退息必有居學[句]. 不學操縵[莫半反], 不能安弦; 不學博依[上聲], 不能安詩; 不學雜服, 不能安禮; 不興[去聲]其藝, 不能樂[五敎反]學. 故君子之於學也, 藏焉, 脩焉, 息焉, 游焉.〈013〉

대학의 가르침에 있어서, 각 계절에 따른 가르침에는 반드시 정해진 과업이 있고, 학생들이 물러나서 휴식을 취할 때에도 개인적으로 익히는 것이 있다.['學'자에서 구문을 끊는다.] 학생들이 휴식을 취할 때 현악기를['縵'자는 '莫(막)'자와 '半(반)'자의 반절음이다.] 손에 익도록 연습하지 않는다면, 현악기를 연주하는 일에 있어서 안정될 수 없다. 또『시』에 나타난 다양한 비유와['依'자는 상성으로 읽는다.] 사물의 이치에 대해서 개인적으로 연습하지 않는다면, 『시』에 대해서 안정되게 사용할 수 없다. 또 선왕이 제정한 각종 복식 제도에 대해서 개인적으로 배우지 않는다면, 예를 실천하는데 있어서 안정되게 할 수 없다. 그러므로 이러한 배움에 대해서 개인적으로 흥기시키지['興'자는 거성으로 읽는다.] 못한다면, 학문을 좋아할['樂'자는 '五(오)'자와 '敎(교)'자의 반절음이다.] 수 없다. 그래서 군자는 학문에 대해, 간직하고 수양할 때 정규 과업을 통해 익히고, 휴식을 취하고 한가롭게 있을 때, 개인적인 노력을 통해 익힌다.

舊說, 大學之敎也時, 句絶. 退息必有居, 句絶. 今讀時字連下句, 學字連上句, 謂四時之敎, 各有正業, 如春秋敎以禮樂, 冬夏敎以詩書, 春誦夏絃之類是也. 退而燕息, 必有燕居之學, 如退而省其私, 亦足以發, 是也. 弦也, 詩也, 禮也, 此時敎之正業也. 操縵, 博依, 雜服, 此退息之居學也. 凡爲學之道, 貴於能安, 安則心與理融而成熟矣. 然未至於安, 則在乎爲之不厭, 而不可有作輟也. 操縵, 操弄琴瑟之絃也. 初學者手與絃未相得, 故雖退息時, 亦必操弄之不廢, 乃能習

熟而安於絃也. 詩人比興之辭, 多依托於物理. 而物理至博也, 故學
詩者但講之於學校, 而不能於退息之際, 廣求物理之所依附者, 則無
以驗其實, 而於詩之辭, 必有疑殆而不能安者矣. 雜服, 冕升衣裳之
類. 先王制作, 禮各有服, 極爲繁雜. 學者但講之於學, 而不於退息
時游觀行禮者之雜服, 則無以盡識其制, 而於禮之文, 必有髣髴而不
能安者矣. 興者, 意之興起而不能自已者. 藝, 卽三者之學是也. 言
退息時, 若不興此三者之藝, 則謂之不能好學矣. 故君子之於學也,
藏焉脩焉之時, 必有正業, 則所習者專而志不分; 息焉游焉之際, 必
有居學, 則所養者純而藝愈熟, 故其學易成也.

옛 학설에서는 '대학지교야시(大學之敎也時)'에서 구문을 끊었고, '퇴식
필유거(退息必有居)'에서 구문을 끊었다. 그러나 현재는 '시(時)'자를 뒤
의 구문과 연결해서 구문을 끊고, '학(學)'자를 앞의 구문과 연결해서 구
문을 끊으니, 사계절마다 가르치는 일에 있어서는 각각 정해진 과업이
있다는 뜻으로, 예를 들어 봄과 가을에는 예와 악을 가르치고, 겨울과
여름에는 『시』와 『서』를 가르치며, 봄에는 암송하고 여름에는 현악기로
연주하는 부류가 바로 이러한 것들을 가리킨다. 물러나서 한가롭게 휴
식을 취할 때에는 반드시 한가롭게 거처하며 배워야 할 것이 있으니, 마
치 물러나서 그 사생활을 살펴보니, 또한 충분히 이치를 드러낸다고 한
말[1]이 바로 이러한 것이다. 현악기를 연주하고, 『시』를 배우며, 예를 익
히는 것들은 모두 각 계절마다 가르치는 정규 과업에 해당한다. 현악기
를 손에 익도록 하고, 시를 통해 비유를 하며, 각종 복장 등의 제도를
익히는 것들은 물러나 휴식을 취하며 학습하는 것들이다. 무릇 학문의
도에서는 안정되게 할 수 있음을 귀하게 여기니, 안정된다면 마음과 이
치가 융합하고 성숙하게 된다. 그러나 아직 안정되는 단계에 이르지 못
했다면, 그 성패가 학문을 익힘에 싫증을 내지 않음에 달려 있어서, 단
절됨이 발생하도록 만들어서는 안 된다. '조만(操縵)'은 금슬의 현들을

---

1) 『논어』 「위정(爲政)」: 子曰, "吾與回言終日, 不違如愚. <u>退而省其私, 亦足以發</u>,
回也不愚."

만지작거리며 손에 익도록 한다는 뜻이다. 처음 학문을 하는 자는 손이 현들에 대해 아직 익숙하지 않기 때문에, 비록 물러나 휴식을 취하는 때라 하더라도, 또한 반드시 현악기를 다루는 연습을 그쳐서는 안 되니, 이처럼 하게 되면 익숙하게 탈 수 있어서 현악기 연주에 대해 안정되게 할 수 있다. 『시』는 사람들이 비흥(比興)²⁾을 통해 표현한 말들이니, 대부분 사물의 이치에 의탁한 것들이다. 그런데 사물의 이치는 지극히 광대하기 때문에, 『시』를 배우는 자가 단지 학교에서만 익히고, 물러나 휴식을 취할 때 사물의 이치가 깃들에 있는 것들에 대해 널리 배우지 못한다면, 그 실질을 증험할 수 없고, 『시』의 말들에 대해서 반드시 의심되고 불안한 면이 생겨서 안정되게 할 수 없다. '잡복(雜服)'은 면류관·변·상의·하의 등의 부류를 뜻한다. 선왕이 제도를 만들 때 예법에 따라 각각 해당하는 복장을 제정해 두었는데, 그 제도는 지극히 복잡하다. 학생들이 단지 학교에서만 익히고, 물러나 휴식을 취할 때, 의례를 시행하는 자들이 착용하는 다양한 복식 제도에 대해 살펴보지 않는다면, 그 제도에 대해 모두 알 수 없고, 예의 형식에 대해서도 반드시 곡진하지 않은 점이 있어서 안정되게 할 수 없다. '흥(興)'은 뜻이 흥기하여 스스로 그만둘 수 없음을 뜻한다. '예(藝)'는 곧 이 세 가지의 배움을 뜻한다. 즉 물러나서 휴식을 취할 때, 이러한 세 가지의 배움을 흥기시키지 못한다면, 학문을 좋아할 수 없다고 말한다. 그렇기 때문에 군자는 학문에 대해서 간직하고 수양할 때 반드시 익혀야 하는 정규 과업이 있다면, 익히는 것이 전일하여 뜻이 분열되지 않는다. 그리고 휴식을 취할 때 반드시 홀로 익히는 것이 있다면, 배양하는 것이 순일하여 도예가 더욱 성숙하게 된다. 그렇기 때문에 그 학문을 쉽게 이루게 된다.

---

2) 비흥(比興)은 본래 『시』의 육의(六義) 중 하나인 비(比)와 흥(興)을 가리킨다. '비'는 저 사물을 통해 이 사물에 대해 비교를 하는 것이다. '흥'은 먼저 다른 사물을 언급하여, 시로 표현하고자 하는 말들을 이끌어내는 것이다. 후대에는 시가(詩歌)를 창작하는 용어로도 사용되었다.

朱子曰: 古人服各有等降, 若理會得雜服, 則於禮思過半矣.

주자가 말하길, 고대인의 복식에는 각각 등급에 따라 낮추는 규정이 있었는데, 이러한 복잡한 복식제도를 이해할 수 있다면, 예에 대해서 그 생각이 반을 넘기게 된다.[3]

夫然, 故安其學而親其師, 樂其友而信其道, 是以雖離師輔而不反也. 兌命曰: "敬孫[去聲]務時敏, 厥脩乃來", 其此之謂乎! 〈014〉

무릇 이처럼 하기 때문에, 그 학문을 안정되게 할 수 있고 스승을 친애할 수 있으며, 벗들을 좋아하고 그 도리를 믿을 수 있게 된다. 이러한 까닭으로 비록 스승이나 벗들과 멀리 떨어져 있더라도 도리를 위배하지 않게 된다. 「열명」편에서 "공경히 따르고['孫'자는 거성으로 읽는다.] 항상 민첩하도록 힘쓰면, 그 공력은 곧 이루어지게 된다."[4]고 했으니, 바로 이러한 뜻을 나타낼 것이다.

此承上文而言, 藏脩游息無不在於學, 是以安親樂信, 雖離師友亦不畔於道也. 時敏, 無時而不敏也. 厥脩乃來, 言其進脩之益, 如水之

---

3) 『역』「계사하(繫辭下)」: 噫! 亦要存亡吉凶, 則居可知矣. 知者觀其象辭, 則思過半矣.

4) 『서』「상서(商書)·열명하(說命下)」: 惟學遜志, 務時敏, 厥修乃來. 允懷于玆, 道積于厥躬.

源源而來也.

이것은 앞 문장을 이어서 한 말이니, 간직하고 수양하며 노닐고 휴식을 취할 때 학문에 힘쓰지 않은 적이 없으니, 이로써 안정되고 친애하며 좋아하고 신의를 가지게 되어, 비록 스승이나 벗과 멀리 떨어져 있어도 그 도리를 위배하지 않는다. '시민(時敏)'은 때에 따라 민첩하지 않은 적이 없다는 뜻이다. '궐수내래(厥修乃來)'는 진척되고 수양한 노력이 마치 물이 끊임없이 밀려오는 것과 같다는 뜻이다.

淺見

近按: 此節又多設譬, 以明學者當無時而不習之意, 與其所以爲學之效, 旣能時習而能安於學, 則中心樂悅, 其進自不能已, 而脩來之效, 有罔覺而自至者, 是學之成也.

내가 생각하기에, 이 문단은 또한 대체로 비유를 들어서 학문을 하는 자는 마땅히 때에 따라 학문을 익히지 않음이 엇어야 한다는 뜻과 학문을 통해 발생하는 효과에 대해 나타내고 있는데, 수시로 익혀서 학문에 대해 안정되게 할 수 있다면 마음이 기뻐하게 되어 진척되는 일을 스스로 그만둘 수 없고, 수양을 통해 오게되는 효과는 깨닫지 못하더라도 저절로 이르게 되니, 이것은 학문이 완성된 것이다.

今之敎者, 呻[申]其佔[覘]畢, 多其訊, 言乃于數, 進而不顧其安,
使人不由其誠, 敎人不盡其材, 其施之也悖, 其求之也佛[弗].
夫然, 故隱其學而疾其師, 苦其難而不知其益也. 雖終其業,
其去之必速. 敎之不刑, 其此之由乎!〈015〉

현재의 교육에 있어서는 가르치는 자들은 단지 눈에 보이는('佔'자의 음은
'覘(첨)'이다.] 글자만을 읊조리고['呻'자의 음은 '申(신)'이다.] 여러 가지 질문
을 해서 학생들을 힐책하며, 말도 다방면의 것을 언급하여, 진도는 나가
지만 학생들이 학과목에 대해 안정되게 시행할 수 있는지는 살펴보지
않고, 학생들을 시키되 진실된 뜻에 따르게끔 하지 못하고, 학생들을 가
르치되 그의 장점을 살리지 못하니, 가르침도 어그러지고, 학생들이 배
우고자 하는 것들도 어그러지게['佛'자의 음은 '弗(불)'이다.] 된다. 이처럼
되었기 때문에 학생들은 배운 것들을 감추고 자신의 스승을 질시하며,
어려운 것에 대해서는 곤욕스러워하며 학문이 자신에게 보탬이 된다는
사실을 모른다. 따라서 비록 그 과업을 끝내더라도 신속히 떠나가게 된
다. 교육이 완성되지 못한 것은 바로 이러한 이유 때문일 것이다.

集說

呻, 吟諷之聲也. 佔, 視也. 畢, 簡也. 訊, 問也. 言今之敎人者, 但吟
諷其所佔視之簡牘, 不能通其縕奧, 乃多發問辭以訊問學者而所言
又不止一端, 故云言及于數也. 不顧其安, 不恤學者之安否也. 不由
其誠, 不肯實用其力也. 不盡其材, 不能盡其才之所長也. 夫多其訊
而言及于數, 則與時敎必有正業者異矣. 使人不由其誠, 敎人不盡其
材, 則與退息必有居學者異矣. 惟其如此, 是以師之所施者, 常至於
悖逆; 學者之所求, 每見其拂戾也. 隱其學, 不以所學自表見也. 終業
而又速去之, 以其用工間斷, 鹵莽滅裂而不安不樂故也. 刑, 成也.

'신(呻)'은 시가를 읊조리는 소리이다. '첨(佔)'은 "보다."는 뜻이다. '필(畢)'은 서책을 뜻한다. '신(訊)'은 "질문하다."는 뜻이다. 즉 오늘날 남을 가르치는 자들은 단지 눈에 보이는 서적의 글자만을 읊조리고, 그 글자 속에 담겨진 뜻에는 능통하지 못하여, 질문을 여러 차례 던져서 학생들에게 따져 묻고, 언급하는 말들도 하나의 단서에만 그치지 않는다. 그렇기 때문에 "말이 여러 가지에 대해서 언급한다."라고 말한 것이다. "그들의 안정됨에 대해서는 돌아보지 않는다."고 했는데, 학생들이 안정되게 할 수 있는가의 여부를 살펴보지 않는다는 뜻이다. "그 진실됨에서 비롯되지 않는다."고 했는데, 실제로 그 힘을 사용하는 것에 기꺼워하지 않는다는 뜻이다. "그 재주를 다하지 않는다."는 말은 뛰어난 재주를 다 사용하지 못한다는 뜻이다. 무릇 심문하듯 수차례 질문을 던지고, 말도 여러 가지 것들을 언급한다면, 고대에 각 계절마다의 가르침에 있어서 반드시 정규 과업을 두었던 것과는 달라진다. 남을 시킴에 진실됨에 따르도록 하지 않고, 남을 가르침에 재주의 장점을 다하도록 하지 않는다면, 고대에 물러나 휴식을 취할 때에도 반드시 홀로 즐겁게 익히던 것이 있었던 것과는 달리진다. 단지 이처럼만 하기 때문에 스승이 가르치는 것들은 항상 도리에 어긋나는 지경에 빠지고, 학생들이 원하는 것도 매번 그 잘못됨을 드러내게 된다. "배운 것을 감춘다."는 말은 배운 것을 스스로 드러내지 못한다는 뜻이다. 과업을 끝내고 또 신속히 떠나가는 이유는 노력함이 단절되어, 구차하고 지리멸렬해지고 안정되지 못하며 즐거워하지도 않기 때문이다. '형(刑)'자는 "이루다."는 뜻이다.

大學之法, 禁於未發之謂豫, 當其可之謂時, 不陵節而施之謂孫, 相觀而善之謂摩. 此四者, 教之所由興也.〈016〉

대학의 법도에 있어서, 아직 발생되지 않은 일에 대해서 미리 방지하는 것을 '예(豫)'라 부른다. 가르쳐도 될 시기에 가르치는 것을 '시(時)'라 부른다. 절차를 뛰어넘지 않고 가르치는 것을 '손(孫)'이라 부른다. 서로 살펴서 본받고 좋은 길로 인도하는 것을 '마(摩)'라 부른다. 이 네 가지 것들은 가르침이 흥기되는 계기이다.

集說

豫者, 先事之謂; 時者, 不先不後之期也. 陵, 踰犯也. 節, 如節候之節. 禮有禮節, 樂有樂節, 人有長幼之節, 皆言分限所在. 不陵節而施, 謂不教幼者以長者之業也. 相觀而善, 如稱甲之善, 則乙者觀而效之, 乙有善可稱, 甲亦如之. 孫以順言; 摩, 以相厲而進爲言也.

'예(豫)'는 해당 일보다 앞서는 것을 뜻한다. '시(時)'는 앞서지도 않고 늦지도 않은 적절한 시기를 뜻한다. '능(陵)'자는 "뛰어넘어 범한다."는 뜻이다. '절(節)'자는 절기와 기후를 뜻할 때의 '절(節)'자와 같다. 예에는 예법에 따른 절도가 있고, 악에는 음악에 따른 악절이 있으며, 사람에게는 나이에 따른 마디가 있는데, 이 모두는 한계가 있는 곳을 뜻한다. "한계를 범하지 않고 베푼다."는 말은 나이가 어린 자에게 나이가 많은 자가 익혀야 할 학업으로 가르치지 않는다는 뜻이다. "서로 살펴보며 선하게 한다."는 말은 마치 갑이 선하다고 일컫는다면 을이 그것을 살펴서 본받고, 을에게 칭송할만한 선한 점이 있다면 갑 또한 을을 본받는다는 것과 같다. '손(孫)'자는 "따른다."는 뜻으로 한 말이고, '마(摩)'는 서로 수양하며 나아간다는 뜻으로 한 말이다.

經文

發然後禁, 則扞格[胡客反]而不勝[升]; 時過然後學, 則勤苦而難成; 雜施而不孫, 則壞[怪]亂而不脩; 獨學而無友, 則孤陋而寡聞; 燕朋逆其師; 燕辟[僻]廢其學. 此六者, 教之所由廢也. 〈017〉

이미 발생한 이후에 금지한다면, 저항을 일으키고['格'자는 '胡(호)'자와 '客(객)'자의 반절음이다.] 감당하지['勝'자의 음은 '升(승)'이다.] 못하게 된다. 때가 지나친 뒤에야 가르친다면, 고생을 하더라도 이루기가 어렵다. 등급과 절차를 무시하고 마구잡이로 가르치며 순서에 따르지 않는다면, 무너지고['壞'자의 음은 '怪(괴)'이다.] 학문을 닦지 못한다. 홀로 배우기만 하고 도와줄 벗이 없다면, 고루하고 편협하며 학식이 천박해진다. 놀기만 하는 친구와 사귀게 되면 스승의 가르침을 거스르게 된다. 놀기만 하며 사벽한 짓을['辟'자의 음은 '僻(벽)'이다.] 하면 학문을 버리게 된다. 이러한 여섯 가지는 가르침이 폐지되는 이유이다.

集說

扞, 拒扞也. 格, 讀如凍洛之洛, 謂如地之凍, 堅强難入也. 不勝, 不能承當其敎也. 一讀爲去聲, 謂敎不能勝其爲非之心, 亦通. 雜施, 謂躐等陵節也. 燕私之朋, 必不責善, 或相與以慢其師. 燕遊邪僻, 必惑外誘, 得不廢其業乎? 此燕朋燕辟之害, 皆由於發然後禁以下四者之失, 皆與上文四者相反也.

'한(扞)'자는 저항한다는 뜻이다. '격(格)'자는 '동학(凍洛)'이라고 할 때의 '학(洛)'자이니, 얼어붙은 땅은 견고하여 땅속으로 들어가기 어려움을 뜻한다. '불승(不勝)'은 가르침을 감당할 수 없다는 뜻이다. 한편으로는 거성으로 읽으니, 가르침이 잘못을 시행하려는 마음을 이기지 못한다는 뜻이라고 하는데, 그 의미 또한 통한다. '잡시(雜施)'는 등급을 뛰어넘고 절차를 침범한다는 뜻이다. 한가롭게 놀기만 하는 친구에 대해서 기어코 선함에 대해 책망하지 않고, 혹은 서로 참여하여 스승을 섬기는데 태만하게 군다. 한가롭게 놀며 사사롭고 편벽된다면 반드시 외적인 유혹에 끌리게 되는데, 학업을 폐지하지 않을 수 있겠는가? 이것이 놀기만 하는 친구와 어울리며 사벽한 짓을 하는 해로움은 모두 어떤 일이 발생한 이후에 금지를 한다는 것으로부터 그 이하의 네 가지 사안에 나타난 잘못에서 비롯된 것이니, 앞 문장에 나온 네 가지 사안과는 상반된다.

黃氏曰: 燕朋, 私褻之友, 燕辟, 私褻之談. 燕朋則志有所溺, 故逆其師之教, 燕辟則心有所分, 故廢其學之業.

황씨가 말하길, '연붕(燕朋)'은 삿되며 추잡한 친구를 뜻하고, '연벽(燕辟)'은 삿되며 추잡한 대화를 뜻한다. 삿되며 추잡한 친구라면 뜻에 있어서 침범을 당하는 점이 발생한다. 그렇기 때문에 스승의 가르침을 거스르는 것이다. 삿되며 추잡한 대화라면 마음에 갈라지는 점이 발생한다. 그렇기 때문에 학문의 과업을 폐지하는 것이다.

君子旣知教之所由興, 又知教之所由廢, 然後可以爲人師也. 故君子之教喩也, 道而不牽, 强而不抑, 開而不達. 道而不牽則和, 强而不抑則易[異], 開而不達則思. 和易以思, 可謂善喩矣.〈018〉

군자가 가르침이 흥성하게 되는 이유와 폐지되는 이유를 알고 있다면, 그런 뒤에는 남의 스승이 될 수 있다. 그렇기 때문에 군자가 가르침을 베풀 때에는 도로 들어가는 방법은 알려주되 억지로 이끌지는 않고, 뜻과 기상을 굳세게 만들지만 억누르지 않으며, 단서를 열어주지만 모든 절차에 대해 알려주지 않는다. 도로 들어가는 방법만 알려주고 억지로 이끌지 않는다면, 가르침을 받아들임에 조화롭게 되고, 뜻과 기상을 굳세게 만들어주고 억누르지 않는다면, 가르침을 받아들임에 쉽게['易'자의 음은 '異(이)'이다.] 익히게 되며, 단서를 열어주되 모든 것을 알려주지 않는다면, 학생들이 스스로 생각하여 터득하게 된다. 조화롭고 쉽게 학문을 익혀 생각하게 된다면, 좋은 가르침이라고 평가할 수 있다.

示之以入道之所由, 而不率率其必進; 作典其志氣之所尚, 而不沮抑
之使退; 開其從入之端, 而不竟其所通之地. 如此, 則不扞格而和,
不勤苦而易, 不雜施以亂其心, 有相觀以輔其志, 而思則得之矣.

도로 들어가는 경로를 보여주지만 반드시 나아가야 한다고 억지로 끌지
않으며, 그 뜻과 기운이 숭상하는 것을 흥기시켜주지만 억눌러서 물러
나도록 하지 않으며, 따라서 들어갈 수 있는 단서를 열어주지만 거쳐야
하는 경로까지 모두 말해주지 않는다. 이처럼 한다면 저항하지 않고 조
화롭게 되며, 고생하거나 곤욕스러워하지 않고 쉽게 따르며, 뒤죽박죽
으로 가르침을 베풀어서 마음을 혼란하게 하지 않고, 서로 살펴보아서
그 뜻을 보완하도록 도와주는 자가 있어서, 생각한 것들이 알맞게 된다.

學者有四失, 敎者必知之. 人之學也或失則多, 或失則寡, 或
失則易[異], 或失則止. 此四者, 心之莫同也. 知其心, 然後能救
其失也. 敎也者, 長善而救其失者也.〈019〉

배우는 자에게는 네 가지 잘못이 발생할 수 있으니, 가르치는 자는 반
드시 이러한 사안을 알아야만 한다. 사람이 학문을 함에 어떤 자는 깊
이가 없이 많은 것만 보고 듣는데 힘쓰는 잘못을 범하고, 또 어떤 자는
범위를 적게 잡아 적은 것만을 보고 듣는 잘못을 범한다. 어떤 자는 너
무 쉽게['易'자의 음은 '異(이)'이다.] 여겨서 대충하는 잘못을 범하고, 또 어
떤 자는 스스로 한계를 정해서 더 이상 정진하지 못하는 잘못을 범한
다. 이러한 네 가지 잘못이 발생하는 것은 각각의 마음이 다르기 때문
이다. 따라서 그 마음을 알아본 뒤에야 그들이 범할 잘못을 구원할 수
있다. 가르치는 자는 상대의 좋은 점을 배양해주고, 상대의 잘못을 구

원해주는 자이다.

集說

方氏曰: 或失則多者, 知之所以過. 或失則寡者, 愚之所以不及. 或
失則易, 賢者之所以過. 或失則止, 不肖者之所以不及. 多聞見而適
乎邪道, 多之失也. 寡聞見而無約無卓, 寡之失也. 子路好勇過我無
所取材, 易之失也. 冉求之今女畫, 止之失也. 約我以禮, 所以救其
失之多; 博我以文, 所以救其失之寡; 兼人則退之, 所以救其失之易;
退則進之, 所以救其失之止也.

방씨가 말하길, '혹실즉다(或失則多)'는 지혜로운 자가 지나치게 되는 이
유이다. '혹실즉과(或失則寡)'는 우매한 자가 미치지 못하게 되는 이유이
다. '혹실즉이(或失則易)'는 현명한 자가 지나치게 되는 이유이다. '혹실
즉지(或失則止)'는 어리석은 자가 미치지 못하게 되는 이유이다. 많이
보고 들었지만 사벽한 도리에 빠지는 것은 지식만 많은 자의 잘못이다.
적게 보고 들어서 요약됨이 없고 널리 아는 것이 없는 것은 지식이 적은
자의 잘못이다. 자로가 용맹을 좋아함은 나보다 낫지만 재목으로 취할
것이 없다고 한 말[1]이 바로 쉽게 여기는 자의 잘못이다. 염구가 현재
스스로 한계를 지은 것[2]은 멈추는 자의 잘못이다. 자신을 예에 따라 요
약하도록 하는 것이 지식만 많은 자의 잘못을 구원하는 방법이고, 자신
을 글을 통해 널리 익히도록 하는 것이 지식이 적은 자의 잘못을 구원하
는 방법이다.[3] 또 남보다 낫다면 물러나게 하니, 이것이 쉽게 여기는 자
의 잘못을 구원하는 방법이다. 스스로 물러난다면 나아가게 하니, 이것

---

1) 『논어』 「공야장(公冶長)」 : 子曰, "道不行, 乘桴浮于海. 從我者其由與?" 子路
   聞之喜. 子曰, "由也好勇過我, 無所取材."
2) 『논어』 「옹야(雍也)」 : 冉求曰, "非不說子之道, 力不足也." 子曰, "力不足者, 中
   道而廢. 今女畫."
3) 『논어』 「옹야(雍也)」 : 子曰, "君子博學於文, 約之以禮, 亦可以弗畔矣夫!"

이 스스로 멈추는 자의 잘못을 구원하는 방법이다.[4]

經文

善歌者, 使人繼其聲; 善教者, 使人繼其志. 其言也約而達, 微
而臧, 罕譬而喻, 可謂繼志矣.〈020〉

노래를 잘 부르는 자는 사람들이 그의 소리를 배워서 계승하고자 한다.
잘 가르치는 자는 사람들이 그의 뜻을 배워서 계승하고자 한다. 잘 가
르치는 자의 말은 간략하면서도 의미가 분명하게 통하고, 엄하게 하지
않지만 선한 도리를 말해주어 뜻이 분명해지고, 비유를 적게 들면서도
잘 깨우쳐주니, 이처럼 하게 되면 그 뜻을 계승할 수 있다고 평가할 수
있다.

集說

約而達, 辭簡而意明也. 微而臧, 言不峻而善則明也. 罕譬而喻, 比
方之辭少而感動之意深也. 繼志, 謂能使學者之志與師無間也.

'약이달(約而達)'은 말이 간략하지만 의미가 분명하다는 뜻이다. '미이장
(微而臧)'은 말을 엄하게 하지 않지만 좋아서 뜻이 분명해진다는 뜻이
다. '한비이유(罕譬而喻)'는 비유를 드는 말이 적지만 감동시키는 뜻이
깊다는 의미이다. '계지(繼志)'는 학생들의 뜻을 스승과 차이가 없게끔
할 수 있다는 뜻이다.

---

4) 『논어』 「선진(先進)」 : 子路問, "聞斯行諸?" 子曰, "有父兄在, 如之何其聞斯行
之?" 冉有問, "聞斯行諸?" 子曰, "聞斯行之." 公西華曰, "由也問聞斯行諸, 子
曰, '有父兄在', 求也問聞斯行諸, 子曰, '聞斯行之'. 赤也惑, 敢問." 子曰, "求也
退, 故進之, 由也兼人, 故退之."

君子知至學之難易而知其美惡, 然後能博喩, 能博喩然後能
爲師, 能爲師然後能爲長, 能爲長然後能爲君. 故師也者, 所
以學爲君也. 是故擇師不加不愼也. 記曰: "三王四代唯其師",
此之謂乎! 〈021〉

군자는 학생들이 학문에 도달하는 수준 차이를 알고 재능의 차이를 알
아야만 하며, 그런 뒤에야 널리 가르칠 수 있다. 널리 가르칠 수 있은
뒤에야 스승이 될 수 있다. 스승이 될 수 있은 뒤에야 수장이 될 수 있
다. 수장이 될 수 있은 뒤에야 군주가 될 수 있다. 그렇기 때문에 스승
이 된다는 것은 군주가 되기 위한 방법을 배우는 것이다. 이러한 까닭
으로 스승을 택할 때에는 신중을 기하지 않을 수 없다. 고대의 『기』에
서는 "삼왕 및 사대 때의 군주는 훌륭한 스승이었다."고 했으니, 바로
이러한 뜻을 나타낼 것이다.

至學, 至於學也. 鈍者至之難, 敏者至之易, 質美者向道, 不美者叛
道. 知乎此, 然後能博喩, 謂循循善誘, 不拘一塗也. 周官・太宰長
以貴得民, 師以賢得民. 長者一官之長, 君則一國之君也. 言爲君之
道, 皆自務學充之, 三王四代之所以治, 以能作之君, 作之師爾. 周
子曰: "師道立, 則善人多, 善人多, 則朝廷正而天下治矣."

'지학(至學)'은 배움에 이른다는 뜻이다. 우둔한 자는 도달하기가 어렵고
민첩한 자는 도달하기가 수월하며, 재질이 아름다운 자는 도를 지향하
지만 아름답지 못한 자는 도를 위반한다. 이러한 것들을 알고 있은 뒤에
야 널리 깨우칠 수 있으니, 차근차근 잘 이끌어서 한 가지 방법으로만
얽어매지 않는다. 『주례』「태재(太宰)」편에서는 "수장은 존귀함으로 백
성들을 얻고, 선생은 현명함으로 백성들을 얻는다."[5]고 했다. '장(長)'은
한 관부의 수장을 뜻하며, '군(君)'은 한 나라의 군주를 뜻한다. 즉 군주

가 되는 도는 모두 스스로 학문에 힘써서 가득 채우는데 있으니, 삼왕과 사대의 군주가 잘 다스릴 수 있었던 까닭은 군주가 될 수 있고 스승이 될 수 있는 방도로 시행했기 때문이다. 주자[6]는 "스승의 도리가 확립되면 선한 사람이 많아지고, 선한 사람이 많아지면 조정이 올바르게 되고 천하가 다스려진다."라고 했다.

經文

凡學之道, 嚴師爲難. 師嚴然後道尊, 道尊然後民知敬學. 是故君之所不臣於其臣者二: 當其爲尸, 則不臣也; 當其爲師, 則不臣也. 大學之禮, 雖詔於天子無北面, 所以尊師也.〈022〉

무릇 학문의 도에 있어서는 스승을 존엄하게 여기는 것이 가장 어려운 일이다. 스승이 존엄하게 된 이후에야 도가 존엄하게 되고, 도가 존엄하게 된 이후에야 백성들이 학문을 공경해야 할 줄 안다. 이러한 까닭으로 군자가 자신의 신하들 중 신하로 여기지 않는 대상은 두 종류가 있다. 첫 번째는 군주의 제사에서 시동이 된 자에게는 신하로 대하지 않는다. 두 번째는 군주의 스승이 된 자에게는 신하로 대하지 않는다. 대학에서 시행되는 의례에서도 비록 경사들이 천자에게 아뢰는 일이 있

---

5) 『주례』「천관(天官)·대재(大宰)」: 以九兩繫邦國之名: 一曰牧, 以地得民; 二曰長, 以貴得民; 三曰師, 以賢得民; 四曰儒, 以道得民; 五曰宗, 以族得民; 六曰主, 以利得民; 七曰吏, 以治得民; 八曰友, 以任得民; 九曰藪, 以富得民.

6) 주돈이(周敦頤, A.D.1017~A.D.1073): =염계선생(濂溪先生)·주자(周子)·주렴계(周濂溪)·주무숙(周茂叔). 북송(北宋) 때의 학자이다. 북송오자(北宋五子) 및 송조육현(宋朝六賢) 중 한 사람으로 손꼽힌다. 초명(初名)은 돈실(惇實)이었지만, 영종(英宗)에 대한 피휘 때문에, 돈이(敦頤)로 개명하였다. 자(字)는 무숙(茂叔)이다. 염계서당(濂溪書堂)에서 강학을 하였기 때문에, '염계선생(濂溪先生)'이라고도 부른다. 저서로는 『태극도설(太極圖說)』·『통서(通書)』 등이 있다.

지만, 일반 신하들처럼 북면을 함이 없는 것은 스승을 존엄하게 대하기 때문이다.

集說

嚴師, 如孝經嚴父之義, 謂尊禮嚴重之也. 無北面, 不處之以臣位也.

'엄사(嚴師)'는 『효경』에서 "부친을 존엄하게 여긴다."[7)는 뜻과 같으니, 예법에 따라 존숭하며 존엄하게 대하여 공경한다는 의미이다. 북면함이 없다는 말은 신하의 지위로 처신하지 않는다는 뜻이다.

經文

善學者, 師逸而功倍, 又從而庸之; 不善學者, 師勤而功半, 又從而怨之. 善問者如攻堅木, 先其易者, 後其節目, 及其久也, 相說[如字]以解[下个反]; 不善問者反此. 善待問者如撞鍾, 叩之以小者則小鳴, 叩之以大者則大鳴, 待其從[舂]容, 然後盡其聲; 不善答問者反此. 此皆進學之道也.〈023〉

배우기를 잘하는 학생에 대해서는 스승도 가르치기 편하고 그 결과도 배가 되며, 또 학생은 그에 따라 스승의 은혜에 감격한다. 반면 배우기를 잘하지 못하는 학생은 스승도 가르치기 어렵고 그 결과도 절반에 이르며, 또 학생도 그에 따라 스승을 원망하게 된다. 질문을 잘하는 학생은 단단한 나무를 베는 것과 같으니, 쉬운 부분을 먼저 자르고, 단단한 옹이는 뒤에 자르게 되는데, 공부에 있어서도 이처럼 하면, 쉬운 것부터 배워나가서 그 기간이 오래되면, 그 동안 배운 것이 서로 풀이를 해주

---

7) 『효경』「성치장(聖治章)」: 人之行莫大於孝, 孝莫大於嚴父.

어['說'자는 글자대로 읽는다.] 해답을['解'자는 '下(하)'자와 '个(개)'자의 반절음이다.] 찾게 된다. 반면 질문을 잘하지 못하는 학생은 이와 반대로 시행한다. 또 질문에 대답을 잘하는 스승은 마치 종을 치는 것과 같으니, 작은 것으로 종을 치면 작은 소리를 내고, 큰 것으로 종을 치면 큰 소리를 내어, 급박하지 않게 차분하게['從'자의 음은 '舂(용)'이다.] 종을 친 뒤에야 종도 그 나름의 소리를 모두 내게 된다. 반면 질문에 대답을 잘하지 못하는 스승은 이와 반대로 시행한다. 이러한 것들은 모두 학문에 나아가는 도에 해당한다.

庸, 功也, 感師之有功於己也. 相說以解, 舊讀說爲悅, 今從朱子說讀如字.

'용(庸)'자는 공덕을 뜻하니, 스승이 자신에게 공덕을 베풀어준 것에 감격한다는 뜻이다. '상설이해(相說以解)'에 대해서, 옛 해석에서는 '설(說)'자를 열(悅)자로 풀이했는데, 현재는 주자의 주장에 따라서 글자대로 읽는다.

疏曰: "從讀爲舂者, 舂, 謂擊也, 以爲聲之形容. 言鍾之爲體, 必待其擊, 每一舂而爲一容, 然後盡其聲. 善答者, 亦待其一問, 然後一答, 乃盡說義理也." 愚謂: 從容, 言優游不迫之意. 不急疾擊之, 則鍾聲之小大長短得以自盡, 故以爲善答之喩.

소에서 말하길, "'종(從)'자는 용(舂)자로 풀이하니, '용(舂)'자는 치다는 뜻으로, 소리를 형용하는 것이다. 즉 종은 본체가 되는데 반드시 치기를 기다려야 하니, 매번 한 차례 치면 한 차례 소리를 내니, 그런 뒤에야 그 소리를 다 내게 된다. 대답을 잘하는 자 또한 한 가지 질문을 기다린 뒤에야 한 가지 대답을 해주니, 이처럼 하면 그 의리를 모두 설명하게 된다."라고 했다. 내가 생각하기에, '종용(從容)'은 여유롭고 급박하지 않다는 뜻이다. 급박하고 빠르게 치지 않는다면, 종의 소리에 있어서 크고 작음 길고 짧음이 알맞게 되어 모두 나타나게 된다. 그렇기 때문에 대답을 잘하는 자의 비유로 삼은 것이다.

朱子曰: 說字人以爲悅, 恐只是說字. 先其易者, 難處且放下, 少間見多了, 自然相證而解, 解物爲解, 自解釋爲解, 恐是相證而曉解也.

주자가 말하길, '설(說)'자에 대해서 사람들은 열(悅)자로 여기는데, 아마도 이 글자는 본래의 설(說)자에 해당하는 것 같다. 쉬운 것을 먼저 한다는 말은 어려운 것을 잠시 그대로 남겨놓고, 그 사이에 여러 가지 것들을 보게 되면 저절로 서로 증명이 되어 그 해답이 나오게 되는데, 사물을 이해하는 것도 해답이 되며, 스스로 해석하는 것도 해답이 되니, 아마도 서로 증명하여 해답을 깨우친다는 의미인 것 같다.

經文

記問之學不足以爲人師, 必也其聽語乎! 力不能問, 然後語[去聲]之. 語之而不知, 雖舍之可也.〈024〉

단순히 옛 기록만 암송하고 기억하는 것으로는 남의 스승이 되기에 부족하니, 반드시 학생들이 질문하는 말뜻을 알아들어야 한다. 학생들의 수준으로 더 이상 질문을 할 수 없게 된 뒤에야 알려준다.['語'자는 거성으로 읽는다.] 알려주되 그가 알아듣지 못한다면, 비록 알려주지 않더라도 괜찮다.

集說

記問, 謂記誦古書以待學者之問也. 以此爲學, 無得於心, 而所知有限, 故不足以爲人師. 聽語, 聽學者所問之語也. 不能問則告之, 不知而舍之, 以其終不可入德也. 不以三隅反則不復, 亦此意.

'기문(記問)'은 옛 서적을 기억하고 암송했던 것으로 학생들의 질문에 대답한다는 뜻이다. 이것을 배움으로 삼는다면 마음에 얻는 것이 없고 아는 것도 한계가 있게 된다. 그렇기 때문에 남의 스승이 되기에는 부족하다. '청어(聽語)'는 학생들이 질문하는 말을 알아듣는다는 뜻이다. 질문을 더 이상 하지 못한다면 알려주되, 알아듣지 못하면 그만두니, 그는 끝내 덕으로 들어갈 수 없기 때문이다. "나머지 세 귀퉁이에 대해 반추하지 못한다면, 다시 알려주지 않는다."[8]고 한 말 또한 이러한 의미이다.

經文

> 良冶之子, 必學爲裘; 良弓之子, 必學爲箕. 始駕馬者反之, 車在馬前. 君子察於此三者, 可以有志於學矣.〈025〉

대장간 일을 잘하는 집의 자제들은 대장간 일보다 반드시 갓옷 만드는 일을 먼저 배운다. 활을 잘 만드는 집의 자제들은 활 만드는 일보다 반드시 키 만드는 일을 먼저 배운다. 처음 말에 멍에를 메게 할 때에는 그 말을 수레의 뒤로 돌려서 수레가 말 앞에 오도록 하여 따라오도록 만든다. 군자는 이러한 세 가지 것들을 살펴야만 학문에 뜻이 있다고 할 수 있다.

集說

疏曰: 善冶之家, 其子弟見其父兄陶鎔金鐵, 使之柔合以補治破器,

---

8) 『논어』 「술이(述而)」 : 子曰, "不憤不啓, 不悱不發. 擧一隅, <u>不以三隅反, 則不復也.</u>"

故此子弟能學爲袍裘, 補續獸皮, 片片相合, 以至完全也. 箕, 柳箕
也. 善爲弓之家, 使幹角撓屈, 調和成弓, 故其子弟亦觀其父兄世業,
學取柳條和軟撓之成箕也. 馬子始學駕車之時, 大馬駕在車前, 將
馬子繫隨車後而行, 故云反之. 所以然者, 此駒未曾駕車, 若忽駕之
必驚奔. 今以大馬牽車於前, 而繫駒於後, 使日日見車之行, 慣習而
後駕之, 不復驚矣. 言學者亦須先敎小事操縵之屬, 然後乃示其業,
則易成也.

소에서 말하길, 대장간 일을 잘하는 집안에서, 그 자제들은 부친과 형이
금이나 철을 주조하여 깨진 그릇 등을 수리하는 것을 보았기 때문에, 그
자제들은 솜옷이나 가죽옷 만드는 일을 배울 수 있어서, 짐승의 가죽을
꿰매어 조각들을 합쳐 완성품을 만들게 된다. '기(箕)'자는 버드나무로
만든 키이다. 활을 잘 만드는 집안에서는 등뼈나 뿔을 굽혀 휘어지게
하여 활을 만들게 된다. 그렇기 때문에 그 자제들은 또한 그들의 부친과
형이 대대로 이어온 가업을 살펴보고, 버드나무 가지들을 가져다가 부
드럽게 휘어서 키 만드는 것을 배운다. 말의 새끼가 처음으로 수레에
멍에를 메는 것을 배울 때, 큰 말에는 멍에를 메어 수레 앞에 두고 말의
새끼는 수레에 연결하여 뒤에서 따라오게 한다. 그렇기 때문에 "반대로
돌려놓는다."고 말한 것이다. 이처럼 하는 이유는 망아지는 일찍이 수레
에 멍에를 메어 본 적이 없어서, 만약 갑작스럽게 멍에를 메게 하면 반
드시 놀라서 달아나기 때문이다. 현재 큰 말이 수레를 끌도록 앞에 두
고, 망아지를 연결하여 그 뒤에 있게 한 것은 수레가 움직이는 것을 매
일 보도록 하여, 습관을 들인 이후에 멍에를 메게 해서 재차 놀라는 일
이 없게끔 하기 위해서이다. 이것은 학생들에게는 또한 우선적으로 금
슬 등의 악기가 익숙하도록 손으로 놀리는 일 등을 가르쳐야 하고, 그런
뒤에 그가 익혀야 할 과업을 제시한다면 쉽게 완성할 수 있다는 뜻이다.

應氏曰: 冶鑛難精, 而裘軟易紉; 弓勁難調, 而箕曲易製; 車重難駕,
而馬反則易馴. 皆自易而至於難, 自粗而至於精, 習之有漸而不可
驟進, 學之以類而不可泛求, 是之謂有志矣.

웅씨가 말하길, 쇳돌을 단련하는 일은 정밀히 하기가 어렵지만 부드러운 가죽은 연결하기는 쉽다. 활은 견고하여 휘기가 어렵지만 키를 굽어지게 만드는 일은 하기가 쉽다. 수레는 무거워서 멍에를 메는 것은 어렵지만 말을 반대로 돌려서 뒤에 둔다면 길들이기가 쉽다. 이 모두는 쉬운 것으로부터 시작하여 어려운 것에 이르는 것이며, 거친 것으로부터 시작하여 정밀한 것에 이르는 것으로, 학습을 함에 있어서도 점진적으로 해야 하며 갑작스럽게 나아갈 수 없으니, 배움에 있어서는 비슷한 부류를 통해서 차근차근 익혀야 하며, 갑작스럽게 광범위한 것들을 구해서는 안 되니, 이것을 뜻이 있다고 말한다.

古之學者, 比[毗]物醜類. 鼓無當[去聲]於五聲, 五聲弗得不和;
水無當於五色, 五色弗得不章; 學無當於五官, 五官弗得不治;
師無當於五服, 五服弗得不親.〈026〉

고대의 학생들은 사물을 견주고['比'자의 음은 '毗(비)'이다.] 같은 부류에 견주어서 이치를 이해했다. 예를 들어 북소리는 오성에 해당하지['當'자는 거성으로 읽는다.] 않지만, 오성은 북소리가 없으면 조화를 이루지 못한다. 물은 오색에 해당하지 않지만, 오색은 물의 무색을 얻지 못하면 선명하게 드러나지 못한다. 배움은 신체의 오관에 해당하지 않지만, 오관은 배움을 얻지 못하면 다스릴 수 없다. 스승은 오복에 해당하는 친족이 아니지만, 오복의 친족은 스승을 얻지 못하면 서로 친근하게 될 수 없다.

比物醜類, 謂以同類之事相比方也. 當, 猶主也. 鼓聲不宮不商, 於五聲本無所主, 然而五聲不得鼓, 則無諧和之節; 水無色, 不在五色之列, 而繢盡者不得水, 則不章明. 五官, 身口耳目心之所職, 卽洪範之五事也. 學於吾身五者之官, 本無所當, 而五官不得學則不能治. 師於弟子不當五服之一, 而弟子若無師之敎誨, 則五服之屬不相和親.

'비물추류(比物醜類)'는 같은 부류의 사안을 통해서 서로 비교한다는 뜻이다. '당(當)'자는 "주관하다."는 뜻이다. 북의 소리는 궁음도 아니고 상음도 아니어서, 오성에 있어서 본래부터 주관하는 음이 없다. 그러나 오성은 북을 얻지 못하면 조화를 이루게 하는 절도가 없게 된다. 물은 색이 없어서 오색의 대열에 끼지 못하지만, 수를 놓거나 그림을 그릴 때 물을 얻지 못하면 색감이 선명하게 드러나지 않는다. '오관(五官)'은 몸·입·귀·눈·마음이 담당하는 것으로, 『서』「홍범(洪範)」편에서 말한 오사(五事)9)에 해당한다. 배움은 자신의 신체에 있는 다섯 가지 관부에 있어서 본래 담당하고 있는 것이 없지만, 다섯 관부는 배움을 얻지 못하다면 다스릴 수 없다. 스승은 제자에 대해서 오복 중 하나의 관계에 속하는 자가 아니지만, 제자에게 만약 스승의 가르침이 없었다면 오복에 속한 친족들은 서로 화목하고 친근하게 될 수 없다.

陳氏曰: 類者, 物之所同, 醜之爲言衆也. 理有所不顯, 則比物以明之; 物有所不一, 則醜類以盡之. 然後因理以明道, 而善乎學矣. 總而論之, 鼓非與乎五聲, 而五聲待之而和; 水非與乎五色, 而五色待

---

9) 오사(五事)는 본래 모(貌), 언(言), 시(視), 청(聽), 사(思)를 뜻한다. 즉 언행, 보고 듣는 것, 사려함을 가리킨다. 또 단순히 이러한 행위만을 뜻하는 것이 아니라 수신(修身)이라는 측면에서 각각의 항목에 규범이 첨가된다. 즉 '오사'가 실질적으로 가리키는 것은 행동을 공손하게 하고, 말은 순리에 따라 하며, 보는 것은 밝게 하고, 듣는 것은 밝게 하며, 생각은 깊게 하는 것이다. 『서』「주서(周書)·홍범(洪範)」편에는 "五事, 一曰貌, 二曰言, 三曰視, 四曰聽, 五曰思. 貌曰恭, 言曰從, 視曰明, 聽曰聰, 思曰睿."라는 기록이 있다.

之而章; 學非與乎五官, 而五官待之而治; 師非與乎五服, 而五服待之而親. 是五聲 · 五色 · 五官 · 五服雖不同, 而同於有之以爲利; 鼓也 · 水也 · 學也 · 師也雖不一, 而一於無之以爲用. 然則古之學者比物醜類, 而精微之意有寓於是, 非窮理之至者孰能與此?

진씨가 말하길, '유(類)'는 사물의 동일한 점이다. '추(醜)'는 무리를 뜻한다. 이치에 드러나지 않는 점이 있다면 다른 사물에 견주어서 드러내고, 사물에 동일하지 않은 점이 있다면 부류를 많이 하여 다 드러낸다. 그런 뒤에야 이치에 따라서 도를 밝히고 학업을 잘할 수 있다. 총괄적으로 논의를 해보면, 북은 오성에 관여되지 않지만, 오성은 북소리에 따라서 조화를 이루게 된다. 물은 오색에 관여되지 않지만, 오색은 물에 따라서 드러나게 된다. 배움은 오관에 관여되지 않지만, 오관은 배움에 따라서 다스려지게 된다. 스승은 오복에 관여되지 않지만, 오복의 친족은 스승에 따라서 친근하게 된다. 따라서 오성 · 오색 · 오관 · 오복은 비록 동일하지 않지만, 그것을 갖추는 것을 이로움으로 삼는다는 측면에서는 동일하며, 북 · 물 · 배움 · 스승은 비록 한 가지가 아니지만, 그것을 드러내지 않는 것을 쓸모로 여긴다는 측면에서는 동일하다. 그렇다면 고대의 학생들은 동일한 점을 비교하고 그 예시를 많이 하였고, 정밀하고 은미한 뜻은 여기에 깃들어 있었으니, 이치를 지극히 탐구하는 것이 아니라면 누가 이처럼 할 수 있겠는가?

經文

君子曰: "大德不官, 大道不器, 大信不約, 大時不齊. 察於此四者, 可以有志於本矣." 〈027〉

군자가 말하길, "큰 덕은 하나의 직무에만 국한되지 않고, 큰 도리는 하나에만 제한되지 않으며, 큰 신의는 굳이 기약하지 않고, 자연의 시간은 하나로 통일시킬 수 없다. 이러한 네 가지 것들을 살핀다면, 근본에 뜻을 둘 수 있다."라고 했다.

大德 · 大道 · 大信, 皆指聖人而言. 大時, 天時也. 不官, 不拘一職之
任也. 不器, 無施而不可也. 不約, 不在期約之末也. 元化周流, 一氣
屈伸, 不可以截然分限求之, 故方榮之時而有枯者焉, 寂之時而有勇
者焉. 惟其不齊, 是以不可窮. 凡此四者, 皆以本原盛大而體無不具,
故變通不拘而用無不周也. 君子察於此, 可以有志於學而洪其本矣.

큰 덕, 큰 도리, 큰 신의는 모두 성인을 가리켜서 한 말이다. '대시(大
時)'는 자연의 시간을 뜻한다. '불관(不官)'은 한 가지 직무의 임무에만
얽매이지 않는다는 뜻이다. '불기(不器)'는 베풀지 못하는 것이 없다는
뜻이다. '불약(不約)'은 정해진 기한과 약속에 속박되지 않는다는 뜻이
다. 크게 조화롭고 두루 흘러서 하나의 기운이 굽히고 펴는 것은 분명하
게 구분 지을 수 없다. 그렇기 때문에 영화롭게 될 시기인데도 쇠하는
것이 있고, 고요해질 시기인데도 무성하게 되는 것이 있다. 하나로 가지
런히 할 수 없기 때문에 다할 수 없는 것이다. 무릇 이러한 네 가지 것
들은 모두 본래의 근원이 성대하고 본체에 구비하지 않은 것이 없기 때
문에, 변화하고 두루 통하여 구애되지 않고, 쓰임에도 두루 하지 않는
것이 없다. 군자가 이러한 것들을 살핀다면 학문에 뜻을 두어서 근본을
넓힐 수 있다.

三王之祭川也, 皆先河而後海, 或源也, 或委[去聲]也. 此之謂
務本.〈028〉

삼왕은 하천에 제사를 지낼 때, 모든 경우에 우선적으로 강에 제사를
지내고, 그 이후에 바다에 제사를 지냈으니, 강물은 근원이 되고, 바닷

물은 강물이 쌓인[`委'자는 거성으로 읽는다.] 것이기 때문이다. 이러한 것을 근본에 힘쓴다고 말한다.

集說

河爲海之源, 海乃河之委. 承上文志於本而言, 水之爲物, 盈科而後進, 放乎四海, 有本者如是也. 君子之於學, 不成章不達, 故先務本.

강물은 바닷물의 근원이 되니, 바닷물은 곧 강물이 쌓인 것이다. 이것은 앞 문장에서 근본에 뜻을 둔다는 내용과 연결해서 한 말이니, 물이라는 사물은 구덩이에 가득 찬 뒤에 나아가서 사해에 이르니,10) 근본을 둔 것은 이와 같을 따름이다. 군자는 학문에 대해서 문장을 이루지 않으면 통달하지 못한다.11) 그렇기 때문에 우선적으로 근본에 힘쓰는 것이다.

淺見

近按: 此篇是言大學之道化民成俗之事, 故一篇之內多主敎者而言. 然自篇首至厥脩乃來, 是主學者之事而言, 自今之敎者呻其佔畢至篇終, 是主敎者之事而言. 雖其二者相間而言似不可分, 然其大旨固不無賓主也. 開而不達, 卽引而不發也. 務本者, 非特學者之事, 敎者亦然. 先傳以近小而後敎以遠大, 自洒掃應對而至於精義入神, 是先河而後海之意也.

내가 살펴보니, 「학기」편은 대학의 도에 따라 백성들을 교화하고 풍속을 완성하는 사안을 언급하고 있다. 그렇기 때문에 「학기」편의 내용은 대다수가 가르치는 것을 위주로 언급하고 있다. 그런데 편의 첫 부분으로부터 "그 공력은 곧 이루어지게 된다."12)라고 한 말까지는 배우는 자

---

10) 『맹자』「이루하(離婁下)」: 孟子曰, 原泉混混, 不舍晝夜, <u>盈科而後進, 放乎四海</u>. 有本者如是, 是之取爾.

11) 『맹자』「진심상(盡心上)」: 觀水有術, 必觀其瀾. 日月有明, 容光必照焉. 流水之爲物也, 不盈科不行, <u>君子之志於道也, 不成章不達</u>.

에 대한 사안을 위주로 언급한 것이고, "현재의 교육에 있어서는 가르치는 자들은 단지 눈에 보이는 글자만을 읊조린다."¹³⁾라고 한 말로부터 편의 끝까지는 가르치는 자에 대한 사안을 위주로 언급한 것이다. 비록 둘은 서로 간극이 있지만 그 말은 구분할 수 없는 것처럼 보이다. 그러나 큰 뜻에 있어서는 진실로 빈주의 구분이 없을 수 없다. "단서를 열어주되 모든 것을 알려주지 않는다."¹⁴⁾는 말은 곧 "시위를 당기지만 쏘지 않는다."¹⁵⁾는 뜻에 해당한다. "근본에 힘쓴다."¹⁶⁾는 것은 단지 배우는 자에게만 해당하는 사안이 아니라 가르치는 자 또한 이처럼 해야 한다. 먼저 가깝고 소소한 것을 전수하고 이후에 멀고도 거대한 것을 가르치니, 물뿌리고 청소하며 응대하는 것으로부터 뜻을 정밀히 하고 신묘함에 들어서는 것이 바로 우선적으로 강에 제사를 지내고, 그 이후에 바다에 제사를 지낸다는 뜻이다.

---

12) 『예기』「학기」 014장 : 夫然, 故安其學而親其師, 樂其友而信其道, 是以雖離師輔而不反也. 兌命曰: "敬孫務時敏, <u>厥修乃來</u>." 其此之謂乎.

13) 『예기』「학기」 015장 : <u>今之敎者, 呻其佔畢</u>, 多其訊, 言及于數, 進而不顧其安, 使人不由其誠, 敎人不盡其材, 其施之也悖, 其求之也佛. 夫然, 故隱其學而疾其師, 苦其難而不知其益也. 雖終其業, 其去之必速. 敎之不刑, 其此之由乎.

14) 『예기』「학기」 018장 : 君子旣知敎之所由興, 又知敎之所由廢, 然後可以爲人師也. 故君子之敎喩也, 道而弗牽, 强而弗抑, <u>開而弗達</u>. 道而弗牽則和, 强而弗抑則易, 開而弗達則思. 和·易以思, 可謂善喩矣.

15) 『맹자』「진심상(盡心上)」 : 孟子曰, "大匠不爲拙工改廢繩墨, 羿不爲拙射變其彀率. 君子<u>引而不發</u>, 躍如也. 中道而立, 能者從之."

16) 『예기』「학기」 028장 : 三王之祭川也, 皆先河而後海, 或源也, 或委也. 此之謂<u>務本</u>.

| 저자 소개 |

권근(權近, 1352~1409)

· 고려말 조선초기 때의 학자
· 본관은 안동(安東)이고, 초명은 진(晉)이며, 자는 가원(可遠) · 사숙(思叔)이고,
  호는 소오자(小烏子) · 양촌(陽村)이며, 시호는 문충(文忠)이다.

| 역자 소개 |

정병섭鄭秉燮

· 1979년 출생
· 2002년 성균관대학교 유교철학과 졸업
· 2004년 성균관대학교 대학원 유학과 석사
· 2013년 성균관대학교 대학원 유학과 철학박사
· 『역주 예기집설대전』과 『역주 예기보주』를 완역하였다.
· 『의례』, 『주례』, 『대대례기』 번역과 한국유학자들의 예학 관련 저작들의
  번역을 계획 중이다.

譯註
禮記淺見錄 ④

玉藻·明堂位·喪服小記·大傳·少儀·學記

초판 인쇄 2019년 10월 1일
초판 발행 2019년 10월 15일

저   자| 권 근(權近)
역   자| 정 병 섭(鄭秉燮)
펴 낸 이| 하 운 근
펴 낸 곳| 學古房

주   소| 경기도 고양시 덕양구 통일로 140 삼송테크노밸리 A동 B224
전   화| (02)353-9908 편집부(02)356-9903
팩   스| (02)6959-8234
홈페이지| hakgobang.co.kr
전자우편| hakgobang@naver.com, hakgobang@chol.com
등록번호| 제311-1994-000001호

ISBN 978-89-6071-894-4 94150
        978-89-6071-890-6 (세트)

값 : 36,000원